Datenschutz

Ronald Petrlic · Christoph Sorge ·
Wolfgang Ziebarth

Datenschutz

Einführung in technischen Datenschutz,
Datenschutzrecht und angewandte
Kryptographie

2. Auflage

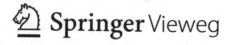 Springer Vieweg

Ronald Petrlic
TH Nürnberg
Nürnberg, Deutschland

Christoph Sorge
Universität des Saarlandes
Saarbrücken, Deutschland

Wolfgang Ziebarth
Hochschule für Polizei Baden-Württemberg
Villingen-Schwenningen, Deutschland

ISBN 978-3-658-39096-9   ISBN 978-3-658-39097-6 (eBook)
https://doi.org/10.1007/978-3-658-39097-6

Die Deutsche Nationalbibliothek verzeichnet diese Publikation in der Deutschen Nationalbibliografie; detaillierte bibliografische Daten sind im Internet über http://dnb.d-nb.de abrufbar.

Springer Vieweg
© Der/die Herausgeber bzw. der/die Autor(en), exklusiv lizenziert an Springer Fachmedien Wiesbaden GmbH, ein Teil von Springer Nature 2017, 2022

Planung/Lektorat: Leonardo Milla
Springer Vieweg ist ein Imprint der eingetragenen Gesellschaft Springer Fachmedien Wiesbaden GmbH und ist ein Teil von Springer Nature.
Die Anschrift der Gesellschaft ist: Abraham-Lincoln-Str. 46, 65189 Wiesbaden, Germany

Vorwort zur 2. Auflage

Seit Erscheinen der 1. Auflage des vorliegenden Lehrbuchs sind nun 5 Jahre vergangen. Die 1. Auflage ist noch in der Vor-DSGVO-Ära erschienen. Eine der zentralen neuen Entwicklungen im Datenschutzrecht, nämlich die Etablierung von „Privacy by Design" – also dem technischen Datenschutz – war damals jedoch schon absehbar und mit ein Grund für uns, das erste Lehrbuch auf dem (deutschsprachigen) Markt zum Technischen Datenschutz zu schreiben. Nun ist jedermann bekannt, dass die DSGVO seit Mai 2018 in Europa Anwendung findet – kaum jemand konnte sich der Berichterstattung zu diesem Thema, verbunden auch mit vielen „Fake News", im Jahr 2018 entziehen.

Wie steht es nun um den Technischen Datenschutz in Zeiten der DSGVO? Die Antwort darauf fällt durchaus zwiespältig aus. Zum einen ist sehr positiv zu bewerten, dass die DSGVO-Bußgelder in Deutschland und Europa zu einem großen Teil aufgrund unzureichender technisch-organisatorischer Maßnahmen vergeben wurden; der Mit-Autor dieses Lehrbuchs zeichnet für das 1. DSGVO-Bußgeld in Deutschland aufgrund eines solchen Verstoßes gegen technisch-organisatorische Maßnahmen verantwortlich. Dies ist ein wichtiges Signal an Unternehmen: wenn (sensible) personenbezogene Daten nicht ordentlich geschützt werden, dann kann es teuer werden! Das ist tatsächlich eine Neuerung, die die DSGVO gebracht hat. Zumindest in Deutschland gab es vor der DSGVO keine Bußgelder aufgrund von Verstößen gegen technisch-organisatorische Maßnahmen. Nun ist der Schutz personenbezogener Daten durch Maßnahmen der Informationssicherheit aber nur eine Seite der Medaille – wie wir in diesem Buch aufzeigen werden. Hierbei geht es um den Schutz der Daten vor Missbrauch durch Angriffe „von außen". Was aber ist mit Angriffen „von Innen" – also Eingriffen in das Persönlichkeitsrecht durch die Daten-erhebenden Stellen selbst, seien es Unternehmen oder „der Staat"? Auch darauf werden wir ausführlich in diesem Buch eingehen und uns mit technischen Maßnahmen zum (Selbst-)Schutz beschäftigen, die derartige Eingriffe gänzlich ausschließen, oder zumindest deutlich erschweren. Dies ist der eigentliche „Technische Datenschutz" – stark angelehnt an die sogenannten „privacy-enhancing technologies" (PETS), zu deutsch „datenschutzfördernde Technologien" – an denen seit Jahrzehnten geforscht wird. In diesem Bereich fällt nun das bisherige Resümee aber leider eher negativ aus. Man könnte nun erwarten, dass datenschutzfördernde Technologien durch die DSGVO – und der Verpflichtung zu Privacy by Design – den Durchbruch erlangt haben. Dieser Durchbruch ist bisher allerdings noch nicht geschehen.

Datenschutzfördernde Technologien spielen heute immer noch so gut wie keine Rolle in der Praxis. Es gibt so gut wie keinen Übergang vom „Stand der Forschung" zum „Stand der Technik" in diesem Bereich. Dies kann mehrere Gründe haben. Zum einen richtet sich die Forderung nach Privacy by Design nicht an die Hersteller von Produkten (die eigentlich die Umsetzung durchführen müssten), sondern an die Verwender der Produkte (also Unternehmen, Behörden, Vereine, etc.), die aber in der Regel wenig Möglichkeiten zur richtigen Umsetzung haben, bzw. die Forderung tatsächlich an die Hersteller weiterreichen zu können. Außerdem gibt es immer noch zu wenige Experten, die die Umsetzung des Technischen Datenschutzes vorantreiben könnten – weder in der Wirtschaft, noch auf Seiten der Datenschutz-Aufsichtsbehörden. „Der Datenschutz" umfasst und benötigt zwei Disziplinen: Technik und Recht. Wo zwei Fachrichtungen aufeinander prallen, fehlt es oft an gegenseitigem Wissen und Verständnis. Hier eine Brücke zu schlagen, ist eines der Anliegen des vorliegenden Buches. Es deckt beide Bereiche ab. Mit der Aufnahme von Herrn Prof. Dr. Wolfgang Ziebarth in den Kreis der Autoren wird dieses interdisziplinäre Konzept auch personell weiterverfolgt. Wir hoffen, dass es uns damit gelungen ist, insgesamt einen guten Mix an Themen aus dem spannenden Bereich des Datenschutzes zusammenzustellen und hoffen, dass das Interesse der Leser weiter geweckt wird. Wo interdisziplinär gearbeitet wird, prallen nicht nur unterschiedliche Fächer aufeinander, sondern auch unterschiedliche Methoden, Herangehensweisen und Standards. Auch formale Üblichkeiten können sich unterscheiden. So werden Sie in diesem Buch eine Zitierweise kennenlernen, die in der Informatik weit verbreitet ist: Im Text wird auf verlinkte Endnoten verwiesen, aus denen sich Literaturangaben ergeben. Die Endnoten fungieren gleichzeitig als Literaturverzeichnis. Fußnoten sind URL vorbehalten. Ganz anders im rechtlichen Teil. Hier ergibt sich die Literatur direkt aus den im Text eingefügten Fußnoten. Ein Literaturverzeichnis hätte daraus gewonnen werden können, erschien uns aber entbehrlich. Die Zitate sind hier „seitenscharf" oder, wo auf Randnummern verwiesen wird, „randnummernscharf", d. h. man erfährt nicht nur, welches Buch oder welcher Aufsatz etwas zu dem Thema bereithält, sondern auch genau, wo es dort steht. Beide Zitierweisen sind legitim und dienen vor allem zwei Zwecken: Neben der Beachtung des Urheberrechts der Beachtung guten wissenschaftlichen Arbeitens. Wir freuen uns, dass Sie sich dafür entschieden haben, sich auch mit dem Stand der Forschung zu beschäftigen. Eines Tages werden wir einen Übergang zum Stand der Technik sehen und dann sind Sie bestens gerüstet.

Über die Resonanz auf die 1. Auflage dieses Lehrbuchs haben wir uns äußerst gefreut. Zum Einen haben uns einige Studierende, die Hauptzielgruppe unseres Buchs, geschrieben und Fragen und Anmerkungen mitgeteilt. Zum anderen sind z.B. aber auch Professoren aus dem Gesundheits-Bereich an uns herangetreten, um mit uns in einen Dialog zum Thema Anonymisierung zu treten. Auch mit dem spannenden Thema Bitcoin (und der Frage nach der Anonymität) haben wir wohl den Nerv der Zeit getroffen und einiges an Feedback erhalten. Auch für die 2. Auflage wünschen wir uns, dass Sie, liebe Leser, gerne mit uns in Kontakt treten, sollten Sie Fragen oder Anregungen haben!

Prof. Dr. Ronald Petrlic ist seit 01.01.2020 Professor für Informationssicherheit an der Technischen Hochschule Nürnberg. Davor war er Leiter des Technik-Referats beim Landesbeauftragten für den Datenschutz und die Informationsfreiheit Baden-Württemberg.

Prof. Dr. Christoph Sorge ist seit 2014 Professor für Rechtsinformatik an der Rechtsiwssenschaftlichen Fakultät sowie als kooptiertes Mitglied an der Fakultät für Mathematik und Informatik der Universität des Saarlandes. In seinen vorherigen Tätigkeiten war er – nach der Promotion in Informatik an der Universität Karlsruhe (TH) – Research Scientist bei den NEC Laboratories Europe sowie Juniorprofessor für Sicherheit in Netzwerken an der Universität Paderborn.

Prof. Dr. Wolfgang Ziebarth ist Jurist und seit 01.03.2021 Professor für öffentliches Recht an der Hochschule für Polizei Baden-Württemberg in Villingen-Schwenningen. In seiner bisherigen Funktion als Referent unter anderem für den Datenschutz im Bereich neuer Technologien beim Landesbeauftragten für den Datenschutz und die Informationsfreiheit Baden-Württemberg ist er beurlaubt. Zuvor war er Beauftragter für Datenschutz und Informationsfreiheit im Rechtsamt der Stadt Mannheim. Neben seiner Promotion zum Thema „Online-Durchsuchung" arbeitete er an einem Lehrstuhl für öffentliches Recht sowie an der Forschungsstelle für Planungs-, Verkehrs-, Technik- und Datenschutzrecht der Universität Tübingen.

Herr Petrlic und Herr Sorge zeichnen für den ersten Teil des Buchs („Technischer Datenschutz") verantwortlich und Herr Ziebarth („Datenschutzrecht") für den zweiten Teil.

Nürnberg, Saarbrücken
Villingen-Schwenningen
April 2022

Ronald Petrlic und Christoph Sorge
Wolfgang Ziebarth

Vorwort (1. Auflage)

Seit vielen Jahren erforschen wir datenschutzfördernde Technologien – sogenannte „Privacy-Enhancing Technologies". Wir sind der Meinung, dass eine datenschutzfreundliche Technikgestaltung ein vielversprechender Ansatz zur Gewährleistung des informationellen Selbstbestimmungsrechts der Nutzer ist. Aus diesem Grund lehren wir zum Thema Datenschutz, ebenfalls seit einigen Jahren. Und dies mit großem Erfolg. Unsere Vorlesungen zum Datenschutz erfreuen sich größter Beliebtheit – nicht erst seit den Enthüllungen von EDWARD SNOWDEN. Die Studierenden haben großes Interesse daran, zu erfahren, wie der Datenschutz in heutigen Systemen auf vielerlei Hinsicht ausgehöhlt wird, welche Maßnahmen zum Selbstschutz und welche Verfahren zur datenschutzgerechten Technikgestaltung existieren. Da bei der Technikgestaltung auch die gesetzlichen Vorgaben berücksichtigt werden müssen, beschäftigen wir uns in unseren Vorlesungen auch mit dem (komplexen) Thema Datenschutzrecht – aufbereitet in einer Form, wie es für „Techniker" verständlich wird.

Mit der neuen EU-Datenschutzgrundverordnung gewinnt „Privacy by Design" – also der „Datenschutz durch Technik" – erstmals auch aus gesetzlicher Sicht enorm an Bedeutung. Datenschutz wird nicht mehr überwiegend ein rein juristisches Thema sein, sondern auch die Entwickler werden sich mit dem Thema beschäftigen müssen.

Umso erstaunlicher ist für uns die Tatsache, dass es bisher keine Lehrbücher zum Technischen Datenschutz gibt. Diese Lücke möchten wir nun mit diesem Lehrbuch schließen. Wir hoffen, dass sich das Thema Datenschutz zukünftig in mehr Lehrplänen von technischen Studiengängen an Universitäten und Hochschulen wiederfindet, als dies heute noch der Fall ist. Die Absolventen sollten über das nötige technische Know-How verfügen, um die gesetzlichen Vorgaben bei der Entwicklung neuer Technologien berücksichtigen zu können. Wir hoffen, dass dieses Lehrbuch Sie dabei unterstützt.

Stuttgart, Saarbrücken
November 2016

Ronald Petrlic und Christoph Sorge

Inhaltsverzeichnis

Abbildungsverzeichnis

Abkürzungsverzeichnis

ABC	Attribute-Based Credentials
ACS	Anonymous Credential System
ADV	Auftragsdatenverarbeitung
AES	Advanced Encryption Standard
AGB	Allgemeine Geschäftsbedingungen
BAC	Basic Access Control
BDSG	Bundesdatenschutzgesetz
BGB	Bürgerliches Gesetzbuch
BSI	Bundesamt für Sicherheit in der Informationstechnik
CA	Certificate Authority
CAN	Card Access Number
CVCA	Country Verifying CA
DAA	Direct Anonymous Attestation
DANE	DNS-based Authentication of Named Entities
DES	Data Encryption Standard
DH	Diffie-Hellman
DNT	Do Not Track
DVCA	Document Verifying CA
DSGVO	Datenschutz-Grundverordnung
DSFA	Datenschutz-Folgenabschätzung
EAC	Extended Access Control
ECDH	Elliptic curve Diffie-Hellman
EDSB	Europäischer Datenschutzbeauftragter
EFF	Electronic Frontier Foundation
ENISA	Europäische Agentur für Netz- und Informationssicherheit
ErwG	Erwägungsgrund
ESP	Encapsulating Security Payload
GG	Grundgesetz
HIPPA	Health Insurance Portability and Accountability Act
HKDF	HMAC-based Extract-and-Expand Key Derivation Function
HTTP	Hypertext Transfer Protocol

IdM	Identitätsmanagement
IdP	Identitätsprovider
IM	Instant Messaging
ISP	Internet Service Provider
MAC	Message Authentication Code
MITM	Man-in-the-Middle
MPC	Secure Multiparty Computation
OTR	Off-the-Record
PACE	Password Authenticated Connection Establishment
PbD	Privacy by Design
PFS	Perfect Forward Secrecy
PET	Privacy-Enhancing Technology
PGP	Pretty Good Privacy
PIN	Personal Identification Number
PIR	Private Information Retrieval
PKI	Public Key Infrastructure
PSI	Private Set Intersection
PT	Payment Token
RFC	Request for Comments
RL	Richtlinie
S/MIME	Secure/Multipurpose Internet Mail Extensions
SMP	Socialist Millionaire's Protocol
SOP	Same Origin Policy
SRTP	Secure Real-Time Transport Protocol
SSL	Secure Sockets Layer
SSO	Single-Sign-On
TMG	Telemediengesetz
TKG	Telekommunikationsgesetz
TLS	Transport Layer Security
TPM	Trusted Platform Module
TTDSG	Telekommunikation-Telemedien-Datenschutz-Gesetz
TTP	Trusted Third Party
URL	Uniform Resource Locator
VPN	Virtual Private Network
ZKP	Zero-Knowledge Proof

Einführung

Jeder von uns hat bestimmte Assoziationen zum Thema *Datenschutz*. Dies rührt daher, dass jeder von uns tagtäglich mit modernen Kommunikationstechnologien zu tun hat. Wir kaufen im Internet ein, führen unsere Bankgeschäfte online, nutzen wie selbstverständlich immer und überall unsere Smartphones, um mit anderen in Kontakt zu bleiben. Moderne, elektronische Assistenten helfen uns in jeder Lebenslage. Sie wissen ganz genau, wann wir für gewöhnlich aufstehen, wie lange wir zur Arbeit fahren, welche Termine anstehen. Erkennen sie Probleme, etwa einen voraussichtlichen Stau aufgrund eines Unfalls auf der Strecke zur Arbeit, wecken sie uns ein wenig früher, damit wir es rechtzeitig zur Arbeit schaffen. Oder sie lassen uns länger schlafen, weil wir die letzte Nacht nicht gut geschlafen haben. Auch diese Information haben sie. Wir liefern mit „Wearables" nicht nur unsere Schlafgewohnheiten, sondern alle möglichen Daten über unseren (Gesundheits-) Zustand. Doch wem liefern wir diese Daten eigentlich? Hier setzt bei vielen Menschen ein Gefühl des Unwohlseins ein. Wenn wir darüber nachdenken, wie stark wir vernetzt sind und wo wir überall Daten „produzieren", fühlen wir uns „gläsern". Kennt uns der Staat, kennen uns Unternehmen vielleicht besser als wir uns selbst? Kann uns hier nicht vielleicht der Datenschutz helfen, eine „Erfindung" aus längst vergangener Zeit, in der von PCs, Smartphones, Wearables etc. überhaupt noch keine Rede war – oder ist dieser Datenschutz überhaupt nicht mehr zeitgemäß?

Dieses Buch ist so vielfältig wie die skizzierten Themen. Wir werden uns mit unterschiedlichen Technologien auseinandersetzen und untersuchen, wie wir zeitgemäßen Datenschutz umsetzen können. Doch was ist Datenschutz nun eigentlich genau? Geht es um den Schutz von Daten? Auf den ersten Blick ja; aber eigentlich geht es um viel mehr: Um den Schutz von Menschen! – vor Missbrauch von Daten.

R. Petrlic et al., *Datenschutz*, https://doi.org/10.1007/978-3-658-39097-6_1

1.1   Haben wir etwas zu verbergen?

Die Frage, die sich viele von uns stellen ist: „Sind meine Daten schützenswert?" Daran schließt sich die Frage an: „Haben Andere Interesse an meinen Daten?"

Leben wir in einer total überwachten Welt? Finden Totalüberwachung der Telekommunikation und ein ständiges Verfolgen des Aufenthaltsortes, wie in der Welt aus „1984" von GEORGE ORWELL, wirklich statt? Sind wir im täglichen Leben genauso überwacht wie die Gefängnis-Insassen im Panoptikum?[1] Wir werden auf diese Fragen im Laufe des Buches immer wieder zurückkommen und Antworten liefern.

Neben der Frage, *ob* andere Interesse an unseren Daten haben, müssen wir uns natürlich auch fragen, *wer* Interesse daran hat. In den Anfangstagen des „modernen" Datenschutzes stand vor allem der Staat als Interessent an erster Stelle. Die Bürger hatten Angst vor der totalen Überwachung durch den Staat und gingen damals, um etwa gegen die Volkszählung zu protestieren, auf die Straße. Danach hat die Wirtschaft den Staat als „Gefährder" für die informationelle Selbstbestimmung der Bürger, also der potentiellen Kunden, abgelöst. Im Vordergrund standen und stehen die zielgerichtete Werbung und sonstige Instrumente zur Verhaltenssteuerung. Die Bürger haben das Gefühl, zum „gläsernen Kunden" zu werden. Unternehmen kennen ihre Kunden oftmals besser als sie sich selbst. Für Aufsehen hat bspw. ein Fall in den USA gesorgt, als eine junge Frau von einer Supermarktkette plötzlich Werbung für Babyprodukte erhielt. Zu diesem Zeitpunkt wusste ihr Vater noch nicht, dass sie schwanger war. Die Supermarktkette hingegen „wusste" es bereits: dank Auswertung ihres Einkaufverhaltens und entsprechender „Big Data" Analyse. Durch die Enthüllungen von EDWARD SNOWDEN rund um die Geheimdienstaktivitäten der NSA und des britischen Geheimdienstes (GCHQ) rückt in letzter Zeit auch der Staat als Überwacher wieder vermehrt in das Bewusstsein der Bürger. Daneben hat sich eine Reihe von Kriminellen – nicht nur im Internet – breit gemacht, die Interesse an unseren Daten haben. Erpressung, Identitätsdiebstahl und Vorbereitung anderer Straftaten sind nur einige Delikte in diesem Zusammenhang. Am Rande sei erwähnt, dass auch „Freunde", Verwandte und Ehepartner Interesse an unseren Daten haben können.

Dass die „Big Player" im Daten-Geschäft, etwa *Google* oder *Facebook*, Interesse an noch mehr persönlichen Daten aller Nutzer haben, ist kein Geheimnis. Daten werden als das „neue Öl" der Wirtschaft gesehen, die neue Geschäftsmodelle entstehen lassen. ERIC SCHMIDT, CEO von Google, hat auf der IFA 2010 einen kleinen Vorgeschmack auf die Zukunft gegeben:

---

[1] Ein Panoptikum ist ein Gefängnis, in dem die Zellen so angeordnet sind, dass ein Wächter in alle Zellen hineinschauen kann. Der Wächter selbst ist (im Dunkeln) nur schwer zu erkennen, so dass kein Gefangener weiß, ob er gerade beobachtet wird. Die Idee stammt aus dem späten 18./frühen 19. Jahrhundert. Auch Fabriken sollten so gebaut werden.

Ultimately, search is not just the web but literally all of your information—your email, the things you care about, with your permission—this is personal search, for you and only for you. [..]

We can suggest what you should do next, what you care about. Imagine: *We know where you are, we know what you like.* [..]

A near-term future in which you don't forget anything, because the computer remembers. You're never lost.

Inzwischen sind wir, wenn wir uns überlegen, wie viele Dienste wir von Google im täglichen Leben nutzen, wahrscheinlich schon in der vorausgesagten Zukunft angekommen.

1.2 Säulen des Datenschutzes

Der Schutz der Privatsphäre basiert auf drei Säulen, die in Abb. 1.1 dargestellt sind.

Zum ersten kann Privatsphäre durch *Regulierungen*, wie Gesetze, Richtlinien oder Verordnungen, geschützt werden. In Deutschland wird die Privatsphäre z. B. durch Datenschutzgesetze geschützt, die genau festlegen, welche personenbezogenen Daten zu welchem Zweck erhoben und verarbeitet werden dürfen. Da das Internet weltumspannend ist, ist es schwierig, durch Regulierung einen Schutz der Privatsphäre zu erreichen, da Regulierungen meist nationale Gültigkeit haben. Zudem ist Regulierung ein relativ langwieriger Prozess, der eventuell nicht mit dem Fortschritt der Technologie einhergeht.

Weiterhin kann auch *Selbstregulierung* die Privatsphäre effektiv schützen. Bei Selbstregulierung verpflichtet sich ein Diensteanbieter (z. B. Betreiber eines Online-Shops) dazu, gewisse Maßnahmen zum Schutz der Privatsphäre einzuhalten. Meist geht die

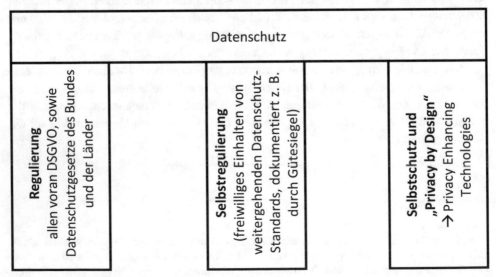

Abb. 1.1 Drei Säulen des Datenschutzes

Verpflichtung mit der Verleihung eines Zertifikats einher, das publikumswirksam auf den erhöhten Schutz hinweisen soll. In Deutschland trifft man Selbstregulierung zum Schutz der Privatsphäre meist im Rahmen von Selbstverpflichtungen von Online-Shop-Betreibern an. Die Datenschutz-Grundverordnung (DSGVO) sieht ebenfalls eine Zertifizierung vor; es dauerte allerdings fast 5 Jahre ab Anwendbarkeit der DSGVO, bis die Kriterien der ersten Zertifizierungsstelle für solche Zertifizierungen in einem bestimmten Bereich genehmigt wurden.

Schließlich und endlich kann ein Benutzer auch zum *Selbstschutz* greifen und mithilfe von technischen Maßnahmen seine Privatsphäre schützen. Ebenso kann der Betreiber den Datenschutz durch technische Maßnahmen in sein System integrieren. Man spricht in diesem Fall von *Privacy by Design (PbD)*. Sowohl beim Selbstschutz als auch bei PbD kommen *Privacy-Enhancing Technologies (PETs)* zum Einsatz.

Im Laufe dieses Buchs werden wir uns hauptsächlich mit der ersten und der dritten Säule befassen.

1.3   Themen dieses Buchs und Lernziele

Der Fokus dieses Lehrbuchs liegt auf zwei großen Themenblöcken und so ist das Buch auch in zwei Teile untergliedert. Im ersten Teil des Buchs werden wir uns mit dem *Technischen Datenschutz* im Detail beschäftigen. Sie werden Techniken kennenlernen, die speziell für den Schutz personenbezogener Daten entwickelt wurden. Die vorgestellten Techniken gehen über Verfahren hinaus, die lediglich Vertraulichkeit der Kommunikation erreichen und eher im Bereich der „IT-Sicherheit" angesiedelt werden können, etwa SSL/TLS, IPSec, PGP etc. Damit haben Sie das nötige Rüstzeug, um künftige Systeme von vornherein datenschutztechnisch sauber umzusetzen. Die Technik ist aber nur eine Seite der Medaille. Daneben spielt natürlich das Datenschutzrecht auch eine zentrale Rolle. Diesem Thema widmen wir uns dann im zweiten Teil des Buchs. Diese Einführung in das Datenschutzrecht richtet sich vor allem an „Techniker", die keine juristische Vorbildung mitbringen und soll ein grundlegendes Verständnis für Recht im Allgemeinen und Datenschutzrecht im Speziellen vermitteln.

Was die *Lernziele* betrifft, so sollen Sie nach der Lektüre dieses Lehrbuchs

- verschiedene Mechanismen im Bereich des technischen Datenschutzes im Detail verstanden haben,
- für konkrete Beispiele entscheiden können, mit welchen Mechanismen Ziele des Datenschutzes erreicht werden können,
- ausgewählte aktuelle Forschungsarbeiten zum technischen Datenschutz kennen und verstanden haben,
- die Struktur des deutschen/europäischen Datenschutzrechts kennen,
- Gesetze im Bereich des Datenschutzes verstehen und einfache Sachverhalte darunter subsumieren können,

- technische und juristische Sachverhalte zueinander in Beziehung setzen können,
- erkennen können, wann für datenschutzrechtliche Fragestellungen rechtlicher Beistand nötig ist.

Zur Erreichung der Lernziele arbeiten wir sehr praxisorientiert. Im Bereich des Technischen Datenschutzes werden wir uns mit Technologien beschäftigen, mit denen wir täglich zu tun haben. Wir werden diese Technologien analysieren, Probleme aus Sicht des Datenschutzes aufzeigen und mögliche Lösungen im Detail besprechen und diskutieren. Im Bereich des Datenschutzrechts werden wir u. A. datenschutzrechtliche Fälle (aus der Praxis) bearbeiten.

Wie bereits erwähnt, gliedert sich das Lehrbuch in zwei große Teile.

Teil I: Technischer Datenschutz

Im ersten Teil des Buchs steigen wir in die Welt des *Technischen Datenschutzes* ein. Hierzu werden wir uns in Kap. 2 zunächst mit den Datenschutz-Schutzzielen, Begriffsbestimmungen und den kryptographischen Bausteinen vertraut machen, mit denen wir im weiteren Verlauf des Lehrbuchs arbeiten werden. In Kap. 3 widmen wir uns den Anonymitätsmaßen, die eine Klassifizierung der Güte von Anonymisierungsmaßnahmen erlauben. In Kap. 4 beschäftigen wir uns zunächst allgemein mit dem Datenschutz auf Netzebene. Wir behandeln in diesem Kapitel Anonymisierungsdienste wie Onion Routing/Tor. Als nächstes steht in Kap. 5 das Thema Identitätsmanagement (IdM) auf der Tagesordnung. Wir untersuchen die im Internet gängigen Verfahren OpenID, OAuth und OpenID Connect auf ihre Datenschutzeigenschaften hin. Danach widmen wir uns ausgewählten Anwendungen. So beschäftigen wir uns in Kap. 6 mit dem anonymen Bezahlen. Unter anderem widmen wir uns dem Thema Bitcoin. Dem Datenschutz im World Wide Web wenden wir uns in Kap. 7 zu. Das Thema Instant Messaging, das in den vergangenen Jahren enorm an Bedeutung gewonnen hat, steht in Kap. 8 im Vordergrund. In Kap. 9 lernen Sie das Sicherheits- und Datenschutzkonzept von elektronischem Reisepass und elektronischem Personalausweis kennen. Anschließend beschäftigen wir uns in Kap. 10 mit weiterführenden kryptographischen Verfahren rund um das Thema Privacy-Enhancing Technologies (PETs).

Teil II: Datenschutzrecht

Im zweiten Teil des Buches gehen wir auf das Datenschutzrecht ein. Dazu wird zunächst eine allgemeine Übersicht über die Rechtsordnung gegeben und das Dateschutzrecht in diese eingeordnet. Als Grundlagen werden die wichtigsten Gesetze im Bereich Datenschutz vorgestellt und es werden wichtige Begriffe definiert. Unter welchen Umständen jemand welche personenbezogenen Daten verarbeiten darf, ist eine Kernfrage des Datenschutzrechts. Eine andere ist, welche Pflichten mit Datenverarbeitung einhergehen, etwa die Rechenschaftspflicht oder die Pflicht, Betroffene über die Datenverarbeitung zu informieren und auch sonst ihre Betroffenenrechte zu achten, geeignete technische und organisatorische Maßnahmen zum Schutz der Daten zu treffen. Diese abstrakten Erkenntnisse werden in Kapitel 18 auf einige ausgewählte Verarbeitungssituationen angewandt, bevor drei Konzepte der Kontrolle vorgestellt werden: die interne Kontrolle durch behördliche oder betriebliche Datenschutzbeauftragte, die externe Kontrolle durch Aufsichtsbehörden und – zwischen beiden stehend – Möglichkeiten der Zertifizierung von Verarbeitungsvorgängen durch akkreditierte Zertifizierungsstellen.

Der Datenschutz ist nicht nur für IT-Verantwortliche relevant, sondern auch für Systemadministratoren, Manager, Webmaster, Web-Surfer etc. Stellen Sie sich vor, Sie betreiben einen öffentlichen Webserver für ein Unternehmen. Die Nichtbeachtung des Datenschutzrechts kann zu Abmahnungen, Unterlassungsklagen und/oder Bußgeldbescheiden führen. Beispiele für Fragen, die Sie im Anschluss an die Lektüre dieses Lehrbuchs beantworten können sollen, sind:

- Darf ich Logfiles führen?
- Darf ich Drittanbieter mit dem Führen von Statistiken beauftragen?
- Wie können sich Nutzer mit neuem Personalausweis bei einem Diensteanbieter authentifizieren?
- Wie können Nutzer ihre Identität vor einem bösartigen Betreiber schützen?
  - Was kann der bösartige Betreiber tun, um Nutzer dennoch zu identifizieren?

Wir wünschen Ihnen viel Spaß beim Eintauchen in die spannende Welt des Datenschutzes!

Teil I
Technischer Datenschutz

Einführung in den Technischen Datenschutz

Für das Verständnis des *Technischen Datenschutzes* sind zunächst einige Grundlagen wichtig. Deshalb wenden wir uns in diesem Kapitel zuerst in Abschn. 2.1 den grundlegenden Schutzzielen im Bereich der IT-Sicherheit und des Datenschutzes zu. Im Anschluss daran werden wir uns in Abschn. 2.2 mit den Begriffen des technischen Datenschutzes vertraut machen. Danach tauchen wir in Abschn. 2.3 in die Welt der Kryptographie ein, bevor wir uns schließlich in Abschn. 2.4 mit Maßnahmen aus dem Bereich der IT-Sicherheit auseinandersetzen, die, wie wir später sehen werden, auch dem Datenschutz dienlich sind.

> **Lernziele:** Am Ende dieses Kapitels sollten Sie die Grundbegriffe des technischen Datenschutzes kennen und verstehen. Sie sollten die Schutzziele kennen, die aus Sicht des Datenschutzes die Ziele (und gleichzeitig die Bewertungskriterien) für die technischen Verfahren vorgeben, die wir im weiteren Verlauf des Buchs behandeln werden. Außerdem sollten Sie mit den grundlegenden kryptographischen Verfahren und den Maßnahmen aus dem Bereich der IT-Sicherheit vertraut sein – diese dienen als Grundlage für die später behandelten *Privacy-Enhancing Technologies (PETs)*.

2.1 Schutzziele

Betrachten wir zum Einstieg das folgende Beispiel. Sie betreiben einen öffentlichen Webserver für ein Unternehmen. Die Kommunikation soll „sicher" und „datenschutzgerecht" sein. Welche Schutzziele möchten Sie erreichen?

R. Petrlic et al., *Datenschutz*, https://doi.org/10.1007/978-3-658-39097-6_2

Zunächst können wir zwischen den „klassischen" Schutzzielen, mit denen im Bereich der IT-Sicherheit schon lange gearbeitet wird und den „neuen" Datenschutz-Schutzzielen unterscheiden, die erst in den letzten Jahren vermehrt betrachtet werden.

2.1.1 „Klassische" IT-Sicherheits-Schutzziele

Wir stützen uns hier auf die (leicht modifizierten) Definitionen nach ECKERT [2].

Authentizität

Authentizität eines Subjekts oder Objekts ist die Echtheit und Glaubwürdigkeit des Subjekts oder Objekts, die anhand einer eindeutigen Identität und charakteristischen Eigenschaften überprüfbar ist.

Die allgemeine Definition ist sehr schwammig, der Begriff wird in verschiedenen Kontexten genutzt. *Datenauthentizität* (oder genauer Datenursprungsauthentizität) ist gegeben, wenn Daten vom behaupteten bzw. erwarteten Absender stammen. *Authentizität einer Person* (z. B. als Kommunikationspartner) ist gegeben, wenn die tatsächliche Identität mit der behaupteten oder erwarteten Identität übereinstimmt.

Integrität

Ein System gewährleistet *Datenintegrität*, wenn es Subjekten nicht möglich ist, die zu schützenden Daten unautorisiert und unbemerkt zu verändern. Integrität ist dabei eng verknüpft mit der Authentizität. Außerdem ist ein Verfahren zur Festlegung der Rechte an Daten notwendig, d. h. es muss klar sein, wer eigentlich autorisiert ist.

Vertraulichkeit

Ein System gewährleistet die *Informationsvertraulichkeit*, wenn es keine unautorisierte Informationsgewinnung ermöglicht. Hierbei ist wiederum wichtig zu klären, wer eigentlich autorisiert ist.

Verfügbarkeit

Ein System gewährleistet die *Verfügbarkeit*, wenn authentifizierte und autorisierte Subjekte in der Wahrnehmung ihrer Berechtigungen nicht unautorisiert beeinträchtigt werden können.

Verbindlichkeit

Ein System gewährleistet die *Verbindlichkeit* (auch Zurechenbarkeit, Zuordenbarkeit, Urhebernachweis, oder Nichtabstreitbarkeit genannt), wenn die für ein bestimmtes Ereignis verantwortliche Instanz unabstreitbar identifizierbar ist.

2.1.2 „Neue" Datenschutz-Schutzziele

Die *Konferenz der Datenschutzbeauftragten des Bundes und der Länder* hat 2010 ein Eckpunktpapier für „Ein modernes Datenschutzrecht für das 21. Jahrhundert" [4] verabschiedet. Darin wurde die Aufnahme der folgenden Datenschutz-Schutzziele (auch „Gewährleistungsziele" genannt) in die Liste der zuvor beschriebenen Schutzziele beschlossen.

Transparenz
Transparenz ist gegeben, wenn die Verarbeitung von personenbezogenen Daten mit zumutbarem Aufwand nachvollzogen, überprüft und bewertet werden kann.

Transparenz stellt damit die Voraussetzung für die Steuerung und Regulation technisch-organisatorischer Prozesse sowie zur Abwägung bezüglich des Zwecks der Datenverarbeitung sowie der Erforderlichkeit dar [8].

Nicht-Verkettbarkeit
Nicht-Verkettbarkeit ist gegeben, wenn personenbezogene Daten nicht oder nur mit unverhältnismäßig hohem Aufwand für einen anderen als den ausgewiesenen Zweck erhoben, verarbeitet und genutzt werden können.

Nicht-Verkettbarkeit sorgt also für die Zweckbindung – eine der wesentlichen Grundpfeiler im Datenschutzrecht.

Intervenierbarkeit
Intervenierbarkeit ist gegeben, wenn die Verfahren so gestaltet werden, dass sie den Betroffenen die Ausübung der ihnen zustehenden Rechte wirksam ermöglichen.

2.2 Begriffsbestimmungen

2.2.1 Begriff des Datenschutzes

Bevor wir uns im Detail mit den Begriffen zum technischen Datenschutz auseinandersetzen, möchten wir uns zuerst noch allgemein mit dem Begriff „Datenschutz" beschäftigen. Im Deutschen bezeichnet der Datenschutz nicht etwa den Schutz von Daten, sondern vielmehr den

> Schutz des Einzelnen vor Beeinträchtigung in seinem Persönlichkeitsrecht durch Umgang mit seinen personenbezogenen Daten.

Diese Definition folgt § 1 Abs. 1 Bundesdatenschutzgesetz (BDSG) (alte Fassung).

Die genaue englische Übersetzung von „Datenschutz" lautet „Data Protection". Dieser Begriff ist allerdings eher unter Juristen und weniger unter Technikern gängig. Außerdem wird der Begriff eher in Europa als in den USA verwendet.

Der englische Begriff „Privacy" wird oft als Entsprechung zu „Datenschutz" gesehen. Ihm kommt aber eine breitere Verwendung, nämlich allgemein der Privatsphäre, zu. In Informatik-Veröffentlichungen wird eher der Begriff „Privacy" verwendet. Technische Hilfsmittel, um Datenschutz zu erreichen, werden (oft auch in der deutschen Sprache) als „Privacy-Enhancing Technologies (PETs)" bezeichnet.

2.2.2 Begriffe zum technischen Datenschutz

Das Modell und die Definitionen, die wir in diesem Abschnitt beleuchten werden, richten sich nach dem Arbeitspapier zur Terminologie beim Datenschutz nach PFITZMANN und HANSEN [7], den Vorreitern des technischen Datenschutzes in Deutschland. Wir möchten an dieser Stelle auch darauf hinweisen, dass der Gebrauch der Begriffe keineswegs einheitlich ist, so dass je nach Kontext und sogar je nach individueller Quelle kleine Bedeutungsunterschiede oder sogar grundlegend andere Modelle verwendet werden. Deshalb Vorsicht bei der Verwendung der Begriffe!

Identität

Eine *Identität* eines Subjekts ist eine Menge von Attributwerten, die das Subjekt in einer Menge von Subjekten identifizierbar macht, d. h. von den anderen Subjekten unterscheidet. Die Menge von Subjekten kann unterschiedlich sein. Beispielsweise könnten alle Personen in einem Hörsaal oder alle Professoren an der Universität gemeint sein. Was aus der Definition einer Identität auch deutlich wird: Jede Person kann viele Identitäten haben. Dies ist keine technische Abstraktion. Für manche Leute, mit denen Sie umgehen, sind Sie vielleicht „der Nachbar aus dem 2. Stock", „der Student, der immer in der letzten Reihe sitzt" o. ä., ohne dass dabei ihr Name eine Rolle spielen muss.

Ein Subjekt ist *identifizierbar*, wenn es innerhalb einer Menge von Subjekten (der Identifizierbarkeitsmenge) durch einen Angreifer hinreichend von anderen Subjekten unterscheidbar ist. Der Angreifer ist derjenige, vor dem man sich schützen möchte – beispielsweise der Betreiber einer Website, der Ihnen personenbezogene Werbung zukommen lassen möchte.

Man unterscheidet ferner noch zwischen der *vollständigen Identität* und der *partiellen Identität*. Die vollständige Identität vereint alle Attributwerte der Identitäten eines Subjekts. Auf die vollständige Identität einer Person werden i.d.R. nur sehr wenige Personen Zugriff haben. Normalerweise tritt man unter vielen partiellen Identitäten auf. Eine solche partielle Identität ist dabei eine echte Teilmenge der vollständigen Identität, die durch ein *Pseudonym* identifiziert werden kann.

In Kap. 5 werden wir uns mit dem Thema *Identitätsmanagement (IdM)* beschäftigen. Dabei geht es gerade um die Verwaltung mehrerer Identitäten von Subjekten, d. h. die Verwaltung von Attributwerten und die Auswahl einer zu verwendenden Identität in einem spezifischen Kontext, einschließlich der Authentifizierung unter einer ausgewählten Identität. Wir werden sehen, dass IdM dem Datenschutz dient, wenn sichergestellt wird, dass mehrere Identitäten eines Subjekts nicht miteinander verknüpft werden können.

Anonymität

Ein Subjekt ist *anonym* gegenüber einem Angreifer, wenn der Angreifer das Subjekt in einer Menge von Subjekten (der Anonymitätsmenge) nicht hinreichend identifizieren kann. Identifizieren heißt hier, dass der Angreifer das Subjekt von anderen Subjekten unterscheiden kann. Die Formulierung „nicht hinreichend" bedeutet wiederum, dass der Begriff der Anonymität auch vom Szenario abhängt und es verschiedene Abstufungen der Anonymität geben kann.

Betrachtet man Kommunikationsnetze – wie wir es in Kap. 4 tun werden – so kann man zwischen *Senderanonymität* und *Empfängeranonymität* unterscheiden. Die Senderanonymität, dargestellt in Abb. 2.1, bezeichnet dabei die Anonymität des Absenders einer Nachricht in einer Menge möglicher Absender. Die Empfängeranonymität hingegen bezeichnet die Anonymität des Empfängers einer Nachricht in einer Menge möglicher Empfänger.

In diesem Zusammenhang spricht man auch von der sogenannten *Anonymitätsdifferenz* (oder dem Anonymitätsdelta). Diese bezeichnet die Differenz aus der Anonymität eines Subjekts nach einem Angriff (a-posteriori-Wissen des Angreifers) und der Anonymität des Subjekts vor dem Angriff (a-priori-Wissen des Angreifers). Dies setzt eine Messung/Quantifizierung von Anonymität voraus, für die es allerdings keine universell gültige Metrik gibt; eine derartige Messung ist vielmehr nur in gewissen (oft idealisierten) Szenarien möglich.

Anonymisierung bezeichnet schließlich den Prozess, um Anonymität zu erreichen. Es geht darum, personenbezogene Daten derart zu verändern, dass Einzelangaben nicht mehr oder nur sehr schwierig einer bestimmten oder bestimmbaren natürlichen Person zugeordnet werden können.

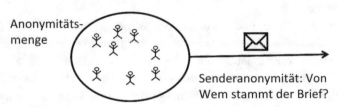

Abb. 2.1 Senderanonymität

Pseudonymität

Den Begriff des „Pseudonyms" haben wir im Zusammenhang mit partiellen Identitäten bereits ins Spiel gebracht. Ein *Pseudonym* ist nichts anderes als ein Identifikator für ein Subjekt ungleich dem realen Namen[1] des Subjekts. Beispiele für Pseudonyme sind der Nutzername in einer Online-Community, das Pseudonym eines Romanautors, die Kundennummer bei einem Versandhändler etc.

Pseudonymität ist erreicht, wenn das Subjekt ein Pseudonym verwendet und ein Angreifer nicht hinreichend auf den realen Namen des Subjekts schließen kann.

Pseudonymisierung schließlich bezeichnet wieder den Prozess, um Pseudonymität zu erreichen. Es geht um die Veränderung von personenbezogenen Daten mittels einer Zuordnungsvorschrift derart, dass Einzelangaben ohne Kenntnis oder Nutzung der Zuordnungsvorschrift nicht mehr einer natürlichen Person zugeordnet werden können. Im einfachsten Fall besteht die Pseudonymisierung darin, dass man in einer Datenbank jedes Auftreten eines Namens durch eine (für diesen Namen jeweils gleichbleibende) Nummer ersetzt. Die Zuordnungsvorschrift könnte dann einfach jeder Nummer wieder den dazu passenden Namen zuordnen.

Unverkettbarkeit

Eine Ausprägung des Konzepts der *Unverkettbarkeit* haben wir in Form der „Nichtverkettbarkeit" als eines der „neuen" Datenschutz-Schutzziele in Abschn. 2.1.2 bereits kennengelernt.

Allgemein versteht man unter Unverkettbarkeit von zwei (oder mehreren) betrachteten Objekten[2] (wie Nachrichten, Personen etc.) in einem System, dass ein Angreifer nicht hinreichend sicher feststellen kann, ob zwischen diesen Objekten eine Beziehung besteht oder nicht. Verkettbarkeit ist analog definiert. Als Beispiel können zwei Nachrichten dienen, bei denen ein Angreifer wissen möchte, ob diese von der selben Person verschickt wurden. Unverkettbarkeit wird auch als „Unverknüpfbarkeit" (im Englischen „Unlinkability") bezeichnet.

Unentdeckbarkeit

Unentdeckbarkeit (im Englischen „Undetectability") stellt die stärkste Eigenschaft dar. Unentdeckbarkeit eines betrachteten Objekts (bspw. einer Nachricht) ist gegeben, wenn ein Angreifer nicht hinreichend entscheiden kann, ob das Objekt existiert oder nicht. Der Angreifer kann also bspw. nicht sagen, ob eine Nachricht verschickt wurde. Entdeckbarkeit ist analog definiert.

---

[1] Der reale Name meint den Namen, unter dem eine Person allgemein bekannt ist.

[2] In der Originaldefinition wird das „betrachtete Objekt" als „item of interest" bezeichnet.

2.3 Grundlegende kryptographische Verfahren

In diesem Abschnitt beschäftigen wir uns mit den für uns im weiteren Verlauf relevanten kryptographischen Verfahren zur *Verschlüsselung*, dem *Schlüsselaustausch* und *Digitalen Signaturen*.

2.3.1 Verschlüsselung

Verschlüsselung dient der Wahrung des Schutzziels *Vertraulichkeit*. Nachrichten, die mit einem „sicheren" Verschlüsselungsverfahren verschlüsselt werden, sollen also nicht durch unautorisierte Dritte gelesen werden können.

Zunächst unterscheidet man zwischen *symmetrischen* und *asymmetrischen* Verfahren. Bei den symmetrischen Verfahren erfolgt die Ver- und Entschlüsselung mit dem *gleichen Schlüssel*. Der Schlüssel muss zwischen den Kommunikationspartnern ausgetauscht werden. Symmetrische Verfahren sind meist wenig rechenaufwendig. Bei asymmetrischen Verfahren erfolgt die Ver- und Entschlüsselung hingegen mit *unterschiedlichen Schlüsseln*. Asymmetrische Verfahren sind meist sehr rechenaufwendig.

In der Praxis werden oft symmetrische und asymmetrische Verfahren kombiniert. Zum Beispiel werden beim Versand verschlüsselter E-Mails in der Regel die eigentlichen Daten mit einem symmetrischen Verfahren verschlüsselt; dafür wird ein (im Vergleich zu den Daten in der Regel kurzer) Sitzungsschlüssel verwendet. Dieser Sitzungsschlüssel wird wiederum mit einem asymmetrischen Verfahren verschlüsselt.

Symmetrische Verschlüsselung
Sehen wir uns symmetrische Verfahren in Abb. 2.2 etwas genauer an.

Zunächst lernen wir noch Alice und Bob kennen. Sie sind die wohl bekanntesten Charaktere in der Kryptographie. Im klassischen Szenario möchte Alice Bob eine Nachricht schicken und Eve (von „to eavesdrop") möchte diese mithören. Der Ablauf

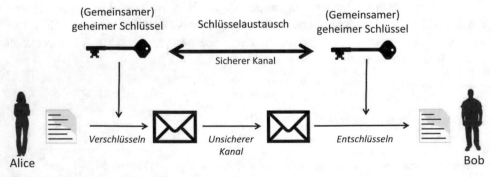

Abb. 2.2 Symmetrische Verschlüsselungsverfahren

der Kommunikation sieht folgendermaßen aus. Zunächst vereinbaren Alice und Bob einen gemeinsamen, geheimen Schlüssel $K_E = K_D = K_{A,B}$. K_E bezeichnet dabei den „Encryption Key" und K_D den „Decryption Key". Um einen Klartext M („Message") von Alice an Bob zu versenden, verschlüsselt Alice den Text mittels $K_{A,B}$, also $C = E(M, K_{A,B})$ und sendet den „Ciphertext" C an Bob. Bob entschlüsselt C mittels $K_{A,B}$, also: $M = D(C, K_{A,B}) = D(E(M, K_{A,B}), K_{A,B})$. E bezeichnet hierbei die Verschlüsselungsfunktion und D die Entschlüsselungsfunktion. Eines der heutzutage als sicher geltendes und weit verbreitetes symmetrisches Verschlüsselungsverfahren ist der *Advanced Encryption Standard (AES)*. Der Schlüsselaustausch stellt bei symmetrischen Verfahren ein Problem dar; dieser muss über einen sicheren Kanal erfolgen, ansonsten könnte eine Lauscherin Eve den Schlüssel mithören und damit selbst die verschlüsselte Nachricht entschlüsseln und somit an den Klartext gelangen.

Asymmetrische Verschlüsselung

Asymmetrische Verfahren (häufig auch *Public-Key*-Verfahren genannt) umgehen das zuvor genannte Problem des sicheren Schlüsselaustauschs. Wir erinnern uns, dass bei asymmetrischen Verfahren die Schlüssel zum Ver- und Entschlüsseln unterschiedlich sind. Der Schlüssel zum Verschlüsseln kann veröffentlicht werden; er wird deshalb auch „öffentlicher Schlüssel" genannt. Der Schlüssel zum Entschlüsseln hingegen ist der „private Schlüssel" – dieser darf unter keinen Umständen weitergegeben werden. Einen Überblick über asymmetrische Verfahren gibt Abb. 2.3.

Wie wir in der Abbildung sehen, wird der Schlüsselaustausch bei asymmetrischen Verfahren einfacher. Bob kann seinen öffentlichen Schlüssel veröffentlichen, bspw. auf seiner Webseite; er muss ihn nicht mehr auf einem sicheren Kanal an Alice übertragen. Dass der Schlüsselaustausch bei asymmetrischen Verfahren überhaupt kein Problem darstellt, wäre allerdings nur die halbe Wahrheit. In der Praxis ist es für Alice schwer, die Authentizität des öffentlichen Schlüssels von Bob zu überprüfen. Für diesen Zweck

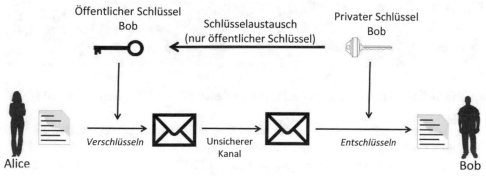

Abb. 2.3 Asymmetrische Verschlüsselungsverfahren

werden *Public Key Infrastrukturen (PKIs)* eingesetzt. PKIs sind nicht Thema dieses Lehrbuchs. Daher verweisen wir an dieser Stelle auf Lehrbücher zur IT-Sicherheit.

Bei asymmetrischen Verfahren haben wir es mit Schlüsselpaaren zu tun. K_E bezeichnet dabei den Schlüssel zum Verschlüsseln, den öffentlichen Schlüssel, der bekannt gegeben werden kann. K_D hingegen bezeichnet den Schlüssel zum Entschlüsseln, den privaten Schlüssel. Für die Ver- und Entschlüsselungsfunktion E und D muss gelten, dass $D(E(M, K_E), K_D) = M$, d. h. die Entschlüsselung einer verschlüsselten Nachricht mit zum öffentlichen Schlüssel passenden privaten Schlüssel muss wieder die ursprüngliche Nachricht ergeben.

Eines der bekanntesten asymmetrischen Verfahren ist *RSA*, benannt nach seinen Entwicklern RIVEST, SHAMIR und ADLEMAN. RSA basiert auf dem Faktorisierungsproblem. Es nutzt aus, dass die Multiplikation großer Zahlen sehr viel einfacher ist als die Faktorisierung. Es lässt sich allgemein sagen, dass die Sicherheit bei asymmetrischen Verfahren schwer kalkulierbar ist. Die Angreifbarkeit hängt vom algorithmischen Fortschritt bei der Lösung der den Verfahren zugrundeliegenden mathematischen Problemen ab.

Da wir in den nachfolgenden Kapiteln immer wieder auf das RSA-Verfahren zurückgreifen werden, möchten wir es an dieser Stelle näher betrachten:

RSA-Verfahren:

1. Wähle zwei große Primzahlen p und q, berechne $n = pq$.
2. Wähle $0 < d < n - 1$, so dass gilt: d ist relativ prim zu $(p - 1)(q - 1)$, d. h. $ggT((p - 1)(q - 1), d) = 1$. Mögliche Kandidaten: Primzahlen d mit $max(p, q) < d < (p - 1)(q - 1)$
3. Wähle $0 < e < n - 1$ mit $ed = 1 \mod (p - 1)(q - 1)$
4. (e, n) ist der öffentliche Schlüssel
5. (d, n) ist der private Schlüssel
6. Verschlüsseln des Klartexts $M : C = E(M) = M^e \mod n$
7. Entschlüsseln des Chiffretexts $C : D(C) = C^d \mod n = M$

Es gilt für e, d, n wie oben definiert: $M^{ed} \mod n = M^{de} \mod n = M$

Die Sicherheit des Verfahrens beruht auf der Geheimhaltung der Werte p, q und $(p - 1)$ $(q - 1)$.

Im weiteren Verlauf werden wir vor allem die Punkte 4 bis 7 benötigen. Den Rest des Verfahrens nehmen wir als gegeben hin. Nähere Informationen und Beweise finden sich in nahezu jedem Lehrbuch zur Kryptographie bzw. zur IT-Sicherheit, etwa bei SORGE ET AL. [9].

2.3.2   Digitale Signatur

Asymmetrische Kryptographie erlaubt neben der Verschlüsselung eine weitere Anwendung: die *Digitale Signatur*.

Die Anforderungen an eine digitale Signatur sind wie folgt:

* Die Signaturerstellung ist nur durch die berechtigte Entität möglich,
* Die Signaturprüfung ist durch beliebige Dritte möglich,
* Die Signatur ist an ein Dokument gebunden,
* Der Signaturersteller kann nicht plausibel abstreiten, eine Signatur erstellt zu haben.

In der Praxis erfolgt die Signaturerstellung durch eine Entität mit dem passenden *privaten* Schlüssel. Die Signaturprüfung kann durch jeden erfolgen, der Zugriff auf den zugehörigen *öffentlichen* Schlüssel hat. Eine digitale Signatur eines Dokuments durch Alice liefert den Beweis, dass Alice *genau dieses* Dokument signiert hat. Niemand sonst kann die Signatur im Namen von Alice erzeugen (außer, er hat ihren privaten Schlüssel). Die Signatur ist auch für kein anderes Dokument gültig. Damit wird das Schutzziel *Verbindlichkeit* erreicht.

Das zuvor besprochene RSA-Verfahren eignet sich auch als digitales Signaturverfahren. Nehmen wir an, Alice möchte ein Dokument signieren. Dazu wendet sie die Verschlüsselungsfunktion von RSA an. Allerdings verwendet sie nun ihren eigenen privaten Schlüssel. Sie berechnet also $sig_{Alice}(M) = M^d$ mod n. Bob, in Besitz des öffentlichen Schlüssels von Alice, kann nun die Signatur folgendermaßen prüfen: Ist $sig_{Alice}(M)^e$ mod $n = M$? Das Verfahren wird in der Praxis noch ergänzt, insbesondere um den Einsatz kryptographischer Hash-Funktionen (vgl. Abschn. 2.3.4); somit können bestimmte Angriffe verhindert und der Signaturvorgang beschleunigt werden.

2.3.3   Blinde Signatur

Einer der zentralen kryptographischen Bausteine in einer Reihe von Privacy-Enhancing Technologies (PETs) ist die *blinde Signatur*. Das Konzept wurde 1983 von DAVID CHAUM entwickelt, einem Kryptographen der, wie wir noch sehen werden, für zahlreiche Entwicklungen im Bereich der PETs verantwortlich zeichnet [1]. Die Grundidee ist, dass der Signierende nicht sieht, was er signiert. Das Äquivalent in der analogen Welt sieht folgendermaßen aus: Zunächst wird Kohlepapier auf ein Dokument gelegt. Das Dokument und das Kohlepapier werden in einen Umschlag gesteckt. Der Signierende signiert den Umschlag. Die Unterschrift drückt sich dabei auf das Dokument durch.

Soll nun Alice ein von Charly vorbereitetes Dokument M mittels RSA blind signieren, so führen die beiden folgendes Protokoll durch:

Blinde Signatur mittels RSA: Der öffentliche Schlüssel von Alice ist (n, e).

- Charly wählt eine Zufallszahl r und berechnet $M' = Mr^e \mod n$
- Alice erhält und signiert M': $sig_{Alice}(M') = sig_{Alice}(Mr^e \mod n) = M^d r^{ed} \mod n = M^d r \mod n$
- Charly erhält $sig_{Alice}(M')$ und berechnet $M^d r r^{-1} \mod n = M^d \mod n = sig_{Alice}(M)$

Charly erhält als Resultat also eine Signatur von Alice über die eigentliche Nachricht M, die Alice nicht gesehen hat.

Anwendung findet die blinde Signatur bspw. bei elektronischen Bezahlverfahren. Der Aussteller einer „digitalen Münze" kennt den Inhalt nicht, kann ihn aber signieren. Im Detail beschäftigen wir uns damit in Abschn. 6.2.

2.3.4 Kryptographische Hash-Funktionen

Hash-Funktionen sind uns bereits aus anderen Bereichen als der Kryptographie bekannt, bspw. zur Realisierung der Datenstruktur „Hash Table". Die Grundidee einer Hash-Funktion besteht im wesentlichen darin, eine Eingabe beliebiger Länge auf eine Ausgabe fester Länge abzubilden, z. B. eine Textdatei auf 128 Bit. Die Funktion sollte dabei effizient berechenbar sein.

Eine *kryptographische* Hash-Funktion $h(x)$ ist eine Hash-Funktion mit den folgenden Eigenschaften:

- Zu einem gegebenen $h(x)$ kann kein passendes x effizient berechnet werden (Resistenz gegenüber Urbild-Angriff),
- Zu einem gegebenen x_1 kann kein x_2 effizient berechnet werden, so dass $h(x_1) = h(x_x)$ (Resistenz gegenüber „Zweites-Urbild-Angriff"),
- Es ist nicht effizient möglich, ein Paar (x_1, x_2) zu finden, so dass $h(x_1) = h(x_2)$.

Die zweite und dritte Eigenschaft werden auch schwache Kollisionsresistenz und starke Kollisionsresistenz genannt. Der Unterschied ist, dass im ersten Fall einer der beiden Werte, x_1, fest vorgegeben ist.

Mit „nicht effizient" meinen wir hier: Nicht schneller als durch systematisches Auspro-
bieren aller Möglichkeiten („brute force").

Anwendung finden kryptographische Hash-Funktionen u. A. zur (symmetrischen) Datenauthentifizierung. Nehmen wir wieder an, dass Alice und Bob miteinander kommunizieren und einen gemeinsamen Schlüssel haben. Niemand soll die ausgetauschten
Daten unbemerkt modifizieren können. Die Lösung besteht darin, einen sogenannten
Message Authentication Code (MAC) an die Daten anzuhängen. Der MAC könnte bspw.
folgendermaßen berechnet werden: $MAC = Hash(\text{Daten} \parallel \text{Schlüssel})$. Diese Variante
der Berechnung wird auch als „keyed hash" bezeichnet.

Auf den ersten Blick verfolgen MACs und digitale Signaturen ähnliche Ziele: beide
gewährleisten *Integrität* und *Authentizität*. Da es sich bei MACs allerdings um symmetrische Verfahren handelt, ist für die Datenauthentifizierung ein gemeinsames Geheimnis
(Schlüssel) mit dem Kommunikationspartner vonnöten. Bei digitalen Signaturen, als
Vertreter von asymmetrischen Verfahren, ist für die Prüfung der Datenauthentizität nur
der öffentliche Schlüssel des Kommunikationspartners nötig. Neben den Unterschieden
hinsichtlich der Performanz (MACs weisen einen geringen Rechenaufwand auf, während
Signaturen sehr rechenaufwändig sind), gibt es noch einen zentralen Unterschied: Digitale
Signaturen erfüllen das Schutzziel *Verbindlichkeit*. Der Nachweis der Authentizität erfolgt
gegenüber jedem Inhaber des öffentlichen Schlüssels. Bei MACs hingegen ist für Dritte
nicht nachvollziehbar, ob nun Alice oder Bob – die beide in Besitz des gemeinsamen
Geheimnisses sind – eine Nachricht authentifiziert hat.

Kommen wir noch einmal auf den hohen Rechenaufwand bei der Erstellung digitaler
Signaturen zu sprechen. Der Rechenaufwand zum „direkten" Signieren eines langen
Dokuments mit einem asymmetrischen Verfahren wäre für Alice zu hoch. Stattdessen
greift sie auf eine kryptographische Hashfunktion zurück. Sie berechnet, wie in Abb. 2.4
dargestellt, zunächst den Hashwert des Dokuments und signiert dann diesen kurzen
Hashwert mit dem asymmetrischen Verfahren. Bob wendet zum Prüfen der Signatur
dieselbe Hash-Funktion auf das Dokument an und prüft, ob die Signaturverifikation mit
dem öffentlichen Schlüssel von Alice erfolgreich ist – ist dies der Fall, kann sich Bob
sicher sein, dass Alice das Dokument signiert hat und dass das Dokument nicht manipuliert
wurde.

2.3.5 Diffie-Hellman-Verfahren

Für die Ver- und Entschlüsselung von Nachrichten mit einem symmetrischen Verfahren
benötigen Alice und Bob, wie wir zuvor gesehen haben, einen gemeinsamen Schlüssel.
Zuvor hatten wir gesagt, dass der Schlüsselaustausch über einen sicheren Kanal erfolgen
muss. Der *Diffie-Hellman (DH)-Schlüsselaustausch*, benannt nach seinen Entwicklern
DIFFIE und HELLMAN, erlaubt einen derartigen Schlüsselaustausch auch über einen
unsicheren Kanal. Das Ziel ist es, einen symmetrischen Schlüssel zu erzeugen, der nicht im
Klartext übertragen wird. Bei dem DH-Verfahren handelt es sich um ein asymmetrisches
Verfahren, das auf dem Problem des diskreten Logarithmus basiert.

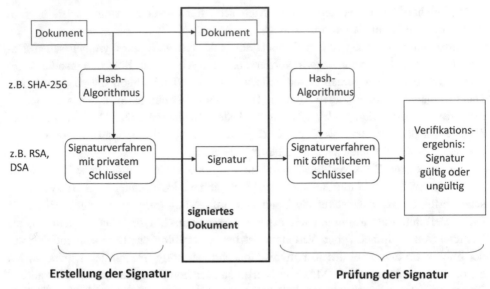

Abb. 2.4 Dokument-Signatur: Zusammenspiel von kryptographischen Hash-Funktionen und Digitalen Signaturen

Der Ablauf des DH-Schlüsselaustauschs gestaltet sich wie folgt.

DH-Schlüsselaustausch-Protokoll:

- Zunächst vereinbaren Alice und Bob eine große Primzahl p und einen Generator g. Diese Informationen können öffentlich sein.
- Alice wählt eine Zufallszahl a (mit $1 < a < p - 1$) und schickt $g^a \mod p$ an Bob.
- Bob wählt eine Zufallszahl b (mit $1 < b < p - 1$) und schickt $g^b \mod p$ an Alice.
- Beide können nun $K = (g^a \mod p)^b \mod p = (g^b \mod p)^a \mod p = g^{ab} \mod p$ berechnen.

Der Generator g hat die Eigenschaft, dass alle Zahlen $1, \ldots, p - 1$ als Potenz $g^i \mod p$ dargestellt werden können. Die Kenntnis von $g^a \mod p$ und $g^b \mod p$ reicht einer Lauscherin Eve nicht, um K zu berechnen.

Dieses Verfahren ist nach heutigem Stand sicher gegen Angreifer, die nur mithören (passive Angreifer). Es ist anfällig gegen Man-in-the-Middle (MITM)-Angriffe, bei denen der Angreifer je einen DH-Austausch mit Alice und mit Bob durchführt. Als Gegenmaßnahme käme bspw. eine Authentifizierung mittels digitaler Signatur in Betracht.

Der DH-Schlüsselaustausch liefert zudem die für unsere späteren Verfahren schöne Eigenschaft der sogenannten *Perfect Forward Secrecy (PFS)*. PFS bedeutet, dass es kein langlebiges Geheimnis gibt, dessen Kompromittierung die gesamte, aufgezeichnete Kommunikation der Vergangenheit aufdecken würde. Sofern für jede übermittelte Nachricht ein neuer DH-Schlüssel (*Sitzungsschlüssel*) ausgetauscht wird, kann ein Angreifer, dem es gelingt einen einzigen DH-Schlüssel K zu erfahren, nicht die Inhalte der anderen Nachrichten erlangen.

Wenn wir uns vorstellen, dass Alice und Bob hingegen einen Schlüsselaustausch mittels RSA durchführen würden – wie dies in der Praxis auch häufig gemacht wird – wäre PFS nicht gewährleistet. Nehmen wir an, Alice verschlüsselt mit RSA vor jeder Nachrichtenübermittlung einen neuen, zufällig gewählten symmetrischen Sitzungsschlüssel mit dem öffentlichen Schlüssel von Bob und sendet ihm das Chiffrat. Des Weiteren verschlüsselt sie die (lange) Nachricht mit einem symmetrischen Verfahren und mit dem zuvor erstellten Sitzungsschlüssel und sendet dieses Chiffrat auch an Bob. Bob würde nun im ersten Schritt mit seinem privaten Schlüssel (und dem asymmetrischen Verfahren) den Sitzungsschlüssel entschlüsseln. Im nächsten Schritt würde er mit diesem Sitzungsschlüssel (und dem symmetrischen Verfahren) die Nachricht entschlüsseln. Wenn es nun einem Angreifer, der die gesamte verschlüsselte Kommunikation zwischen Alice und Bob aufzeichnet, irgendwann in der Zukunft gelingen würde, den privaten RSA-Schlüssel von Bob zu erfahren, so könnte er alle zuvor ausgetauschten Nachrichten zwischen Alice und Bob entschlüsseln.

Als nächstes können wir uns nun grundlegenden Verfahren aus der IT-Sicherheit zuwenden, die allesamt auf den kennengelernten kryptographischen Verfahren aufbauen.

2.4   Grundlegende Verfahren aus der IT-Sicherheit

In diesem Abschnitt möchten wir einen kurzen Überblick über aktuelle Verfahren geben, die heute in der Praxis häufig zum Einsatz kommen, wenn es um die Erfüllung der „klassischen" IT-Sicherheits-Schutzziele aus Abschn. 2.1.1 geht. Diese Verfahren, die im Hinblick auf die in Art. 32 Datenschutz-Grundverordnung (DSGVO) geforderte Maßnahmen dem *Stand der Technik* entsprechen, werden klassischerweise dem Bereich der *IT-Sicherheit* zugeordnet. Allen voran das gebotene Schutzziel *Vertraulichkeit* ist aber auch dem Datenschutz sehr dienlich, weshalb viele Privacy-Enhancing Technologies (PETs) auch auf diesen etablierten „Standard"-Mechanismen aufbauen. Wir möchten darauf hinweisen, dass die *IT-Sicherheit* und der *Datenschutz* auf den ersten Blick unterschiedliche Ziele verfolgen. Bei der IT-Sicherheit steht typischerweise tatsächlich der „Schutz von Daten" und Datenverarbeitungsanlagen im Vordergrund. Hier geht es etwa darum sicherzustellen, dass Daten nicht unberechtigt gelesen werden können, dass Systeme nicht unberechtigt genutzt werden können etc. Beim Datenschutz hingegen steht, wie bereits zuvor erwähnt, der Schutz von Personen im Vordergrund. Es geht u. A. darum zu kontrollieren, wie mit personenbezogenen Daten umgegangen wird. Bei genauerer Betrachtung wird schnell klar, dass in vielen Fällen dieselben Maßnahmen, etwa kryptographische Verfahren, angewendet werden können, um sowohl die Schutzziele der IT-Sicherheit als auch die des Datenschutzes zu erfüllen. Dies gilt insbesondere für die beiden Verfahren, die wir als nächstes genauer betrachten.

2.4.1 Transport Layer Security

Das *Transport Layer Security (TLS)*-Protokoll deckt die Schutzziele *Authentizität*, *Integrität*, sowie *Vertraulichkeit* bei der Übermittlung von Daten auf der Transport-Ebene ab. Bei TLS handelt es sich um ein weit verbreitetes Sicherheits-Protokoll, das als Grundlage zur Absicherung einer Vielzahl an „darüber liegenden" Diensten/Anwendungen dient. So sorgt TLS bspw. für die Sicherheit für einzelne Anwendungen im Web, wie dem Online-Banking oder dem Online-Shopping. Erkennbar ist der Einsatz von TLS dabei an dem Präfix „https" in der Adresszeile des Browsers. Im E-Mail-Bereich gibt es mit SMTPS die über TLS abgesicherte Version von SMTP. Die aktuelle Version ist TLS 1.3, spezifiziert in RFC 8446. Secure Sockets Layer (SSL), die Vorgängerversion von TLS, entspricht nicht mehr dem Stand der Technik und sollte aus Sicherheitsgründen entsprechend nicht mehr eingesetzt werden. Vielen Nutzern ist das Protokoll immer noch unter „SSL" bekannt und so werben auch einige Certificate Authoritys (CAs) noch mit der Ausstellung von „SSL-Zertifikaten".

Verbindungsaufbau

Beim Verbindungsaufbau, dem sogenannten „TLS Handshake", erfolgt einerseits die *Authentifizierung der Kommunikations-Partner* (in der Regel des Servers gegenüber dem Client), sowie die *Aushandlung des Sitzungsschlüssels* für die folgende Kommunikation.

Es gibt unterschiedliche Varianten des Verbindungsaufbaus. Um die Langzeitsicherheit, die sogenannte *Perfect Forward Secrecy (PFS)*, von übertragenen Daten sicherzustellen, sollte der Schlüsselaustausch nach Diffie-Hellman (DH), wie in Abschn. 2.3.5 beschrieben, erfolgen; dies ist bei TLS 1.3 Standard.

Die Authentifizierung des Servers gegenüber dem Client erfolgt dabei dadurch, dass der Server u. a. seinen für den DH-Austausch verwendeten, öffentlichen Parameter[3] mit seinem privaten (Langzeit-)Schlüssel – in den meisten Fällen ein RSA-Schlüssel – signiert. Zusätzlich übermittelt der Server dem Client ein von einer vertrauenswürdigen Zertifizierungsstelle (einer *Certificate Authority (CA)*) ausgestelltes X.509-Zertifikat, in dem die CA mit ihrer digitalen Signatur bestätigt, dass der öffentliche (Langzeit-)RSA-Schlüssel im Zertifikat tatsächlich diesem Server gehört. Der Client kann nach Prüfung

---

[3] Für jede Kommunikationsverbindung werden neue DH-Parameter gewählt, man spricht in diesem Kontext auch von „ephemeral" DH-Schlüsseln.

des Zertifikats[4] und Entnahme des öffentlichen Schlüssels aus dem Zertifikat die Signatur (u. a. über den öffentlichen DH-Parameter) des Servers überprüfen und damit sicher sein, dass er mit dem „erwarteten" Server kommuniziert; nur der Server ist in Besitz des zum im Zertifikat enthaltenen öffentlichen Schlüssel zugehörigen privaten Schlüssels, der für die Signaturerstellung verwendet wurde.

Im Anschluss an den Schlüsselaustausch etablieren Client und Server den „sicheren Kanal", über den sie nun kommunizieren. Zur Verschlüsselung der Daten wird ein symmetrisches Verschlüsselungsverfahren verwendet, das den zuvor per DH-Verfahren ausgehandelten Sitzungsschlüssel – der genau für diese eine Kommunikationsbeziehung gilt[5] – nutzt. Die Integrität und Authentizität der Nachrichten wird auch über ein symmetrisches Verfahren, das ebenso das zuvor ausgehandelte Schlüsselmaterial nutzt, gewährleistet. In der Praxis authentifiziert sich der Client gegenüber dem Server innerhalb des sicheren Kanals; im Web bspw. durch Eingabe von Benutzername und Passwort.

Schwachstellen

In den letzten Jahren wurden einige Schwachstellen bei der Implementierung des SSL/TLS-Protokolls aufgedeckt. Eine der gravierendsten war der sogenannte „Heartbleed-Bug", der im April 2014 entdeckt wurde und von dem zahlreiche Server betroffen waren, die die OpenSSL Kryptographie-Bibliothek nutzten – der Fehler bestand dort seit Ende 2011.

Daneben gab es zahlreiche Vorfälle bei den Zertifizierungsstellen. So wurden bspw. Fälle von „Einbrüchen" bei CAs bekannt, bei denen sich die Täter etwa (im Namen der CA) selbst ein Zertifikat für *.google.com ausgestellt haben. Damit waren Man-in-the-Middle (MITM)-Angriffe auf Nutzer von Google-Diensten möglich. Den Nutzern, die der ausstellenden CA vertrauten, konnte das Zertifikat untergeschoben werden und die Angreifer konnten sich auf diese Art als Betreiber von Google-Diensten ausgeben. Die Nutzer hatten also eine „sichere Verbindung" über TLS aufgebaut – allerdings nicht mit Google sondern mit den Angreifern. In den Medien wurde berichtet, dass iranische Täter hinter einem dieser Einbrüche vermutet wurden und der Google-Dienst „GMail" im Zentrum des Angriffs stand. Eine Regierung, die die Netz-Infrastruktur eines Landes kontrolliert und es dann noch schafft, „richtige" Zertifikate für von den Bürgern dieses Landes genutzte (ausländische) Dienste zu erlangen, ist in der Lage, sehr weit in die Privatsphäre der Bürger einzudringen. Als eine der Maßnahmen zur Verhinderung derartiger Angriffe wurde die sogenannte „Certificate Transparency" ins Leben gerufen. Auch DNS-based Authentication of Named Entities (DANE) (das auf DNSSEC basiert)

---

[4] Hierzu gehört u. A. die Prüfung der Zertifikatskette, der Signatur der CA, des Gültigkeitszeitraums etc.

[5] Nach Beendigung der Kommunikationsbeziehung muss der Sitzungsschlüssel gelöscht werden; nur so kann PFS erreicht werden.

kann Abhilfe gegen derartige Angriffe schaffen. Interessierte Leserinnen und Leser seien hierzu auf die einschlägige IT-Sicherheitsliteratur verwiesen.

Aus heutiger Sicht sollte das veraltete SSL-Protokoll nicht mehr zum Einsatz kommen, hier bestehen zu viele Sicherheitslücken. Es sollte auf die neue TLS-Version 1.3 zurückgegriffen werden. Das Bundesamt für Sicherheit in der Informationstechnik (BSI) rät von der Verwendung älterer Versionen ab [3]. Eine Untersuchung von ca. 40.000 Websites von Unternehmen in Baden-Württemberg durch den Co-Autor dieses Lehrbuchs für den Landesbeauftragten für den Datenschutz und die Informationsfreiheit Baden-Württemberg im Zeitraum 2016 bis 2018 hat allerdings ergeben, dass bislang keine Webserver-Betreiber die strengen BSI-Vorgaben einhalten [5, 6].

2.4.2 Virtual Private Networks

Virtual Private Networks (VPNs) werden vor allem im Unternehmensumfeld häufig eingesetzt, um einen „sicheren Kanal" zwischen zwei Standorten, oder auch für die Anbindung von Außendienstmitarbeitern an das Unternehmensnetzwerk zu schaffen. Im Gegensatz zum zuvor vorgestellten TLS-Protokoll, das auf der Transportebene im ISO/OSI-Schichtenmodell[6] angesiedelt ist, wird ein VPN typischerweise eine Schicht darunter, auf der Netzwerkschicht, angesiedelt. Der sichere Kanal umfasst somit die gesamte IP-Kommunikation zwischen den beteiligten Instanzen und nicht, wie im TLS-Protokoll, „nur" die Kommunikation zwischen zwei Anwendungen.

Für die Etablierung eines VPNs kann *IPsec* zum Einsatz kommen; ein Protokoll, das bei IPv6 ebenfalls Anwendung findet. IPsec ist in den RFCs 4301–4309 spezifiziert.[7] IPsec bietet unterschiedliche Modi und Protokolle. Für uns sind für die weitere Betrachtung lediglich der *Tunnelmodus* und das *Encapsulating Security Payload (ESP)-Protokoll* relevant.

Der Tunnelmodus sorgt, wie in Abb. 2.5 dargestellt, dafür, dass zum eigentlichen IP-Paket ein zusätzlicher, äußerer IP-Header hinzugefügt wird. Die IPsec-Daten sowie der innere IP-Header werden als „Payload" des äußeren IP-Pakets transportiert.

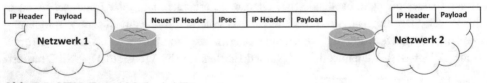

Abb. 2.5 VPN: Tunnel-Modus bei IPsec

---

[6] Die Details zum ISO/OSI-Schichtenmodell können Sie in Lehrbüchern zu Kommunikationsnetzen nachschlagen.

[7] RFC 4305 ist inzwischen durch RFC 4835 ersetzt worden.

Das ESP-Protokoll erlaubt die Verschlüsselung des gesamten inneren IP-Pakets. Damit wird das Schutzziel *Vertraulichkeit* bei IPsec erfüllt. Außerdem sorgt ESP für die *Integrität* und *Authentizität* der übertragenen IP-Pakete. Im Tunnelmodus ist zusätzlich auch der oben dargestellte IPsec-Header integritätsgeschützt.

Sehen wir uns nun den Ablauf bei IPsec bei Verwendung des Tunnelmodus und ESP-Protokolls am Beispiel der Anbindung eines Außendienstmitarbeiters an sein Unternehmensnetzwerk genauer an. Der Mitarbeiter sendet das in der Abbildung dargestellte IP-Paket an das IPsec-Gateway seines Unternehmens. Das Gateway prüft die Integrität und Authentizität und entschlüsselt das innere, eigentliche IP-Paket (innerer IP-Header und Payload). Erst jetzt liegt dem Gateway die Adresse des Zielrechners, die sich im inneren IP-Header befindet, im Klartext vor. Das Gateway sendet das IP-Paket nun an die gewünschte Station weiter.

Damit wird klar, dass ein VPN auch einen (limitierten) Schutz vor Verkehrsflussanalyse bietet. Ein Außenstehender sieht lediglich, dass der Mitarbeiter mit seinem Unternehmen kommuniziert, aber nicht, mit welchem Zielsystem. Genau so wenig erfährt ein Außenstehender, mit welchem Zielsystem ein Student kommuniziert, der eine VPN-Verbindung zu seiner Universität aufgebaut hat und diese für seine Aktivitäten nutzt. Mit dem Thema *Verkehrsflussanalyse* werden wir uns in Abschn. 4.1 noch näher befassen.

2.5   Fazit

In diesem Kapitel haben wir die technischen Grundlagen für die weiteren Kapitel gelegt. Sie sollten die wichtigsten kryptographischen Verfahren und IT-Sicherheits-Protokolle kennen und wissen, welche Schutzziele diese erfüllen. Außerdem sollten sie wissen, was unter Anonymität und Pseudonymität zu verstehen ist. In den nächsten Kapiteln werden wir immer wieder auf die hier vorgestellten Verfahren zurückgreifen und zeigen, wie diese in bestimmten Szenarien zur Erfüllung von Datenschutz-Schutzzielen angewandt und kombiniert werden können.

2.6   Übungsaufgaben

Aufgabe 1
„Klassische" Schutzziele der IT-Sicherheit stehen gelegentlich im Widerspruch zum Datenschutz – zeigen Sie einen solchen Zielkonflikt an einem *konkreten* Beispiel auf!

Aufgabe 2
Geben Sie ein konkretes Beispiel eines Angriffs an, durch den ein Angreifer eine positive Anonymitätsdifferenz erzielen kann, ohne dabei ein Subjekt eindeutig zu identifizieren! Wie können Sie die Anonymität in Ihrem Beispiel messen?

Literatur

1. David Chaum. Blind signatures for untraceable payments. In *Advances in Cryptology – Crypto '82*, pages 199–203. Springer, 1982.
2. Claudia Eckert. *IT-Sicherheit*, 8. Auflage. Oldenbourg-Verlag, 2013.
3. Bundesamt für Sicherheit in der Informationstechnik. Kryptographische Verfahren: Empfehlungen und Schlüssellängen. Teil 2 – Verwendung von Transport Layer Security (TLS), Version 2016-01. Technische Richtlinie TR-02102-2, Jan. 2016.
4. Konferenz der Datenschutzbeauftragten des Bundes und der Länder. Ein modernes Datenschutzrecht für das 21. Jahrhundert. Technical report, 2010. Herausgegeben durch den Vorsitzenden der Konferenz im Jahr 2010: Der Landesbeauftragte für den Datenschutz Baden-Württemberg.
5. Ronald Petrlic. HTTPS im Lichte der DSGVO. *Datenschutz und Datensicherheit – DuD*, 42(11):691–693, 2018.
6. Ronald Petrlic and Klaus Manny. Wie sicher ist der Zugriff auf Websites im Internet? *Datenschutz und Datensicherheit – DuD*, 41(2):88–92, 2017.
7. Andreas Pfitzmann and Marit Hansen. A terminology for talking about privacy by data minimization: Anonymity, Unlinkability, Undetectability, Unobservability, Pseudonymity, and Identity Management. Technical Report Version v0.33, Apr. 2010. http://dud.inf.tu-dresden.de/literatur/Anon_Terminology_v0.33.pdf.
8. Martin Rost and Kirsten Bock. Privacy By Design und die Neuen Schutzziele. *Datenschutz und Datensicherheit – DuD*, 35(1):30–35, 2011.
9. Christoph Sorge, Nils Gruschka, and Luigi Lo Icacono. *Sicherheit in Kommunikationsnetzen*. Oldenbourg Wissenschaftsverlag, 2013.

Anonymitätsmaße

3

Eine besondere Herausforderung für die Praxis ist das *Anonymisieren* von Daten. Es existieren zahlreiche Anonymisierungs-Techniken – einige davon greifen wir in diesem Kapitel auf. So beschäftigen wir uns in Abschn. 3.1 zunächst mit den allgemeinen Anforderungen an Anonymisierungs-Techniken. Danach lernen wir in Abschn. 3.2 mit dem Konzept der *k-Anonymität* einen der grundlegendsten und bekanntesten Ansätze zur Anonymisierung von Daten kennen. Danach betrachten wir in Abschn. 3.3 mit *Differential Privacy* ein neueres Konzept zur Anonymisierung von Daten.

> **Lernziele:** Am Ende dieses Kapitels sollten Sie Verfahren zur Anonymisierung von Daten kennen. Sie sollten auch die Schwachstellen der unterschiedlichen Ansätze kennen und die erreichten Anonymitätsmaße bewerten können, um zu entscheiden, ob Daten hinreichend gut anonymisiert wurden.

3.1 Überblick

Die Motivation für die Anonymisierung von Daten besteht darin, dass eine Teilmenge von Daten aus einer (Datenbank-)Tabelle, die personenbezogene Daten enthält, veröffentlicht werden soll. Eine Identifikation einzelner Personen soll dabei allerdings nicht möglich sein.

Beispiel

Häufig wird in diesem Zusammenhang das Veröffentlichen von Krankheitsdaten für Forschungszwecke genannt. Forscher interessieren sich für die statistischen

© Der/die Autor(en), exklusiv lizenziert an Springer Fachmedien Wiesbaden GmbH, ein Teil von Springer Nature 2022
R. Petrlic et al., *Datenschutz*, https://doi.org/10.1007/978-3-658-39097-6_3

Zusammenhänge bei bestimmten Krankheiten um z. B. zu untersuchen, welchen Einfluss bestimmte Faktoren wie das Umfeld/der Wohnort, das Alter, oder die Ernährung auf einen Krankheitsverlauf haben. Krankenhäuser verfügen in der Regel über solche Daten – dürfen diese aber nur anonymisiert weitergeben, d. h. einzelne Patienten dürfen nicht identifizierbar sein. Wie wir später sehen werden, ist es dabei nicht damit getan, einfach die offensichtlichen identifizierenden Daten wie Name oder Anschrift der Patienten zu entfernen, um eine korrekte Anonymisierung der Daten durchzuführen, die keine Rückschlüsse auf die Personen (d. h. eine Re-Identifizierung) zulassen. ◄

3.1.1   Anonymitäts-Modelle

Szenarien

Wenn wir uns das oben genannte Beispiel ansehen, dann gehen wir davon aus, dass in solch einem Fall die weiterzugebenden Daten typischerweise bereits vorliegen und vor der Weitergabe („am Stück") anonymisiert werden sollen. Man spricht in diesem Fall auch von einem *nicht-interaktiven* Szenario der Datenweitergabe. Bei diesem Szenario, bei dem die einzelnen (anonymisierten) Datensätze weitergegeben werden, geht man davon aus, dass diese Datensätze größtmögliche „Nutzbarkeit", etwa für die Forschung, aufweisen. Vor der Weitergabe muss genau überlegt werden, wie die Anonymisierung durchzuführen ist, so dass niemand in der Lage ist, die Daten zu de-anonymisieren. Man muss davon ausgehen, dass der anonymisierte Datensatz öffentlich bekannt wird. Eine Methode der Anonymisierung besteht dabei in der Sicherstellung der *k-Anonymität*, mit der wir uns in Abschn. 3.2 genauer beschäftigen werden. Daneben existiert das sogenannte *interaktive* Szenario der Datenweitergabe. Hier geht man davon aus, dass nicht der komplette Datensatz (anonymisiert) weitergegeben wird, sondern dass Interessierte einzelne Anfragen stellen können und anonymisierte Antworten – in der Regel nur aggregierte Werte über die Datensätze – erhalten. Die Nutzbarkeit der Daten ist dabei eingeschränkter als bei der Weitergabe einzelner Datensätze – dies hängt jedoch stark vom Szenario und den Fragestellungen ab. In Abschn. 3.3 beschäftigen wir uns mit *Differential Privacy*, einem Vertreter eines Anonymisierungsansatzes, der zum interaktiven Szenario gezählt werden kann. Dabei werden wir sehen, dass zur Anonymisierung nicht nur eine Aggregation der Daten stattfindet, sondern zusätzlich noch ein „Rauschen" hinzugefügt wird, um ein möglichst hohes Maß an Anonymität sicherzustellen.

Bedrohungen

In der Literatur[1] wird zwischen unterschiedlichen Typen von Attributen (von personenbezogenen Daten) unterschieden: *(direkten) Identifikatoren*, *Quasi-Identifikatoren* und

---

[1] Anonymisierung spielt vor allem im Gesundheitsbereich eine wesentliche Rolle. Die folgende Darstellung orientiert sich an [3].

sensiblen Werten. Erstgenannte Attribute (bspw. Name, (E-Mail-)Adresse, Personalausweisnummer etc.) erlauben eine direkte Re-Identifizierung von natürlichen Personen. Quasi-Identifikatoren, mit denen wir uns in Abschn. 3.1.2 genauer befassen, erlauben erst in Form von Attribut-Kombinationen (bspw. Postleitzahl in Verbindung mit Geschlecht und Geburtsdatum) eine Re-Identifizierung. Sensible Werte sind jene Werte, mit denen natürliche Personen nicht in Verbindung gebracht werden möchten – dies können bspw. Diagnosen sein. Ausgehend von diesen Attribut-Typen können wir nun die folgenden Bedrohungen feststellen:

- *Aufdecken der Identität (Re-Identifizierung):* Bei dieser Bedrohung geht es darum, dass ein Angreifer einen anonymisiert veröffentlichten Datensatz einer natürlichen Person zuordnen kann.
- *Aufdecken der Zugehörigkeit:* Bei dieser Bedrohung geht es darum, dass ein Angreifer mit hoher Wahrscheinlichkeit sicher sein kann, dass der Datensatz einer bestimmten natürlichen Person in dem anonymisiert veröffentlichten Datensatz enthalten ist.
- *Aufdecken eines Attributs (sensible Information):* Bei dieser Bedrohung geht es darum, dass ein Angreifer eine natürliche Person mit einer sensiblen Information in Verbindung bringen kann.

Die erste Bedrohung ist die „klassische" Bedrohung, wenn es um das Thema Re-Identifizierung (auch De-Anonymisierung genannt) geht. SWEENEY [8] hat eindrucksvoll bewiesen, dass die Re-Identifizierung von anonymisiert geglaubten Daten möglich ist, wie wir in Abschn. 3.2 sehen werden, und hat mit dem Konzept der *k-Anonymität* ein Verfahren vorgestellt, um Re-Identifizierung zu erschweren. Die zweite Bedrohung kann selbst Daten treffen, die gegen das Aufdecken der Identität „gesichert" sind. Als Beispiel kann hier eine Datenbank dienen, die Daten über HIV-positiv-Erkrankte enthält. Wenn es einem Angreifer gelingt, festzustellen, dass der Datensatz einer bestimmten Person in der Datenbank enthalten ist, hat er damit die Information gewonnen, dass der Patient HIV-positiv ist – ohne den entsprechenden Datensatz dem Patienten zuordnen zu müssen. Bei der dritten Bedrohung besteht das Problem darin, dass ein Angreifer zusätzliche Informationen über eine Person gewinnen kann. In diesem Kontext ist die *Netflix*-De-Anonymisierung einzuordnen. Netflix hat im Jahr 2006 hundert Millionen Datensätze zu Film-Bewertungen von einer halben Million seiner Nutzer „anonymisiert" veröffentlicht. Tatsächlich wurden die Daten nicht anonymisiert sondern pseudonymisiert, d. h. die Nutzernamen wurden durch ein gleichbleibendes Pseudonym ersetzt. Wissenschaftler [6] konnten nachweisen, dass schon wenige Informationen über Nutzer (bewertete Filme) reichen, um die pseudonymen Netflix-Datensätze diesen Nutzern zuzuordnen. Dass bei der *Internet Movie Database* (IMDb) die Film-Bewertungen inklusive Nutzernamen veröffentlicht werden, konnte zusätzlich ausgenutzt werden, um IMDb-Nutzer mit den vermeintlich anonymisiert veröffentlichten Netflix-Bewertungen (wo auch „sensible" Filme enthalten sein könnten, die Nutzer nicht mit ihrem richtigen Namen bewerten würden) in Verbindung zu bringen. Laut GKOULALAS-DIVANIS ET AL. [3] führten die zweite und dritte Bedrohung bisher noch zu keinen dokumentierten Datenschutz-Verstößen im Gesundheitsbereich.

Modelle

GKOULALAS-DIVANIS ET AL. [3] haben für den Gesundheitsbereich die Anonymitäts-Modelle herausgearbeitet, die für die unterschiedlichen Szenarien nach Bewertung der Bedrohungslage sinnvoll sind. Beispielhaft möchten wir hier im Kontext der ersten Bedrohung *k-Anonymität* zum Schutz von demographischen Daten und k^m-*Anonymität* zum Schutz von sensiblen Werten nennen. In Bezug auf die zweite Bedrohung kann zum Schutz der demographischen Daten etwa *Differential Privacy* oder *δ-Presence* zum Einsatz kommen. Für den Schutz demographischer Daten in Bezug auf die dritte Bedrohung können *l-Diversity* und *t-Closeness* zum Einsatz kommen und für den Schutz sensibler Werte *p-Uncertainty*. In diesem Buch beschäftigen wir uns lediglich mit k-Anonymität und Differential Privacy im Detail. Interessierte Leser möchten wir auf die bei GKOULALAS-DIVANIS ET AL. [3] genannte Literatur verweisen.

3.1.2 Quasi-Identifikatoren

Bevor wir uns den Verfahren zur Anonymisierung von Daten zuwenden, müssen wir uns noch mit dem Begriff des *Quasi-Identifikators* beschäftigen.

▶ **Definition** *Quasi-Identifikatoren* sind Attributkombinationen, die in Verbindung mit extern verfügbaren Informationen die eindeutige Identifikation einer Person ermöglichen.

Das Problem bei der Anonymisierung besteht im Wesentlichen darin, dass eine Identifikation einer einzelnen Person nicht nur durch „klassische" Identitätsmerkmale (z. B. Name, Geburtsdatum, Geburtsort) möglich ist.

Beispiel

Die Kombination (Beruf, Wohnort) ist für die meisten Menschen wahrscheinlich nicht eindeutig – aber was, wenn der Beruf „Bürgermeister" ist? ◄

Dass eine Re-Identifizierung von eigentlich anonymisiert geglaubten Daten möglich sein kann, wird von vielen nicht vorher erwartet und es hat in der Vergangenheit schon unzählige Fälle gegeben, in denen die Verantwortlichen nicht damit rechneten, wie im Fall der *Massachusetts Group Insurance Commission*, der in diesem Zusammenhang häufig als lehrreiches Beispiel genannt wird.

Die Massachusetts Group Insurance Commission ist zuständig für die Kranken-versicherung von 135.000 Staatsbediensteten und deren Familien. Sie sammelt die Gesundheitsdaten (einschließlich der Diagnosen) sowie Postleitzahl (ZIP Code), Ge-burtsdatum, Geschlecht und ethnische Zugehörigkeit.

Die Weitergabe der „anonymisierten" Daten (ohne Name/Anschrift) wurde als unproblematisch betrachtet. Aus diesem Grund wurden die Daten an die Industrie verkauft und an Forscher weitergegeben.

Nun kommen die externen Informationen, von denen zuvor bei der Definition von Quasi-Identifikatoren die Rede war, ins Spiel. Zur Kontrolle der ordnungsgemäßen Wahlvorgänge gibt es bspw. für Cambridge in Massachusetts ein öffentliches Wäh-lerverzeichnis, das für 20 US-Dollar zu erwerben ist. Dieses Wählerverzeichnis enthält u. A. Name, Anschrift, Postleitzahl, Geburtsdatum und Geschlecht aller registrierten Wähler.

Legt man nun die Daten der Versicherungs-Datenbank und des öffentlichen Wähler-verzeichnisses übereinander, so wird schnell klar, dass es sich bei der Schnittmenge, also der Attributkombination (PLZ, Geburtsdatum, Geschlecht) um einen Quasi-Identifikator in der Versicherungs-Datenbank handelt:

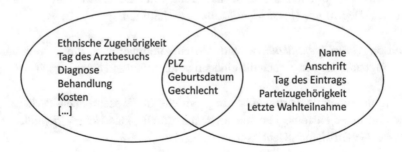

Dieser Quasi-Identifikator ermöglicht zusammen mit der extern verfügbaren Informati-on aus dem öffentlichen Wählerverzeichnis eine Identifikation von Personen. So konnte bspw. der Gouverneur des Staats identifiziert werden; es gab nur eine männliche Person mit seinem Geburtsdatum und seiner Postleitzahl. ◄

Eine Studie von 2006 [4] kommt zu dem Ergebnis, dass:

- 63,3 % der amerikanischen Bevölkerung eindeutig identifizierbar ist durch die Attribut-kombination (Geschlecht, Geburtsdatum, 5-stellige Postleitzahl),
- 14,8 % identifizierbar ist durch (Geschlecht, Geburtsdatum, County),
- 0,2 % identifizierbar ist durch (Geschlecht, Geburtsjahr, 5-stellige Postleitzahl).

Dieses Ergebnis deutet schon einen möglichen Lösungsweg zur Anonymisierung an, nämlich das Einführen von Ungenauigkeit. Widmen wir uns als nächstes also den Anonymisierungs-Techniken.

3.2   k-Anonymität

Das Konzept *k-Anonymität* wurde 2002 von SWEENEY [8] vorgestellt:

▶ **Definition** Eine Tabelle (Relation) erfüllt k-Anonymität, wenn mindestens k Zeilen (Tupel) in allen zum Quasi-Identifikator gehörenden Spalten (Attributen) identische Werte besitzen.

Anders gesagt: Zu jedem Tupel existieren mindestens k-1 andere, davon auch mit externen Informationen nicht unterscheidbare.

Beispiel

Die Tabelle weist eine k-Anonymität mit k = 2 („2-Anonymität") auf; je zwei (hier: aufeinanderfolgende) Zeilen haben die gleichen Werte für alle Attribute des Quasi-Identifikators (bestehend aus den Feldern (Geburtsjahr, Postleitzahl, Geschlecht)):

Geburtsjahr	PLZ	Geschlecht	Diagnose
1982	33098	Männlich	Migräne
1982	33098	Männlich	Erkältung
1983	33098	Männlich	Rheuma
1983	33098	Männlich	Depression
1985	33100	Weiblich	Heuschnupfen
1985	33100	Weiblich	Hypochondrie
1983	33098	Weiblich	Übergewicht
1983	33098	Weiblich	Migräne

◀

Das Herstellen von k-Anonymität ist allgemein nicht ohne Informationsverlust möglich. Mögliche Ansätze sind:

- Hinzufügen von Rauschen,
- Hinzufügen oder Löschen von Tupeln,
- Generalisierung von Daten.

Hinzufügen von Rauschen bedeutet, dass eine zufällige Veränderung einzelner Werte vorgenommen wird, bspw. durch Addition von zufällig (gemäß einer bekannten Verteilung) gezogenen Werten.

Für das Hinzufügen oder Löschen von Tupeln gilt: Gibt es eine bestimmte Kombination von Werten für Attribute des Quasi-Identifikators nur k-1-mal, so können diese k-1 Tupel gelöscht werden oder noch ein k-tes Tupel hinzugefügt werden. Die Werte der Attribute, die nicht zum Quasi-Identifikator gehören, können dabei z. B. zufällig gewählt werden.

Bei der Generalisierung von Daten wird die Genauigkeit von Werten reduziert; die Werte werden also verallgemeinert – und zwar so lange, bis die k-Anonymität erreicht ist.

Tendenziell gilt, dass das *Löschen* von Tupeln geeignet ist, wenn *genaue Angaben über wenige Subjekte* benötigt werden, wohingegen die *Generalisierung* geeigneter ist, wenn *ungenaue Angaben über viele Subjekte* benötigt werden. Es hängt vom Szenario ab, welche Methode am vielversprechendsten ist, d. h. dass am Ende mit den anonymisierten Daten noch statistisch signifikante Aussagen gemacht werden können. Bei den Übungsaufgaben können Sie für ein konkretes Szenario die beiden Methoden „durchspielen" und selbst herausfinden, welcher Ansatz vielversprechender ist.

3.2.1   Generalisierung von Daten

Sehen wir uns die Generalisierung von Daten etwas genauer an. Eine minimale Generalisierung durchzuführen, bei der möglichst viele Informationen erhalten bleiben, ist wahrscheinlich NP-schwer – für einige Spezialfälle wurde dies auch bereits bewiesen.

Eine Generalisierung führt man in der Regel abhängig vom Attribut durch. So lässt sich etwa ein Geburtsdatum „01.02.1970" zu „02/1970" oder noch einen Schritt weiter zu „1970" generalisieren.

Eine Generalisierung kann dabei auf eine ganze Spalte angewendet werden oder auch nur auf einzelne Werte.

Beispiel

Für die folgende Tabelle soll eine k-Anonymität mit k = 4 erreicht werden:

Name	Geburtsjahr	PLZ	Geschlecht	Diagnose
John Doe	1982	33098	Männlich	Migräne
Thomas Muster	1982	33098	Männlich	Erkältung
Max Maier	1983	33098	Männlich	Rheuma
Otto Normal	1983	33098	Männlich	Depression
Jane Doe	1985	33100	Weiblich	Heuschnupfen
Lieschen Müller	1985	33100	Weiblich	Hypochondrie
Erika Musterfrau	1983	33098	Weiblich	Übergewicht
Jane Average	1983	33098	Weiblich	Migräne

◀

Im ersten Schritt entfernen wir den Namen, der einen eindeutigen Schlüssel darstellt und bereits alleine ein Quasi-Identifikator ist:

Geburtsjahr	PLZ	Geschlecht	Diagnose
1982	33098	Männlich	Migräne
1982	33098	Männlich	Erkältung
1983	33098	Männlich	Rheuma
1983	33098	Männlich	Depression
1985	33100	Weiblich	Heuschnupfen
1985	33100	Weiblich	Hypochondrie
1983	33098	Weiblich	Übergewicht
1983	33098	Weiblich	Migräne

Im zweiten Schritt müssen wir noch weitere Attribute generalisieren. Wir möchten in diesem Beispiel das Geschlecht beibehalten, deshalb generalisieren wir die beiden anderen Attribute des Quasi-Identifikators:

Geburtsjahr	PLZ	Geschlecht	Diagnose
1982–1983	33098	Männlich	Migräne
1982–1983	33098	Männlich	Erkältung
1982–1983	33098	Männlich	Rheuma
1982–1983	33098	Männlich	Depression
1983–1985	33*	Weiblich	Heuschnupfen
1983–1985	33*	Weiblich	Hypochondrie
1983–1985	33*	Weiblich	Übergewicht
1983–1985	33*	Weiblich	Migräne

Damit haben wir die gewünschte k-Anonymität mit k = 4 erreicht.

3.2.2 Angriffe auf k-Anonymität

In den letzten Jahren wurden einige Angriffe auf k-Anonymität publiziert [5]. Eine Auswahl davon werden wir uns nun genauer ansehen.

Unsorted-Matching-Angriff

In der Theorie haben Tupel einer relationalen Datenbank keine Reihenfolge. In der Praxis wird die Reihenfolge hingegen oft erhalten. Dieses Problem tritt bei der Veröffentlichung von Teilen einer Datenbank auf, die nicht miteinander verknüpft werden sollen.

Veröffentlichung zweier (eigentlich unkritischer) Teile der obigen Beispieltabelle mit k = 2:

Name	Geburtsjahr
John Doe	1982
Thomas Muster	1982
Max Maier	1983
Otto Normal	1983
Jane Doe	1985
Lieschen Müller	1985
Erika Musterfrau	1983
Jane Average	1983

PLZ	Geschlecht	Diagnose
33098	Männlich	Migräne
33098	Männlich	Erkältung
33098	Männlich	Rheuma
33098	Männlich	Depression
33100	Weiblich	Heuschnupfen
33100	Weiblich	Hypochondrie
33098	Weiblich	Übergewicht
33098	Weiblich	Migräne

◀

Komplementärveröffentlichung

Eine Komplementärveröffentlichung ist auch bei zufälliger Reihenfolge problematisch. Damit kann die Kombination zweier k-anonymer Tabellen aus der gleichen Ursprungstabelle möglich werden.

Aus der folgenden Ausgangstabelle werden zwei Komplementärveröffentlichungen durchgeführt.

Geburtsjahr	PLZ	Geschlecht	Diagnose
1982	33098	Männlich	Migräne
1982	33100	Männlich	Erkältung
1982	33098	Weiblich	Rheuma
1983	33098	Weiblich	Depression
1983	33098	Männlich	Heuschnupfen
1983	33098	Weiblich	Migräne

Veröffentlichung 1:

Geburtsjahr	PLZ	Geschlecht	Diagnose
1983	33098	*	Depression
1982	33098	*	Migräne
1983	33098	*	**Heuschnupfen**
1982	33*	*	Erkältung
1983	33098	*	Migräne
1982	33*	*	Rheuma

Veröffentlichung 2:

Geburtsjahr	PLZ	Geschlecht	Diagnose
198*	33*	Männlich	Migräne
198*	33*	Männlich	Erkältung
198*	33*	Weiblich	Rheuma
198*	33*	Weiblich	Depression
198*	33*	Männlich	**Heuschnupfen**
198*	33*	Weiblich	Migräne

Wie wir sehen, lassen sich über die Diagnose die beiden 2-anonymen Tabellen doch wieder verknüpfen, obwohl die Tupel in den Veröffentlichungen unsortiert veröffentlicht wurden. Fehlt bspw. beim Datensatz mit der Diagnose „Heuschnupfen" in der ersten Veröffentlichung das Geschlecht, so lässt sich das Geschlecht in der zweiten Veröffentlichung über dieselbe Diagnose ermitteln.

Die Diagnose ist eigentlich nicht Teil des Quasi-Identifikators. Dennoch wird sie in dem Beispiel verwendet, um eine Verknüpfung der (für sich allein genommen jeweils k-anonymen) Tabellen herzustellen. ◄

Als Lösung für das Problem der Komplementärveröffentlichung müssen bereits veröffentlichte Tabellen als öffentliche Informationen betrachtet werden. Es kommt also zu einer Erweiterung des Quasi-Identifikators

Der sogenannte „temporale Angriff" basiert auf dem gleichen Prinzip. Hier werden mehrere Veröffentlichungen basierend auf verschiedenen Versionen der Daten für den Angriff ausgenutzt.

Homogenitätsangriff

Beim Homogenitätsangriff wird ausgenutzt, dass alle Mitglieder einer Gruppe eine Eigenschaft teilen. Insbesondere für kleine k und große Relationen wird dies mit hoher Wahrscheinlichkeit passieren.

Beispiel

Nehmen wir an, John Doe und Thomas Muster sind beide 1983 geborene Männer mit der PLZ 33098. Die 2-anonyme Tabelle erlaubt nicht, herauszufinden, welche Zeile John Doe entspricht. Es lässt sich allerdings leicht sehen, dass sich die Diagnose von John Doe herausfinden lässt: er hat eine Depression. Dazu muss die Zeile von John Doe nicht identifiziert werden; es ist egal, ob er der erste oder der zweite der 1983 geborenen Männer in der Tabelle ist – beide haben Depression.

Geburtsjahr	PLZ	Geschlecht	Diagnose
1982	33098	Männlich	Migräne
1982	33098	Männlich	Erkältung
1983	33098	Männlich	Depression
1983	33098	Männlich	Depression

◄

Angriff mit Hintergrundwissen

Auch Hintergrundwissen kann genutzt werden, um eine Re-Identifizierung vorzunehmen. So kann etwa der statistische Zusammenhang verschiedener Attribute betrachtet werden.

Beispiel

In der 2-anonymen Tabelle ist die Attributkombination (Geburtsjahr, PLZ, Geschlecht) der Quasi-Identifikator. Das Attribut Geschlecht wurde generalisiert.

Geburtsjahr	PLZ	Geschlecht	Diagnose
1982	33098	*	Migräne
1983	33098	*	Schwangerschaftsbeschwerden
1982	33098	*	Rheuma
1983	33098	*	Depression

Der Algorithmus, der k-Anonymität herstellt, sieht nur, dass k-Anonymität erreicht ist. Dass Schwangerschaftsbeschwerden nur bei Frauen auftreten und somit das Geschlecht der Person in der zweiten Zeile doch bekannt ist, wird nicht automatisch erkannt. Das Beispiel ist ein Extrembeispiel – es gibt auch Fälle, in denen nur eine Wahrscheinlichkeitsaussage möglich ist (z. B. ist Brustkrebs bei Männern selten, kommt aber vor). ◄

3.2.3   l-Diversität

l-Diversität stellt eine Weiterentwicklung der k-Anonymität dar. Dabei wird eine Unterteilung der Datenbank-Relation in nicht sensible und ein sensibles Attribut vorgenommen. Das sensible Attribut ist dabei nicht Teil des Quasi-Identifikators. Man betrachtet nun Blöcke mit identischen Attributwerten des Quasi-Identifikators. Wenn in jedem Block mindestens l verschiedene Werte des sensiblen Attributs vorhanden sind, ist l-Diversität gegeben.

Wir können an dieser Stelle festhalten, dass k-Anonymität ein fundiertes Konzept zur Beurteilung der Anonymität veröffentlichter Daten ist. Das Konzept hat große Aufmerksamkeit erfahren, es gab zahlreiche Veröffentlichungen (z. B. Algorithmen zur

Herstellung von k-Anonymität). Allerdings ist k-Anonymität in den meisten Fällen in der Praxis nicht ausreichend. Aus diesem Grund beschäftigen wir uns als nächstes mit einem weitergehenden Ansatz zur Anonymisierung von Daten.

3.3   Differential Privacy

Eines der wesentlichen Probleme der k-Anonymität und verwandter Ansätze ist, dass Angreifer Hintergrundwissen haben können. Wenn man also ein Modell schaffen will, in dem die Anonymität gegen alle denkbaren Angreifer gewahrt werden kann, muss man auch alles denkbare Hintergrundwissen berücksichtigen – im obigen Beispiel etwa, dass Männer keine Schwangerschaftsbeschwerden haben. Die Bandbreite denkbaren Hintergrundwissens ist aber sehr groß, so dass eine vollständige Modellierung in praktischen Anwendungen nur selten möglich sein wird.

Aus diesem Grund wurde das alternative Konzept der Differential Privacy entwickelt. Es ist für Datenbanken gedacht, die für statistische Zwecke benötigt werden (also z. B. in der Forschung). Man betrachtet hier nicht nur die Datenbank als solche. Vielmehr geht es darum, dass eine Funktion κ Anfragen an die Datenbank beantwortet und dabei sicherstellt, dass der Datenschutz nicht verletzt wird. Dazu können Daten zufällig verändert oder nur partiell freigegeben werden.

Die Grundidee ist nun, dass die personenbezogenen Daten einer einzelnen Person[2] keinen Unterschied bei der Antwort herbeiführen dürfen. Wenn das Ergebnis einer Anfrage an die Datenbank unabhängig davon ist, ob die Daten der Person enthalten sind oder nicht, dann ist der Datenschutz dieser Person gewährleistet. Ob ein Angreifer Hintergrundwissen hat oder nicht, ist unerheblich.

Natürlich ist es nicht möglich, zu garantieren, dass die Daten einer Person in keinem Fall einen Unterschied für das Ergebnis der Anfrage ausmachen. Differential Privacy betrachtet nur statistische Garantien. Die gängige Definition von Differential Privacy geht auf CYNTHIA DWORK [1] zurück:

▶ **Definition** Eine randomisierte Funktion κ bietet ϵ-differential privacy, wenn

- für alle Datensätze D_1 und D_2, die sich nur in höchstens einem Element unterscheiden (also einer der beiden Datensätze höchstens ein Element mehr enthält und die anderen identisch sind)
- für alle Teilmengen S des Wertebereichs W von κ (also $S \subset W(\kappa)$)

gilt:

---

[2] In der Modellierung abstrahiert man von den „Daten über eine Person" und betrachtet Tupel bzw. Zeilen in einer Tabelle.

$$P[\kappa(D_1) \in S] \le e^{\epsilon} \times P[\kappa(D_2) \in S]$$

Die Wahrscheinlichkeit, dass die Funktion einen bestimmten Wert annimmt, soll also (für alle möglichen Werte) zwischen den beiden Datensätzen nur geringfügig unterschiedlich sein. Lassen Sie sich nicht dadurch täuschen, dass in der Definition nur „kleiner oder gleich" gefordert ist: Die Wahrscheinlichkeit für eine bestimmte Ausgabe soll bei der Eingabe D_1 tatsächlich kleiner (oder gleich) sein als bei der Eingabe D_2, aber das gilt für alle D_1 und D_2, die die geforderte Bedingung erfüllen. D_1 und D_2 sind also austauschbar. Für S können beliebige Teilmengen des Wertebereichs eingesetzt werden, also auch einzelne Werte.

Beispiel

Betrachten Sie die Tabelle von Seite 34! Nehmen wir an, die Funktion κ erlaubt es, die Tupel zu zählen, die eine bestimmte Bedingung erfüllen – etwa die Anzahl der Tupel, bei denen das Attribut „Geschlecht" einen bestimmten Wert hat. Wird κ so definiert, ist Differential Privacy zunächst nicht erreicht: Sobald man beispielsweise Daten über einen weiteren Mann in die Relation einfügt, ändert sich der Funktionswert bei Anfragen, die die Anzahl von Männern in der Datenbank feststellen sollen.

Wenn solche Anfragen erlaubt werden sollen, kann also nicht deterministisch die korrekte Anzahl zurückgegeben werden. Erlaubt man, dass ein Mann mit einer gewissen Wahrscheinlichkeit nicht als Mann gezählt wird, lässt sich dies erreichen: Werden Daten über einen weiteren Mann aufgenommen, lässt sich die Wahrscheinlichkeit berechnen, dass dies nichts am Ergebnis der Zählanfrage ändert. Man spricht von einem „Randomized Response"-Mechanismus. Das Konzept wird auch bei Befragungen im Rahmen sozialwissenschaftlicher Studien verwendet, um Rückschlüsse auf einzelne Personen möglichst zu verhindern. ◄

Wie Sie erkennen können, hängt die Definition von einem Parameter ϵ ab. Anders als der Parameter k der k-Anonymität hat ϵ keine intuitive Bedeutung für konkrete Anwendungen. Je größer ϵ ist, desto schwächer ist die Garantie für den Datenschutz. Gleichzeitig ist anzunehmen, dass die meisten Anwendungen von einem großen ϵ profitieren, da genauere Ausgaben möglich sind. In der Literatur werden teils kleine (z. B. $\epsilon = 0{,}01$), teils aber auch sehr große ϵ-Werte (auch $\epsilon > 1$) verwendet. Dies zeigt, dass die Wahl des Parameters anwendungsabhängig ist. Apple wurde von Experten kritisiert, das „per-donation privacy budget", das eben durch jenen Parameter ϵ quantifiziert wird, zu hoch gesetzt zu haben. [9] Apple veröffentlicht die Werte in einer *Differential Privacy Overview*[3] und nennt bspw. den ϵ-Wert 2 (bei einer einzigen „Datenspende" pro Tag pro Nutzer) für die Übermittlung von Domains von Websites für die Safari einen hohen Energieverbrauch festgestellt hat; für die Übermittlung von genutzten Emojis wird der ϵ-Wert 4 (ebenfalls bei einer Spende

---

[3] https://images.apple.com/privacy/docs/Differential_Privacy_Overview.pdf.

pro Tag) angegeben. Nun kann man sich natürlich fragen, wozu überhaupt Daten über den Emoji-Gebrauch von Nutzern an Apple übermittelt werden (müssen). Apple gibt hier in dem Differential Privacy Overview die Antwort, dass damit die populärsten Emojis identifiziert werden können und somit bessere Wege gefunden werden können, wie Nutzer die beliebtesten Emojis noch schneller finden können. Es wird auch gleich noch eine Übersicht über die beliebtesten Emojis von Nutzern mit US-Tastaturlayout gegeben:

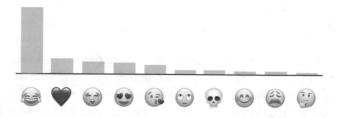

Die Beschreibung des Modells, in dem Differential Privacy eingesetzt werden kann, legt nahe, lediglich an *interaktive* Mechanismen zu denken. In der Tat ist die Wahl der Funktion κ in diesem Fall flexibler. Beispielsweise können Anfragen dort so lange mit hoher Genauigkeit beantwortet werden, bis weitere Ausgaben die Definition von Differential Privacy verletzen würden (da der Angreifer aus ihrer Kombination Rückschlüsse auf einzelne enthaltene Elemente ziehen könnte). Es ist aber auch möglich, eine vollständige Datenbank offenzulegen. Diese muss aber mit anderen Mechanismen geschützt werden – üblicherweise durch das „Verrauschen" der Daten, beispielsweise, indem zusätzliche Datensätze eingefügt werden.

3.4   Anonymisierung in der Praxis

In der Datenschutz-Grundverordnung (DSGVO) werden keine konkreten Maßnahmen zur Anonymisierung genannt. Es werden auch keine Anonymitätsmaße angegeben, bei deren Erfüllung von einer ausreichend durchgeführten Anonymisierung ausgegangen werden darf. *Anonymisierung* wird in der DSGVO noch nicht einmal legal-definiert; anders als dies bspw. im BDSG-alt noch der Fall war. Dies stellt Verantwortliche in der Praxis vor enorme Herausforderungen und es ist festzustellen, dass gerade im Bereich der Anonymisierung auch nach 5 Jahren, seit die DSGVO bereits Anwendung findet, enorme Unsicherheit besteht. Niemand traut sich (und kann) mit Sicherheit sagen, wann denn nun personenbezogene Daten mit Sicherheit zu 100 Prozent als anonymisiert betrachtet werden können. Aus rechtlicher Sicht wird dieses Thema im 2. Teil dieses Lehrbuchs noch einmal aufgegriffen werden.

Der US-Gesetzgeber geht bei der *Health Insurance Portability and Accountability Act (HIPPA) Privacy Rule* von 1996 dann von anonymisierten Daten aus, wenn ein akzeptierbar geringes Risiko bzw. sehr geringes Risiko der Re-Identifizierung besteht. Außerdem gibt er zwei Maßnahmen der Anonymisierung von Gesundheitsdaten vor.

Zum einen ist eine sogenannte „Expert Determination" vorgesehen, bei der ein Experte mithilfe von statistischen und wissenschaftlichen Methoden das Risiko einer möglichen Re-Identifizierung auf Basis der anonymisierten Daten untersucht. Bei der *Safe Harbour*-Methode[4] werden 18 Typen von identifizierenden Daten bzgl. einer Person, seiner Verwandten, seines Arbeitgebers etc. genannt, die entfernt werden müssen, um von anonymisierten Daten auszugehen.

3.5 Fazit

Eine sehr gute Übersicht über die Vielzahl an unterschiedlichen Anonymisierungsverfahren – mit einem Schwerpunkt auf Gesundheitsdaten – findet sich bei GKOULALAS-DIVANIS ET AL. [3]. Im Allgemeinen lässt sich sagen, dass *richtige* Anonymisierung von Daten wohl eines der schwierigsten Probleme im Datenschutz darstellt. Es gibt nicht *das* Verfahren, das möglichst gut brauchbare, anonymisierte Daten liefert. Stattdessen muss je Szenario eine Einzelfallentscheidung getroffen werden, um zu bewerten, welches Verfahren sinnvollerweise angewendet werden sollte. Die Artikel 29-Datenschutzgruppe hat mit ihrer „Opinion 05/2014 on Anonymization Techniques" [7] ein Dokument vorgelegt, in dem unterschiedliche Anonymisierungsverfahren bewertet werden. Einige Forscher kommen zum Schluss, dass man sich von den starken Anonymitäts-Eigenschaften, die diese Verfahren versprechen, lösen muss, da diese nicht praktikabel sind. Anstatt davon auszugehen, dass *überhaupt kein Risiko* bestehen darf, dass Daten de-anonymisiert werden können, sollte nach deren Auffassung Anonymisierung stattdessen als Risiko-Management-Aufgabe verstanden werden, bei der sowohl die Folgen für die Betroffenen bei einer De-Anonymisierung als auch Annahmen über Motive der „Angreifer" (also derjenigen, die versuchen, aufgrund einer De-Anonymisierung der Daten Gewinn zu schlagen) in Betracht gezogen werden [2].

Es lässt sich festhalten, dass es unerlässlich ist, dass weiter an verbesserten Anonymisierungsverfahren geforscht wird und praktikable Tools entwickelt werden. Ein positives Beispiel ist hier *Uber* – ein Unternehmen, das eigentlich nicht für hohe Datenschutz-Standards bekannt ist; Uber hat ein Open Source-Projekt für Differential Privacy gestartet, das den Fokus auf die praktische Umsetzung von Differential Privacy bei SQL Queries legt.[5] *Google* hat ebenfalls eine *Differential Privacy Library* veröffentlicht, die es Entwicklern ermöglichen soll, Differential Privacy in ihre Produkte zu integrieren.[6]

Bis es in der Praxis Klarheit geben wird, welche Anonymisierungsverfahren für welche Datensätze am geeignetsten sind, und wie Parameter gesetzt werden müssen, damit eine Anonymisierung datenschutzrechtlich einwandfrei ist, werden auf jeden Fall noch einige Jahre vergehen – so bedauerlich dies auch ist!

---

[4] Diese Methode hat nichts mit dem vom EuGH im Jahr 2015 gekippten Abkommen zu tun, das die USA als „sicheren Hafen" für personenbezogene Daten von EU-Bürgern ansah.

[5] https://github.com/uber-archive/sql-differential-privacy.

[6] https://github.com/google/differential-privacy.

3.6   Übungsaufgaben

Aufgabe 1

Geben Sie für die dargestellte Tabelle die Attribute an, die zu einem Quasi-Identifikator gehören! Wie könnten Sie vorgehen, um k-Anonymität (a) durch Löschen von Tupeln und (b) durch Generalisierung herzustellen? (Nehmen Sie zum Beispiel k = 3 an).

Vorname	Nachname	Matrikelnummer	Punktzahl Datenschutz-Übung	Geschlecht	Alter	Größe
Elias	Bauer	100012	101	m	25	163
Maximilian	Becker	100008	20	m	25	175
Finn	Fischer	100004	87	m	25	165
Amelie	Fuchs	100041	90	w	35	177
Sarah	Herrmann	100036	87	w	22	169
Felix	Hoffmann	100010	95	m	23	185
Fabian	Hofmann	100021	95	m	23	196
Laura	Huber	100034	105	w	24	180
Philip	Klein	100015	165	m	24	180
Max	Koch	100013	102	m	21	172
Sofie	König	100039	109	w	27	170
Hannah	Krüger	100025	112	w	23	180
Lina	Lehmann	100033	110	w	23	164
Emilie	Maier	100032	99	w	22	165
Marie	Mayer	100035	99	w	25	165
Leonie	Meier	100030	95	w	24	167
Paul	Meyer	100006	130	m	27	200
Leon	Müller	100001	110	m	22	190
Moritz	Neumann	100018	165	m	28	163
Noah	Richter	100014	95	m	23	185
Tim	Schäfer	100011	122	m	24	188
Lena	Schmid	100026	130	w	24	168
Lucas	Schmidt	100002	95	m	23	185
Simon	Schmitt	100023	130	m	25	180
Anna	Schmitz	100029	112	w	23	165
Ben	Schneider	100003	87	m	24	163
Julian	Schröder	100017	155	m	26	177
Luka	Schulz	100009	110	m	22	190
Maja	Schulze	100040	90	w	33	170

Vorname	Nachname	Matrikelnummer	Punktzahl Datenschutz-Übung	Geschlecht	Alter	Größe
Jan	Schwarz	100019	88	m	32	167
Louis	Wagner	100007	120	m	24	172
Jonas	Weber	100005	110	m	22	190
Lea	Werner	100027	17	w	25	182
Niclas	Wolf	100016	167	m	25	180
Alexander	Zimmermann	100022	105	m	24	195

Literatur

1. Cynthia Dwork. *Differential Privacy*, pages 1–12. Springer, Berlin, Heidelberg, 2006.
2. Khaled El Emam and Cecilia Álvarez. A critical appraisal of the Article 29 Working Party Opinion 05/2014 on data anonymization techniques. *International Data Privacy Law*, 2014.
3. Aris Gkoulalas-Divanis, Grigorios Loukides, and Jimeng Sun. Publishing data from electronic health records while preserving privacy: A survey of algorithms. *Journal of Biomedical Informatics*, 50:4–19, 2014. Special Issue on Informatics Methods in Medical Privacy.
4. Philippe Golle. Revisiting the uniqueness of simple demographics in the US population. In *In Proceedings of the 5th ACM workshop on Privacy in electronic society*, pages 77–80. ACM, 2006.
5. Ashwin Machanavajjhala, Daniel Kifer, Johannes Gehrke, and Muthuramakrishnan Venkitasubramaniam. L-diversity: Privacy beyond k-anonymity. *ACM Trans. Knowl. Discov. Data*, 1(1), Mar. 2007.
6. Arvind Narayanan and Vitaly Shmatikov. Robust de-anonymization of large sparse datasets. In *Proceedings of the 2008 IEEE Symposium on Security and Privacy*, SP '08, pages 111–125, Washington, DC, USA, 2008. IEEE Computer Society.
7. Article 29 Data Protection Working Party. Opinion 05/2014 on anonymisation techniques, Apr. 2014. 0829/14/EN WP216.
8. Latanya Sweeney. k-anonymity: a model for protecting privacy. *International Journal of Uncertainty,*, 10(5):557–570, Oct. 2002.
9. Jun Tang, Aleksandra Korolova, Xiaolong Bai, Xueqiang Wang, and XiaoFeng Wang. Privacy loss in apple's implementation of differential privacy on macos 10.12. *CoRR*, abs/1709.02753, 2017.

Anonymität im Internet

4

In Abschn. 2.3 haben wir mit der *Verschlüsselung* eine Maßnahme kennengelernt, um personenbezogene Daten *vertraulich* zu übertragen. Allerdings reicht Verschlüsselung alleine nicht aus, um Anonymität zu erreichen. Verschlüsselung verbirgt nicht die Tatsache, *dass* Kommunikation stattfindet – und insbesondere auch nicht, zwischen welchen Kommunikationspartnern.

In diesem Kapitel gehen wir der Frage nach, wie sich Kommunikationsbeziehungen im Netz verstecken lassen. Dazu beschäftigen wir uns zunächst in Abschn. 4.1 mit dem Thema *Verkehrsflussanalyse*. Danach lernen wir mit *Mixes* (Abschn. 4.2), *Mix-Kaskaden* (Abschn. 4.3) und schließlich *Onion Routing/Tor* (Abschn. 4.4) unterschiedliche Konzepte kennen, die Anonymität – bzw. das Verstecken von Kommunikationsbeziehungen – im Netz versprechen.

Das folgende Beispiel soll uns als Motivation für dieses Kapitel dienen.

Beispiel

Alice möchte Bob zum Geburtstag mit einem Konzertticket seiner Lieblingsband überraschen. Die Tickets bekommt sie im Online-Ticket-Shop der Band. Alice weiß, dass Bob sehr neugierig ist und hin und wieder die aufgerufenen Webseiten (von Alice) überprüft – etwa in dem er das lokale Netzwerk belauscht. Wie kann Alice den Online-Ticket-Shop besuchen, ohne dass Bob dies bemerkt? ◀

Lernziele: Am Ende dieses Kapitels sollten Sie verstehen, wie Anonymisierungsdienste funktionieren und welche Schutzziele damit erreicht werden können.

4.1   Verkehrsflussanalyse

Bei der Verkehrsflussanalyse geht es um die Auswertung von Metadaten und den nicht
verschlüsselten Informationen in übermittelten Nachrichten. Daraus sollen weitergehende
Informationen abgeleitet werden. Ausgewertet werden beispielsweise die Absender-
und Empfängeradressen (E-Mail-Adressen, IP-Adressen etc.), die immer im Klartext
übermittelt werden – auch wenn die Nachrichten selbst verschlüsselt sind. Selbst bei der
verschlüsselten Sprachtelefonie lassen sich aufgrund der Größe und Anzahl der übertragenen verschlüsselten Blöcke im zeitlichen Verlauf Rückschlüsse auf die gesprochenen
Worte ziehen.

4.1.1   Angreiferklassifikation

Zuallererst müssen wir untersuchen, mit welcher Art von Angreifern wir es zu tun
haben, d. h. welche Fähigkeiten der Angreifer besitzt, um eine Verkehrsflussanalyse
durchzuführen. Wir gehen in diesem Kapitel von einem *passiven Angreifer* aus, der
Kommunikation nur mithört. Wir beschäftigen uns in diesem Kapitel nicht mit Angreifern,
die versuchen oder in der Lage sind, ein zugrundeliegendes Verschlüsselungsverfahren
zu brechen. Wir unterscheiden zwei Angreifer-Typen mit jeweils unterschiedlichen Fähigkeiten. *Globaler Angreifer* und *Lokaler Angreifer*. Weitergehende Überlegungen zur
Angreiferklassifikation finden sich bei PANCHENKO ET AL. [5].

Globaler Angreifer
Einem globalen Angreifer wird die Fähigkeit unterstellt, sämtliche Kommunikation im
Netz zu sehen. Auch wenn diese sehr starke Annahme in der Praxis eher unrealistisch ist,
so gibt es eine Reihe von abgeschwächten Varianten dieses Angreifers. In Frage kommen
beispielsweise Angreifer, die viele oder alle zentralen Router in einem Land kontrollieren
und damit alle über diese Router ausgetauschten Daten der Bürger dieses Landes einsehen
können. Polizeibehörden und Geheimdienste, die sowohl an verschiedenen Stellen mithören können als auch auf Logfiles zugreifen, können als abgeschwächte globale Angreifer
angesehen werden.

Lokaler Angreifer
Die Fähigkeiten von lokalen Angreifern gegenüber globalen Angreifern sind hingegen
deutlich eingeschränkt. Sie haben in der Regel keine Möglichkeit das gesamte Netz
zu überwachen. Nichtsdestotrotz können sie die Kommunikationsbeziehungen einzelner
Nutzer (in ihrem Umfeld) analysieren. Aus Sicht eines Nutzers sind die folgenden lokalen
Angreifer relevant:

• Kommunikationspartner (z. B. Webserver-Betreiber),
• Angreifer im eigenen lokalen Netz (z. B. Systemadministrator),
• Angreifer auf einem einzelnen Zwischensystem (z. B. Internet Service Provider).

4.1.2   Beispiel: Ablauf der Ticketbestellung

Wenden wir uns nun wieder unserem Beispiel von vorhin zu. Zunächst können wir sagen, dass Alice mit Bob ein lokaler Angreifer gegenübersteht: Der Router steht unter der Kontrolle von Bob. Um zu verstehen, wie Bob nun herausfinden kann, welches Geschenk er von Alice erwarten kann, müssen wir uns den Ablauf der Ticket-Bestellung im Detail ansehen. Alice gibt die URL des Ticket-Online-Shops in ihren Browser ein. Was passiert aus der Sicht von *Alice*?

1. Schritt: DNS-Anfrage nach der eingegebenen URL
2. Schritt: TLS-gesicherte Kommunikation zwischen Alices Browser und dem Shop-Webserver

Was passiert aus der Sicht von *Bob*?

1. Schritt: DNS sieht keine Verschlüsselung der Anfrage bzw. Antwort vor. Bob sieht beide Nachrichten und kann Rückschlüsse ziehen.

Um eine Analyse der DNS-Anfrage auszuschließen, könnte sich Alice die IP-Adresse des Shops von einem Freund durchgeben lassen. Sie würde dann den Webserver direkt über die IP-Adresse ansprechen und TLS-gesichert mit diesem kommunizieren.

2. Schritt: Bob könnte zwar den Inhalt der Nachrichten nicht mitlesen, würde aber die IP-Adresse des Webservers erfahren.

Die IP-Adresse reicht in diesem Beispiel für Bob aus, um Rückschlüsse auf sein Geschenk ziehen zu können: Er weiß nun, dass Alice den Online-Ticket-Shop seiner Lieblingsband aufgerufen hat. Ob sie tatsächlich Tickets gekauft hat, erfährt er aufgrund der TLS-gesicherten Kommunikation allerdings nicht.

Metadaten: Dieses Beispiel macht deutlich, dass nicht nur Inhaltsdaten bei der Kommunikation schützenswert sind, sondern auch die Metadaten, die Auskunft über den Zeitpunkt, den Ort und den Kommunikationspartner geben.
   Die Bedeutung von Metadaten wurde im Zuge der Enthüllungen der NSA-Überwachungsmaßnahmen im *Guardian*[1] eindrucksvoll dargelegt. Demnach erlaubt gerade die Strukturiertheit und Maschinenlesbarkeit von Metadaten eine sehr gute Auswertung - im Gegensatz etwa zum Abhören von Telefongesprächen. Außerdem sagen Browsing-Logs und Telefon-Logs sehr viel darüber aus,

---

[1] https://www.theguardian.com/technology/2013/jun/21/nsa-surveillance-metadata-content-obama (Stand: 01.08.2016).

wer welche Rolle in der Gesellschaft hat und wo die Interessen der Personen liegen.

Eindrucksvoll lässt sich im Internet[2] etwa ein halbes Jahr im Leben von MALTE SPITZ, einem Politiker der die Herausgabe seiner Telefondaten von der Deutschen Telekom eingeklagt hatte, rekonstruieren - allein aufgrund der Metadaten (die auch Teil der Vorratsdatenspeicherung sind).

Laut Aussage von MICHAEL HAYDEN, ehemaliger Chef der NSA und der CIA, werden Menschen auf Basis von Metadaten getötet.[3]

4.1.3 Beispiel: Mögliche Gegenmaßnahme

Eine mögliche Gegenmaßnahme zur Verkehrsflussanalyse besteht in der Verwendung eines *Virtual Private Networks (VPNs)*. Dabei leitet Alice ihre gesamte Kommunikation über das VPN-Netz, beispielsweise wie in Abb. 4.1 dargestellt, über ihr Uni-Netz um. Alice sendet ihre Anfrage nicht direkt an den Shop-Webserver sondern – unter Verwendung des Tunnelmodus und IPsec-ESP als VPN-Protokoll – an das VPN-Gateway ihrer Universität. Das ESP-Protokoll sorgt dafür, dass die IP-Kommunikation zwischen Alice und dem VPN-Gateway authentifiziert und verschlüsselt erfolgt. Der Tunnelmodus erlaubt das Verstecken der Adressinformationen. Bob sieht also weder den Inhalt der Kommunikation, noch die IP-Adresse des angefragten Webservers (diese verbirgt sich in dem in der Abbildung als verschlüsselt dargestellten IP-Kopf). Bob sieht nur, dass Alice mit ihrem Uni-Netz

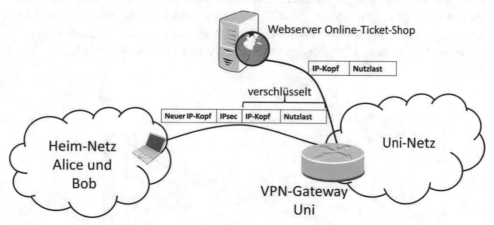

Abb. 4.1 Schutz vor Verkehrsflussanalysen mittels VPN

---

[2]http://www.zeit.de/datenschutz/malte-spitz-vorratsdaten (Stand: 01.08.2016.)

[3]http://www.heise.de/newsticker/meldung/Ex-NSA-Chef-Wir-toeten-auf-Basis-von-Metadaten-2187510.html (Stand: 01.08.2016).

kommuniziert. Gegenüber dem Shop-Webserver tritt das VPN-Gateway sozusagen als „Proxy" für Alice auf, d. h. der Webserver sieht nicht die Heim-IP-Adresse von Alice sondern nur die IP-Adresse, die Alice für ihre VPN-Sitzung von ihrer Universität zugewiesen bekommen hat. Die Antwortpakete des Webservers gehen auf dem gleichen Weg (über das Uni-Netz) zurück zu Alice.

Auf zwei verbleibende Probleme bei dieser Lösung muss noch hingewiesen werden. Zum einen sind Rückschlüsse auf den Inhalt der Kommunikation durch Analysen der Paketgrößen und der Anzahl möglich. Einer derartigen Analyse lässt sich durch Einfügen von Dummy-Paketen entgegenwirken. Zum anderen ist die dargestellte Lösung nur eine Problemverlagerung: Bob sieht die Kommunikationsbeziehung zwar nicht mehr, aber nun kann eventuell ein Angreifer im Uni-Netz eine Verkehrsflussanalyse durchführen. Im Allgemeinen ist es fraglich, ob einem einzelnen VPN-Anbieter vertraut werden kann, um sich gegen Verkehrsflussanalysen zu schützen.

Eine Möglichkeit der besseren Absicherung liegt in der Verkettung mehrerer Zwischenstationen. Dies lässt sich grundsätzlich auch mit IPsec im Tunnelmodus erreichen, wird in der Praxis aus Gründen der Performance allerdings so gut wie nicht durchgeführt. In den nächsten Abschnitten werden wir ein derartiges Verkettungskonzept, das bei Mix-Kaskaden und Onion Routing/Tor zum Einsatz kommt, genauer untersuchen.

4.2 Mixes

Den Grundstein zur anonymen Kommunikation in Netzen legte DAVID LEE CHAUM 1981 mit seiner Arbeit „Untraceable Electronic Mail, Return Addresses, and Digital Pseudonyms" [2]. Darin schlägt er das Konzept eines *Mixes* vor, der eingehende E-Mails sammelt und dann stapelweise verschickt. Der Mix soll die Kommunikationsbeziehungen zwischen Absendern und Empfängern von E-Mails verstecken. Das Konzept ist in Abb. 4.2 dargestellt.

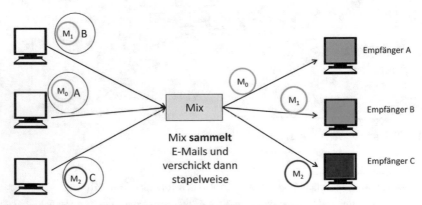

Abb. 4.2 Verstecken der Kommunikationsbeziehungen mittels Mix

Die bunten Kreise um eine Nachricht in der Abbildung bedeuten, dass die Verschlüsselung mit dem öffentlichen Schlüssel des Empfängers erfolgt, der diese Farbe trägt.

4.2.1 Verfahren

Zunächst werden alle Nachrichten mit dem öffentlichen Schlüssel des Empfängers verschlüsselt. Anschließend werden die verschlüsselten Nachrichten mit dem öffentlichen Schlüssel des Mix verschlüsselt. In die Verschlüsselung fließt jeweils noch eine Zufallszahl mit ein, d. h. wenn E die Verschlüsselungsfunktion ist, dann ist $E(r\|M)$ die verschlüsselte Nachricht, wobei r zufällig gewählt wird und M die zu verschlüsselnde Nachricht bezeichnet. So wird verhindert, dass zwei identische Nachrichten einander zugeordnet werden können, wie es bei der Verwendung der klassischen RSA-Verschlüsselung der Fall wäre.

Die Ausgabe des Mixes kann öffentlich zugänglich sein. Chaum sieht sogar vor, dass der Mix seine Ausgabe (die nicht nur aus einer einzelnen E-Mail, sondern einem „Stapel" besteht) signiert und jeweils öffentlich zur Verfügung stellt, damit Absender prüfen können, ob ihre Nachricht dabei ist. Dieses Vorgehen macht die Verschlüsselung des Nachrichteninhalts (für den jeweiligen Empfänger) notwendig.

4.2.2 Analyse

Auf den ersten Blick bietet der Mix einen guten Schutz der Kommunikationsbeziehungen, d. h. die Information, wer mit wem kommuniziert, wird vor Angreifern verborgen. Die Annahme ist, dass der Angreifer nicht den Mix selbst kontrolliert. Wenn der Mix nicht vertrauenswürdig ist, besteht überhaupt kein Schutz. Der Mix:

- kennt keine Kommunikationsinhalte,
- kennt die Kommunikationsbeziehungen.

Ein globaler Angreifer, der alle Nachrichten mithören kann – wie wir ihn in Abschn. 4.1.1 charakterisiert haben:

- kennt keine Kommunikationsinhalte,
- kennt keine Kommunikationsbeziehungen.

Bei genauerer Betrachtung des Mix-Konzepts treten jedoch einige Probleme ans Tageslicht. Zum einen gibt es eine – aus Sicherheitsgründen erforderliche – Verzögerung der Nachrichten durch die Sammelfunktion des Mixes. Gäbe es diese Sammelfunktion nicht, so könnte ein globaler Angreifer die Kommunikationsbeziehungen zwischen Absendern und Empfängern einfach ermitteln indem er die beim Mix eingehende Nachricht mit der vom Mix ausgehenden Nachricht in Verbindung bringt. Durch die Verzögerung in der Kommunikation eignet sich dieses Konzept nicht für Dienste die zeitkritisch sind, wie bspw. das Web.

Ein weiterer möglicher Angriffspunkt besteht darin, Rückschlüsse aus der Größe von E-Mails zu ziehen. Eine Gegenmaßnahme könnte hier im „Auffüllen" der E-Mails auf Einheitsgröße bestehen – dies erhöht natürlich den Overhead.

Zudem können Rückschlüsse bei der Beobachtung über mehrere Perioden und viele E-Mails gezogen werden, indem eine Korrelation zwischen der Anwesenheit von Absendern und Empfängern bei langlebigen Kommunikationsbeziehungen durchgeführt wird.

Ist hingegen der Empfänger der Nachrichten der Angreifer, so besteht kein Schutz vor Analyse der übertragenen Daten in der Anwendungsschicht (z. B. im E-Mail-Header).

Der sogenannte $(n-1)$-Angriff ist ein aktiver Angriff, also ein Angriff, der über das Lauschen hinausgeht und in die Kommunikation eingreift. Aufgrund der Sammelfunktion des Mixes sammelt dieser zunächst n Nachrichten, bevor er sie weiterschickt. Diese Tatsache macht sich der Angreifer zunutze: Nach der ersten echten Nachricht (des Opfers) schickt er $(n-1)$ Nachrichten an einen bekannten Empfänger. Damit ist er in der Lage, die Kommunikationsbeziehung des Opfers offenzulegen, indem er prüft, an welchen Empfänger die erste Nachricht (des Opfers) weitergeleitet wurde.

4.3 Mix-Kaskaden

Zuvor haben wir gesehen, dass wir die *Vertrauenswürdigkeit des Mixes* unterstellen müssen, um die gewünschte Anonymität zu erreichen. Die Fragen, die wir uns stellen können sind: Welchem Betreiber eines Mixes würden wir vollständig vertrauen? Würden wir einem Mix vertrauen, der unter staatlicher Kontrolle steht? Oder doch lieber einer NGO oder einer Universität? Vermutlich müssten wir lange suchen, um eine solch voll vertrauenswürdige Stelle zu finden. Diese Überlegung führt uns zum Ansatz der Mix-Kaskaden. Die Idee ist, dass einfach mehrere Mixes (die von unterschiedlichen Stellen betrieben werden) hintereinandergeschaltet werden. Solange *mindestens ein Mix vertrauenswürdig* ist, bleibt die Kommunikationsbeziehung zwischen Absender und Empfänger verborgen.

4.3.1 Verfahren

Das Verfahren ist in Abb. 4.3 dargestellt. Wie zuvor, bedeutet ein bunter Kreis um eine Nachricht, dass die Verschlüsselung mit dem öffentlichen Schlüssel des Empfängers erfolgt, der diese Farbe trägt.

Der Absender legt die zu verwendenden Mixes und die gewünschte Reihenfolge zu Beginn fest. In Abb. 4.3a sehen wir, dass der Absender die Nachricht M_0 zunächst mit dem öffentlichen Schlüssel für den Empfänger A verschlüsselt (dem „blauen Schlüssel").

Abb. 4.3 Mix-Kaskade. (**a**)
Schritt 1. (**b**) Schritt 2. (**c**)
Schritt 3. (**d**) Schritt 4. (**e**)
Schritt 5

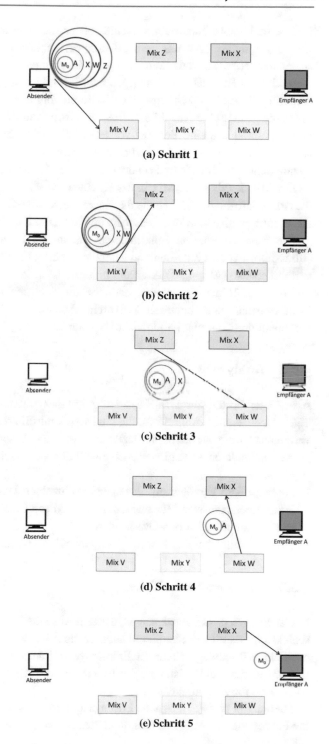

(a) Schritt 1

(b) Schritt 2

(c) Schritt 3

(d) Schritt 4

(e) Schritt 5

Die verschlüsselte Nachricht verschlüsselt er im nächsten Schritt gemeinsam mit der Empfängeradresse „A" mit dem öffentlichen Schlüssel von Mix X. Dieser Mix wird später der letzte Mix auf dem Weg zum Empfänger A sein. Danach verschlüsselt der Absender das Resultat des vorherigen Schrittes inklusive der Adressinformation „X" mit dem öffentlichen Schlüssel von Mix W. Diesen Vorgang wiederholt der Absender solange, bis er die gewünschte Anzahl an Mixes in seinen Pfad aufgenommen hat. Man kann sich diesen Aufbau wie eine Zwiebel vorstellen, die aus mehreren verschlüsselten Schichten (für die jeweiligen Mixes) besteht. In unserem Beispiel verschlüsselt der Absender im letzten Schritt für Mix V und sendet diesem Mix die „Zwiebel" (Onion) zu.

Der Mix V (als erster Mix in der Kaskade) entschlüsselt die Nachricht und entnimmt die Adressinformation „Z" sowie die innere (verschlüsselte) Nachricht, die für Z bestimmt ist. V entfernt also eine Zwiebelschale und leitet die Zwiebel weiter an Z (Abb. 4.3b).

Die weiteren Schritte funktionieren analog. So kann Z nach Entschlüsselung die Adressinformation „W" lesen und leitet die Nachricht entsprechend weiter (Abb. 4.3c). W verfährt ebenso (Abb. 4.3d). X erfährt im letzten Schritt (Abb. 4.3e) die Adressinformation „A" des endgültigen Empfängers und leitet die Nachricht an diesen weiter. Die Nachricht ist im Beispiel immer noch mit dem öffentlichen Schlüssel von A verschlüsselt, so dass X den Inhalt der Kommunikation nicht lesen kann.

4.3.2   Analyse

Als größter Vorteil der Mix-Kaskaden gegenüber einem einfachen Mix gilt die größere Toleranz gegenüber Angreifern, die die Mixe kontrollieren. Solange mindestens ein Mix vertrauenswürdig ist, bleibt die Beziehung zwischen Absender und Empfänger verborgen.

Auf der anderen Seite gibt es auch eine Reihe von Nachteilen:

- Noch größere Verzögerung als bei einem einzelnen Mix,
- hoher Rechenaufwand für mehrfache Ver-/Entschlüsselungen,
- großer Kommunikations-Overhead,
- erhöhte Wahrscheinlichkeit für einen Ausfall mit wachsender Länge der Kaskade.

4.3.3   Antwort-Nachrichten

Bisher sind wir davon ausgegangen, dass ein Absender eine Nachricht an einen Empfänger schickt und damit die Kommunikation beendet ist. In der Praxis möchte man natürlich auch einen Rückweg haben: der Empfänger soll dem Absender auch antworten können. Der Knackpunkt dabei ist, dass der Empfänger die Absenderadresse nicht sieht. An wen soll er also die Antwort senden?

Hierzu gibt es zwei mögliche Lösungsansätze: die Zustandshaltung auf den Mixes und die Festlegung des Antwortpfads durch den Absender.

Zustandshaltung auf Mixes

Eine Möglichkeit besteht in der Einführung von Identifikatoren für Kommunikationsbe-ziehungen. Die Mixes merken sich den jeweiligen Vorgänger-Mix für jede Kommunikati-onsbeziehung. Für das Beispiel von vorhin bedeutet dies:

- V merkt sich, dass die Ausgangsnachricht vom Absender kommt,
- Z merkt sich, dass sein Vorgänger V ist,
- W merkt sich, dass sein Vorgänger Z ist,
- X merkt sich, dass sein Vorgänger W ist,
- A merkt sich, dass er die Nachricht von X erhalten hat,
- A schickt die Antwort an X, X an W, W an Z, Z an V und V schließlich an den Absender.

Der Vorteil dieser Lösung ist, dass damit kein zusätzlicher Kommunikations-Overhead entsteht.

Auf der anderen Seite steigt mit der Wartezeit auf eine Antwort die Wahrscheinlichkeit für einen Ausfall bzw. einen Zustandsverlust eines Mixes in der Kaskade. Bei E-Mails kann eine Antwort bspw. erst nach Tagen kommen.

Durch die Zustandshaltung auf den Mixes werden diese prinzipiell auch anfällig für Denial-of-Service-Angriffe. Bei diesen Angriffen versuchen die Angreifer, durch eine Erschöpfung der Ressourcen der Opfer (in diesem Fall der Mixes), diese in der Erbringung ihrer Dienste (für Nutzer) zu behindern.

Festlegung des Antwortpfads durch Absender

Eine zweite Möglichkeit besteht in der Verwendung eines sogenannten „Reply Onions" („Onion" bezieht sich hier wieder auf die zuvor beschriebene Zwiebelstruktur). Der Reply Onion, über den der Absender den Antwortpfad festlegt, ist eine Datenstruktur (wie in Abb. 4.4 dargestellt), die der Absender an den Empfänger übermittelt.

Abb. 4.4 Reply Onion

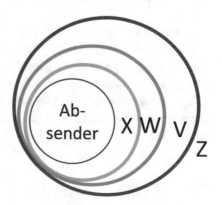

Der Reply Onion wird wiederum durch die Mix-Kaskade geroutet – analog zur Ursprungsnachricht. Die verschiedenen Ringe stehen wieder für die Verschlüsselung. Zuerst wird mit dem öffentlichen Schlüssel des letzten Zwischenknotens auf dem Rückweg verschlüsselt, dann mit dem des vorletzten usw. Ganz innen steht die Adresse des ursprünglichen Absenders. Der Antwortpfad kann mit dem Pfad der Ursprungsnachricht (in umgekehrter Richtung durchlaufen) übereinstimmen, muss es aber nicht.

In dem Beispiel wird die Antwort vom ursprünglichen Empfänger (A), gemeinsam mit dem Reply Onion erst an Z geschickt. Z entnimmt eine Schicht des Reply Onions und entnimmt die Adressinformation „V". Er leitet beides an V weiter. V verfährt analog, W ebenso. X entschlüsselt schließlich die letzte Schicht des Reply Onions und entnimmt die Adressinformation des Absenders.

Der ursprüngliche Absender sollte einen temporären öffentlichen Schlüssel mitschicken, den der Empfänger verwenden kann, um die Antwort zu verschlüsseln. Als Ergänzung ist empfehlenswert, dass jeder Mix auf dem Weg die Nachricht mit dem öffentlichen Schlüssel seines Nachfolgers im Antwortpfad verschlüsselt.

Das Problem der ausfallenden Knoten besteht auch bei diesem Ansatz, allerdings ist der „Zustandsverlust" von Zwischenknoten unproblematisch, solange Zwischenknoten ihre Schlüssel noch kennen.

4.4   Onion Routing/Tor

Onion Routing, das auf dem Konzept der Mixes (hier „Onion Router" genannt) basiert, wurde 1996 von GOLDSCHLAG ET AL. [4] als Architektur zum Schutz IP-basierter Kommunikation vor Verkehrsanalyse vorgestellt. Die Veröffentlichung weist explizit darauf hin, dass Onion Routing nicht für den Schutz der Anonymität von Absender und Empfänger gedacht ist, sondern lediglich für den Schutz vor Verkehrsanalyse. Im praktischen Einsatz steht die Anonymität aber oft im Vordergrund. Ein wesentliches Entwurfsziel bestand darin, dass geringe Latenzen eine Priorität gegenüber hoher Sicherheit haben.

Im Jahre 2004 erfolgte die Weiterentwicklung zu *Tor* [3], der bekanntesten Umsetzung von Onion Routing – die wir uns im weiteren Verlauf genauer ansehen werden. Bei Tor steht auch die Praktikabilität im Vordergrund. Eine weitere Entwurfsentscheidung besteht in der Anforderung nach *Perfect Forward Secrecy*: Die Verschlüsselung einzelner Sitzungen soll unabhängig von einem Langzeitgeheimnis sein; eine Kompromittierung eines Sitzungsschlüssels soll somit auch nur einen kleinen Ausschnitt der Kommunikation offenlegen.

4.4.1 Grundkonzept von Tor

Bei Tor handelt es sich um ein vollvermaschtes Netz von Onion Routern (auch „Tor Relays" genannt), die sich untereinander „kennen" – selbst wenn keine permanenten Verbindungen zwischen ihnen bestehen. Verbindungen können jederzeit aufgebaut werden: Wenn ein Nutzer (bzw. der Proxy des Nutzers) eine Verbindung mit einem Kommunikationspartner aufbauen möchte, sucht er sich einen Pfad über mehrere Onion Router aus und baut diese auf. Eine derart aufgebaute Verbindung wird *(Virtual) Circuit* genannt. Dabei speichert jeder Onion Router im Pfad für die Dauer der Verbindung einen Zustand: er merkt sich jeweils seinen Vorgänger und Nachfolger.

4.4.2 Tor-Zellen

Bevor wir uns den Aufbau eines Circuits genauer ansehen, müssen wir uns noch mit den Tor-*Zellen* vertraut machen. Eine Zelle ist bei Tor die zu transportierende Basisdateneinheit – diese ist 512 Byte groß. Man unterscheidet zwischen zwei Arten von Zellen: *Kontrollzellen* und *Relay-Zellen*. Die Kontrollzellen werden durch die empfangenden Onion Router immer ausgewertet und nicht weitergeleitet. Die Relay-Zellen hingegen enthalten den Ende-zu-Ende-Datenstrom.

Eine Kontrollzelle hat das folgende Format:

CircID	CMD	DATA

Die 2 Byte große Circuit-ID *CircID* gibt dabei den verbindungsspezifischen Identifikator für einen Circuit an; sie wird also für die zuvor angesprochene Zustandshaltung verwendet. Die Circuit-ID ist nicht für alle Zwischenknoten identisch, sondern nur lokal – d. h. zwischen jeweils zwei Onion Routern – gültig. Der 1 Byte große Command-Befehl *CMD* gibt den Befehl an, bspw. „create", „created", „destroy". Das Daten-Feld *DATA* enthält schließlich 509 Bytes an Nutzdaten.

Eine Relay-Zelle hat folgendes Format:

CircID	CMD	StreamID	Digest	Len	RelayCMD	Data

CMD ist dabei auf „relay" gesetzt. Ab diesem Feld werden alle weiteren Felder mittels AES (128 Bit im Counter-Modus) verschlüsselt übertragen. Die *StreamID* (2 Bytes) identifiziert den Datenstrom: Es können mehrere TCP-Verbindungen auf einen Circuit gemultiplext werden. Die 6 Byte lange Prüfsumme für den Integritätsschutz ist im Feld *Digest* enthalten. Das 2 Byte lange Feld *Len* gibt die Länge des Feldes *Data* an, das die Nutzlast enthält. *RelayCMD* gibt an, was als nächstes passieren soll, ob etwa der Circuit erweitert werden soll („extend"), eine Kommunikationsverbindung mit einem Partner aufgebaut werden soll („begin") oder Daten weitergeleitet werden sollen („data") etc.

4.4.3 Aufbau eines Circuits

Bevor wir uns dem Aufbau des Circuits zuwenden, wollen wir noch klären, welche Schlüssel die Onion Router dabei nutzen. Die „Schlüssel" sind eigentlich Schlüsselpaare, werden aber lediglich als Schlüssel bezeichnet:

- *Identity Key:* Hierbei handelt es sich um einen langlebigen Schlüssel, zu dem der Onion Router ein selbstsigniertes Zertifikat hält. Der öffentliche Schlüssel wird in einem Verzeichnis (dem sogenannten „Directory Server") veröffentlicht.
- *Onion Key:* Dies ist ein kurzlebiger Schlüssel für den Aufbau der „Onions". Er wird vom Onion Proxy für die Verschlüsselung verwendet. Der öffentliche Schlüssel wird ebenfalls im Directory Server veröffentlicht.
- *Verbindungsschlüssel:* Der Onion Router hält ein Zertifikat zu diesem Schlüssel – signiert mit dem Identity Key. Dieser Schlüssel kann jederzeit ausgetauscht werden, mindestens jedoch einmal am Tag. Der Schlüssel wird im TLS-Handshake verwendet.

Sehen wir uns nun den Aufbau eines Circuits anhand der Abb. 4.5 im Detail an.

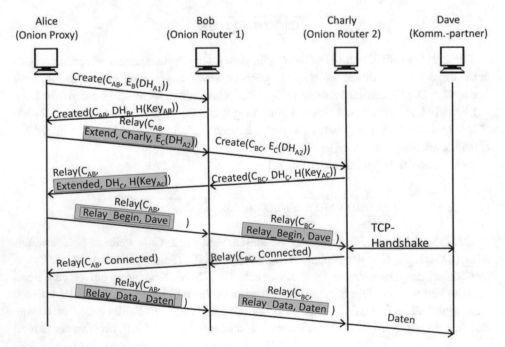

Abb. 4.5 Aufbau eines Tor-Circuits nach [3]

Alice möchte eine Verbindung mit ihrem Kommunikationspartner Dave aufbauen. Dazu wählt sie als Zwischenknoten die Onion Router „Bob" und „Charly" aus und baut die Verbindung über diese auf. Zunächst wählt sie eine neue Circuit-ID C_{AB}, die zwischen ihr und Bob gültig ist. Danach wählt sie einen neuen Diffie-Hellman (DH)-Wert DH_{A1}. Diesen verschlüsselt sie mit Bobs Onion Key, den Alice aus dem Directory Server ausliest. Alice sendet nun (mittels Kontrollzelle) den „Create"-Befehl, der die Circuit-ID und den verschlüsselten DH-Wert beinhaltet, an Bob. Bob entschlüsselt Alices DH-Wert, wählt seinerseits einen DH-Wert DH_{B1} und berechnet aus beiden Werten einen gemeinsamen, symmetrischen Sitzungsschlüssel Key_{AB} nach dem Diffie-Hellman-Verfahren (siehe Abschn. 2.3.5). Bob berechnet daraufhin den kryptographischen Hash-Wert des berechneten Sitzungsschlüssels, $H(Key_{AB})$, und sendet diesen, gemeinsam mit seinem DH-Wert DH_{B1} unter der gemeinsamen Circuit-ID C_{AB} mit dem Befehl „Created" zurück an Alice. Alice berechnet ihrerseits den gemeinsamen Sitzungsschlüssel Key_{AB} aus den beiden DH-Werten und prüft, ob der Hash-Wert des berechneten Sitzungsschlüssels dem Wert $H(Key_{AB})$ von Bob entspricht. Ist dies der Fall ist der erste Teil des Circuits erfolgreich aufgebaut.

Durch die Überprüfung des Hash-Werts authentifiziert sich Bob implizit gegenüber Alice. Es gilt zu beachten, dass nur Bob in der Lage ist, den verschlüsselten DH-Wert von Alice zu entschlüsseln. Indem er die Entschlüsselung erfolgreich durchführt, aus dem gewonnen Wert den gemeinsamen Sitzungsschlüssel berechnet und Alice den Hash-Wert über diesen Sitzungsschlüssel mitteilt, beweist er ihr, dass er den zugehörigen privaten Schlüssel (zum öffentlichen Onion Key, den Alice vom Directory Server bezogen hat) kennt. Nach demselben Prinzip authentifizieren sich auch alle anderen Onion Router während des Circuit-Aufbaus gegenüber Alice.

Im nächsten Schritt möchte Alice den aufgebauten Circuit um Charly erweitern. Dazu sendet sie Bob eine Relay-Zelle unter der zwischen den beiden bereits etablierten Circuit-ID C_{AB}. Alice teilt Bob in dieser Nachricht mit, dass sie den Circuit um „Charly" erweitern („Extend"[4]) möchte. Des Weiteren sendet sie einen neuen, unter dem Onion Key von Charly verschlüsselten DH-Wert mit: $E_C(DH_{A2})$. Diese gesamte Nachricht ist mit dem gemeinsamen, zuvor ausgehandelten symmetrischen Sitzungsschlüssel zwischen Alice und Bob verschlüsselt (dargestellt in der Abbildung als blaue Box).

Bob entschlüsselt die Nachricht und kommt Alices Wunsch nach der Erweiterung des Circuits um Charly nach, indem er seinerseits einen „Create"-Befehl (Kommando-Zelle) an Charly sendet und den verschlüsselten DH-Wert $E_C(DH_{A2})$ weiterleitet. Für diese Nachricht wählt Bob eine neue Circuit-ID C_{BC}. Diese Circuit-ID wird er später wieder verwenden, wenn er eine Relay-Nachricht von Alice erhält, die in dem Circuit an Charly weitergeleitet werden soll. Am Ende dieses Durchlaufs ist der Circuit erfolgreich um Charly erweitert und Alice und Charly verfügen über einen gemeinsamen Sitzungsschlüssel

---

[4] Zur Verdeutlichung ist hier nur das in Abschn. 4.4.2 erwähnte *Relay-CMD* „extend" dargestellt und keine weiteren Daten aus dem Header.

K_{AC}. Nachrichten, die danach von Alice für Charly unter diesem Schlüssel verschlüsselt werden, sind in der Abbildung in einer gelben Box dargestellt.

Schließlich empfängt Charly in einer Relay-Zelle das *Relay-CMD* „Begin". Dies veranlasst ihn, eine TCP-Verbindung mit Dave aufzubauen.

Der Datenaustausch zwischen Alice und dem Kommunikationspartner Dave erfolgt danach über diesen Circuit, wobei Charly in diesem Beispiel der letzte Knoten, der sogenannte „Exit Node" ist, der die Daten (im Klartext) an Dave überträgt (in einem sogenannten „Stream") und von diesem empfängt und über den Circuit an Alice weiterleitet.

Der dargestellte Aufbau des Circuits ist ziemlich aufwendig – aufgrund der vielfachen Verschlüsselungen. Aus „Sicherheitsgründen", d. h. um besser vor Verkehrsflussanalysen zu schützen, wird trotzdem alle 10 Minuten die Route geändert, also ein neuer Circuit aufgebaut. Die Verwendung des Diffie-Hellman-Schlüsselaustauschs während des Circuit-Aufbaus sorgt für *Perfect Forward Secrecy*.

Zu Beginn dieses Abschnitts hatten wir den *Verbindungsschlüssel* erwähnt und gesagt, dass dieser für den TLS-Handshake verwendet wird. Beim Aufbau des Circuits werden alle Verbindungen zwischen den Onion Routern über TLS gesichert, d. h. zwischen Alice und Bob besteht eine TLS-gesicherte Verbindung und zwischen Bob und Charly ebenso. TLS sorgt für eine einseitige (pro Hop) Authentifizierung, d. h. Bob authentifiziert sich gegenüber Alice und Charly authentifiziert sich gegenüber Bob.

4.4.4 Leaky Pipe

Zuvor hatten wir gesagt, dass der Datenaustausch zwischen Alice und Dave über den aufgebauten Circuit vonstatten geht. Alice hat aber auch die Möglichkeit, nur einen Teil des Circuits zu nutzen. Der Vorteil dieses als „Leaky Pipe" benannten Konzepts ist es, dass Angriffe durch Beobachtung des „Endes" des Circuits – also des Exit Nodes – erschwert werden. Beobachtet werden können bspw. die Anzahl oder das zeitliche Muster von Paketen. Im Beispiel von vorhin könnte Alice also bereits Bob die Daten an Dave weitergeben lassen – der Stream verlässt den Circuit also bei Bob.

Bob erkennt den Wunsch nach einer Leaky Pipe anhand des oben erwähnten $DIGEST$-Feldes, also anhand der Prüfsumme. Nur im Falle, dass Bob als Exit Node der Leaky Pipe fungieren soll, wird die Prüfsumme der Zelle korrekt sein. In allen anderen Fällen wird die Prüfsumme aufgrund der Mehrfach-Verschlüsselung mit sehr hoher Wahrscheinlichkeit „falsch" sein. Hierzu muss man sich noch einmal das Konzept von Tor vor Augen führen. Die Zellen werden mehrfach verschlüsselt, wobei sich die Gesamtlänge der Zelle nicht ändert. Es wird auch nicht etwa eine Zelle als verschlüsselte Nutzlast in einer äußeren Zelle mitgeführt, sondern lediglich die Verschlüsselungsfunktion mehrfach angewendet. Wenn das $DIGEST$-Feld die richtige Prüfsumme über die Zelle enthält, ist die Zelle mit hoher Wahrscheinlichkeit vollständig entschlüsselt, d. h. es muss keine weitere „Zwiebelschale" mehr entfernt werden. Bob erkennt damit, dass er als Exit Node fungieren soll und schickt den Stream direkt aus dem Circuit zu Dave.

4.4.5 Missbrauch von Tor

Eines der Probleme von Tor besteht im Missbrauch der Anonymität zum Schutz vor der
Aufdeckung rechtswidrigen Verhaltens, bspw. Urheberrechtsverletzungen, Phishing und
anderen Betrugsversuchen. Die Gefahr für die Nutzer bei der Verwendung von Tor liegt
darin, dass auch Betreiber eines Onion Routers unter Verdacht geraten können.

Als Gegenmaßnahme wird in der Literatur eine Kennzeichnung als Anonymisierungs-
dienst gegenüber dem Kommunikationspartner vorgeschlagen. Eine solche Kennzeichnung kann entweder anwendungsabhängig geschehen, z. B. durch einen Zusatzheader
für HTTP, oder über einen Reverse-DNS-Eintrag. Es steht jedoch zu bezweifeln, ob
diese Kennzeichnung überhaupt ausgewertet wird – und falls sie ausgewertet wird,
welche Schlüsse daraus gezogen werden. Eine weitere Gegenmaßnahme besteht im Filtern
besonders „anfälliger" Dienste, wie etwa dem Peer-to-Peer-Filesharing. Eine Risiko-
Reduktion für einzelne Betreiber kann auch dadurch herbeigeführt werden, dass ein
Onion Router nur als „middleman node" fungiert, Daten also nur an andere Tor-Knoten
weitergibt.

4.4.6 Hidden Services

Der Ausgangspunkt von *Hidden Services* besteht darin, dass der Anbieter eines Dienstes
(bspw. ein Webserver) seine Identität nicht preisgeben will. In Abb. 4.6 möchte Alice einen
Hidden Service nutzen, der von Bob angeboten wird.

Der Diensteanbieter wählt Onion Router als „Introduction Points" und baut Circuits zu
diesen auf. Danach veröffentlicht er seine Dienstbeschreibung und die Liste der Introduction Points in einer (verteilten) Datenbank. Der Nutzer bezieht die Dienstbeschreibung und
die Liste und wählt seinerseits einen sogenannten „Rendezvous Point", zu dem er einen
Circuit aufbaut und den Diensteanbieter (über den Introduction Point) darüber informiert.
Der Diensteanbieter baut den Circuit zum Rendezvous Point auf und der Rendezvous Point
verbindet die Circuits.

Die gelbe Box in der Abbildung steht für die Verschlüsselung unter Bobs öffentlichem
Schlüssel. Dieser öffentliche Schlüssel muss zusammen mit der Liste der Introduction
Points veröffentlicht werden. Das „Rendezvous Cookie" in der Abbildung ist ein Zufalls-
wert.

Diese Lösung bietet Anonymität sowohl für Anbieter als auch für Nutzer.

4.4.7 Angriffe auf Tor

Die Angriffe auf Onion Routing sind verwandt zu jenen, die wir bereits im Zusammenhang
mit Mixes kennengelernt haben. Wir hatten gesagt, dass kein Schutz besteht, wenn ein Mix
nicht vertrauenswürdig ist. Dies gilt bei Mix-Kaskaden und Onion Routing/Tor zunächst
nur, wenn *kein* Mix/Onion Router auf dem Pfad vertrauenswürdig ist.

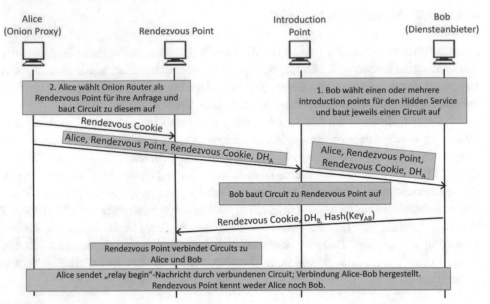

Abb. 4.6 Tor Hidden Services

Das Ziehen von Rückschlüssen aus der Größe von Paketen gilt bei Tor analog zu Mixes.

Der $(n-1)$-Angriff, den wir bei Mixes kennengelernt haben, funktioniert bei Tor nicht, da es hier keine Sammelfunktion gibt. Die lokale Beobachtung nur eines Onion Routers ist für einen Angreifer auch nicht ausreichend, selbst wenn aufgrund der fehlenden Sammelfunktion eine Korrelation von eingehendem und ausgehendem Verkehr an einem Knoten möglich ist.

Wenn der Empfänger als Angreifer auftritt, gibt es bei Tor genauso wie bei Mixes keinen Schutz vor der Analyse übertragener Daten in der Anwendungsschicht, z. B. im E-Mail-Header.

Wir hatten bereits gesagt, dass der Exit Node, nachdem er die Zelle vollständig entschlüsselt hat – also alle Zwiebelschalen entfernt hat –, die Daten im Klartext vorliegen hat. Möchte man sich vor einem neugierigen Exit Node schützen, so muss man als Nutzer dafür sorgen, dass man auf Transport- bzw. Anwendungsebene (über bspw. TLS oder verschlüsselte E-Mails) zusätzliche Sicherungsmaßnahmen ergreift.

Ein Angreifer, der sowohl den eingehenden als auch den ausgehenden Onion Router kontrolliert, ist in der Lage, die Anonymität zu brechen.

Beispiel für einen Angriff

Im Jahr 2007 haben BAUER ET AL. [1] einen Angriff auf Tor veröffentlicht, der auf der Vortäuschung einer größeren Bandbreite der Onion Router des Angreifers basiert. Bei Tor wird zwischen der Auswahl der Entry Router und anderer (Non-Entry) Router unterschieden. Als Entry Router werden solche gewählt, die von den Verzeichnis-Servern als „schnell" und „stabil" bezeichnet werden (d. h. Bandbreite bzw. Uptime liegen über dem jeweiligen Median). Die Auswahl der anderen Router geschieht in zwei Schritten. Im ersten Schritt werden nur als „stabil" markierte Onion Router ausgewählt. Im zweiten Schritt wird aus diesen dann einer zufällig ausgewählt, wobei die Auswahlwahrscheinlichkeit proportional zur, durch den Router angegebenen, Bandbreite ist. Die Auswahlwahrscheinlichkeit für Onion Router i: $p_i = b_i/(\sum_{j=1}^{N} b_j)$, wobei b_i die angegebene Bandbreite des Onion Routers i, und N die Anzahl zur Auswahl stehender Onion Router angeben. Der Angriff läuft in zwei Phasen ab:

Phase 1: Der Angreifer betreibt selbst Onion Router oder kompromittiert existierende. Um die Wahrscheinlichkeit zu erhöhen, dass seine Router ausgewählt werden, wird eine unbeschränkte Exit Policy angegeben (d. h. die Onion Router sind bereit, Daten an beliebige Zwischen- oder Endknoten auszuliefern). Die Onion Router teilen zudem größere Ressourcen (insbesondere Bandbreiten) mit, als ihnen tatsächlich zur Verfügung stehen. Auf diese Weise wird die Wahrscheinlichkeit für die Auswahl dieser Onion Router erhöht. Ist in einem Pfad mindestens ein Onion Router des Angreifers enthalten, ohne dass der Angreifer gleichzeitig Entry- und Exit-Router kontrolliert, unterbricht er die Kommunikation, so dass ein neuer Pfad (womöglich mit besserer Ausgangssituation des Angreifers) etabliert werden muss.

Phase 2: Die Onion Router des Angreifers kommunizieren untereinander, erkennen somit ihre Position im Pfad und können durch Timing-Analysen beide Kommunikationspartner bestimmen, falls sowohl Entry- als auch Exit-Router unter Kontrolle des Angreifers stehen.

Es besteht ein Unterschied zwischen früheren analytischen Modellen und der experimentell ermittelten Erfolgswahrscheinlichkeit. Der Unterschied lässt sich dadurch erklären, dass:

- der Angreifer über vorhandene Ressourcen lügen kann,
- die analytischen Modelle davon ausgingen, die Ressourcen seien gleichmäßig über die Onion Router verteilt,
- der Angreifer Pfade unterbrechen und somit das Generieren neuer Pfade erzwingen kann,
- Onion Router in der verwendeten Implementierung pro Circuit nur einmal verwendet werden können.

Damit wurde diesem Angriff eine hohe praktische Relevanz zugesprochen. Inzwischen wurde in Form von „Bandwidth Authorities" eine Gegenmaßnahme implementiert.

Man muss festhalten, dass es neben den in diesem Abschnitt dargestellten Angriffen noch weitere gibt. Tor ist das vermutlich bekannteste Anonymisierungsnetz und deshalb beliebtes „Angriffsziel". In mehreren Presseberichten der letzten Jahre wurde dargelegt, dass die NSA versucht, die Anonymität von Tor-Nutzern zu brechen. Die Berichte deuten aber darauf hin, dass das Tor-System, das ursprünglich durch das *United States Naval Research Laboratory* – dem gemeinsamen Forschungslabor der Navy und der Marine Corps – unterstützt wurde, selbst durch die NSA nicht vollständig gebrochen werden kann. Offenbar wurden aber Schwachstellen in den Endsystemen (konkret beispielsweise in Firefox) ausgenutzt, um diese zu einer direkten Datenübermittlung – unter Umgehung der Anonymisierung durch Tor – zu bewegen.

4.4.8   Zensurresistenz mit Tor

Tor kann genutzt werden, um Zugriffssperren zu umgehen, die in manchen Ländern zur Zensur verwendet werden. Damit können über Tor Dienste genutzt werden, zu denen der Zugang eigentlich gesperrt ist.

Die Liste der Onion Router ist öffentlich zugänglich – und damit ist es für Zensur-Behörden einfach möglich, den Zugang zu Tor zu sperren, indem Verbindungen zu diesen bekannten Onion Routern unterbunden werden. Die Lösung für dieses Problem sind sogenannte *Bridges*, d. h. spezielle Knoten, die eine Überbrückung zwischen gesperr-ten Nutzern und dem Tor-Netz herstellen. Jeder Tor-Teilnehmer kann diese Bridging-Funktionalität zur Verfügung stellen. Die Adresse wird dabei den gesperrten Nutzern direkt mitgeteilt oder kann bei einer vertrauenswürdigen Partei („Bridge Authority") hinterlegt werden. Bei der Bridge Authority wird die Adresse in einer von drei Adress-Pools hinterlegt. Je nachdem in welchem Pool sich die Adresse befindet, findet eine unterschiedliche Verteilung statt.

- Pool 1: Verteilung über Webseite
- Pool 2: Verteilung über E-Mail
- Pool 3: Verteilung über Instant Messaging, soziale Netzwerke etc.

Um ein erschöpfendes Abgreifen aller vorhandenen Bridges durch die Zensur-Behörde zu verhindern, wird je Anfrage-IP-Adresse, bzw. je E-Mail immer nur ein bestimmter (gleich-bleibender) Bereich von Adressen zurückgeliefert. Allerdings schließt dieser Ansatz einen Angriff (vor allem von Zensur-Behörden mit vielen Ressourcen) nicht vollständig aus – es gibt bekannte Fälle von „erfolgreichen" Bridge-Suchstrategien.

4.5   Fazit

In diesem Kapitel haben wir unterschiedliche Ansätze zur Verschleierung der Kommu-nikationsbeziehungen im Internet kennengelernt. Mixes und Mix-Kaskaden bilden die Grundlage zu Onion Routing/Tor, das wir aufgrund seiner Beliebtheit näher untersucht haben. Laut aktuellem Tor-Statusreport http://metrics.torproject.org/ standen im Oktober 2020 rund 7000 Onion Router zur Verfügung. Genutzt werden diese von etwa zwei

Millionen Nutzern.[5] Im Jahr 2015 meldeten sich täglich rund 30.000 Hidden Services in den Hidden Services-Verzeichnissen.[6] Tor lebt zu einem großen Teil von der aktiven Mitarbeit der Forscher-Community und Freiwilligen, die den Dienst und die Implementierung ständig auf ihre Sicherheit hin analysieren und verbessern. Die Bedienbarkeit von Tor ist ein weiterer, wesentlicher Faktor für dessen Verbreitung, auch unter Laien. Mit dem „Tor Browser Bundle" steht eine vorkonfigurierte, einfach zu verwendende portable Lösung zur Verfügung. Sie besteht aus einem modifizierten Firefox Browser und dem Tor Proxy.

Neben Tor existierten und existieren weitere Anonymisierungsdienste, wie etwa *Crowds* oder *JAP*. Keinem dieser Anonymisierungsnetze ist es allerdings gelungen, eine derart hohe Nutzerzahl wie Tor zu erreichen.

Wie sich Anonymisierungsdienste weiter entwickeln werden und wie die Nachfrage danach in Zukunft aussehen wird ist noch nicht absehbar. Durch die Veröffentlichungen von EDWARD SNOWDEN haben diese Dienste, allen voran Tor, einen starken Zulauf verzeichnen können. Für Whistleblower, Dissidenten, Regimekritiker etc. werden Anonymisierungsdienste auch in Zukunft von enormer Bedeutung sein. Gleichzeitig werden Anonymisierungsdienste von vielen in ein schlechtes Licht gerückt, da mit deren Hilfe rechtswidriges Verhalten möglich wird, dem schwer bis gar nicht nachgegangen werden kann. In diesem Zusammenhang ist auch vom „Dark Net" die Rede, einem Teil des Internets, das von Drogen- bis Waffenhandel alles mögliche an illegalen Diensten bereithält. Die Plattform *Silk Road* war ein derartiger als Hidden Service getarnter Schwarzmarkt, der 2014 von den Behörden abgeschaltet wurde. Bezahlt wurde auf diesem Schwarzmarkt mit der anonymen Krypto-Währung *Bitcoin*, die wir im übernächsten Kapitel genauer kennenlernen werden.

4.6   Übungsaufgaben

Aufgabe 1
Warum wird die Circuit-ID nicht global für den gesamten Circuit gewählt? Warum werden stattdessen Circuit-IDs gewählt, die jeweils nur zwischen zwei Knoten gelten?

Aufgabe 2
Warum ist es bei Tor kein Problem, dass Bob während des Verbindungsaufbaus den Hash-Wert des berechneten Sitzungsschlüssels an Alice überträgt?

---

[5] Die Zahlen haben sich interessanterweise seit der 1. Auflage dieses Lehrbuchs kaum geändert; damals hatten wir mit Stand Januar 2016 über dieselben Werte berichtet.

[6] https://blog.torproject.org/some-statistics-about-onions.

Literatur

1. Kevin Bauer, Damon McCoy, Dirk Grunwald, Tadayoshi Kohno, and Douglas Sicker. Low-resource routing attacks against tor. In *Proceedings of the 2007 ACM Workshop on Privacy in Electronic Society*, WPES '07, pages 11–20, New York, NY, USA, 2007. ACM.
2. David L. Chaum. Untraceable electronic mail, return addresses, and digital pseudonyms. *Communications of the ACM*, 24(2):84–90, February 1981.
3. Roger Dingledine, Nick Mathewson, and Paul Syverson. Tor: The second-generation onion router. In *Proceedings of the 13th Conference on USENIX Security Symposium – Volume 13*, SSYM'04, pages 21–21, Berkeley, CA, USA, 2004. USENIX Association.
4. David M. Goldschlag, Michael G. Reed, and Paul F. Syverson. Hiding routing information. In *Proceedings of the First International Workshop on Information Hiding*, pages 137–150, London, UK, UK, 1996. Springer-Verlag.
5. Andriy Panchenko and Lexi Pimenidis. Towards practical attacker classification for risk analysis in anonymous communication. In Herbert Leitold and Evangelos P. Markatos, editors, *Communications and Multimedia Security*, volume 4237 of *Lecture Notes in Computer Science*, pages 240–251. Springer Berlin Heidelberg, 2006.

Identitätsmanagement

5

Identitätsmanagement (IdM) ist die Verwaltung mehrerer partieller Identitäten von Subjekten (Personen). Es geht dabei also um eine Verwaltung von Attributwerten und die Auswahl einer zu verwendenden Identität in einem spezifischen Kontext. Dabei spielt außerdem die Authentifizierung unter der ausgewählten Identität eine wichtige Rolle.

Wir werden in diesem Kapitel sehen, dass Identitätsmanagement dem Datenschutz dient, wenn sichergestellt wird, dass mehrere Identitäten eines Subjekts nicht miteinander verknüpft werden können.

In Abschn. 5.1 verschaffen wir uns zunächst einen Überblick über das umfangreiche Thema Identitätsmanagement. Danach lernen wir in Abschn. 5.2 *OpenID*, ein im Internet sehr häufig genutztes IdM-System, kennen. Danach betrachten wir mit *OAuth* in Abschn. 5.3 ein populäres Protokoll, das überwiegend zur Autorisierung im Internet verwendet wird. In Abschn. 5.4 lernen wir schließlich *OpenID Connect* kennen – ein neuartiges Protokoll, das die Konzepte von OpenID und OAuth vereint.

> **Lernziele:** Am Ende dieses Kapitels sollten Sie mit ausgewählten Verfahren aus dem Bereich des Identitätsmanagements, die heute in der Praxis häufig zum Einsatz kommen, vertraut sein. Sie sollten die unterschiedlichen Eigenschaften die diese Verfahren bieten – vor allem im Hinblick auf den Datenschutz – kennen und bewerten können, welches Verfahren für welchen Zweck eingesetzt werden kann.

R. Petrlic et al., *Datenschutz*, https://doi.org/10.1007/978-3-658-39097-6_5

5.1   Überblick

Im Identitätsmanagement (IdM) haben wir es häufig mit den folgenden Entitäten zu tun: *Subjekt/Nutzer*, *Identitätsprovider (IdP)* und *Diensteanbieter*. Das Zusammenspiel zwischen diesen Identitäten ist in Abb. 5.1 dargestellt.

Wir werden in den nachfolgenden Abschnitten unterschiedliche Verfahren kennenlernen, die auf dieser Basis arbeiten.

5.1.1   Schwerpunkte und Sichtweisen im Identitätsmanagement

IdM spielt in (größeren) Unternehmen und Organisationen, bspw. an Universitäten, eine wesentliche Rolle. Nutzer, an einer Universität etwa Mitarbeiter, Studierende und Gäste, verwenden zahlreiche Dienste. Von der Immatrikulation über die Nutzung der Bibliotheksdienste und der Buchung von Sportkursen bis hin zum Prüfungsmanagement muss an unterschiedlichen Stellen eine Identifizierung (sowie Authentifizierung und Autorisierung) der Nutzer erfolgen. Dabei werden jeweils (partielle) Identitäten der Nutzer benötigt. Ein IdM-System sollte also einen geordneten Umgang mit partiellen Identitäten ermöglichen.

Zum einen muss eine einheitliche Authentifizierung gewährleistet werden. Dabei spielt das sogenannte *Single-Sign-On (SSO)* eine wesentliche Rolle. SSO ermöglicht es einem Nutzer, mit einem Login-Vorgang verschiedene Dienste zu nutzen. Dabei erhalten die Diensteanbieter (im Idealfall) lediglich die Informationen (Attribute), die sie für die Erbringung ihrer Dienste benötigen.

Zum anderen muss das Management der partiellen Identitäten über den vollständigen Lebenszyklus gewährleistet werden. Zwischen Eintritt eines Studierenden bzw. Mitarbeiters und Ausscheiden aus der Universität können eine Reihe weiterer Veränderungen

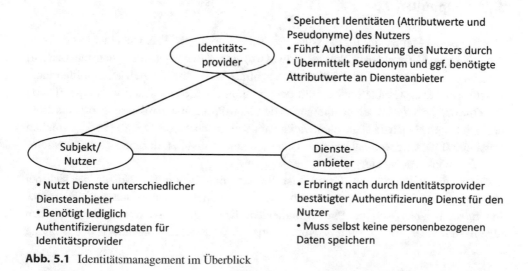

Abb. 5.1 Identitätsmanagement im Überblick

der Rollen eintreten und diese muss das IdM-System entsprechend berücksichtigen
können. Selbst nach dem Ausscheiden kann das IdM-System unter Umständen noch als
„Zulieferer" für ein Alumni-System dienlich sein.

In der Praxis gibt es zahlreiche IdM-Systeme, angefangen von Active Directory-
Lösungen bis hin zu SAP-Systemen, die diese Aufgaben erfüllen. Bei all diesen Lösungen
steht die *Sicht der Organisation* im Vordergrund.

Daneben existieren eine Reihe von IdM-Lösungen für web-basierte Dienste. Diese
in den letzten Jahren populärer werdenden Systeme haben das Ziel, den „planlosen"
Umgang mit Identitäten bei der Verwendung von unterschiedlichen Diensten im Internet
zu beseitigen. Häufig ist es so, dass Nutzer dieselben Zugangsdaten (Nutzername und
Passwort) für verschiedene Dienste nutzen. Im schlimmsten Fall kann die Kompromittierung eines Diensteanbieters die Kompromittierung aller Zugänge nach sich ziehen.
Außerdem können verschiedene Diensteanbieter die personenbezogenen Daten der Nutzer
zusammenführen. IdM-Systeme für web-basierte Dienste versprechen, diesem Problem
u. A. mit Single-Sign-On (SSO) entgegentreten zu können. Die Idee ist, dass Nutzer
sich nur *einen* Nutzernamen und *ein* starkes Passwort merken müssen, um sich bei
einem Identitätsprovider (IdP) zu authentifizieren. Für die einzelnen Diensteanbieter
müssen die Nutzer dann nur noch festlegen, unter welcher partiellen Identität sie dort
auftreten möchten, d. h. welche personenbezogenen Daten sie dort preisgeben möchten.
Im Gegensatz zu den vorhin genannten IdM-Ansätzen, die die Diensteanbieter-Sicht
(d. h. Organisations-Sicht) in den Vordergrund stellen, steht hier die Nutzer-Sicht im
Vordergrund. Man spricht in diesem Zusammenhang auch häufig von einem *„user-centric
identity management"*, also einem Nutzer-zentrierten IdM. Wir werden in diesem Kapitel
allerdings auch noch sehen, dass nicht alle Nutzer-zentrierten IdM-Systeme automatisch
ein hohes Maß an Datenschutz gewährleisten.

5.2   OpenID

OpenID ist ein Framework für die Nutzer*authentifizierung* im Web. Dabei ist das System,
das aus *OpenID-Providern* (Identitätsprovidern) und *Relying Parties* (Diensteanbietern)
besteht, dezentral organisiert. Es gibt keine zentrale Stelle, die die vielzähligen Identitätsprovider und Diensteanbieter überprüft oder bestätigt. Weiterentwickelt wird OpenID von
der *OpenID Foundation*, einer internationalen Non-Profit-Standardisierungsorganisation,
der sich Unternehmen und Einzelentwickler angeschlossen haben. OpenID in der aktuellen
Version 2.0 [3] wird von zahlreichen Unternehmen unterstützt, darunter Google, Microsoft, Facebook, PayPal etc.

Ein zentrales Element bei OpenID ist die *Authentifizierung*. Ein Nutzer, der sich bei
einem OpenID-Provider – den er selbst wählt – anmeldet, kann sich mithilfe seines
Identifiers bei den Relying Parties anmelden. Die Authentifizierung gegenüber dem
OpenID-Provider erfolgt mittels Nutzername und Passwort. Gegenüber den Relying

Parties muss der Nutzer seinen Nutzername und Passwort nicht preisgeben. Der Identifier ist in diesem Kontext ein Uniform Resource Locator (URL), bspw. könnte ein Nutzer die Identität http://example.com/user123 haben.[1]

5.2.1   Ablauf der Authentifizierung

Der Nutzer besucht eine Website, die OpenID-Authentifizierung als Diensteanbieter (Relying Party) unterstützt. Um die Authentifizierung zu starten, gibt der Nutzer seine Identität, also etwa seine URL http://example.com/user123 an. Der Diensteanbieter führt eine Auflösung der URL durch. Die URL verweist auf ein Dokument, das die URL des zuständigen Identitätsproviders (OpenID-Providers) des Nutzers enthält. Nachdem der Diensteanbieter und der Identitätsprovider (IdP) ein gemeinsames Geheimnis nach Diffie-Hellman aushandeln, das für die spätere Authentifizierung der Nachrichten verwendet wird, wird der Nutzer zu seinem IdP weitergeleitet. Die Weiterleitung ist dabei entweder ein HTTP Redirect, oder es wird ein Formular eingebunden, das an den IdP geschickt wird.

Der Nutzer authentifiziert sich nun mittels Nutzername und Passwort gegenüber dem IdP. Der IdP leitet den Nutzer schließlich an den Diensteanbieter weiter. Dabei gibt er dem Nutzer eine Authentifizierungsantwort mit, die mit dem zuvor abgeleiteten Geheimnis zwischen IdP und Diensteanbieter authentifiziert wird.

5.2.2   Analyse

OpenID verwendet HTTP zum Transport von Nachrichten. Dies ist aus Sicherheitssicht ein Problem, da der IdP nicht authentifiziert wird. Aus diesem Grund empfiehlt der Standard auch die Verwendung von HTTPS, also der Kombination von HTTP und Transport Layer Security (TLS), zur Kommunikation. HTTPS garantiert sowohl die Authentizität[2] und Integrität als auch die Vertraulichkeit der ausgetauschten Nachrichten.

Trotz der Verwendung von TLS stellt die Authentifizierung des Identitätsproviders gegenüber dem Nutzer ein praktisches Problem dar. Die Zieladresse für die Eingabe der Authentifizierungsdaten kommt vom Diensteanbieter. Der Nutzer müsste das Zertifikat des (vermeintlichen) Identitätsproviders überprüfen, um sicherzugehen, dass er seine Authentifizierungsdaten an den richtigen IdP sendet und nicht Opfer eines Phishing-Angriffs (vom Diensteanbieter) wurde. Gerade bei der Verwendung von HTML-Formularen ist dies aber nicht einfach sicherzustellen.

---

[1] Kritiker sprechen in diesem Kontext auch von einer „Entmenschlichung", da sich Nutzer im Internet auf die selbe Art und Weise wie Webseiten identifizieren: mit einer URL.

[2] Der OpenID-Standard spricht bei der Authentifizierung von Nachrichten mittels Message Authentication Code (MAC) von „Signaturen". Eine eigentliche Signaturprüfung findet aber bei OpenID nicht statt.

Aus Datenschutzsicht gibt es bei OpenID zwei Probleme. Zum einen „recyclen" große Identitätsprovider Nutzer-Identitäten von inaktiven Accounts. Dadurch können die neuen Besitzer einer Identität Zugriff auf Daten vom alten Besitzer erlangen, sofern der Diensteanbieter vom Wechsel nichts weiß. Zum anderen ist der IdP in der Lage, sehr detaillierte Nutzer-Profile zu bilden. Der IdP erfährt, welche Dienste die Nutzer in Anspruch nehmen. Hierzu heißt es unter www.openidexplained.com: „OpenID is not Big Brother—It doesn't keep track of what you do on those websites; that is still controlled by the websites".

Zu guter Letzt gilt es noch zu beachten, dass man als Nutzer ein starkes Passwort für seinen OpenID-Account wählen sollte. Ein Angreifer, der den Account eines Nutzers kapert, kann sich damit bei allen Diensteanbietern als legitimer Nutzer anmelden. Dies wird unter www.openidexplained.com auch klar kommuniziert:

> OpenID is no less (or more) secure than what you use right now. It's true that if someone gets your OpenID's username and password, they can usurp your online identity. But, that's already possible. Most websites offer a service to e-mail you your password (or a new password) if you've forgotten it, which means that if someone breaks into your e-mail account, they can do just as much as they can if they get your OpenID's username and password.

5.3   OAuth

OAuth 2.0 (in weiterer Folge OAuth) ist ein Framework zur Unterstützung der Entwicklung von Authentifizierungs- und Autorisierungsprotokollen für Desktop-, Web- und Mobil-Anwendungen. OAuth basiert auf standardisierten Nachrichten, die mittels JSON und HTTP ausgetauscht werden. Standardisiert ist OAuth in Request for Comments (RFC) 6749 [1] und RFC 6750 [2]. Da es sich um ein Framework handelt, sind keine genauen Implementierungsvorgaben enthalten.

Der Fokus von OAuth liegt auf der *Autorisierung*. OAuth erlaubt es Nutzern, einer Anwendung Zugriff auf seine Daten zu geben, die von einer anderen Anwendung verwaltet werden. Dabei muss der Nutzer seine Authentifizierungsdaten nicht an diese Anwendung weitergeben.

▶ **Praxis:** *Facebook* setzt beim „Login-Button" auf eine (eigene) Implementierung von OAuth. Wird der Login-Button von einem Diensteanbieter auf einer Website eingesetzt, so können sich die Nutzer auf dieser Website mit ihrem Facebook-Account (über Facebook) „einloggen". Eine Registrierung auf dieser Website ist nicht mehr nötig. Der Nutzer kann nach dem Einloggen entscheiden, auf welche Daten – die bei Facebook, also dem Identitätsprovider (IdP), hinterlegt sind – er dem Diensteanbieter Zugriff gewährt. Tatsächlich ist es allerdings so, dass der Nutzer, wenn er den Facebook Login-Button nutzen möchte, jene Daten freigeben muss, die vom Diensteanbieter verlangt werden. Typischerweise sind dies Name, E-Mail-Adresse und Profilbild des Nutzers. In der Vergangenheit wurde i. d. R. auch die Freundesliste angefragt, dies scheint aber in der Zwischenzeit nicht mehr der Regelfall zu sein.

Analog verhält es sich bei Apps, die das Einloggen über Facebook erlauben. Hier kommt ebenfalls OAuth zum Einsatz.

Auch andere große Betreiber von sozialen Netzwerken, etwa *Google*, *Twitter* oder *LinkedIn* treten als Identitätsprovider auf und erlauben ähnliche Dienste mittels OAuth.

5.3.1   Verfahren

Bevor wir das Verfahren im Detail betrachten, machen wir uns noch mit den beteiligten Parteien vertraut. Um in der Nomenklatur in diesem Kapitel konsistent zu bleiben, sprechen wir auch weiterhin vom Nutzer, dem Identitätsprovider (IdP) und dem Diensteanbieter. Wir nennen zum bessern Verständnis beim Nachschlagen in weiteren Quellen auch die Bezeichnungen der Parteien, wie sie in den RFCs genannt werden.

Der *Identitätsprovider (IdP)* hält die Daten über Nutzer („Protected Resources") für die Nutzung der Diensteanbieter vor. Außerdem stellt der IdP die Implementierung von OAuth bereit. Der IdP trägt im OAuth-Kontext auch die Bezeichnung „Resource Server". Der IdP führt in seiner Rolle als „Authorization Server" auch die Autorisierung durch, d. h. er gewährt dem Diensteanbieter nach erfolgreicher Authentifizierung durch den Nutzer Zugriff auf die gespeicherten Daten. Dazu stellt der IdP sogenannte „Access Tokens" aus; dies sind Zeichenketten aus Buchstaben und Zahlen, die schwer zu erraten sind.

Der *Nutzer* (auch „Resource Owner" genannt) ist der „Eigentümer" seiner Daten, die beim IdP gespeichert sind. Er behält mittels OAuth die Kontrolle darüber, welche seiner Daten an Diensteanbieter weitergegeben werden.

Der *Diensteanbieter* (auch „Consumer" oder „Client" genannt) ist im OAuth-Kontext strenggenommen eine Anwendung, die Zugriff auf die Nutzer-Daten erfragt.

Sehen wir uns nun den Ablauf, der in Abb. 5.2 dargestellt ist, im Detail an.

Zur einfacheren Lesbarkeit haben wir den Nutzer und den Browser des Nutzers, der außer der Bestätigung des Zugriffs (dem „Granting") alle Schritte vornimmt, zusammengefasst.

Der Nutzer startet die Dienstnutzung bei einem Diensteanbieter und gibt dort an, dass sich der Diensteanbieter die Daten über den Nutzer bei einem bestimmten IdP abholen soll. Hierzu stellt der Dienst zunächst einen Authorization Request. Dieser Authorization Request veranlasst im Idealfall, bei Verwendung des sogenannten „Authorization Code" als „Grant Type", wie es auch in der Abbildung dargestellt ist, einen Redirect des Nutzers zum IdP. Der Authorization Request enthält neben der ID des Dienstes unter anderem auch den „Scope" sowie eine „Redirect URI", also eine Adresse zu der der Nutzer nach der Authentifizierung und Autorisierung geleitet wird. Der Scope definiert die Berechtigungen für die Nutzung der Daten, die vom Nutzer erfragt werden.

Der Nutzer authentifiziert sich also gegenüber seinem IdP (klassischerweise mittels Nutzername und Passwort) und gewährt dem Diensteanbieter Zugriff auf seine Daten. Der

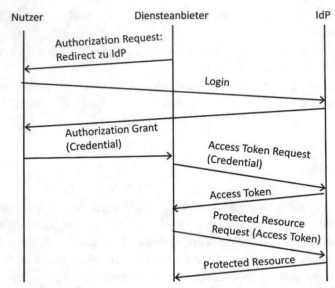

Abb. 5.2 Autorisierung mit OAuth

IdP bestätigt diese Autorisierung des Nutzers, also die Einwilligung zur Datenweitergabe, über ein „Authorization Grant Credential" (auch „Authorization Code" genannt).

Dieses Authorization Grant Credential wird dem Diensteanbieter zugeleitet. Der Diensteanbieter authentifiziert sich im Rahmen des „Access Token Requests" gegenüber dem IdP und sendet diesem auch das Credential. Nach erfolgreicher Authentifizierung des Diensteanbieters und Überprüfung des Credentials stellt der IdP dem Diensteanbieter ein „Access Token" aus, das den Zugriff auf die Daten über den zuvor festgelegten und akzeptierten Scope für eine gewisse Zeitspanne erlaubt. Die Authentifizierung des Diensteanbieters erfolgt in der Regel über ein Passwort, das dem Diensteanbieter bei der Registrierung beim IdP mitgeteilt wird.

Schließlich erhält der Diensteanbieter nach Vorlage des Access Tokens beim IdP Zugriff auf die beim IdP hinterlegten Daten des Nutzers.

5.3.2 Analyse

Die Sicherheit von OAuth basiert im Wesentlichen auf der Verwendung des Transport Layer Security (TLS)-Protokolls. OAuth bietet von sich aus keine Maßnahmen, um Schutzziele wie etwa Vertraulichkeit oder Authentizität zu bieten.

Daneben kommt es noch auf die Wahl des „Grant Types" an. Der Grant Type „Authorization Code", den wir in der Beschreibung des Ablaufs gewählt haben, bietet das höchste Maß an Sicherheit und garantiert damit auch das höchste Maß an Datenschutz. Bei dieser Art der Autorisierung gelangen die Authentifizierungsdaten der Nutzer nicht zum

Diensteanbieter. Die Authentifizierung des Diensteanbieters gegenüber dem IdP während des Access Token Requests schützt vor einer Impersonation des Diensteanbieters durch einen betrügerischen Diensteanbieter. Als weiterer Vorteil bei dieser Art der Autorisierung kann die Tatsache gesehen werden, dass der IdP dem Diensteanbieter das Access Token direkt übermittelt – ohne den Umweg über den Browser des Nutzers zu gehen; und damit einen gewissen Schutz vor der Aufdeckung dieses Tokens gegenüber Dritten bietet.

Beim Grant Type „Implicit" hingegen findet keine Authentifizierung des Diensteanbieters statt und das Access Token nimmt den Umweg über den Browser des Nutzers. Die Ausstellung des Authorization Grant Credentials entfällt bei dieser Methode aus Performance-Gründen; stattdessen wird direkt ein Access Token ausgestellt.

Aus Datenschutzsicht am bedenklichsten ist die Verwendung des Grant Types „Resource Owner Password Credentials". Hierbei stellen die Login-Daten des Nutzers zur Authentifizierung beim IdP die Authorization Grant Credentials dar. Damit gelangt auch der Diensteanbieter an die Login-Daten (Nutzername und Passwort) des Nutzers.

5.4   OpenID Connect

OpenID Connect ist die neueste Entwicklung der OpenID Foundation. Der Standard wird unter anderem von Google für den Dienst „Google Sign-In" verwendet, der verspricht, Nutzer damit schnell und einfach – und ohne viel Entwicklungsarbeit – Zugang zu Websites, Apps und Geräten (bspw. TVs) zu verschaffen. OpenID Connect ist zudem die Grundlage für die Integration von Google-Diensten bei Diensten von Drittanbietern.

OpenID Connect (in der Version 1.0) ist im Wesentlichen nichts anderes als OAuth 2.0, mit einem zusätzlichen Identitäts-„Layer" (basierend auf OpenID 2.0) „on top". Damit erlaubt OpenID Connect den Diensten einerseits die Identifizierung und Authentifizierung der Nutzer. Andererseits sorgt das OAuth-Protokoll auch für eine Autorisierung und Bereitstellung von beim IdP gespeicherten personenbezogenen Daten (bspw. Profilinformationen, Freundschaftslisten etc.); dieser Austausch findet über REST („Representational State Transfer", ein Programmierparadigma für Webservices) statt.[3] OpenID Connect unterstützt dabei unterschiedliche Dienste, von web-basierten über mobile bis hin zu JavaScript-Diensten. Die Spezifikation ist dahingehend erweiterbar, dass Dienste bspw. zusätzlich eine Verschlüsselung der Identitätsdaten bzw. das Auffinden von OpenID-Providern einführen können.

---

[3] Es kommt eine „RESTful HTTP-API" mit JSON als Daten-Format zum Einsatz.

5.5   Geprüfte Identitäten in der Praxis

In Abschn. 9.2 werden wir uns mit dem elektronischen Reisepass im Detail auseinander-setzen; dieser bietet eine Identifizierung und Authentifizierung gegenüber Diensteanbie-tern im Internet. Die Identität des Nutzers wurde dabei durch die Ausweis-ausstellende Behörde geprüft und somit bietet der elektronische Personalausweis eine sichere digitale Identität. Allerdings hat sich die Online-Identifizierung mittels elektronischem Personal-ausweis bisher (noch) nicht durchgesetzt.

In der Praxis ist es in vielen Fällen nötig, dass die Identität eines Nutzers von einer vertrauenswürdigen Stelle geprüft wurde. Für Geschäftsvorgänge bzw. Behörden-Gänge ist es nicht ausreichend, dass sich ein Nutzer bspw. „mit Facebook" anmeldet; Facebook überprüft die Identitäten seiner Nutzer bei der Registrierung nicht im Detail. Unterschied-liche Verbände versuchen sich nun in der Praxis als vertrauenswürdige Identitätsprovider zu etablieren. Ziel ist es, eine einfache (einfachere als mit dem elektronischen Perso-nalausweis) Identifizierung und Authentifizierung gegenüber Diensteanbietern zu bieten, die gleichzeitig ein ähnlich hohes Schutzniveau wie der elektronische Personalausweis gewährleistet.

Unter dem Namen „Deutschland ID (DeID)" versuchen (Stand Ende 2020) über 30 Partner aus Wirtschaft, Verwaltung und Wissenschaft (unter der Leitung von Fraunhofer AISEC) eine derartige einfache und sichere Online-ID zu etablieren. Diese soll auf Open ID Connect basieren. Unterschiedliche Identitätsprovider (u. A. *Yes*, *NetID* und *Verimi*) arbeiten hierbei zusammen. An Verimi sind u. A. die Allianz, Daimler, Deutsche Bahn, Deutsche Bank, Telekom, Lufthansa, Volkswagen, Samsung, etc. beteiligt. Beim Identi-tätsprovider Verimi muss ein Nutzer nach der Registrierung seine Identität nachweisen, etwa per Video-Ident oder über ein bestehendes Konto bei einer Bank. Danach kann sich der Nutzer bei Partner-Diensteanbietern über seinen Verimi-Account identifizieren und authentifizieren. Der Diensteanbieter kann sich darauf verlassen, dass die Identität des Nutzers durch Verimi „ordentlich" geprüft wurde. Der Chef von Verimi fordert die Politik auf, Verimi für E-Government-Angebote von Behörden zu akzeptieren und warnt gleichzeitig: „Wenn es in Deutschland keine starke Identitätsplattform gibt, werden Apple und Google diesen Markt überrollen".[4] Daran sieht man, dass großes Interesse seitens der Wirtschaft an einfachen und gleichzeitig sicheren Identitäten besteht. Es ist völlig offen, welche Identitätsprovider auf lange Sicht das Rennen (um wertvolle Nutzer-Identitäten) machen werden.

---

[4] Weitere Details zur Deutschland ID standen Ende 2020 leider noch nicht zur Verfügung. Dieser Absatz stammt aus einem Heise-Artikel vom Dezember 2020 https://www.heise.de/hintergrund/ Digitale-Identitaet-Wettrennen-um-Vorherrschaft-der-digitalen-Identitaetspruefung-4994276.html.

5.6   Fazit

In der Praxis basiert eine Vielzahl von Diensten auf der Verwendung von *OpenID*, *OAuth* und *OpenID Connect*. Eine Bewertung, ob diese IdM-Verfahren datenschutzfördernd sind, fällt nicht leicht. Auf der einen Seite ist der Ansatz, dass Nutzer sich ihre Identitätsprovider (IdP) – bei denen die personenbezogenen Daten gespeichert sind – selbst auswählen können, vielversprechend. Die Idee, dass Nutzer dann für jeden Dienst entscheiden können, welche personenbezogenen Daten sie diesem überlassen möchten, entspricht geradezu dem in Abschn. 2.2 kennen gelernten Konzept der *partiellen Identität*, mit der man unterschiedlichen Diensteanbietern gegenübertritt. Allerdings steht und fällt das ganze mit der Auswahl des Identitätsproviders. Entscheiden sich die Nutzer für den „einfachen" Weg und wählen als IdP einen Anbieter eines großen sozialen Netzwerks aus, so darf bezweifelt werden, ob dies dem Datenschutz dienlich ist. Warum tritt bspw. Facebook als großer IdP auf? Weil Facebook dadurch erfährt, welche Dienste seine Nutzer außerhalb des sozialen Netzwerks sonst noch verwenden. Facebook erfährt durch jeden Login-Vorgang auch die Intensität der Dienst-Nutzungen der Nutzer. Diese Informationen sind übrigens nicht nur für die Nutzer-Analysen wertvoll, sondern auch zur Bewertung von Diensten: Facebook weiß, wie populär Dienste sind und wie sie sich entwickeln.

Es ist zu beobachten, dass sich in den vergangenen Jahren – seit Erscheinen der 1. Auflage dieses Lehrbuchs – die unterschiedlichsten Verbünde von Unternehmen entwickelt haben, um eine gemeinsame „Online-ID" zu entwickeln. Vorrangiges Ziel der jeweiligen Initiativen ist laut Versprechungen eine Vereinfachung der Authentifizierung im Internet für die Nutzer. Eine andere Erklärung, die sich auch in so manchem Artikel zum Online-Marketing findet, könnte sein, dass damit ein Nutzer-Tracking (mit vereinfachter, zentral erteilter Einwilligung) möglich wird; da das Nutzer-Tracking insbesondere durch das Verhindern von 3rd-Party-Cookies durch aktuelle Browser für Anbieter schwieriger wird.

5.7   Übungsaufgaben

Aufgabe 1
Welche Dienste an Ihrer Universität/in Ihrem Unternehmen benötigen (Teil-)Identitäten von Studierenden/Mitarbeitern? Unter welchen Teil-Identitäten treten Sie gegenüber diesen Diensten auf? Wie authentifizieren Sie sich? Wie gelangen Sie an diese Teil-Identitäten? Berücksichtigen Sie auch Dienste, die nicht von der Universität/von dem Unternehmen selbst angeboten werden. Welche Eigenschaften sollte eine Identitätsmanagement-Lösung haben? Ist eine einheitliche Lösung für alle Dienste denkbar?

Literatur

1. Internet Engineering Task Force (IETF). The OAuth 2.0 Authorization Framework, Oct. 2012. Request for Comments (RFC) 6749.
2. Internet Engingeering Task Force (IETF). The OAuth 2.0 Authorization Framework: Bearer Token Usage, Oct. 2012. Request for Comments (RFC) 6750.
3. OpenID. OpenID Authentication 2.0 - Final. http://openid.net/specs/openid-authentication-2_0.html, Dec. 2007. Final Specification.

Anonymes Bezahlen

6

Nicht erst durch die Popularität von Kryptowährungen wie Bitcoin – als zumindest vermeintlich anonymen Bezahlsystemen – in der jüngeren Vergangenheit steht das Thema *Anonymes Bezahlen* immer wieder auch im Fokus gesellschaftlicher Debatten. Anlass zur Befassung mit dem Datenschutz beim Bezahlen gibt sicherlich auch die wachsende Anzahl elektronischer Bezahlvorgänge sowohl beim Online-Einkauf als auch (in Form von Kartenzahlungen) im Einzelhandel vor Ort, der nicht zuletzt die Corona-Pandemie einen weiteren Schub verliehen hat. Immer wieder wird sogar die Abschaffung des Bargeldes diskutiert, das bislang eine zuverlässige, de facto anonyme Bezahlmöglichkeit eröffnet hat – auch wenn über Seriennummern grundsätzlich eine (praktisch aber sehr eingeschränkte) Rückverfolgungsmöglichkeit besteht. Wird anonymes Bezahlen also in Zukunft unmöglich – oder nur noch mit Kryptowährungen möglich sein?

Tatsächlich gibt es schon seit langem technische Möglichkeiten für anonymes Bezahlen. So bildeten anonyme Bezahlsysteme, allen voran solche auf Basis des von DAVID CHAUM entwickelten Ansatzes, eine wesentliche Grundlage für Privacy-Enhancing Technologies (PETs). Wir beschäftigen uns mit diesem „Meilenstein" der PETs-Forschung in Abschn. 6.2, nachdem wir in Abschn. 6.1 allgemeine Anforderungen an anonyme Bezahlverfahren formulieren. Als nächstes wenden wir uns in Abschn. 6.3 dem Thema *Bitcoin* zu und gehen dabei vor allem auf die Frage ein, wie anonym Bitcoin wirklich ist. In Abschn. 6.4 beleuchten wir Anonymisierungskonzepte für Kryptowährungen, die den Datenschutz im Vergleich zum klassischen Bitcoin-Protokoll wesentlich verbessern. Schließlich betrachten wir in Abschn. 6.5 anonyme Bezahlverfahren in der Praxis.

> **Lernziele:** Am Ende dieses Kapitels sollten Sie die Grundzüge anonymer Bezahlverfahren und die zugrundeliegenden kryptographischen Protokolle – die auch in an-

deren Anwendungen zum Einsatz kommen – kennen. Dies schließt klassische anonyme Bezahlverfahren ebenso wie beispielhafte Protokolle für Kryptowährungen mit ein.

6.1   Anforderungen an ein anonymes Bezahlverfahren

Gerade in Bezug auf die unterschiedlichen Anforderungen, die sich nicht zuletzt durch die unterschiedlichen Beteiligten ergeben, ist das Thema *Anonymes Bezahlen* so spannend. Hier wird ganz besonders deutlich, dass neben der *Anonymität* auch das Thema *Sicherheit* eine wichtige Rolle spielt. Anonymität ohne Sicherheit ist beim anonymen Bezahlen nicht möglich. Dies ist zwar auch in den meisten anderen Bereichen rund um den Datenschutz der Fall, wird aber von vielen gerne vergessen.

Anonymität gegenüber Bank

Zunächst stellt man an ein anonymes Bezahlverfahren die Anforderung, dass Nutzer gegenüber der Bank (oder dem Betreiber des Systems) „anonym" agieren können. Dies heißt in diesem Fall, dass die Bank nicht erfahren soll, welcher Kunde Transaktionen mit bestimmten Händlern durchführt. Diese Forderung deckt sich mit unserer Definition von Anonymität aus Abschn. 2.2.2.

Zudem knüpft sich an diese Forderung die Anforderung nach *Unverkettbarkeit* verschiedener Transaktionen durch die Bank an. Die Bank soll also nicht erfahren, dass bestimmte Transaktionen – von der sie nicht weiß, wer daran beteiligt ist – von ein und demselben Kunden durchgeführt werden. Auch an dieser Stelle sei wieder an die Definition von „Unverkettbarkeit" in Abschn. 2.2.2 erinnert.

Anonymität gegenüber Händlern

Zum einen wird gefordert, dass der Händler durch den Bezahlvorgang keine Identität des Kunden erfährt.

Zum anderen spielt auch hier wieder die Unverkettbarkeit der Transaktionen eines (anonymen) Kunden gegenüber verschiedenen Händlern eine Rolle.

Offline-Funktionalität

Ein anonymes Bezahlverfahren sollte keine ständige Verbindung zwischen Banken/Betreibern und Händlern erfordern.

Sicherheit

Es soll für Kunden nicht möglich sein, unter dem Deckmantel der Anonymität (digitales) Geld zu kopieren, d. h. mehrfach auszugeben (sogenanntes „Double Spending").

Hierbei lässt sich ferner unterscheiden zwischen dem *Verhindern* von Betrug und dem nachträglichen *Aufdecken* eines Betrugs. Beim Verhindern geht es darum, dass technisch sichergestellt wird, dass ein mehrmaliges Ausgeben von digitalem Geld nicht möglich ist. Beim Aufdecken wird ein mehrmaliges Ausgeben zwar nicht verhindert, es soll aber sichergestellt werden, dass der Betrug nachträglich erkannt wird und der Betrüger mit hoher Wahrscheinlichkeit identifiziert werden kann.

6.2 Anonymes Bezahlen nach Chaum

Der 1985 von DAVID CHAUM präsentierte Ansatz [3] zum anonymen Bezahlen mit „elektronischem Geld" ist *der* Klassiker und darf auch als Meilenstein für die weitere Entwicklung datenschutzfördernder Technologien gesehen werden.

Das Prinzip, das in leicht abgewandelten Formen auch bei anderen Verfahren zum Einsatz kommt, ist recht simpel. Der Nutzer generiert zunächst lokal elektronische Münzen (Zufallszahlen). Er bereitet die elektronischen Münzen für die „blinde Signatur" (siehe Abschn. 2.3.3) – ein Konzept, das von Chaum entwickelt wurde und in einer Vielzahl von PETs zum Einsatz kommt – vor. Als Analogie für die blinde Signatur können wir uns vorstellen, dass der Nutzer einen Scheck und Kohlepapier in einen Briefumschlag legt. Danach signiert die Bank die elektronischen Münzen ohne Kenntnis des Inhalts (Analogie: Bank unterschreibt auf dem Umschlag). Der Nutzer extrahiert im Anschluss die Signatur der Münze (Analogie: Nutzer nimmt Scheck mit durchgedrückter Unterschrift aus dem Umschlag).

6.2.1 Verfahren im Überblick

Sehen wir uns nun das Verfahren, das von CHAUM ET AL. [4] um ein Offline-Verfahren zur Erkennung von „Double Spending" erweitert wurde, im Detail an.

Involvierte Parteien

Als involvierte Parteien treten *Nutzer*, eine *Bank* und *Händler* auf.

Setup-Phase

Während der Initialisierung des Systems generiert die Bank RSA-Schlüsselpaare

$$(sk_{bank_{wert}} = (d_{wert}, N), pk_{bank_{wert}} = (e_{wert}, N)).$$

Der jeweilige Geldwert, der durch dieses Schlüsselpaar repräsentiert wird, wird durch *wert* angegeben.

Außerdem werden zwei kollissionsresistente, kryptographische Hash-Funktionen (wie in Abschn. 2.3.4 beschrieben) f und g gewählt. Die Kontonummer des Nutzers bezeichnen wir mit *konto* und einen Zählwert mit v. Sowohl *konto* als auch v sind dem Nutzer und der Bank bekannt. Ein Wert k gibt den Parameter zur Offenlegung von Betrüger-Identitäten an. Dieser bestimmt, wie viele „Kandidaten" später berechnet werden müssen.

Beziehen von Payment Token

Um ein *Payment Token (PT)* von seiner Bank zu beziehen, generiert der Nutzer zufällige Werte a_i, c_i, d_i, r_i (mod N) für $1 \leq i \leq k$. Mit diesen Werten berechnet der Nutzer k „Kandidaten" B_i, die alle seine Kontonummer *konto* enthalten:

$$B_l = r_i^{e_{wert}} \cdot f(x_i, \; y_i) \;(\text{mod } N), \; 1 \leq i \leq k, \text{wobei}$$

$$x_i = g(a_i, \; c_i), \qquad y_i = g(a_i \oplus (konto \parallel (v+i)), \; d_i).$$

Die Kandidaten werden „geblendet", indem sie mit $r_i^{e_{wert}}$ multipliziert werden, so dass die Bank die eigentlichen Werte, die sie später blind signiert, nicht sehen kann. Der Nutzer übermittelt alle k Kandidaten zur Bank. Um der Bank zu beweisen, dass tatsächlich alle Kandidaten seine Kontonummer *konto* enthalten, führen die beiden ein sogenanntes „Cut-and-Choose"-Protokoll durch.

Bei diesem Cut-and-Choose-Protokoll wählt die Bank zufällig $k/2$ Indizes $R \subseteq \{1, \ldots, k\}$ aus, für die der Nutzer die zugehörigen Werte a_i, c_i, d_i und r_i offenlegen muss.[1] Da die Bank die Auswahl zufällig vornimmt, ist es unwahrscheinlich, dass der Nutzer betrügen kann, indem er nur genau die Hälfte der (von der Bank ausgewählten) Kandidaten mit seiner Kontonummer ausstattet und die andere Hälfte nicht. Wenn alle $k/2$ der von der Bank ausgewählten Kandidaten den Test bestehen (also tatsächlich die Kontonummer des Nutzers enthalten), signiert die Bank (blind) die anderen $k/2$ Kandidaten, die vom Nutzer nicht offengelegt wurden:

$$TPT'_{wert} = \prod_{i \notin R} B_i^{d_{wert}} \;(\text{mod } N) = \prod_{i=1}^{k/2} \left(r_i^{e_{wert}} \cdot f(x_i, \; y_i) \right)^{d_{wert}} \;(\text{mod } N)$$

$$= \prod_{i=1}^{k/2} r_i \cdot f(x_i, \; y_i)^{d_{wert}} \;(\text{mod } N)$$

Schließlich wird der Betrag *wert* vom Konto des Nutzers abgebucht und der Zählwert v erhöht. Die Bank sendet das temporäre Payment Token TPT' zum Nutzer, der die Blendfaktoren r_i, $1 \leq i \leq k/2$ entfernt, um das temporäre Payment Token TPT zu erhalten:

---

[1] Um die Notation einfach zu halten, nehmen wir an, dass die Bank $R = \{k/2 + 1, \ldots, k\}$ auswählt.

$$TPT_{wert} = TPT'_{wert} / \prod_{i=1}^{k/2} r_i \pmod{N} = \prod_{i=1}^{k/2} f(x_i, \ y_i)^{d_{wert}} \pmod{N}$$

Außerdem erhöht auch der Nutzer seinen Zählwert v und generiert und speichert das „finale" Payment Token $PT_{wert} = (TPT_{wert}; a_i, c_i, d_i, \text{für } 1 \leq i \leq k)$. TPT_{val} dient als eindeutiger Identifikator für ein PT.

Bezahlen mit einem Payment Token

Um einen Händler zu bezahlen, sendet der Nutzer TPT_{wert} (als Teil von PT_{wert}) an den Händler. Der Händler generiert daraufhin einen zufälligen Bitstring $z_1, z_2, \ldots, z_{k/2}$ als „Challenge" und sendet diesen zum Nutzer. Abhängig vom jeweiligen Wert von z_i, $1 \leq i \leq k/2$, antwortet der Nutzer auf diese Challenge folgendermaßen:[2]

$z_i = 0$: In diesem Fall sendet der Nutzer x_i, $a_i \oplus (konto \parallel (v + i))$ und d_i zum Händler
$z_i = 1$: In diesem Fall sendet der Nutzer a_i, c_i und y_i zum Händler.

In beiden Fällen kann der Händler $f(x_i, \ y_i) \pmod{N}$ berechnen. Damit kann der Händler, sobald er die Antwort („Response") vom Nutzer erhalten hat, die Authentizität von TPT_{wert} prüfen:

$$\prod_{i=1}^{k/2} f(x_i, \ y_i) \pmod{N} \overset{?}{=} TPT_{wert}^{e_{wert}} \pmod{N}. \tag{6.1}$$

Wenn die Gleichung (6.1) gültig ist, ist TPT authentisch und der Händler akzeptiert die Bezahlung.

Einzahlen eines Payment Tokens

Um den Geldbetrag von der Bank ausbezahlt zu bekommen, für den ein Nutzer zuvor beim Händler bezahlt hat, muss der Händler sowohl das temporäre Payment Token TPT_{wert} als auch das Transkript (also die Mitschrift des zuvor durchgeführten Challenge-Response-Protokolls) an die Bank übermitteln. Die Bank überprüft nun, wie zuvor gezeigt (Gleichung 6.1), die Authentizität von TPT_{wert}. Wenn die Überprüfung in Ordnung ist, wird der Betrag $wert$ aus dem PT dem Konto des Händlers gutgeschrieben. Wurde das PT hingegen bereits zuvor schon einmal eingereicht, so ist die Bank nun in der Lage, den Betrüger aufzudecken.

---

[2] Sowohl die Challenge, als auch die Response werden in einem *Payment Transcript* gespeichert.

Aufdecken eines Betrügers

Die Bank speichert jedes bei ihr eingereichte TPT_{wert}, sowie jedes Transkript (Abschrift des Challenge-Response-Protokolls). Sofern ein TPT_{wert} einlangt, das bereits zuvor eingereicht wurde, kennt die Bank nun zwei Mengen an Challenges und Responses. Da die Challenges von den Händlern zufällig gewählt werden, ist es sehr wahrscheinlich, dass ein $z_i \neq z_i'$, existiert, für das z_i zur Challenge des bereits gespeicherten Transkripts und z_i' zur Challenge des neuen Transkripts gehört. Nehmen wir an, $z_i = 0$ und $z_i' = 1$, dann kennt die Bank a_i, c_i, d_i, x_i, y_i und $a_i \oplus (konto \parallel (v + i))$. Nun ist die Bank in der Lage, die folgende Berechnung durchzuführen:

$$a_i \oplus \Big(a_i \oplus (konto \parallel (v + i)) \Big) = (konto \parallel (v + i)).$$

Damit erhält die Bank die Kontonummer des Betrügers: $konto$.

6.2.2 Bewertung

Ein Betrüger kann bei dem Verfahren nach Chaum mit einer Wahrscheinlichkeit von $p_{Identifizierung} = (1 - (\frac{1}{2})^{k/2})$ identifiziert werden, da sich in diesem Fall die eingereichten Challenges von einem zweimal eingereichten Payment Token an mindestens einer Stelle unterscheiden. Eine Identifizierung des Betrügers durch die Offenlegung seiner Kontonummer ist bereits bei einer Challenge-Länge von 2 zu 75 % möglich.

Sofern der Nutzer Payment Tokens nur einmal ausgibt, bleibt seine Anonymität sowohl gegenüber dem Händler als auch gegenüber der Bank gewahrt.

6.3 Bitcoin

Bitcoin ist die erste und auch immer noch bekannteste „Kryptowährung". Wesentliche Prinzipien aus Bitcoin wurden für neuere Kryptowährungen übernommen. Wir nehmen daher an dieser Stelle Bitcoin als Ausgangspunkt und gehen im Anschluss auf einzelne relevante Datenschutzkonzepte für Kryptowährungen ein. Bitcoin wird gelegentlich als „anonyme Währung" bezeichnet.[3] Um zu verstehen, wie anonym Bitcoin wirklich ist, müssen wir zunächst verstehen, wie dieses System funktioniert. Tatsächlich handelt es sich bei Bitcoin im Kern um ein Verfahren zur Abwicklung von Überweisungen. Diese Überweisungen lauten allerdings nicht auf Euro oder eine sonstige Währung, sondern verwenden ein eigenes Wertmaß (eine eigene *Rechnungseinheit*). Wie das Verfahren selbst

---

[3] Tatsächlich ist Bitcoin – wie wir sehen werden – nicht im technischen Sinne anonym; juristisch betrachtet handelt es sich auch nicht um eine Währung [8].

heißt das Wertmaß ebenfalls Bitcoin oder abgekürzt BTC. Bitcoin verzichtet – zumindest seinem Grundkonzept nach – vollständig auf zentrale oder besonders vertrauenswürdige Instanzen.

Wer Bitcoin verwenden will, generiert sich zunächst ein Schlüsselpaar für ein digitales Signaturverfahren. Ein Hashwert des öffentlichen Schlüssels wird zur Bitcoin-Adresse, die die Funktion einer Kontonummer hat. Wer von seinem eigenen Konto eine Überweisung auf ein anderes Konto tätigen möchte, veröffentlicht die Überweisungsdaten (den Betrag, die Zieladresse und den öffentlichen Schlüssel, der zur Absenderadresse gehört) zusammen mit einer digitalen Signatur. Für die Erstellung der Signatur verwendet er den privaten Schlüssel, der zur Absenderadresse gehört. Natürlich kann ein Nutzer auch mehrere Konten (und damit mehrere Schlüsselpaare) erstellen. Das System zur Speicherung und Verwaltung der privaten Schlüssel – sei es eine App, ein Cloud-Dienst oder Speicherplatz auf der lokalen Festplatte – wird als *Wallet (Geldbörse)* bezeichnet.

Die Grundidee hinter Bitcoin ist also sehr einfach. Um aus dieser Grundidee ein praktikables Bezahlsystem zu machen, müssen aber noch zwei Probleme gelöst werden: Erstens muss der Empfänger einer Überweisung sicher sein, dass vorher überhaupt genug auf das Konto des Überweisenden eingezahlt wurde. Zweitens muss sichergestellt sein, dass der Betrag nicht schon vorher wieder ausgegeben wurde – also kein Geldbetrag zweimal ausgegeben wird. Zusammengefasst geht es also darum, die Deckung des Kontos sicherzustellen.

Das erste Problem wird in Bitcoin wiederum sehr einfach gelöst. Alle Transaktionen sind öffentlich: Wer eine Bitcoin-Transaktion durchführen will, nimmt an einem Peer-to-Peer-Netz teil. Er muss einige andere Teilnehmer des Bitcoin-Systems kennen und schickt diesen die Transaktion; diese leiten sie wiederum an weitere Teilnehmer weiter. Eine neue Transaktion enthält Verweise auf die zugehörigen auf dem Konto eingehenden Transaktionen, die ebenfalls signiert sind und überprüft werden können. Schwieriger ist jedoch, sicherzustellen, dass das „Geld" nicht mittlerweile wieder ausgegeben wurde. Eine Signatur alleine kann das nicht leisten. Vielmehr muss sichergestellt werden, dass eine Transaktion, mit der Geld ausgegeben wurde, nicht einfach versteckt werden kann. Es genügt also nicht, wenn alle Transaktionen öffentlich sind – vielmehr müssen sich die Teilnehmer des Bitcoin-Systems auf eine einzige Liste aller Transaktionen in einer festgelegten Reihenfolge *einigen* (Abb. 6.1).

Um dies zu erreichen, wird das Konzept der Blockchain eingesetzt. Transaktionen werden in *Blöcken* gesammelt, die an eine Kette (die *Blockchain*) angehängt werden. Jeder Block enthält einen Hashwert des vorhergehenden Blockes. Das bedeutet, dass

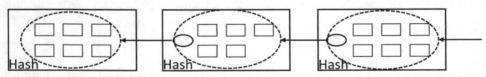

Abb. 6.1 Das Grundkonzept der Blockchain

jede Änderung eines Blocks alle folgenden Blöcke ungültig macht. Will ein Angreifer eine alte Transaktion verstecken, mit der er „Geld" ausgegeben hat, muss er diese aus einem alten Block entfernen und alle folgenden Blöcke anpassen. Damit er das nicht tun kann, hat Bitcoin eine weitere Hürde eingebaut: Ein Block ist nur gültig, wenn ein *kryptographischer Arbeitsbeweis* erbracht wurde. Der Beweis ist so ausgestaltet, dass er nur mit Kenntnis aller Transaktionen des aktuellen Blocks und des Hashwerts des vorherigen Blocks sowie durch die Investition von sehr viel Rechenleistung erbracht werden kann. Wer einen Arbeitsbeweis erfolgreich erbracht hat, darf sich neben einer Transaktionsgebühr auch einen gewissen Bitcoin-Betrag „aus dem Nichts" gutschreiben.

▶ **Definition** Wie kann man einen solchen Arbeitsbeweis nun realisieren? Bitcoin verwendet das Konzept eines *Hash-basierten Arbeitsbeweises*. Dahinter steckt folgende Überlegung: Wenn Sie mit einer gegebenen kryptographischen Hashfunktion den Hashwert eines zufälligen Wertes berechnen, steht in der Binärdarstellung an der ersten Stelle mit einer Wahrscheinlichkeit von $0,5$ die Ziffer 0. Für jede weitere Ziffer gilt das Gleiche (wobei der Wert jeder Stelle als Ergebnis eines unabhängigen Zufallsexperiments betrachtet werden kann). Wäre es anders, ließen sich beispielsweise Kollisionen effizienter finden, als dies bei einer kryptographischen Hashfunktion erlaubt ist. Die Wahrscheinlichkeit, dass die ersten n Stellen 0 sind, ist $0,5^n$.

Will Alice nun einen kryptographischen Arbeitsbeweis erbringen und zugleich die Kenntnis gewisser Daten (bei Bitcoin der Hashwert des vorherigen Blocks sowie alle Transaktionen für den neuen Block) nachweisen, kann sie wie folgt vorgehen: Sie nimmt die bekannten Daten bzw. deren Hashwert und hängt eine weitere, selbstgewählte Zeichenkette c an. Dann berechnet sie den Hashwert über alles. Sind die ersten n Stellen 0, gilt der Arbeitsbeweis als erbracht. Andernfalls ersetzt Alice die Zeichenkette c durch eine neu gewählte c' und versucht die Berechnung erneut. Dies wiederholt sie so oft, bis die ersten n Stellen 0 sind. In der Praxis wird sie außerdem abbrechen, falls ein anderer Teilnehmer den Arbeitsbeweis erbracht hat. Wenn sie eine neue Transaktion empfängt, kann sie diese problemlos mit aufnehmen und danach auf dem geänderten Datensatz weiterrechnen. Die Erfolgswahrscheinlichkeit ist bei jedem einzelnen Versuch gleich groß – unabhängig davon, wie viele Versuche vorher auf den gleichen Daten durchgeführt wurden.

Die Schwierigkeit des Arbeitsbeweises lässt sich durch die Wahl von n steuern. Bei Bitcoin passiert diese Steuerung regelmäßig und zielt darauf ab, dass ein Arbeitsbeweis für einen neuen Block im Durchschnitt ca. alle 10 Minuten gefunden wird – unabhängig davon, wie viel Rechenleistung gerade insgesamt investiert wird. Auch bei großem n ist es theoretisch denkbar – nur sehr unwahrscheinlich –, dass ein Teilnehmer bereits im ersten Versuch den Arbeitsbeweis erbringt. Der Arbeitsbeweis ist letztlich eine Art Lotterie, bei der sich die Anzahl der Lose aus der Rechenleistung ergibt. Wie bei Lotterien gibt es auch Tippgemeinschaften (sogenannte Mining Pools): Die geringe Wahrscheinlichkeit für den Einzelnen, einen hohen Gewinn zu erzielen, wird dabei eingetauscht gegen eine hohe Wahrscheinlichkeit (da die Auszahlung erfolgt, sobald einer der Teilnehmer einen

Arbeitsbeweis erbracht hat) auf einen kleinen Gewinn (da der Gewinn auf alle Teilnehmer aufgeteilt wird). Mining Pools sind auch ein Risiko, da sie bei zentraler Koordination die Dezentralitätsannahme von Bitcoin verletzen; ein einzelner Mining Pool kann genug Rechenleistung auf sich vereinen, um theoretisch alleine die Transaktionsgeschichte ändern zu können.

Natürlich kann ein Angreifer dennoch eine Manipulation versuchen. Stehen verschiedene Varianten der Blockchain zur Auswahl, gilt die längste als korrekt. Wenn der Angreifer also schneller Arbeitsbeweise erbringt als alle anderen Teilnehmer des Bitcoin-Systems zusammengenommen, kann er seine eigene Blockchain durchsetzen. Will er außerdem alte Blöcke manipulieren, muss er zusätzlich die Rechenleistung für alle seitdem erbrachten Arbeitsbeweise aufbringen.

In der praktischen Umsetzung sind noch einige Ergänzungen und Abweichungen von den beschriebenen Grundprinzipien hinzugekommen, die zu erläutern an dieser Stelle aber zu weit führen würde. Es sei auch darauf hingewiesen, dass zahlreiche Kryptowährungen und auch Blockchains für andere – mehr oder weniger sinnvolle – Anwendungen vorgeschlagen worden sind, in denen einige der vorgestellten Konzepte variiert werden. Statt des Arbeitsbeweises sind beispielsweise auch Speicherplatzbeweise („proof of space") umgesetzt worden, bei denen der Einsatz von Massenspeichern (SSD, Festplatte) nachgewiesen werden muss.

6.3.1 Anonymität von Bitcoin

Bezüglich der mit Bitcoin erreichten Anonymität lassen sich drei Ebenen unterscheiden: Das abstrakte Konzept von Bitcoin, die Umsetzung in einem Peer-to-Peer-System und die Schnittstellen nach außen.

Bereits im Bitcoin-Konzept wird deutlich, dass das System nicht mit dem Ziel der Anonymität entworfen wurde. Jede Transaktion ist dauerhaft öffentlich. Es lässt sich also nachverfolgen, wann welcher Betrag an welche Bitcoin-Adresse überwiesen wurde. Jeder Bitcoin-Teilnehmer kann sich beliebig viele Adressen zulegen. Sobald er aber Transaktionen zwischen diesen Adressen vornimmt, wird eine Verbindung auch für Dritte sichtbar. Das Gleiche gilt, wenn er in einer Transaktion verschiedene Adressen als Absenderkonten verwendet, weil die auf einzelnen Konten verfügbaren Beträge nicht ausreichen. Dies haben sich Forscher schon früh für die Analyse von Zahlungsströmen und Beziehungen zwischen Konten zu Nutze gemacht. [7]

Dass Bitcoin als anonym bezeichnet wird, liegt lediglich daran, dass Bitcoin selbst ausschließlich mit den Adressen, nicht aber den zugehörigen Namen arbeitet. Wer aber, etwa als Empfänger von Spenden, eine Bitcoin-Adresse öffentlich bekanntgibt, gibt damit auch diese beschränkte Anonymität preis.

Mit der Umsetzung in einem Peer-to-Peer-System kommt ein weiteres Problem hinzu: Wer eine Transaktion ausführt, muss diese an andere Teilnehmer des Bitcoin-Systems propagieren. Sie wird dann weitergeleitet, bis sie im gesamten Netz bekannt ist. Wer den

Ausgangspunkt dieser Weiterleitungskaskade identifiziert, gelangt also an den Initiator der Transaktion bzw. zumindest an dessen IP-Adresse. Damit dies mit hoher Erfolgswahrscheinlichkeit gelingt, müsste ein Angreifer einen erheblichen Anteil des gesamten Peer-to-Peer-Systems beobachten können. Da die Größe des Netzes und die Anzahl der Transaktionen in Bitcoin aber im Verhältnis zu den Möglichkeiten aktueller Rechner sehr überschaubar sind, ist dies auch schon mit einem geringen Budget möglich.

Wer Bitcoin möglichst anonym einsetzen möchte, sollte schließlich auch die Schnittstellen nach „außen", letztlich also in die Realwirtschaft, bedenken. Nur selten ist es möglich, Waren oder Dienstleistungen direkt mit Bitcoin zu bezahlen. Es gibt Anbieter, die Bitcoin in Währungen wie US-Dollar oder Euro umtauschen; wenn diese den entsprechenden Betrag auf ein Bankkonto überweisen, geht auch damit letztlich die Anonymität verloren. Es gab diverse spektakuläre Kriminalfälle, in denen (in Euro umgerechnet) Millionenbeträge in Bitcoin erbeutet wurden. Es dürfte den Tätern besonders schwer fallen, diese Beträge unauffällig und anonym umzutauschen.

Forensische Untersuchungen von Zahlungsströmen in Kryptowährungen auf Basis der genannten Ansätze sind seit einigen Jahren Teil des Portfolios spezialisierter Dienstleister, und auch Strafverfolgungsbehörden haben sich bei entsprechenden Ermittlungen in erheblichem Ausmaß professionalisiert. So sind auch spektakuläre Kriminalfälle durch die Rückverfolgung von Bitcoin-Zahlungen aufgeklärt worden. [1]

6.4   Anonymisierungskonzepte für Kryptowährungen

Der Datenschutz für Transaktionen in Kryptowährungen wie Bitcoin kann auf verschiedenen Wegen verbessert werden. Einige Vorkehrungen können Nutzer selbst treffen. Die Rückverfolgbarkeit ihrer IP-Adressen kann durch die Verwendung eines geeigneten VPN-Dienstes erschwert werden. Das Zusammenführen von verschiedenen Konten einer Person lässt sich durch die Verwaltung getrennter Wallets erreichen, so dass keine Konten aus verschiedenen Wallets in die gleiche Transaktion eingehen. Solche Maßnahmen erreichen aber keine echte Anonymität, denn Zahlungsströme lassen sich immer noch verfolgen – und an der Schnittstelle zur Realwirtschaft oft auch einer Person zuordnen.

Ein erster Ansatz für verbesserten Datenschutz sind *Mixing-Dienste*. Beträge in der jeweiligen Kryptowährung werden nicht direkt an ihre Empfänger, sondern an den Mixing-Dienst überwiesen. Der Dienst sammelt Transaktionen verschiedener Absenderadressen und überweist zeitverzögert (und ggf. zusammengefasst sowie nach Abzug einer Provision) an die verschiedenen Empfängeradressen. Dies erschwert es, die Assoziation zwischen Absender- und Empfängeradressen nachzuvollziehen oder gar nachzuweisen. Je mehr Transaktionen verschiedener Nutzer aggregiert werden können, desto besser wird der Schutz. Idealerweise sollten möglichst wenige unterschiedliche Beträge für die Transaktionen gewählt werden, damit Transaktionen nicht alleine anhand des Betrags zugeordnet werden können. Größere Beträge können jedoch problemlos aufgeteilt werden, um dieses Ziel zu erreichen.

Um möglichst viele Transaktionen zu sammeln, kann eine erhebliche Verzögerung einzelner Transaktionen notwendig werden. Gegebenenfalls wird der Mixing-Prozess in mehreren Runden durchgeführt. Eine gewisse Ähnlichkeit zu den Mix-Kaskaden, wie sie in Abschn. 4.3 beschrieben sind, ist bei diesem Vorgehen zu erkennen. Sie sollte aber nicht dazu verführen, alle Eigenschaften von Mix-Kaskaden für anonyme Kommunikationsbeziehungen auch für Kryptowährungs-Mixes anzunehmen.

Lange Verzögerungen bei finanziellen Transaktionen sind in der praktischen Anwendung oft unerwünscht. Allerdings gilt zu bedenken, dass der Mix-Vorgang nicht erst bei einer tatsächlichen Zahlung durchgeführt werden muss. Die Nutzer von Kryptowährungen können sich einfach neue Konten erzeugen, die für spätere Zahlungsausgänge verwendet werden sollen. Die Beziehung zwischen alten Konten (auf denen Zahlungen eingegangen sind) und neuen Konten (die später für Zahlungen verwendet werden sollen) wird durch Mixing verschleiert. Bei der eigentlichen Zahlung muss lediglich noch darauf geachtet werden, dass der Zusammenhang zwischen den Konten nicht anhand der IP-Adresse hergestellt werden kann.

Die beschriebenen Mixing-Dienste können anonyme Transaktionen in Bitcoin und anderen Kryptowährungen ermöglichen. Das setzt aber vertrauenswürdige Anbieter voraus, da diese sowohl Absender- als auch Empfängerkonten kennen und noch dazu in der Lage sind, die Weiterleitung schlicht zu unterlassen und sich die entsprechenden Beträge selbst gutzuschreiben. Mit kryptographischen Werkzeugen lassen sich einige Verbesserungen des Grundprinzips umsetzen. Zwei Beispiele werden in den beiden folgenden Abschnitten beschrieben.

6.4.1 Mixcoin

Mixcoin [2] ist ein Mix-System, das auf Bitcoin aufsetzt und ohne Veränderungen am Bitcoin-Protokoll funktioniert. Die erste Ergänzung im Vergleich zu den oben beschriebenen Mixing-Diensten ist eine Garantieerklärung. Wenn eine Nutzerin Alice den Dienst in Anspruch nehmen möchte, teilt sie dies dem Mix mit. Der Mix verspricht daraufhin in der Garantieerklärung – einem digital signierten Dokument –, den eingezahlten Betrag innerhalb einer festgelegten Frist an die angegebene Bitcoin-Adresse auszuzahlen. Die Garantieerklärung enthält auch eine neu generierte Bitcoin-Adresse, an die Alice ihrerseits bis zu einer bestimmten Frist den angegebenen Betrag bezahlen muss. Tut sie dies nicht, ist die Garantieerklärung hinfällig.

Falls der Mix innerhalb der angegebenen Frist den Betrag nicht an die Zieladresse weitergeleitet hat, veröffentlicht Alice die Garantieerklärung. Da in Bitcoin alle Transaktionen öffentlich sind, kann jedermann nachvollziehen, wenn Alice ihren Teil der Vereinbarung erfüllt hat, der Mix aber nicht. Ein Mix kann also Reputation aufbauen, wenn er seine Verpflichtung erfüllt, und setzt diese aufs Spiel, wenn er den Betrag nicht weiterleitet. Nimmt man an, dass die Reputation einen Wert hat, wird also ein Anreiz geschaffen, nicht zu betrügen. Eine technische Garantie ist das allerdings nicht.

Ein Anreiz, einen Mix (dauerhaft) zu betreiben, möglichst viele Transaktionen durchzuführen – und damit auch, einmal erworbene Reputation nicht zu gefährden –, kann in einer Provision für den Mix liegen. Will Alice aber mehrere Mixes hintereinanderschalten, führt dies zu einem praktischen Problem. Entnimmt der Mix seine Provision dem weitergeleiteten Betrag, so erhält der nächste Mix offensichtlich einen reduzierten Betrag. Das Ziel, möglichst einheitliche Beträge zu verwenden – damit Transaktionen nicht anhand des Betrags zugeordnet werden können –, ist damit gefährdet. Zumindest ließen sich Transaktionen eines Mixes danach unterscheiden, an welcher Position in der Mix-Kaskade er sich befindet.

Die Mixcoin-Autoren schlagen deshalb eine Provision nach dem Lotterie-Prinzip vor. Ein Mix erhält mit einer kleinen Wahrscheinlichkeit den gesamten Betrag der Transaktion, andernfalls aber überhaupt keine Provision. Die Zufallsentscheidung muss für den Mix unvorhersehbar und – damit die Einhaltung der Garantieerklärung jederzeit überprüft werden kann – für Dritte nachvollziehbar sein. Zu diesem Zweck wird eine Funktion eingesetzt, die von den folgenden Werten abhängt:

- Dem Hashwert[4] des nächsten erzeugten Blocks der Blockchain. Da dieser Wert von allen Transaktionen abhängt, die in den Block einfließen, ist er für den Mix nicht vorhersehbar.
- Einer von Alice bereitgestellten *Nonce*, also einer nur einmal verwendeten, zufällig generierten Zahl, die in die Garantieerklärung aufgenommen wird. Die Nonce stellt sicher, dass die Zufallsentscheidung für jede Transaktion neu getroffen wird.

Sollte der Mix den Betrag nicht weiterleiten, obwohl das Ergebnis der Zufallsfunktion ihn dazu verpflichten würde, veröffentlicht Alice wiederum die Garantieerklärung einschließlich der enthaltenen Nonce. Da der Hashwert des nächsten Blocks ohnehin öffentlich ist, kann jedermann nachvollziehen, wie die Zufallsentscheidung ausgefallen ist.

Wie in vielen technischen Verfahren steckt auch bei Mixcoin der Teufel im Detail; die Autoren setzen sich daher auch mit zahlreichen weiteren Fragen der praktischen Anwendung von Mixcoin auseinander, deren Erörterung an dieser Stelle aber zu weit führen würde. Letztlich gilt für alle Verfahren, in denen Anonymität oder Vertraulichkeit sichergestellt werden soll, dass mögliche Seitenkanäle zu bedenken sind.

6.4.2 Monero

Monero ist eine Kryptowährung, die zwar einige Konzepte von Bitcoin übernimmt, aber auf eine eigene – von Bitcoin unabhängige und dazu nicht kompatible – Blockchain setzt. Wir beschränken uns hier auf die Beschreibung derjenigen Unterschiede, die der Verbes-

---

[4] In der Mixcoin-Publikation ist die Wurzel des Merkle-Hashbaums genannt – eine Datenstruktur, die bei Bitcoin verwendet wird, die zum Verständnis des Blockchain-Konzepts aber nicht notwendig ist und die wir daher in diesem Kapitel nicht beschrieben haben.

serung des Datenschutzes dienen, und nehmen dabei auch einige Vereinfachungen vor. Für eine ausführlichere Erläuterung von Monero, die auch auf den Konsensmechanismus und weitere Nuancen eingeht, sei auf die Darstellung von Koe et al. [5] (an der sich, wesentlich vereinfachend, auch die folgenden Ausführungen orientieren) verwiesen. Monero wird weiterentwickelt, so dass zumindest die Details des hier Beschriebenen nicht in Stein gemeißelt sind. Wir gehen vorliegend von dem Transaktionsprotokoll RingCT aus, das zum Redaktionsschluss des Buchs bei Monero eingesetzt wird. Zunächst müssen wir aber einige grundlegende Konzepte erläutern.

Grundlegende Konzepte für Monero-Transaktionen

Jeder Monero-Nutzer hat zwei Schlüsselpaare basierend auf asymmetrischer Kryptographie. Die beiden privaten Schlüssel werden als *view key* und *spend key* bezeichnet. Der *spend key* ermöglicht Verfügungen über das Konto des Nutzers, der *view key* ermöglicht es, Transaktionen an den Nutzer zu identifizieren (und damit anzusehen). Die beiden öffentlichen Schlüssel bilden die Adresse des Nutzers.

Im Gegensatz zu Bitcoin werden Beträge nicht direkt an eine solche Adresse überwiesen, sondern Einmaladressen für einzelne Transaktionen erzeugt. Möchte Alice einen Betrag an Bob überweisen, so berechnet sie eine Einmaladresse. In diese Berechnung fließen eine Zufallszahl r und die beiden öffentlichen Schlüssel (*view key* und *spend key*) von Bob ein. Durch die verwendete Kryptographie wird sichergestellt, dass nur Bob als Inhaber des *view key* erkennen kann, dass die Transaktion an sein Konto gerichtet ist.

Die Einmaladresse ist zugleich ein öffentlicher Schlüssel für digitale Signaturen, zu dem Bob mit seinem *spend key* den zugehörigen privaten Schlüssel erzeugen kann. Einer Transaktion können – wie auch bei Bitcoin – mehrere Ausgaben (Outputs) zugewiesen werden. Für diesen Fall werden auch mehrere Einmaladressen generiert – jede davon unter Verwendung der gleichen Zufallszahl r und einer fortlaufenden Nummer.

Optional kann Bob seinen *view key* weitergeben und damit Dritten ermöglichen, seine Transaktionen zu beobachten, ohne dabei die Kontrolle über sein Konto zu verlieren. Solange Bob das aber nicht tut, können Dritte nicht erkennen, dass er Empfänger der Transaktion ist. Auch ist selbst für Alice nicht erkennbar, ob eine von Bob ausgehende Transaktion den vorher von Alice überwiesenen Betrag beinhaltet.

Monero geht noch einen Schritt weiter und verbirgt auch die Höhe des überwiesenen Betrags. Dies ist mit einem *Commitment*-Verfahren (ungefähr: Festlegungs-Verfahren) möglich. Alice legt sich mit einem solchen Verfahren auf einen Betrag fest, ohne diesen zunächst offenzulegen. Sie erreicht das, indem sie eine bestimmte Funktion (etwa eine kryptographische Hashfunktion) berechnet, in die außer dem Betrag ein Geheimnis einfließt. Wer das Geheimnis kennt, kann prüfen, ob Alice sich wirklich auf den vereinbarten Betrag festgelegt hat.

Monero verwendet ein besonderes Commitment-Verfahren, ein sogenanntes Pedersen-Commitment [6]. Das Verfahren ist additiv homomorph: Aus einem Commitment für den Betrag a und einem Commitment für den Betrag b lässt sich einfach ein Commitment für den Betrag $a + b$ berechnen.

Wenn Alice einen Betrag an Bob überweist, wird das Commitment auf diesen Betrag öffentlich. Den Betrag selbst – und das Geheimnis, mit dem er prüfen kann, ob das Commitment zu dem Betrag passt – erhält nur Bob. Dies wird durch asymmetrische Kryptographie auf Grundlage von Bobs *view key* erreicht.

Wie bei Bitcoin können auch bei Monero in einer Transaktion mehrere eingehende Beträge aus früheren Transaktionen „weiterüberwiesen" werden. Anders als bei Bitcoin sind diese Beträge aber nicht öffentlich, sondern nur die entsprechenden Commitments. Es muss nun also noch sichergestellt werden, dass die Summe der in eine Transaktion eingehenden Beträge gleich der Summe der ausgehenden Beträge ist. Dies ist aufgrund der additiv-homomorphen Eigenschaft der Pedersen-Commitments möglich. Alice beweist – für jeden Monero-Nutzer überprüfbar –, dass die Summe aller ein- und ausgehenden Beträge 0 ist. Mit einem Zero-Knowledge-Beweis (Abschn. 10.3) weist sie nach, dass keine negativen Beträge in die Berechnung einfließen.

Wir wissen nun, wie Monero den Empfänger einer Transaktion und deren Höhe verbirgt. Im nächsten Abschnitt gehen wir auf einen weiteren Mechanismus ein, der zur Anonymität des Absenders beiträgt.

RingCT

Monero verwendet ein Verfahren namens „RingCT" (für „Ring Confidential Transactions").

Ein Transaktions-Output geht, wie oben beschrieben, stets an eine Einmaladresse. Hat Alice einen Transaktions-Output erhalten, kann sie mit ihrem spend key den zugehörigen privaten Schlüssel errechnen, mit dem sie über den erhaltenen Betrag verfügen kann. Es wäre nun denkbar, wie bei Bitcoin, die Überweisung an eine andere Einmaladresse durch eine normale digitale Signatur mit diesem privaten Schlüssel zu bestätigen. Um nun aber das Verfolgen von Zahlungsströmen weiter zu erschweren, wird ein spezielles Signaturverfahren („MLSAG") verwendet, das einer Ringsignatur (vgl. Abschn. 10.1.2) nahe kommt. Alice sucht sich einige andere Transaktions-Outputs aus der Monero-Blockchain aus und signiert alle – den tatsächlich verwendeten und die anderen – als Eingabe in die neue Transaktion. Das Signaturverfahren ermöglicht die Prüfung, ob *einer* der privaten Schlüssel der vorherigen Transaktions-Outputs für die Signaturerzeugung verwendet wurde – aber nicht, welcher. Insofern entspricht es einer normalen Ringsignatur.

Diese Eigenschaft alleine würde zwar den Ursprung der neuen Transaktion verbergen – es aber auch unmöglich machen, Double Spending zu erkennen. Das MLSAG-Signaturverfahren ist deshalb um eine Eigenschaft erweitert: Wird der gleiche private Schlüssel zweimal verwendet, um Signaturen zu erstellen, lassen sich diese Signaturen miteinander verknüpfen. In der Anwendung bei Monero bedeutet das, dass in der Blockchain geprüft werden kann, ob es bereits eine andere Transaktion gibt, die mit dem gleichen privaten Schlüssel signiert wurde. So kann Double Spending verhindert werden, ohne dass Zahlungsströme im Fall legitimer Transaktionen zurückverfolgt werden könnten.

Im Zusammenspiel aus dem oben dargestellten Commitment-Verfahren und der Ringsignatur sind einige Detailprobleme zu lösen, deren Darstellung an dieser Stelle zu weit ginge. Insgesamt ermöglicht Monero damit, dass bei einer Transaktion auf der Blockchain weder die verwendeten Ausgaben vorheriger Transaktionen noch der überwiesene Betrag oder der Empfänger sichtbar wird. Dennoch ist sichergestellt, dass niemand mehr ausgeben kann, als er in vorherigen Transaktionen erhalten hat, und auch kein Betrag doppelt ausgegeben werden kann.

6.5 Anonymes Bezahlen in der Praxis

Im Alltag haben sich anonyme Bezahlverfahren bislang kaum durchsetzen können, so dass Bargeld bei Geschäften des täglichen Lebens immer noch das höchste Maß an Anonymität bietet. Durch die Verlagerung von Geschäften in die „Online-Welt" wurde der Ruf nach Anonymität auch für das elektronische Bezahlen laut. Allerdings können die heute in der Praxis angebotenen elektronischen Bezahlverfahren diese Erwartungen überwiegend nicht erfüllen.

David Chaum hat 1990 ein Unternehmen namens *DigiCash* gegründet, das das in Abschn. 6.2 vorgestellte Verfahren in der Praxis umsetzen sollte. Einige Banken haben das Verfahren zeitweise auch angeboten. Allerdings stellte sich kein wirklicher Erfolg in der Praxis ein und so musste DigiCash 1998 Insolvenz anmelden.

Kryptowährungen wie Monero sind derzeit die einzigen elektronische Bezahlverfahren mit einem gewissen Grad an Anonymität, die den Weg heraus aus der Forschung in die Praxis gefunden haben. Auch die dargestellten Mixing-Dienste sind praktisch immerhin so relevant, dass das US-amerikanische Finanzministerium sie - soweit die Mixing-Dienste Kriminelle unterstützen - als „Bedrohung für die nationale Sicherheit" einstuft und den Dienst Tornado Cash verboten hat[5]. Trotz dieser Praxisrelevanz werden Kryptowährungen aber etwa im Supermarkt üblicherweise nicht akzeptiert. Im Supermarkt werden sie aber üblicherweise nicht akzeptiert. Sowohl für das Bezahlen vor Ort als auch für die Online-Welt sind aber unterschiedliche Ausprägungen von Prepaid-Karten verfügbar, die daher hier angesprochen werden sollen.

6.5.1 Prepaid-Karten

Die *Geldkarte* war der in Deutschland wohl verbreitetste und gleichzeitig doch kaum genutzte Ansatz, ein gewisses Maß an Anonymität bei der Bezahlung kleiner Geldbeträge – insbesondere an Automaten – zu erreichen. Die hohe Verbreitung ergab sich dadurch, dass die Geldkartenfunktionalität auf zahlreichen Bankkarten implementiert war. Dennoch hielt sich der praktische Einsatz in engen Grenzen.

---

[5] https://home.treasury.gov/news/press-releases/jy0916

Im Unterschied zu anderen Prepaid-Karten wurde hier ein Geldbetrag auf einer Smartcard gespeichert und bei jeder Zahlung reduziert; der Rückgriff auf vertrauenswürdige Hardware ermöglichte Zahlungen ohne Online-Verbindung des Händlerterminals. Alle Transaktionen wurden (i. d. R. zeitverzögert) bei der Bank auf einem Schattenkonto nachvollzogen. Dies dient der Missbrauchserkennung. Die Anonymität wird durch eine organisatorische Trennung von Schattenkonto und Inhaber-Identität gewährleistet; auch gab es kontenungebundene Geldkarten, die grundsätzlich ohne Zuordnung zur vollständigen Identität des Karteninhabers nutzbar waren. In den letzten Jahren ist die Akzeptanz der Geldkarte weiter zurückgegangen, und die meisten Banken haben die Ausgabe von Geldkarten eingestellt.

Prepaid-Karten wie die *Paysafecard* und Karten in Form von Gutscheinen, die bspw. in Supermärkten verkauft werden, existieren aber nach wie vor. Kunden können solche Karten anonym mit Bargeld kaufen. Auf der Karte ist eine Seriennummer aufgedruckt. Über diese Seriennummer ist die Karte beim Betreiber mit einem Konto verknüpft. Während des Bezahlvorgangs gibt der Kunde beim Händler die Seriennummer an. Der Händler gibt die Seriennummer an den Betreiber und der Betreiber bucht den angefragten Betrag vom Konto ab. Der Restbetrag kann vom Kunden bei anderen Händlern ausgegeben werden. Nach einem ähnlichen Konzept funktionieren sogenannte „Prepaid-Kreditkarten" – der Name ist eigentlich nicht korrekt, da bei einer Vorauszahlung gerade kein Kredit gewährt wird, aber die Zahlungsabwicklung funktioniert über die Kreditkarten-Netzwerke und unterscheidet sich daher in technischer Hinsicht nicht wesentlich von einer Kreditkartenzahlung.

Prepaid-Karten stellen ein einfaches, praxistaugliches Online-Verfahren zur anonymen Bezahlung dar. Voraussetzung ist, dass die Händler vertrauenswürdig sind. Die technische Qualität einer Lösung wie dem Verfahren nach Chaum wird nicht erreicht.

6.6   Fazit

Insgesamt sind die derzeit praktisch angebotenen Bezahlverfahren wesentlich weniger elegant als die Verfahren, die wir in diesem Kapitel betrachtet haben. Offline-Verfügbarkeit und Anonymität sind Eigenschaften, die meist nicht geboten werden. Die Kryptowährung *Bitcoin* hingegen erfreut sich immer noch großer Beliebtheit – allen großen Kursschwankungen in den letzten Jahren zum Trotz. Neben zahlreichen (Online-) Shops ist Bitcoin auch in der öffentlichen Verwaltung angekommen. Schon 2016 wurde gemeldet, dass die Stadt Zug in der Schweiz das Bezahlen von Gebühren mittels Bitcoins ermöglicht;[6] 2021 verkündete der gleichnamige Kanton, dass auch Steuern in Bitcoin entrichtet

---

[6] http://www.nzz.ch/schweiz/crypto-valley-zukunftsmodell-oder-marketing-gag-ld.22911 (Stand: 14.05.2022).

werden könnten.[7] Stand die Finanzbranche der neuen Kryptowährung zunächst skeptisch gegenüber, gibt es heute wohl kaum eine Bank, die sich nicht mit Kryptowährungen beschäftigt. Kaum ein Anwendungsgebiet der zugrundeliegenden *Blockchain*-Technologie wurde nicht zum Hype: von der Anwendung im Internet der Dinge, über die Nutzung zur Führung von digitalen Grundbüchern bis hin zur Unterstützung der Aushandlung und Abwicklung von Verträgen, sogenannter „Smart Contracts", ist die Rede.[8]

6.7   Übungsaufgaben

Aufgabe 1

Bei dem vorgestellten Bezahlverfahren nach Chaum ist es möglich, dass ein Kunde mit einem Händler kollaboriert um zu betrügen. Der Kunde wickelt dabei eine Bezahlung mit einem Händler ordnungsgemäß ab. Danach gibt der Kunde die Challenge dieses Händlers an den zweiten Händler und bezahlt mit der gleichen Münze. Kann die Bank den betrügenden Kunden identifizieren? Kann die Bank den betrügenden Händler identifizieren? Welcher Lösungsansatz könnte dieses Problem verhindern?

Aufgabe 2

Wie verhindert Bitcoin Double Spending? Warum ist es bei Monero wesentlich aufwendiger, Double Spending zu vermeiden?

Literatur

1. Andy Greenberg. Inside the Bitcoin Bust That Took Down the Web's Biggest Child Abuse Site. https://www.wired.com/story/tracers-in-the-dark-welcome-to-video-crypto-anonymity-myth/, Apr. 2022.
2. Joseph Bonneau, Arvind Narayanan, Andrew Miller, Jeremy Clark, Joshua A. Kroll, and Edward W. Felten. Mixcoin: Anonymity for bitcoin with accountable mixes. In Nicolas Christin and Reihaneh Safavi-Naini, editors, *Financial Cryptography and Data Security*, pages 486–504, Berlin, Heidelberg, 2014. Springer Berlin Heidelberg.
3. David Chaum. Security without identification: transaction systems to make big brother obsolete. *Communications of the ACM*, 28(10):1030–1044, Oct. 1985.
4. David Chaum, Amos Fiat, and Moni Naor. *Advances in Cryptology — CRYPTO' 88: Proceedings*, chapter Untraceable Electronic Cash, pages 319–327. Springer New York, New York, NY, 1990.
5. Koe AND Kurt M. Alonso AND Sarang Noether. Zero to Monero: Second Edition. https://www.getmonero.org/library/Zero-to-Monero-2-0-0.pdf, Apr. 2020.

---

[7] https://www.faz.net/aktuell/wirtschaft/digitec/kryptowaehrung-steuerzahlung-in-der-schweiz-mit-bitcoin-und-ether-17206042.html (Stand: 14.05.2022).

[8] http://diepresse.com/home/wirtschaft/economist/wertsachen/5112939/Blockchain_Die-zweite-Phase-der-digitalen-Revolution (Stand: 05.11.2016).

6. Torben Pryds Pedersen. Non-interactive and information-theoretic secure verifiable secret sharing. In Joan Feigenbaum, editor, *Advances in Cryptology — CRYPTO '91*, pages 129–140, Berlin, Heidelberg, 1992. Springer Berlin Heidelberg.

7. Fergal Reid and Martin Harrigan. *An Analysis of Anonymity in the Bitcoin System*, pages 197–223. Springer New York, New York, NY, 2013.

8. Christoph Sorge and Artus Krohn-Grimberghe. Bitcoin: Eine erste Einordnung. *Datenschutz und Datensicherheit*, 36(7):479–484, 2012.

Datenschutz im World Wide Web 7

Das Thema Datenschutz verbinden viele Menschen zunächst mit dem *World Wide Web*. Täglich nutzen wir Social Media-Dienste und kaufen in Online-Shops ein. Zielgerichtete Werbung ist ein ständiger Begleiter. In diesem Kapitel beschäftigen wir uns mit dem Thema Datenschutz im World Wide Web. Wir werden in Abschn. 7.1 sehen, dass das *Tracking* im Web mittels „Cookies" und „Tracking-Pixel" fast allgegenwärtig zu sein scheint. Ebenso dienen *Social Plugins*, denen wir uns in Abschn. 7.2 zuwenden, dem Verfolgen von Nutzeraktivitäten im Web.

> **Lernziele:** Am Ende dieses Kapitels sollten Sie die heutzutage verwendeten Technologien zum „Tracking" von Nutzern im World Wide Web kennen.

7.1 Tracking im Web

Tracking bezeichnet das Verfolgen von Nutzeraktivitäten (im Web) und das Bilden von Nutzungsprofilen. Die Ziele sind u. A. das Bilden von Statistiken über Webseitenzugriffe und das Anbieten zielgerichteter Werbung. Gerade das Anbieten zielgerichteter Werbung erfordert eine genaue Kenntnis der Nutzer-Interessen. Diensteanbieter können umso genauere Nutzer-Profile bilden, je weiter sie Nutzer im Web verfolgen können. Längst erfolgt das Verfolgen von Nutzern über Website-Grenzen (von unterschiedlichen Diensteanbietern) hinweg. Verantwortlich dafür sind spezielle Werbe-Dienstleister, die mit den unterschiedlichen Diensteanbietern kooperieren. Nur so ist es möglich, dass ein in einer Online-Gebrauchtwagenbörse gesuchtes Auto einen Nutzer weiter begleitet, etwa in Form einer Werbeeinblendung auf einer Nachrichten-Seite. Für das Tracking stehen unterschiedliche Verfahren zur Verfügung, die wir uns im Folgenden genauer ansehen werden.

7.1.1 Cookies

Cookies stellen die derzeit (noch) am häufigsten verwendete Methode der Wiedererkennung von Nutzern im Web dar. Zunächst müssen wir festhalten, dass es sich bei *Hypertext Transfer Protocol (HTTP)*, dem Protokoll, das zur Übertragung von Webseiten verwendet wird, um ein zustandsloses Protokoll auf Anwendungsebene handelt. Zustandslos bedeutet, dass für den Webserver jede Anfrage eines Nutzers eine eigene Sitzung darstellt, d. h. es ist nicht vorgesehen, dass der Webserver Nutzer wiedererkennen kann. Eine Anfrage eines Browsers an den Webserver (sogenannter „HTTP-Request") enthält u. A. folgende Informationen:

- GET/Host: Welche Webseite von welchem Server abgerufen werden soll,
- User Agent: Angaben zum verwendeten Browser,
- Accept-Language: Bevorzugte Sprache(n),
- Referer: Welche Seite der Benutzer zuletzt besucht hat.

Wie wir später in Abschn. 7.1.3 noch sehen werden, stellen ungewöhnliche Kombinationen dieser Informationen einen *Quasi-Identifikator* dar.

Zusätzlich zu den genannten Informationen ist dem Webserver zusätzlich die IP-Adresse des Nutzers und der Anfragezeitpunkt bekannt.

Um die Zustandslosigkeit des HTTP-Protokolls zu umgehen, wurden HTTP-Cookies entwickelt. Hierbei handelt es sich um Textdateien,[1] die vom Server erzeugt werden und in der „HTTP-Response" (als Antwort auf einen HTTP-Request) über den HTTP-Befehl „Set-Cookie" an den Client übermittelt werden. Beim erneuten Aufruf der (selben) Website wird das Cookie vom Client wieder an den Server übermittelt. Das Cookie dient der Zustandshaltung auf Clientseite. Es ermöglicht so, Sitzungen zu realisieren. Nur so ist es erst möglich, dass bspw. ein Online-Shop realisiert werden kann. Ohne ein Sitzungsmanagement wären etwa die Schritte „Produkt auswählen", „Produkt in den Warenkorb geben" und „Produkt bezahlen" für den Webserver nicht einem einzelnen Nutzer zuordnbar, da es sich für ihn um unabhängige HTTP-Requests handelt. Cookies sind in RFC 2109 (veraltet, aber noch in Gebrauch) und RFC 2965 spezifiziert. Eine Obergrenze für die Anzahl akzeptierter Cookies ist nicht vorgeschrieben. RFC 2965

---

[1] Es handelt sich nicht um ausführbaren Code, weshalb Cookies auch nicht zum Infizieren eines Clients mit Schadsoftware missbraucht werden können, wie häufig fälschlicherweise behauptet wird.

empfiehlt aber, dass ein Client mindestens 300 Cookies speichern können soll, darunter mindestens 20 pro Host bzw. pro Domain. Ein Cookie sollte dabei mindestens 4096 Byte groß sein können.

Datenschutz-Problematik

Aus Datenschutz-Sicht stellen Cookies aufgrund ihrer Verwendung zum Tracking, d. h. zum Nachverfolgen der Nutzeraktivitäten im Web, ein „Problem" dar. Zunächst müssen wir unterscheiden zwischen einem Tracking innerhalb einer Website, wie es etwa beim zuvor angesprochenen Online-Shop-Beispiel genutzt wird und einem Tracking über mehrere Websites (von unterschiedlichen Diensteanbietern) hinweg.

Beim Tracking innerhalb einer Website handelt es sich, wie wir zuvor gesehen haben, durchaus um eine nützliche Funktion. Das Unterbinden des Setzens von (Erstanbieter-) Cookies im Browser kann also dazu führen, dass viele Webanwendungen nicht mehr funktionieren.

Das Tracking von Nutzern über Website-Grenzen hinweg birgt jedoch das Potential, ein vollständiges Nutzerprofil bilden zu können. Grundsätzlich ist ein solches Tracking eigentlich nicht vorgesehen. Die sogenannte *Same Origin Policy (SOP)* sorgt dafür, dass Cookies nur an den Ursprungsserver zurückgeschickt werden, also zu jenem Server, der das Cookie auch gesetzt hat. Diese SOP-Policy wird in der Praxis jedoch dadurch umgangen, dass Webseiten externe Inhalte von Dritten (bspw. von Werbedienstleistern) einbinden und dabei die externen Server anstoßen, Cookies zu setzen und zu lesen.

Werbedienstleister werden von einer Vielzahl von unterschiedlichen Diensteanbietern genutzt. Bei jedem Seitenaufruf eines Nutzers wird ein Cookie, das zuvor von einem Werbedienstleister beim Besuch einer anderen Webseite gesetzt wurde und einen Identifikator enthält, an den Werbedienstleister übermittelt. Der Werbedienstleister erhält dadurch die Information, welcher Nutzer (repräsentiert durch den Identifikator im Cookie) sich für die aufgerufene Webseite interessiert. Die aufgerufene Webseite „sagt" einiges über die Interessen des Nutzers aus und somit ist der Werbedienstleister in der Lage, den Nutzer, je länger er ihn im Web beim Surfen „begleitet", besser „kennenzulernen", d. h. ein Nutzerprofil zu bilden. Ruft ein Nutzer häufig die Fußballseiten von Nachrichtenportalen, sowie Automobil-Portale auf, kann der Werbedienstleister daraus schließen, dass es sich mit großer Wahrscheinlichkeit um einen männlichen Nutzer handelt. Diese Information nutzt der Werbedienstleister später für *zielgerichtete Werbung* aus. Er wird den Diensteanbietern, die ebenfalls mit dem Werbedienstleister kooperieren, jene Werbebanner ausliefern – die dort dann auf den Webseiten für diesen Nutzer erscheinen – die für den Nutzer höchstwahrscheinlich interessant sind. Mitunter kann es sich dabei auch um Werbung für Produkte handeln, die sich der Nutzer zuvor in einem Online-Shop schon einmal angesehen hat, die er aber noch nicht gekauft hat.

Eine Analyse der 100 meist-besuchten Websites hat ergeben, dass viele Diensteanbieter jeweils mit über 100 dieser Werbedienstleister zusammenarbeiten. DOUBLE CLICK – mittlerweile in Besitz von Google – ist einer der größten Werbedienstleister weltweit.

Schutz vor Cookies

Das Nachladen von Server-fremden (Drittanbieter-)Cookies kann in den Browser-Einstellungen verhindert werden. Außerdem bieten die meisten modernen Browser eine *Do Not Track (DNT)*-Funktion. Ist diese Funktion aktiviert, so meldet der Browser beim Besuchen einer Website dem Diensteanbieter (über einen HTTP-Befehl), dass er nicht verfolgt werden möchte. Der Diensteanbieter muss diesem Wunsch nachkommen. Diese Einstellung bewirkt übrigens nicht, dass etwa keine Werbung mehr angezeigt wird, sondern lediglich, dass die angezeigte Werbung nicht mehr auf den Informationen basierend auf dem Surf-Verhalten basiert. Daneben gibt es bei vielen Browsern die Möglichkeit, im sogenannten „privaten Modus" zu surfen. Dabei werden Cookies von Drittanbietern blockiert. Außerdem werden im privaten Modus keine Chronik und keine Anmeldeinformationen gespeichert sowie gespeicherte Cookies beim Beenden des privaten Modus gelösch. Zudem können Nutzer bei (seriösen) Werbedienstleistern selbst bestimmen, ob sie zielgerichtete Werbung bekommen möchten. Problematisch dabei ist, dass in einigen Fällen dieses „Opt-out" durch das Setzen eines Opt-out-Cookies umgesetzt wird. Beim Löschen aller Cookies ist das Opt-out damit nicht mehr erkennbar. Beim Werbedienstleister Google lässt sich das Opt-out in den „Google Ads Settings" unter https://www.google.de/settings/ads vornehmen.

Die *Electronic Frontier Foundation (EFF)*, eine Nichtregierungsorganisation in den USA die sich für Grundrechte im Netz stark macht, hat mit „Privacy Badger" ein Browser-Add-On bereitgestellt, der alle „Tracker" auf einer Webseite blockiert. Nicht-zielgerichtete Werbung wird weiterhin angezeigt. Zudem lohnt sich ein Blick auf eine Webseite mit dem Browser-Add-On „Ghostery". Es zeigt, wie viele Tracker sich auf einer Webseite befinden, d. h. an wie viele Werbedienstleister das Surf-Verhalten übermittelt wird. Gerade bei Nachrichten-Portalen wird die Liste dabei sehr lang.

7.1.2 Tracking-Pixel

Eine weitere, gängige Methode zum Verfolgen von Nutzern im Web stellen sogenannte *Tracking-Pixel* (auch „Web Bugs" genannt) dar. Hierbei handelt es sich um 1x1 Pixel große, nicht sichtbare, Abbildungen auf einer Webseite. Beim Aufruf der Webseite wird das Tracking-Pixel vom (externen) Server nachgeladen. Der externe Server, etwa von einem Werbedienstleister betrieben, loggt den Abruf. Heute wird meist ein JavaScript-Code verwendet. Dies hat (aus Sicht des Trackers) den Vorteil, dass zusätzliche Informationen wie z. B. die Bildschirmauflösung des Clients in die URL, die beim Abruf des Bildes verwendet wird, mit eingebettet werden können.

Tracking Pixel finden in zahlreichen Szenarien Anwendung. Bei der „Clickstream"-Analyse werden die Seitenaufrufe eines Nutzers verfolgt. Bei bezahlter Werbung kann mittels Tracking Pixel geprüft werden, über welche Seite ein Nutzer ein Produkt gekauft hat. Auch bei E-Mails kommen Tracking Pixel zum Einsatz. So können Spammer prüfen, ob eine E-Mail-Adresse gültig ist. Werbedienstleister können prüfen, ob ein Nutzer eine E-Mail tatsächlich gelesen hat. Das automatische Nachladen von Abbildungen durch E-Mail-Clients wird heute aber in den meisten Fällen unterbunden. Auch für ein „simples" Zählen der Aufrufe einer Webseite werden Tracking Pixel verwendet.

Google Analytics

Einer der bekanntesten Dienste, der Tracking Pixel verwendet ist *Google Analytics*. Google Analytics wird zur Zugriffsanalyse verwendet. Es erlaubt den Betreibern einer Website etwa zu erfahren, woher Nutzer kommen, welche Browser-Versionen sie verwenden, wie lange sie auf welchen Webseiten verweilen etc. Dazu binden die Betreiber einen von Google bereitgestellten JavaScript-Code, der eine spezifische Website-Betreiber-ID enthält, in ihre Webseiten ein. Beim Laden der Webseite durch einen Nutzer wird ein Tracking-Pixel (.gif-Datei) von Google nachgeladen. Der Aufruf sieht (verkürzt) folgendermaßen aus: http://www.google-analytics.com/__utm.gif?utmwv=4&utmn=769876874&utmhn= example.com&utmcs=ISO-8859-1&utmsr=1280x1024&utmsc=32-bit&utmul=en-us& utmje=1&utmfl=9.0%20%20r115&utmcn=1&utmdt=GATC012%20setting%20variables &utmhid=2059107202&utmr=0&utmp=/auto/GATC012.html?utm_source=www.gatc012. org&utm_campaign=campaign+gatc012&utm_term=keywords+gatc012&utm_content= content+gatc012&utm_medium=medium+gatc012&utmac=UA-30138-1&utmcc=__utma %3D97315849.1774621898.1207701397.1207701397.1207701397.1%3B....[2] Die gesammelten Daten (Browser-Informationen, System-Informationen, Cookies, zuvor besuchte Webseite etc.) werden über diesen Aufruf der GIF-Datei als Parameter an Google übermittelt und von Google gespeichert. Bei Online-Shops fließen zudem die Informationen mit ein, welches Produkt (Stückzahl, Preis, Größe, Farbe etc.) ein Nutzer in den Warenkorb gegeben hat bzw. auch tatsächlich gekauft hat. Nutzt ein Betreiber *Remarketing* basierend auf Google Analytics, werden auch DoubleClick Cookies als 3rd-Party Cookies mit an Google Analytics übermittelt und gesetzt. Remarketing erlaubt die zielgruppenorientierte Werbung für Produkte basierend auf dem Surf-Profil der Nutzer.

Aus Datenschutzsicht ist der Einsatz von Google Analytics problematisch. Google ist in der Lage, sehr detaillierte Nutzungsprofile – auf Basis der IP-Adressen der Nutzer – anzulegen. Nutzen Nutzer einen Google Account und sind dort mit ihren tatsächlichen Namen registriert, so lassen sich die Nutzungsprofile eindeutig einer bestimmten Person zuordnen. Viele Nutzer sind sich nicht bewusst, dass beim Besuch einer Website personenbezogene Daten an einen Dritten, in diesem Fall Google, übermittelt werden.

---

[2] Die Beispiel-URL stammt von https://developers.google.com/analytics/resources/concepts/ga ConceptsTrackingOverview#howAnalyticsGetsData.

7.1.3 Device Fingerprinting

Device Fingerprinting (bzw. hier im Spezialfall Browser Fingerprinting) bezeichnet eine Methode, mittels derer ein Website-Betreiber bzw. Werbedienstleister versucht, seine Nutzer zu identifizieren, d. h. in diesem Kontext, sie von anderen zu unterscheiden.

Die Idee von Device Fingerprinting besteht darin, die Browser der Nutzer aufgrund ihrer unterschiedlichen Konfigurationen zu unterscheiden; möglichst jedem Browser einen eindeutigen Fingerabdruck zuzuweisen, der beständig ist, sich im Lauf der Zeit also nicht all zu stark verändert. Unterschiedliche Studien gehen davon aus, dass Browser-Konfigurationen zu mehr als 80 % unterscheidbar sind, also eine über einen längeren Zeitraum einzigartige Konfiguration aufweisen. Die Electronic Frontier Foundation (EFF) stellt unter https://panopticlick.eff.org einen Online-Test zur Verfügung, bei dem Nutzer ihren Browser auf Einzigartigkeit hin überprüfen können. In das dort durchgeführte Device Fingerprinting fließen Informationen zur Bildschirmauflösung und Farbtiefe, installierten Plugins, der Farbtiefe, den installierten Schriftarten, der Sprache und Zeitzone, des Betriebssystems und der Browserversion etc. mit ein. Die Informationen werden mittels JavaScript erhoben. Die Attributkombinationen stellen einen *Quasi-Identifikator* dar.

7.1.4 History Hijacking

Daneben existieren Ansätze zum *History Hijacking* (auch *History Sniffing* genannt), bei denen Server-Betreiber die Liste der vom Besucher zuvor besuchten Webseiten (Browser History) auslesen möchten. Ein (heute nicht mehr nutzbares) Verfahren basiert etwa in der Auswertung der Farbe der auf der Webseite dargestellten Links. Links zu bereits besuchten Websites werden im Browser typischerweise in einer anderen Farbe dargestellt. Mittels JavaScript lässt sich diese Information auslesen und an den Betreiber senden. Ein weiterer Ansatz basiert auf dem *Cache-Timing*. Hierbei bindet der Diensteanbieter in einer Webseite eine Datei aus einer anderen Website ein. Hat ein Nutzer diese andere Website zuvor besucht, befindet sich die Datei noch im Cache und die Ladezeit, die wiederum mittels JavaScript gemessen und an den Betreiber gesendet wird, ist kürzer als wenn die Datei zum ersten Mal geladen werden muss.

7.1.5 P3P

Platform for Privacy Preferences (P3P) ist ein durch das WORLD WIDE WEB CONSORTIUM (W3C) spezifizierter Standard zum Austausch von Datenschutzinformationen. Auf Webserver-Seite gibt es eine P3P-Policy in Form einer XML-Datei,[3] die festlegt,

---

[3] Die Datei liegt typischerweise unter /w3c/p3p.xml.

welche personenbezogenen Daten auf Server-Seite zu welchem Zweck und wie lange gespeichert werden. Der Nutzer hat seinerseits seine P3P-Präferenzen (im Browser) angelegt, in denen er festlegt, für welche Zwecke er welche personenbezogenen Daten preiszugeben bereit ist. Beim Besuch einer Website findet (im Browser) ein automatischer Abgleich der Nutzer-Präferenzen mit der Policy des Webservers statt. Das Ergebnis wird dem Nutzer angezeigt und er wird in die Lage versetzt, selbst zu entscheiden, ob er unter diesen Umständen bereit ist, die Website weiter zu nutzen. P3P schafft also Transparenz hinsichtlich der Datenschutzbestimmungen einer Website. Nutzer müssen keine umfangreichen Datenschutzerklärungen durchlesen sondern es findet eine automatische Überprüfung statt. Selbst fremdsprachige Datenschutzerklärungen lassen sich mittels P3P einfach analysieren. P3P hat sich in der Praxis allerdings nicht durchgesetzt.

7.2   Social Plugins

Social Plugins sind Schaltflächen, bereitgestellt u. A. von sozialen Netzwerken wie *Facebook*, *Twitter*, *LinkedIn* etc., die auf Websites in Form eines iFrames eingebunden werden und die es somit den Nutzern ermöglichen, die Websites über das soziale Netzwerk weiterzuempfehlen. Der „Like-Button" von Facebook ist ein solcher Vertreter eines Social Plugins. Website-Betreiber binden diese Social Plugins auf ihren Websites ein, weil sie sich erhoffen, dass ihr Angebot dadurch einer größeren Nutzerzahl – etwa den Facebook-Freunden desjenigen Nutzers, der die Website „geliked" hat, was sich auf seiner „Timeline" widerspiegelt, bekannt gemacht wird. Die Nutzer sozialer Netzwerke nutzen diese Social Plugins sehr intensiv. Facebook-Nutzern ist der Like-Button genauso bekannt wie Twitter-Nutzern die „Retweet"-Funktion. Diese Funktionalitäten waren von Anfang an Teil der sozialen Netzwerke. Durch den „Export" dieser Funktionalitäten aus den sozialen Netzwerken hinaus in das „offene Web" haben sich allerdings ganz neue Möglichkeiten nicht nur für die Nutzer, sondern insbesondere für die sozialen Netzwerke, ergeben. Durch die Social Plugins sind die sozialen Netzwerke in der Lage, ihre Nutzer nicht nur innerhalb des sozialen Netzwerks zu verfolgen, sondern auch auf all jenen externen Websites, auf denen die Social Plugins zum Einsatz kommen.

Jedes mal, wenn ein Nutzer eine Website aufruft, die ein Social Plugin beinhaltet, werden Daten an das soziale Netzwerk gesendet. Dies geschieht direkt beim Aufruf der Website und erfordert keinerlei Interaktion des Nutzers – der Nutzer muss also nicht etwa den Like-Button anklicken. Im Falle von Facebook wird beim Besuch einer Website ein Cookie mit einer eindeutigen ID an Facebook übermittelt. Sofern der Besucher der Website bei Facebook angemeldet ist, kann Facebook damit die Information, welche externe Website besucht wird, direkt dem Nutzer zuordnen und somit das Nutzer-Profil weiter ausbauen. Sofern der Nutzer kein Facebook-Mitglied ist, ist Facebook immerhin noch in der Lage, ein Nutzungsprofil unter Pseudonym zu erstellen. Entscheidet sich der Nutzer zu einem späteren Zeitpunkt, Facebook beizutreten, kann das bereits angelegte Profil direkt mit dem neuen Nutzer in Verbindung gebracht werden.

7.3 Fazit

Insgesamt können wir festhalten, dass im Web eine Reihe von Datenschutzproblemen lauert. Nutzer werden ungewollt identifiziert und verfolgt und es kommt zu unerwünschten und von vielen Nutzern nicht erwarteten Informationsflüssen zu Dritten. Leider fehlt es an vielen Stellen an Transparenz – ausufernde Datenschutzerklärungen werden von den wenigsten Nutzern gelesen. Als gängigste Gegenmaßnahme (aus Nutzer-Sicht) haben wir in diesem Kapitel das Löschen von Informationen (Cookies, History, Cache etc.) kennengelernt. Die meisten Browser bieten einen entsprechenden *privaten Modus*, der diese Maßnahmen automatisch ergreift. Werkzeuge wie P3P würden für verbesserte Transparenz sorgen, haben sich allerdings bisher nicht durchgesetzt. In Zukunft werden wir eine zunehmende Nutzung von Tracking-Techniken, ähnlich den hier vorgestellten, auch in der „Offline-Welt" sehen. Google hat bereits erste Ansätze entwickelt, beide Welten zu verschmelzen. Nutzer, die sich im Web für ein Produkt interessiert haben und anschließend im Geschäft in der Stadt kaufen, sollen keine Werbung mehr (im Web) für dieses Produkt erhalten. Genauso verhält es sich anders herum: Auch die Information, dass Offline-Werbung zum Online-Kauf animiert hat bzw. dass ein im Geschäft getestetes Produkt im Anschluss online bestellt wird, ist für Händler interessant.

7.4 Übungsaufgaben

Aufgabe 1
Ist der Einsatz von „Device Fingerprinting" auf einer Website für Nutzer erkennbar?

Instant Messaging 8

Beim *Instant Messaging (IM)* unterhalten sich („chatten") Kommunikations-Teilnehmer klassischerweise mittels Textnachrichten in Echtzeit. *ICQ* gilt als einer der ersten IM-Dienste im Internet. Es erfreute sich vor allem in den 90er-Jahren großer Beliebtheit, mit mehr als 100 Millionen Nutzern um die Jahrhundert-Wende. Inzwischen gibt es zahlreiche IM-Dienste, die neben Textnachrichten auch einen Austausch von Fotos, Videos etc. erlauben. Hierzu zählt etwa *WhatsApp*. In diesem Kapitel grenzen wir in Abschn. 8.1 zunächst das Thema Instant Messaging von E-Mail-Sicherheit ab. Wir werden sehen, dass jeweils unterschiedliche Schutzziele zum Tragen kommen. Danach lernen wir in Abschn. 8.2 mit *Off-the-Record (OTR) Messaging* einen wichtigen Vertreter eines sicheren IM-Protokolls kennen, bevor wir uns in Abschn. 8.3 schließlich der Ende-zu-Ende-Verschlüsselung von *WhatsApp* widmen.

> **Lernziele:** Am Ende dieses Kapitels sollten Sie mit Off-the-record Messaging eines der grundlegendsten datenschutzfreundlichen Instant Messaging-Protokolle im Detail kennen. Außerdem sollten Sie verstehen, wie die Ende-zu-Ende-Verschlüsselung bei WhatsApp funktioniert.

8.1 Abgrenzung des Instant Messagings von E-Mail

Bevor wir uns in diesem Kapitel im Detail mit unterschiedlichen IM-Protokollen beschäftigen, grenzen wir IM zunächst von E-Mail ab und zeigen die unterschiedlichen Sicherheits- und Datenschutzschutzziele auf.

R. Petrlic et al., *Datenschutz*, https://doi.org/10.1007/978-3-658-39097-6_8

8.1.1   Schutzziele bei der E-Mail-Sicherheit

Bei der klassischen Ende-zu-Ende E-Mailverschlüsselung und -Signatur stehen die Schutzziele *Authentizität und Integrität*, *Vertraulichkeit*, sowie *Verbindlichkeit* im Vordergrund. Zum Erreichen der Authentizität/Integrität sowie der Verbindlichkeit wird eine digitale Signatur verwendet. Eine Prüfung der Authentizität/Integrität und Verbindlichkeit ist auch durch Dritte möglich. Dies ist vor allem im geschäftlichen Umfeld eine wichtige Eigenschaft. Um Vertraulichkeit zu gewährleisten, wird Verschlüsselung eingesetzt. Hierbei kommt ein hybrides Verfahren zum Einsatz: Die Nachricht wird vom Sender mit einem zufällig gewählten Sitzungsschlüssel verschlüsselt. Der Sitzungsschlüssel wiederum wird mit dem (langlebigen) öffentlichen Schlüssel des Empfängers verschlüsselt. Beide Teile werden als E-Mail zum Empfänger gesendet, der zunächst den Sitzungsschlüssel mit seinem privaten Schlüssel entschlüsselt und mit dem Sitzungsschlüssel im Anschluss die eigentliche Nachricht entschlüsselt. *Perfect Forward Secrecy (PFS)* wird bei diesem Ansatz nicht erreicht. Sollte es einem Angreifer also gelingen, das langlebige Geheimnis zu kompromittieren, ist er in der Lage, die gesamte vorangegangene, verschlüsselte und von ihm aufgezeichnete E-Mail-Kommunikation offenzulegen. Umgesetzt wird die Ende-zu-Ende E-Mail-Sicherheit typischerweise durch *Pretty Good Privacy (PGP)* und *Secure/Multipurpose Internet Mail Extensions (S/MIME)*. Allerdings muss man konstatieren, dass sich die Ende-zu-Ende-Verschlüsselung bei der E-Mail-Kommunikation bisher nicht durchgesetzt hat (obwohl es PGP bereits seit 1991 gibt) und sich auch in Zukunft nicht in der breiten Masse durchsetzen wird. Vielmehr wird die richtige und großflächige Umsetzung von Transport-Verschlüsselung (und der Einsatz von *DNS-based Authentication of Named Entities (DANE)*) einen wichtigeren Beitrag zur Vertraulichkeit in der E-Mail-Kommunikation spielen. Einer der Co-Autoren dieses Buchs hat hierfür eine Initiative ins Leben gerufen und informiert unter der Adresse www.mail-sicherheit.jetzt über aktuelle Entwicklungen.

8.1.2   Schutzziele beim Instant Messaging

Bei der privaten Kommunikation[1] per Instant Messaging kommen weitere Schutzziele in Betracht:

Abstreitbarkeit
Eine dritte Partei soll den Ursprung der Nachricht nicht verifizieren können, d. h. das Schutzziel Verbindlichkeit ist dabei gerade *nicht* erwünscht.

---

[1] „Privat" im Sinne von „nicht geschäftlich"; Tratsch zwischen Freunden.

Perfect Forward Secrecy
Eine zukünftige Kompromittierung des (langlebigen) privaten Schlüssels soll die aufge-
zeichneten Nachrichten nicht gefährden.

8.2   Off-the-record Messaging

Sehen wir uns nun ein Protokoll an, das die zuvor geforderten Schutzziele an das
Instant Messaging erfüllt: *Off-the-Record (OTR) Messaging*. OTR Messaging wurde 2004
von BORISOV ET AL. [1] entwickelt. Der Titel der Arbeit gibt bereits den Hinweis,
dass klassische E-Mail-Verschlüsselung beim IM nicht sinnvoll ist: „Off-the-Record
Communication, or, Why Not To Use PGP".

OTR Messaging bietet sowohl *Authentizität* gegenüber dem Kommunikationspartner,
als auch *Abstreitbarkeit* gegenüber Dritten. Authentizität und Abstreitbarkeit sind auf
den ersten Blick gegensätzliche Forderungen. Wenn Alice mit Bob kommuniziert, soll
Bob prüfen können, ob die Nachricht tatsächlich von Alice kommt – allerdings soll
eine dritte Partei nicht prüfen können, ob die Nachricht von Alice stammt. Nach der
Kommunikation soll es niemandem (auch nicht Alice und Bob) möglich sein, ein
Transkript der Kommunikation zu erstellen.

Außerdem bietet OTR Messaging Vertraulichkeit und PFS.

8.2.1   Protokoll

Zunächst betrachten wir die einzelnen zum Einsatz kommenden Bausteine, die die
unterschiedlichen Schutzziele erfüllen sollen.

Zum Schutz der *Vertraulichkeit* kommt ein Verschlüsselungsverfahren zum Einsatz,
das „Verfälschbarkeit" („malleability") von Nachrichten bietet. Der Kryptotext soll dabei
ohne Kenntnis des Schlüssels so verändert werden können, dass der Klartext nach der
Entschlüsselung wiederum Sinn ergibt. Diese Eigenschaft ist normalerweise nicht erwünscht, hier nutzt sie dem Datenschutz. Verwendet wird hierfür das *Advanced Encryption
Standard (AES)*-Verschlüsselungsverfahren im „Counter Mode". Bei diesem Modus wird
ein Zählerwert verschlüsselt und das Ergebnis mit dem Klartext XOR-verknüpft. Dadurch
ergibt sich eine Verwendung von AES als „Stromchiffre". Die Ver- und Entschlüsselung
ist in Abb. 8.1 dargestellt.

Der Schlüsselaustausch erfolgt nach Diffie-Hellman (DH) und bietet, wie bereits in
Abschn. 2.3.5 besprochen, *PFS*. Der Austausch der kurzlebigen Sitzungsschlüssel nach
DH ist in Abb. 8.2 dargestellt. Die Erneuerung wird dabei mit dem Nachrichtenaustausch
kombiniert. *Key* bezeichnet den aus dem DH-Schlüsselaustausch abgeleiteten, gemeinsamen Schlüssel zwischen A und B, bzw. genauer, den 128 Bit SHA-1-Hashwert daraus. Nx
bezeichnet die Nachricht x.

Verschlüsselung (Encryption)

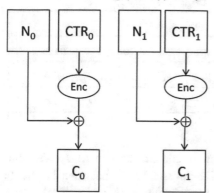

Entschlüsselung (Decryption)

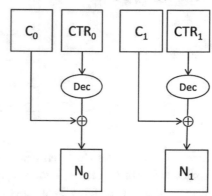

Abb. 8.1 AES im Counter Mode

Abb. 8.2 DH-Austausch beim
OTR Messaging

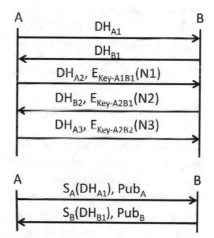

Abb. 8.3 Authentifizierung
des DH-Austauschs beim OTR
Messaging

Die *Teilnehmerauthentifizierung* erfolgt über eine digitale Signatur, wie in Abb. 8.3 dargestellt. Die Signatur wird nur für den initialen Schlüsselaustausch benötigt, der pro Sitzung erfolgt, d. h. bis sich ein Teilnehmer abmeldet bzw. nach einer inaktiven Periode wird die Sitzung ebenfalls beendet. Die Teilnehmerauthentifizierung über die digitale Signatur ist nötig, da der DH-Schlüsselaustausch anfällig ist gegenüber MITM-Angriffen. $S_x(DH_x)$ bezeichnet dabei die Signatur von Partei x über den öffentlichen DH-Parameter von x; Pub_x bezeichnet den öffentlichen Schlüssel von x.

Zur *Authentifizierung* der Nachrichten und zum *Integritätsschutz* der Nachrichten kommt ein *Message Authentication Code (MAC)* zum Einsatz. Der Schlüssel wird dabei vom Verschlüsselungsschlüssel durch das Anwenden einer Hash-Funktion auf den Verschlüsselungsschlüssel abgeleitet. Die Authentizität der „neuen" Schlüssel ergibt sich durch die Authentizität des initialen Schlüssels (der per digitaler Signatur authentifiziert wurde). Durch die Ableitung aus dem Verschlüsselungsschlüssel ergibt sich auch, dass

Abb. 8.4 Kompletter
Protokollablauf des OTR
Messagings

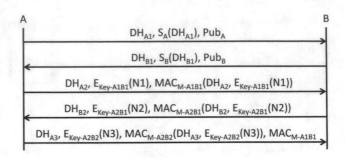

jeder, der die Nachricht lesen kann, diese auch modifizieren und den MAC-Wert entsprechend anpassen kann. Zudem wird der MAC-Schlüssel in der nächsten Nachricht
veröffentlicht. Dies führt dazu, dass *jeder* mit diesem Schlüssel beliebige Nachrichten
authentifizieren kann. Die Nachricht kann also keinem Autor mehr zugeordnet werden, sie
ist also *abstreitbar*.

Wie passen diese Bausteine nun zusammen? Der komplette Protokollablauf ist in
Abb. 8.4 dargestellt. M_x bezeichnet dabei den aus Key_x, wie zuvor besprochen abgeleiteten MAC-Schlüssel.

8.2.2 Implementierung

OTR Messaging ist als Plugin implementiert und steht u. a. für die Instant Messenger
Pidgin, *Miranda* und *Trillian* zur Verfügung. Es verwendet die bestehenden IM-Protokolle
zur Nachrichtenübermittlung. Die Nachricht wird vom Plugin verschlüsselt und authentifiziert und das Ergebnis wird als Text kodiert und als IM-Nachricht versendet. Das
Plugin hält fest, welcher Kommunikationspartner auch OTR Messaging verwendet. Die
erste Nachricht wird unverschlüsselt versendet. Dabei wird ein Identifikator für die
Plugin-Verwendung angehängt. Falls der Partner auch das Plugin nutzt, wird der DH-
Austausch eingeleitet. Der „Fingerprint" (ein Hash-Wert) des öffentlichen Schlüssels
des Kommunikationspartners wird dem Nutzer angezeigt. Der Nutzer kann den (kurzen)
Fingerprint „out-of-band", d. h. über einen anderen Kanal, überprüfen, um festzustellen,
ob der öffentliche Schlüssel tatsächlich seinem Kommunikationspartner gehört. Der
öffentliche Schlüssel wird danach gespeichert und bei der nachfolgenden Kommunikation
wird geprüft, ob derselbe Schlüssel verwendet wird. Dieser Ansatz wird bspw. auch bei
SSH verfolgt.

Abb. 8.5 Identity Misbinding
bei OTR Messaging

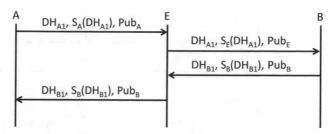

8.2.3   Angriffe auf OTR Messaging

DI RAIMONDO ET AL. haben in ihrer Arbeit „Secure Off-the-Record Messaging" [2]
Angriffe auf das OTR Messaging vorgestellt und vorgeschlagen, das SIGMA-Protokoll[4]
zu nutzen, um diesen Angriffen zu begegnen.

Das zuvor vorgestellte OTR Messaging-Protokoll hat ein „Identity Misbinding"-
Problem. Dabei wird der ausgehandelte Schlüssel der falschen Identität zugeschrieben,
wie in Abb. 8.5 dargestellt. Bob denkt, er kommuniziert mit Eve und Alice denkt, sie
kommuniziert mit Bob. Stattdessen kommunizieren beide über die MITM-Angreiferin
Eve.

Außerdem weist das OTR Messaging-Protokoll das Problem der „Freshness Impersonation" auf, das für einen Angriff ausgenutzt werden kann. Die Signatur über den
DH-Wert enthält keinen Schutz vor Wiedereinspielung, also einem Wiederholungsangriff.
Die Voraussetzung für die Ausnutzung ist, dass der Angreifer den privaten DH-Wert
kennt.[2] Ist dies der Fall, kann er eine Nachricht $DH_{A1}, S_A(DH_{A1})$ wieder einspielen.
Der Angreifer kann sich die Sitzungsschlüssel für jede beliebige Antwort DH_{B1} ableiten,
ohne ein langlebiges Geheimnis kennen zu müssen.

8.2.4   SIGMA-Protokoll

Die Lösung für die beiden Angriffe besteht in der Verwendung des SIGMA-Protokolls.
Das Verfahren ist in Abb. 8.6 dargestellt. Die Verwendung des MACs in der dargestellten Form, unter Einbeziehung der Identitäten der Kommunikationspartner, verhindert
das Identity Misbinding. Der Wiederholungs-Angriff wird dadurch verhindert, dass die
Signatur nicht nur über den eigenen DH-Wert erzeugt wird, sondern auch über den
Wert des Kommunikationspartners. Zusätzlich können die Identitäten geschützt werden,
indem ab Nachricht 3 bereits verschlüsselt kommuniziert wird. Anders als beim zuvor
vorgestellten OTR Messaging-Protokoll wird hier zuerst ein nicht-authentifizierter DH-

---

[2] Die Annahme bei diesem Angriff ist, dass die privaten DH-Werte nicht so sicher behandelt werden
wie das langlebige Geheimnis, das bspw. auf einer Smartcard gespeichert wird.

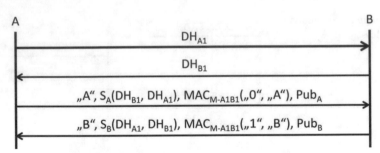

Abb. 8.6 Verwendung des SIGMA-Protokolls für das OTR Messaging

Schlüsselaustausch durchgeführt. Im Anschluss wird ein gesicherter Kanal aufgebaut und die Authentifizierung erfolgt schließlich über den gesicherten Kanal.

Das vorgestellte Protokoll kommt in dieser Form für den authentifizierten Schlüsselaustausch bei Version 2 des OTR Messaging-Protokolls zum Einsatz. Anstatt der Authentifizierung mittels Prüfung der Fingerprints, wie dies beim „Basis"-OTR Messaging-Protokoll vorgesehen ist, wird hier eine Authentifizierung auf Grundlage des *Socialist Millionaire's Protocol (SMP)*,[3] einer Abwandlung von *Yao's Millionaires' Problem*,[4] das wir in Abschn. 10.2.1 kennen lernen werden, ermöglicht. Ziel ist es, MITM-Angriffe zu erkennen. Dabei haben Alice und Bob eine gemeinsame, geheime Information x und y. Alice und Bob möchten nun prüfen, ob $x == y$. Das SMP erlaubt die Prüfung, ohne dass irgendwelche Informationen preisgegeben werden müssen. Hierfür kommt ein *Zero-Knowledge Proof (ZKP)* (siehe Abschn. 10.3) zum Einsatz. Wenn $x == y$, dann haben beide dieselbe, geheime Information eingegeben.

OTR Messaging erfreut sich in der Praxis großer Beliebtheit und ist auch die Grundlage für das Signal-Protokoll, das bei der Ende-zu-Ende-Verschlüsselung bei WhatsApp zum Einsatz kommt.

8.3   WhatsApp

WhatsApp wurde im Jahr 2014 für 19 Milliarden US-Dollar von *Facebook* aufgekauft. Damals hatte WhatsApp weltweit 450 Millionen Nutzer. Anfang 2016 wurde die Marke von 1 Milliarde Nutzern überschritten.

Im April 2016 kündigte WhatsApp an, dass mit der neuen Version von WhatsApp (ab 31.03.2016) sämtliche Kommunikation (also nicht nur Textnachrichten zwischen jeweils zwei Teilnehmern sondern auch Gruppenchats, der Versand von Multimedia-Dateien und

---

[3] Zwei Millionäre wollen dabei feststellen, ob sie gleich reich sind, ohne dem jeweils anderen etwas über ihren eigenen Reichtum zu verraten.

[4] Zwei Millionäre wollen dabei feststellen, wer von ihnen reicher ist, ohne dem jeweils anderen ihren eigenen Reichtum offenlegen zu müssen.

Telefonie über WhatsApp) auf allen Plattformen Ende-zu-Ende-verschlüsselt wird. Durch die Ende-zu-Ende-Verschlüsselung hat selbst WhatsApp keinen Zugriff auf die Daten im Klartext. Experten lobten diesen Schritt von WhatsApp und begrüßten auch die einfache Handhabung. Die *Electronic Frontier Foundation (EFF)* nahm WhatsApp in ihre Liste der Krypto-Messenger mit auf, die von OTR Messengern, SilentText, TextSecure etc. angeführt wird.

8.3.1   Signal-Protokoll

Zur Ende-zu-Ende-Verschlüsselung bei WhatsApp kommt das *Signal*-Protokoll[5] zum Einsatz, das bis März 2016 „Axolotl"-Protokoll genannt wurde und von *Open Whisper Systems* entwickelt wurde.[6] Das Signal-Protokoll basiert auf OTR Messaging, u. a. die Erneuerung der Sitzungsschlüssel durch wiederholten DH-Schlüsselaustausch ist daran angelehnt, und dem Silent Circle Instant Messaging Protocol (SCIMP).

Die nachfolgende Beschreibung des Signal-Protokolls orientiert sich an dem „Whats-App Security Whitepaper" von April 2016. [5]

Initialisierung
Während der Installation von WhatsApp werden folgende Schlüssel lokal auf dem Smartphone von der WhatsApp-App generiert:

- *Identity Key*: Langzeitschlüssel, der während der Installation von WhatsApp generiert wird.
- *Signed Pre Key*: Schlüssel der ebenfalls während der Installation generiert wird und vom Identity Key signiert wird. Dieser Schlüssel wird regelmäßig erneuert.
- *One-Time Pre Key*: Einmalschlüssel. Davon werden während der Installation mehrere generiert, nach Bedarf werden während der Nutzung weitere Schlüssel generiert.

Registrierung
Bei der Registrierung übermittelt die App den zuvor generierten Identity Key sowie den Signed Pre Key und eine Reihe von One-Time Pre Keys an den WhatsApp-Server. Der WhatsApp-Server speichert diese (öffentlichen)[7] Schlüssel unter der Identität des Nutzers.

---

[5] Das Signal-Protokoll kommt auch beim gleichnamigen Krypto-Messenger „Signal" zum Einsatz, der von *Open Whisper Systems* entwickelt wurde.

[6] Die bei WhatsApp verwendete Signal-Protokoll-Bibliothek ist unter https://github.com/ whispersystems/libsignal-protocol-java/ als Open Source-Projekt abrufbar.

[7] Der WhatsApp-Server erhält keinen Zugriff auf die zugehörigen privaten Schlüssel.

Sitzungs-Initialisierung

Damit Nutzer verschlüsselt miteinander kommunizieren können, muss zunächst eine Sitzung etabliert werden. Diese Sitzung ist solange gültig, bis einer der beteiligten Kommunikationspartner etwa die App neu installiert.

Der Initiator einer Sitzung bezieht dafür in einem ersten Schritt den Identity Key, Signed Pre Key, sowie einen One-Time Pre Key des Empfängers. Der Server schickt die Keys zurück und löscht seinerseits den nunmehr verwendeten Einmalschlüssel (One-Time Pre Key) des Nutzers. Bei Bedarf fordert er neue Einmalschlüssel vom Nutzer an.

Der Initiator erzeugt nun einen kurzlebigen Schlüssel und generiert ein *Master Secret*, das von diesem kurzlebigen Schlüssel, seinem eigenen Identity Key, dem Identity Key und dem Signed Pre Key des Empfängers sowie dem One-Time Pre Key des Empfängers abhängt. Diese Schlüsselableitung wird mittels DH-Verfahren auf elliptischen Kurven (Elliptic curve Diffie-Hellman (ECDH)) durchgeführt.

Aus diesem Master Secret werden wiederum ein *Root Key* sowie *Chain Keys* abgeleitet.[8]

Von nun an ist eine Langzeit-Sitzung aufgebaut und der Sender kann bereits verschlüsselte Nachrichten an den Empfänger senden – selbst wenn der Empfänger zu diesem Zeitpunkt offline ist. Dies stellt einen Vorteil gegenüber dem zuvor vorgestellten OTR Messaging-Protokoll dar, bei dem für die Etablierung einer Sitzung die Kommunikationspartner gleichzeitig online sein müssen.

Sitzungs-Entgegennahme

Der Empfänger erhält vom Sender neben der verschlüsselten, eigentlichen Nachricht zusätzliche Informationen zum Sitzungs-Aufbau: den zuvor vom Sender erzeugten, kurzlebigen Schlüssel sowie den Identity Key des Senders. Aus diesen (öffentlichen) Schlüsseln des Senders und seinen eigenen, privaten Schlüsseln kann der Empfänger seinerseits nach DH das Master Secret berechnen. Davon leitet der Empfänger ebenfalls den zugehörigen Root Key sowie Chain Keys ab. Damit ist der Sitzungsaufbau zwischen den Kommunikationspartnern abgeschlossen.

Nachrichten-Austausch

Die Nachrichten selbst werden mittels eines *Message Keys* verschlüsselt und authentifiziert. Diese Message Keys werden von den zuvor abgeleiteten Chain Keys abgeleitet. Zur Verschlüsselung kommt AES256 im CBC-Modus und zur Authentifizierung HMAC-SHA256 zum Einsatz. Der Message Key wird für jede Nachricht erneuert, d. h. erneut vom Chain Key abgeleitet.[9] Außerdem wird mit jedem gegenseitigen Nachrichten-Austausch

---

[8] Diese Ableitung erfolgt nach der HMAC-based Extract-and-Expand Key Derivation Function (HKDF) [3].

[9] Dieser Ansatz wird „hash ratchet" genannt.

ein neuer Chain Key nach DH abgeleitet. Diese Vorgehensweise haben wir bereits bei OTR Messaging kennengelernt. Damit wird Perfect Forward Secrecy (PFS) gewährleistet.

8.3.2 Medien-Verschlüsselung

Größere Anhänge, wie etwa Fotos oder Videos, werden ebenfalls Ende-zu-Ende-verschlüsselt. Der Sender erzeugt hierfür kurzlebige Schlüssel zur Verschlüsselung und Authentifizierung. Danach verschlüsselt er die Datei mittels AES256 im CBC-Modus und authentifiziert sie mittels HMAC-SHA256. Die verschlüsselte und authentifizierte Datei lädt er auf den WhatsApp-Server. Die verwendeten Sitzungsschlüssel übermittelt er nach dem zuvor beschriebenen Verfahren, gemeinsam mit einem Link zur verschlüsselten Datei, an den Empfänger. Der Empfänger entschlüsselt die Nachricht, bezieht die verschlüsselte und authentifizierte Datei vom Server, entschlüsselt sie und prüft die Authentizität.

8.3.3 Sichere Telefonie

Zur Ende-zu-Ende-Verschlüsselung von Telefongesprächen über WhatsApp kommt das *Secure Real-Time Transport Protocol (SRTP)* zum Einsatz, das ein gängiges Verfahren für sichere VoIP-Telefonie darstellt. Der Schlüsselaustausch hierfür geschieht analog zum vorgestellten Austausch für IM-Nachrichten.

8.3.4 Schlüssel-Verifikation

Beim OTR Messaging sind wir bereits auf die Prüfung der Authentizität der öffentlichen Schlüssel der Kommunikationspartner eingegangen. Bei WhatsApp kann diese Prüfung über einen QR-Code, der u. A. den Identity Key enthält, vorgenommen werden. Dazu wird der QR-Code vom Kommunikationspartner etwa direkt von seiner WhatsApp-App gescannt und der Inhalt (also insbesondere der Identity Key) gegen den vom WhatsApp-Server gelieferten Inhalt geprüft. Alternativ dazu kann auch ein 60-stelliger Code zur Prüfung verwendet werden.

8.3.5 Datenschutzrechtliche Probleme

Trotz der Ende-zu-Ende-Verschlüsselung bei WhatsApp gibt es nach wie vor daten-schutzrechtliche Bedenken. So überträgt die WhatsApp-App nach der Installation am Smartphone alle gespeicherten Kontaktdaten an den WhatsApp-Server. Dies dient dem Abgleich der eigenen Kontakte gegen die so immer weiter wachsende Datenbank von WhatsApp, um Kontakte zu ermitteln, die ebenfalls WhatsApp nutzen. Dabei werden personenbezogene Daten von Dritten (die Telefonnummern) an WhatsApp-Server in den

USA übertragen. Diese Übertragung findet in der Regel ohne Einwilligung der Betroffenen statt.

Außerdem gelangt WhatsApp an die Metadaten der stattfindenden Kommunikation und erfährt damit, wer mit wem wie häufig in Kontakt steht.

8.4 Fazit

Mit der Ende-zu-Ende-Verschlüsselung bei WhatsApp haben wir ein positives Beispiel für sicheres Instant Messaging kennengelernt. Im Gegensatz zu E-Mail, wo sich Ende-zu-Ende-Verschlüsselung bislang nicht durchsetzen konnte, ist sichere Kommunikation für viele Nutzer möglich geworden – ohne dafür großen Aufwand betreiben zu müssen. Nichtsdestotrotz darf nicht verschwiegen werden, dass WhatsApp auf die Metadaten der stattfindenden Kommunikation Zugriff hat. Außerdem wird nach wie vor, was aus datenschutzrechtlicher Sicht problematisch ist, das Telefonbuch des Nutzers an Whats-App übermittelt, um eigene Kontakte mit registrierten Nutzern abzugleichen. In dieser Hinsicht besteht nach wie vor Forschungsbedarf. Es ist noch nicht klar, wie eine datenschutzfreundliche Suche nach gemeinsamen Kontakten („Private Contact Discovery") in großem Maßstab funktionieren könnte. Darauf weist der Entwickler der WhatsApp-Verschlüsselung in einem Blog-Eintrag im Jahr 2014 hin.[10] *Private Set Intersection (PSI)* stellt einen möglichen Ansatz dafür dar. In diesem Bereich wurde in den letzten Jahren intensiv geforscht und es wurden effiziente Protokolle vorgestellt. Wir werden uns damit in Abschn. 10.2.2 beschäftigen.

8.5 Übungsaufgaben

Aufgabe 1
Kann OTR Messaging auch für die E-Mail-Kommunikation verwendet werden?

Literatur

1. Nikita Borisov, Ian Goldberg, and Eric Brewer. Off-the-record Communication, or, Why Not to Use PGP. In *Proceedings of the 2004 ACM Workshop on Privacy in the Electronic Society*, WPES '04, pages 77–84, New York, NY, USA, 2004. ACM.
2. Mario Di Raimondo, Rosario Gennaro, and Hugo Krawczyk. Secure off-the-record messaging. In *Proceedings of the 2005 ACM Workshop on Privacy in the Electronic Society*, WPES '05, pages 81–89, New York, NY, USA, 2005. ACM.
3. Internet Engineering Task Force. Hmac-based extract-and-expand key derivation function (hkdf). RFC 5869, May 2010.

---

[10] https://whispersystems.org/blog/contact-discovery/.

4. Hugo Krawczyk. *Advances in Cryptology - CRYPTO 2003: 23rd Annual International Cryptology Conference, Santa Barbara, California, USA, August 17–21, 2003. Proceedings*, chapter SIGMA: The 'SIGn-and-MAc' Approach to Authenticated Diffie-Hellman and Its Use in the IKE Protocols, pages 400–425. Springer Berlin Heidelberg, Berlin, Heidelberg, 2003.
5. WhatsApp. Whatsapp encryption overview. Technical white paper, Apr. 2016. https://www.whatsapp.com/security/WhatsApp-Security-Whitepaper.pdf.

Elektronische Ausweisdokumente

9

Ausweisdokumente dienen dem Nachweis der Identität einer natürlichen Person. Sie enthalten Attribute der Person. Dies können Attribute zur eindeutigen Identifizierung, wie z. B. Lichtbild, Angaben über Größe, Augenfarbe etc. sein, oder auch Attribute, die durch den Ausweis nachgewiesen werden, etwa das Geburtsdatum zur Prüfung des Alters. Elektronische Ausweise ermöglichen die Identifizierung/Authentifizierung unter Zuhilfenahme lokal auf dem Ausweis elektronisch gespeicherter Daten. Dabei kann eine Identitätsfeststellung entweder vor Ort stattfinden oder die Identitätsfeststellung (oder der Nachweis von Attributen) erfolgt über ein Kommunikationsnetz.

Der *elektronische Reisepass* und der *elektronische Personalausweis* sind zwei Vertreter von elektronischen Ausweisdokumenten, mit denen wir uns in diesem Kapitel im Detail beschäftigen werden. Zweifellos handelt es sich bei den in den Ausweisdokumenten gespeicherten Daten um *personenbezogene Daten*, die die meisten Menschen wohl als besonders schutzwürdig einstufen würden. Nicht jeder würde sie zur Verfügung stellen. In diesem Kapitel werden wir uns zunächst in Abschn. 9.1 damit beschäftigen, wie die im elektronischen Reisepass auf einem Chip gespeicherten und per Funk übertragenen Daten vor dem unberechtigten Auslesen geschützt werden. Als nächstes beschäftigen wir uns in Abschn. 9.2 mit dem Datenschutzkonzept des elektronischen Personalausweises – einem Lehrstück für *Privacy by Design*.

> **Lernziele:** Am Ende dieses Kapitels sollten Sie die Sicherheits- und Datenschutzkonzepte des elektronischen Reisepasses und des elektronischen Personalausweises kennen. Sie sollten die Designentscheidungen nachvollziehen können, die kryptographischen Lösungen verstehen und die erreichten Sicherheits- und Datenschutzniveaus der elektronischen Ausweisdokumente bewerten können.

R. Petrlic et al., *Datenschutz*, https://doi.org/10.1007/978-3-658-39097-6_9

9.1   Elektronischer Reisepass

Der elektronische Reisepass (im Weiteren auch „ePass" genannt) wurde am 1. November 2005 eingeführt. Die Speicherung des Gesichtsbilds und der Fingerabdrücke[1] des Besitzers erfolgt dabei auf einem Chip mit Funkschnittstelle („RF-Chip"). Die Grundlage dafür bilden die Standards der *International Civil Aviation Association* (ICAO), einer Sonderorganisation der Vereinten Nationen, die für die zivile Luftfahrt zuständig ist. Die Gesichtsbilder und Fingerabdrücke werden einfach als Bilder gespeichert. Eine Vorverarbeitung und Speicherung sogenannter Templates wäre zwar wünschenswert gewesen, doch gibt es dafür keinen weltweit anerkannten Standard. Die Entscheidung gegen ein kontaktbehaftetes Auslesen des Chips wurde aufgrund der Verschleißanfälligkeit getroffen. Eine kontaktbehaftete Lösung hätte zudem ein anderes Pass-Format erfordert.

9.1.1   Passive Authentication

Das Ziel des elektronischen Reisepasses ist es, Fälschungen zu erschweren. Dies erfordert eine Authentifizierung der gespeicherten Daten. Aus diesem Grund wird bereits bei der Herstellung des Passes eine digitale Signatur über die gespeicherten Daten erstellt und im Chip gespeichert.

Die Frage, die sich stellt ist: wie kann diese digitale Signatur überprüft werden? Es muss überprüft werden können, ob der Pass tatsächlich von einem legitimen Ausweishersteller erstellt, und die Daten sowie die digitale Signatur von diesem angebracht wurden. An dieser Stelle kommt eine Public Key Infrastructure (PKI) ins Spiel.

PKI für elektronische Ausweisdokumente: Signaturen

Die Signatur-PKI mit der Berechtigung Ausweisdaten für die Passive Authentication zu signieren ist in Abb. 9.1 dargestellt.

Verschiedene Länder tauschen ihre CSCA-Zertifikate aus, aber es findet keine echte Kreuzzertifizierung statt.

9.1.2   Basic Access Control

Bei der Übertragung von Daten über die Funkschnittstelle ist problematisch, dass diese mithörbar ist – selbst wenn die Pässe nur auf Reichweiten von einigen Zentimetern ausgelegt sind.[2] Damit besteht die Gefahr des unberechtigten Auslesens beim Mitführen

---

[1] Die Speicherung von Fingerabdrücken wurde erst später eingeführt.

[2] Mit entsprechender Antennentechnik sind auch größere Abstände möglich.

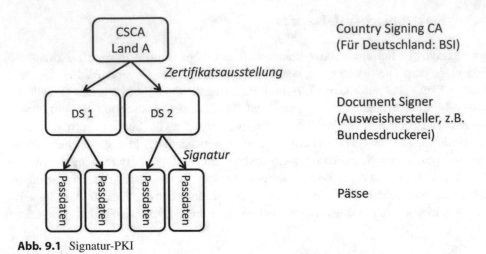

Abb. 9.1 Signatur-PKI

des Passes. Die *Basic Access Control (BAC)* soll diesem Problem entgegenwirken. Die Entwurfsziele des Protokolls sind:

- Zugriffskontrolle,
- Kryptographische Absicherung der Datenübertragung,
- Einfachheit,
- Kompatibilität zu bestehenden Formaten und Verfahren.

Das Verfahren generiert das Schlüsselmaterial aus Informationen in der bestehenden maschinenlesbaren Zone des Reisepasses. Die enthaltenen Daten sind:

- Ausstellungsland,
- Art des Dokuments (z. B. Reisepass, vorläufiger Reisepass),
- Name,
- Seriennummer (in Deutschland besteht diese aus Behörden- und Passnummer),
- Nationalität,
- Geburtsdatum,
- Geschlecht,
- Ablaufdatum,
- Personenkennziffer (bei deutschen Pässen nicht enthalten).

Die Idee hinter der Verwendung der maschinenlesbaren Zone ist, dass der Reisepass dazu vorgelegt werden muss. Wer nun mit Basic Access Control auf die im Chip gespeicherten Daten zugreift, erhält keine weiteren Informationen als die ohnehin auf der gleichen Seite des Passes sichtbaren (einschließlich des Gesichtsbildes).

Die Verschlüsselung der zu übertragenden Daten erfolgt im Anschluss über 3DES[3] mit zwei Schlüsseln.

Angriff auf BAC

Bei frühen elektronischen Reisepässen bestand das Problem darin, dass der Schlüsselraum sehr klein war. Es wurden nur die Seriennummer, das Geburtsdatum und das Ablaufdatum (jeweils mit Prüfziffer) für die Schlüsselgenerierung verwendet. Die Seriennummer wurde früher innerhalb einer Behörde einfach aufsteigend vergeben. Das Ablaufdatum liegt innerhalb eines bekannten Zeitraums. Dies war anfangs besonders gravierend, da die Gültigkeitsdauer fest ist (derzeit 6 Jahre bei Kindern und 10 Jahre bei Erwachsenen ab Ausstellung). Das Geburtsdatum kann von einem Angreifer, der den Passinhaber sieht ungefähr erraten werden. Je nach Schätzung bietet die BAC damit nur ca. 30 bis 40 *Bits* an effektiver Sicherheit.

Schutz gegen Angriffe

Man muss zwischen zwei Arten von Angriffen auf BAC unterscheiden: *Aktive Angriffe* und *Passive Angriffe*.

Bei einem aktiven Angriff versucht der Angreifer einen direkten Zugriff auf den elektronischen Reisepass. Die benötigte Zeit pro Zugriffsversuch beträgt etwa 1 Sekunde.[1] Damit gewähren auch kurze Schlüssellängen hinreichenden Schutz.

Bei einem passiven Angriff hört der Angreifer die Kommunikation mit und probiert offline die Schlüssel durch. Dieses Offline-Durchprobieren ist möglich, da für den Schlüsselaustausch nicht Diffie-Hellman eingesetzt wird (vermutlich sollte das Verfahren auch auf leistungsschwachen Prozessoren einsetzbar sein, was Diffie-Hellman ausschließt). Stattdessen wird im Wesentlichen ein Hashverfahren auf Zufallswerte von beiden Seiten angewendet.

Um gegen beide Angriffe einen verbesserten Schutz zu gewährleisten, wurde eine zufällige Vergabe der Seriennummern sowie die Verwendung von Buchstaben zusätzlich zu Ziffern bei der Seriennummer eingeführt. Die zufällige Vergabe der Seriennummern erhöht zwar die Sicherheit. In Deutschland bleibt es aber dabei, dass die ersten vier Stellen der neunstelligen Seriennummer die Meldebehörde angeben; nur die restlichen fünf Stellen werden zufällig vergeben.

9.1.3   Extended Access Control

Neben der Basic Access Control als Basisschutz für das Gesichtsbild und andere im Pass sichtbar abgedruckte Daten bietet die *Extended Access Control (EAC)* einen wei-

---

[3] Bei Triple-DES wird der Data Encryption Standard (DES)-Verschlüsselungsalgorithmus 3-fach angewendet um die Sicherheit (des schwachen DES-Algorithmus) zu erhöhen.

tergehenden Zugriffsschutz für weitere (sensiblere) Daten, wie etwa die Fingerabdrücke. Zunächst war die EAC kein ICAO-Standard, sondern wurde durch die EU getrieben. EAC spezifiziert[4] zwei Protokolle für die beidseitige Authentifizierung zwischen Chip (im ePass) und Terminal: *Chip Authentication* und *Terminal Authentication*. Diese Protokolle sind hier jeweils in Version 1 beschrieben, wie sie in den elektronischen Pässen der EU verwendet werden. Für den deutschen elektronischen Personalausweis kommt jeweils Version 2 zum Einsatz. Die Kommunikation der EAC-Protokolle wird zunächst mit Schlüsselmaterial aus der BAC geschützt.

Chip Authentication

Das Protokoll zur Authentifizierung des Chips im ePass gegenüber dem Terminal, die sogenannte „Chip Authentication", ist in Abb. 9.2 dargestellt.

Die Chip Authentication soll dafür sorgen, dass der Chip als authentisch erkannt wird und dass ein Schlüssel zur Absicherung der gemeinsamen Kommunikation abgeleitet wird.

Die Voraussetzung für die (implizite) Authentifizierung des Chips ist, dass der statische DH-Wert des Passes geprüft werden kann. Dazu wird die Passive Authentication verwendet.

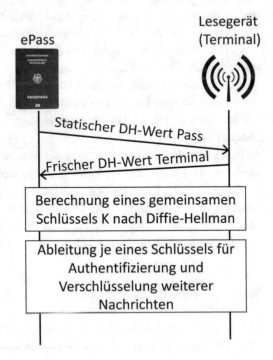

Abb. 9.2 EAC: Chip Authentication

ePass

Lesegerät (Terminal)

Statischer DH-Wert Pass

Frischer DH-Wert Terminal

Berechnung eines gemeinsamen Schlüssels K nach Diffie-Hellman

Ableitung je eines Schlüssels für Authentifizierung und Verschlüsselung weiterer Nachrichten

---

[4] Die Spezifikation der zugehörigen Technischen Richtlinie 03110, Version 2.03 stammt vom Bundesamt für Sicherheit in der Informationstechnik (BSI).

Die Fälschung eines Passes wird durch die Ausführung des Protokolls nicht verhindert. Ein Fälscher könnte die Kommunikation mit einem echten Pass mithören und dessen (öffentlichen) DH-Wert einfach ebenfalls verwenden. Die weitere Kommunikation schlägt dann aber fehl, denn dem Fälscher fehlt der zugehörige geheime DH-Wert, der für die Schlüsselableitung nötig ist.

Terminal Authentication

Das Protokoll zur Authentifizierung des Terminals gegenüber dem Chip im ePass, die sogenannte „Terminal Authentication", ist in Abb. 9.3 dargestellt.

Die Durchführung der Terminal Authentication erfolgt nach der Chip Authentication. Alle Nachrichten sind mit dem zuvor abgeleiteten Schlüssel verschlüsselt und authentifiziert. Das Terminal besitzt ein Zertifikat und einen zugehörigen privaten Schlüssel. Der Pass schickt, wie in der Abbildung dargestellt, eine Challenge r an das Terminal, das diese Challenge (sowie die Identität des Passes – eine Seriennummer) mit seinem privaten Schlüssel signiert und zum Chip zurück sendet. Der Chip prüft schließlich die Signatur – mit Hilfe des öffentlichen Schlüssels aus dem Zertifikat des Terminals.

Die Fähigkeit zur Durchführung eines DH-Schlüsselaustauschs und zur Prüfung von Zertifikaten bzw. Zertifikatsketten erfordert aufwendige Chips. Dies ist vermutlich auch der Grund, warum zunächst nur die BAC eingeführt wurde und die später eingeführte EAC auch nur in europäischen Pässen verwendet wurde.

Bei der hier beschriebenen Version 1 von EAC gibt es noch eine theoretische Lücke, für die allerdings keine praxisrelevanten Angriffsszenarien bekannt sind: Sowohl die Chip Authentication, als auch die Terminal Authentication gelten als sicher; es gibt allerdings

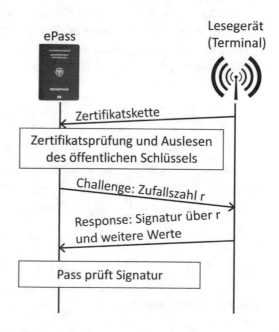

Abb. 9.3 EAC: Terminal Authentication

keine kryptographische Bindung der beiden Protokolle. Diese Lücke wurde mit Version 2, die in deutschen Personalausweisen zum Einsatz kommt, behoben.

PKI für elektronische Ausweisdokumente: Verifikation

Zuvor hatten wir uns bereits die Signatur-PKI für elektronische Ausweisdokumente angesehen. Für die Überprüfung des Terminalzertifikats, im Zusammenhang mit der EAC Terminal Authentication, müssen wir uns nun noch mit der Verifikations-PKI vertraut machen. Hierbei geht es um die Prüfung der Berechtigung, Ausweise zu lesen. Die Verifikations-PKI ist in Abb. 9.4 dargestellt.

Ein elektronischer Reisepass hat nur das Country Verifying CA (CVCA)-Zertifikat seines Aussteller-Landes gespeichert. Trotzdem kann es sein, dass die CVCA des Landes A (wie im Beispiel dargestellt) nicht alle Document Verifying CAs (DVCAs) in allen Ländern zertifiziert. Es kann Fälle geben, in denen die CVCA bestimmten Ländern (oder nur einzelnen Behörden) nicht genügend vertraut um diese zu zertifizieren. Lesegeräte, die von diesen Behörden zertifiziert wurden, können dann nicht auf die sensiblen Daten, die im Pass gespeichert sind, zugreifen.

Die Zertifikats-Gültigkeit in Deutschland gestaltet sich wie folgt:

- *CVCA:* 26 Monate; Verwendung: $21\frac{1}{2}$ Monate,
- *DVCA:* $2\frac{1}{2}$ Monate; Verwendung: 2 Monate,
- *Terminal-Zertifikate:* 36 Stunden; Verwendung: 24 Stunden.

Ein Widerruf, der insbesondere bei den Terminals nötig werden könnte, ist praktisch nur sehr schwer zu realisieren. Der Widerruf müsste auf den Ausweisdokumenten geprüft werden. Deshalb wählt man einen kurzen Gültigkeitszeitraum. Wird ein Terminal z. B. gestohlen, kann damit ein Schaden nur in einem sehr kurzen Zeitraum angerichtet werden.

Die Zertifikatsprüfung durch den ePass erfordert das aktuelle Datum – der ePass hat jedoch keine eingebaute Uhr. Deshalb hat man folgende Lösung gewählt. Initial wird im

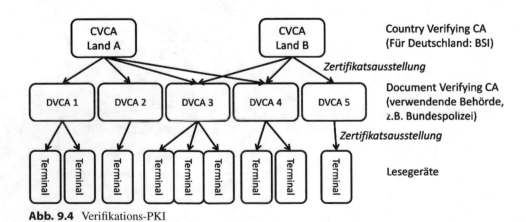

Abb. 9.4 Verifikations-PKI

ePass das Produktionsdatum als aktuelles Datum gesetzt. Nach jeder Prüfung eines neuen (Terminal-)Zertifikats wird das aktuelle Datum im ePass auf den Gültigkeitsbeginn dieses Zertifikats gesetzt.

Die Gültigkeit von Reisepässen beträgt bis zu zehn Jahre. In dieser Zeit könnten sich die Zertifikate ändern. Aus diesem Grund wird das aktuelle CVCA-Zertifikat bei der Produktion im ePass gespeichert. Bei der Änderung des CVCA-Schlüssels erhält der Pass ein Link-Zertifikat, wobei der neue öffentliche Schlüssel mit dem alten Schlüsselpaar signiert wird. Nach erfolgreicher Überprüfung tauscht der ePass das alte CVCA-Zertifikat gegen das neue aus.

9.2   Elektronischer Personalausweis

Der *elektronische Personalausweis (ePA)* wurde am 1. November 2010 in Deutschland eingeführt. Die Ziele des ePAs sind:

- Verbesserte Fälschungssicherheit,
- Möglichkeit zur Authentifizierung für Netzanwendungen,
- Vereinfachte Handhabung,
- Integration qualifizierter elektronischer Signaturen.

Der ePA ist ein verkleinerter Ausweis im „Scheckkartenformat", wie in Abb. 9.5 dargestellt.

Der elektronische Personalausweis enthält, ähnlich wie der elektronische Reisepass, einen kontaktlosen Chip. Der Chip bietet im Gegensatz zum Chip im ePass Zusatzfunktionen, etwa zum Altersnachweis und zur *Restricted Identification*, die wir später genauer betrachten werden. Der Chip enthält ebenfalls biometrische Daten wie das Gesichtsbild und die Fingerabdrücke – sofern diese freiwillig hinterlegt werden. Auf Protokollebene werden neue Extended Access Control (EAC)-Verfahren sowie das Password Authenticated Connection Establishment (PACE)-Protokoll als Ersatz für die Basic Access Control (BAC) unterstützt.

Abb. 9.5 Elektronischer
Personalausweis (ePA)

9.2.1 PACE

Das Password Authenticated Connection Establishment (PACE)-Protokoll ist der Nachfolger der Basic Access Control (BAC). Entwickelt wurde PACE vom Bundesamt für Sicherheit in der Informationstechnik (BSI) für den elektronischen Personalausweis.

Die Authentifizierung erfolgt bei PACE durch ein gemeinsames Geheimnis (Passwort) zwischen ePA und Terminal. Das Passwort kann eine geheime Benutzer-PIN, die am ePA aufgedruckte Card Access Number (CAN) oder ein aus der maschinenlesbaren Zone abgeleiteter Schlüssel sein. Die unterschiedlichen, möglichen Passworte werden nicht für den gleichen Zweck verwendet. Die aufgedruckte CAN und der aus der maschinenlesbaren Zone abgeleitete Schlüssel sind nur für hoheitliche Anwendungen (z. B. Grenzkontrolle) gedacht und erfordern eine erfolgreiche Terminal Authentication mit einem für hoheitliche Anwendungen vorgesehenen Zertifikat.

Das Protokoll ist in Abb. 9.6 dargestellt.

Die gewählte Zufallszahl s ist 128 Bit lang. Diese wird vom ePA mit K_p, dem aus dem gemeinsamen Geheimnis abgeleiteten Schlüssel, verschlüsselt und gemeinsam mit den verschlüsselten statischen DH-Parametern (dem Generator und dem Modulus) zum Terminal übertragen. Der dynamische DH-Paramter, genauer der Generator, wird aus dem statischen Generator, laut BSI-TR 03110, wie folgt abgeleitet: $g_{neu} = g^s \times h$ mit h (aus der DH-Gruppe) wird so gewählt, dass $log_g h$ unbekannt ist; h soll durch einen DH-Austausch bestimmt werden. Dieser Schritt sorgt dafür, dass einerseits der DH-Austausch

Abb. 9.6 PACE-Protokoll

von s abhängt, so dass er nur erfolgreich ist, wenn beide Seiten s kennen; andererseits kann aus dem DH-Austausch aber auch nicht auf s geschlossen werden. Bei diesem Verfahren ist kein Offline-Angriff möglich: Der Angreifer kann einen geratenen K_p nicht offline verifizieren.

Ein Problem bei PACE sind die vergebenen Benutzer-Personal Identification Numbers (PINs), die zu kurz sind. Ein Durchprobieren ist eigentlich in kurzer Zeit möglich. Deshalb wird nach zwei Fehlversuchen die PIN nicht mehr akzeptiert. Ein weiterer Versuch zur Freischaltung der PIN ist erst nach der Eingabe der aufgedruckten CAN möglich. Die anschließende Freigabe ist schließlich nur noch durch die Eingabe des langen PIN Unblock Keys möglich.

9.2.2 Extended Access Control Version 2

Bei der EAC im ePA kommen die Chip Authentication und Terminal Authentication in Version 2 zum Einsatz. Im Gegensatz zum ePass erfolgt nun erst die Terminal Authentication und danach erst die Chip Authentication. Außerdem besteht eine kryptographische Bindung zwischen der Chip Authentication und der Terminal Authentication.

Terminal Authentication
Die Terminal Authentication in Version 2 ist in Abb. 9.7 dargestellt.

Abb. 9.7 EAC Terminal
Authentication Version 2

Der Sitzungsschlüssel wird bei der Terminal Authentication nun durch PACE etabliert – alle Nachrichten werden damit verschlüsselt und authentifiziert. Die Authentifizierung des Terminals gegenüber dem Chip im ePA erfolgt ähnlich zur Authentifizierung wie wir sie beim ePass gesehen haben; signiert wird hier folgendes:

Identität des Ausweises ‖ r ‖ hash(DH-Wert des Terminals) ‖ weitere Daten. Beim ePA ist die Identität des Ausweises der Hash-Wert des öffentlichen DH-Werts des Ausweises aus dem PACE-Protokoll. Wie wir bereits beim ePass festgestellt haben, erfordert die Durchführung des DH-Schlüsselaustauschs und die Prüfung von Zertifikaten bzw. Zertifikatsketten recht aufwendige Chips.

Chip Authentication

Die Chip Authentication in Version 2 ist in Abb. 9.8 dargestellt.

Die Chip Authentication soll sicherstellen, dass der Chip als authentisch erkannt wird und einen Schlüssel zur Absicherung der gemeinsamen Kommunikation ableiten, der den zuvor verwendeten ersetzt.

Die Voraussetzung zur Authentifizierung ist, wie beim ePass, dass der statische DH-Wert geprüft werden kann. Dazu wird wieder die Passive Authentication verwendet.

Das Terminal verwendet seinen DH-Wert aus der Terminal Authentication wieder. Vor der Berechnung des gemeinsamen Schlüssels K prüft der ePA, ob der DH-Wert des Terminals zu dem Hash des DH-Werts passt, den das Terminal während der Terminal Authentication gesendet hat. Dies sorgt für die zuvor bereits angesprochene kryptographische Bindung zwischen der Terminal Authentication und der Chip Authentication.

Im Gegensatz zur EAC-Chip Authentication beim ePass findet hier eine explizite Chip-Authentication statt.

Abb. 9.8 EAC Chip
Authentication Version 2

9.2.3   Restricted Identification

Die *Restricted Identification* des elektronischen Personalausweises bietet eine datenschutzfreundliche Identifizierung gegenüber Diensteanbietern. Dabei wird ein „bereichs-
spezifischer Identifikator" generiert, unter dem eine Person in einem Bereich – von einem
Diensteanbieter – wiedererkannt werden kann. Der bereichsspezifische Identifikator eines
Bereichs ist dabei nicht aus den bereichsspezifischen Identifikatoren anderer Bereiche
ableitbar. Damit ist ein Tracking einer Person über verschiedene Bereiche hinweg nicht
möglich. Die Identifikation erfolgt dabei auch ohne Kenntnis der realen Identität des
Ausweisinhabers.

Das Protokoll ist in Abb. 9.9 dargestellt.

Der ePA hat einen geheimen DH-Wert SK_{ID}. Der ePA wendet den DH-Schlüsselaustausch an, der eigentlich einen gemeinsamen DH-Schlüssel generiert. Allerdings
wird dieser nicht als Schlüssel verwendet, sondern der Hash-Wert davon stellt den
bereichsspezifischen Identifikator dar. Der ePA berechnet also $hash(PK_{sector}^{SK_{ID}} \mod N)$.
Der Vorteil dieses Verfahrens besteht darin, dass eine Aufdeckung nur bei Zusammenarbeit
möglich ist. Es ist kein zentrales Melderegister nötig, wo alle Identifikatoren hinterlegt sein
müssen.

Der Ausweis muss prüfen können, ob der öffentliche DH-Wert des Bereichs korrekt ist.
Dies geschieht dadurch, dass der Wert auch im Terminal-Zertifikat enthalten sein muss.

Das Problem bei der Restricted Identification besteht darin, dass das Protokoll über
einen sicheren Kanal ausgeführt werden muss. Das Terminal muss wissen, dass der
bereichsspezifische Identifikator von einem echten Ausweis berechnet wird; ansonsten
wären beliebige Manipulationen möglich. Dazu ist eine vorhergehende Chip Authentication nötig. Die Chip Authentication ermöglicht allerdings ein Tracking aufgrund der
Verwendung ausweisspezifischer Schlüssel.[5] Aus diesem Grund ist die Lösung des BSI

Abb. 9.9 Restricted
Identification

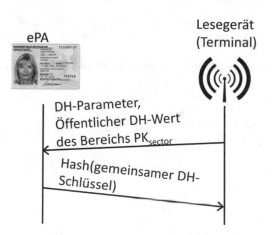

---

[5] Für die hoheitliche Anwendung wird bei der Chip Authentication ein ausweis-individuelles
Schlüsselpaar verwendet.

die Verwendung des gleichen Schlüsselpaars für die Chip Authentication in einer ganzen Charge von Ausweisen. Der Schlüssel für die Chip Authentication wird etwa alle drei Monate geändert. Die Lösung ist nicht problemlos. Gelingt es jemandem, den privaten Schlüssel für die Chip Authentication aus seinem Ausweis zu extrahieren, so wird der Widerruf selbst dann problematisch, wenn der erfolgreiche Angriff entdeckt wird. Es müssten dann (das Bestehen einer funktionierenden Widerrufslösung vorausgesetzt) alle Ausweise der entsprechenden Charge (Generation) zurückgerufen werden. Das wird teuer, wenn die Chargen mit identischen Schlüsselpaaren groß sind. Sind sie klein, besteht wiederum eine erhöhte Wahrscheinlichkeit des Trackings. Eine bessere Lösung wäre der Einsatz von Gruppensignaturen, wie wir sie in Abschn. 10.1.1 kennenlernen werden. Allerdings ist der Einsatz von Gruppensignaturen auf kontaktlosen Chips derzeit noch nicht praxisreif.

Widerruf

Der bereits angesprochene Widerruf bei der Restricted Identification gestaltet sich wie folgt. Für die Vergabe der öffentlichen DH-Werte für einen Bereich sind, wie in Abb. 9.10 dargestellt, die Document Verifying CAs (DVCAs) zuständig.

Schritt 1 (Initiierung CVCA): Die CVCA generiert einen privaten DH-Wert $SK_{Revocation}$ und berechnet den zugehörigen öffentlichen DH-Wert

$$PK_{Revocation} = g^{SK_{Revocation}} \mod N.$$

$PK_{Revocation}$ und die DH-Parameter werden veröffentlicht.

Schritt 2 (Initiierung DVCA): Die DVCA wählt pro Bereich einen privaten DH-Wert SK_{sector} und berechnet PK_{sector} nach dem DH-Schlüsselaustausch aus:

$$PK_{sector} = PK_{revocation}^{SK_{sector}} \mod N.$$

SK_{sector} darf nicht weitergegeben werden, insbesondere nicht an die Terminals.

Abb. 9.10 Vergabe der öffentlichen DH-Werte für die Bereiche

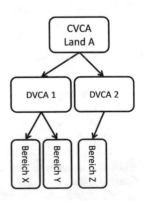

Schritt 3 (Sperrung CVCA): Die Sperrung läuft nun folgendermaßen ab. Die CVCA erhält einen öffentlichen DH-Wert PK_{ID} eines zu sperrenden Chips. Die CVCA berechnet PK_{ID-rev} nach dem DH-Schlüsselaustausch:

$$PK_{ID-rev} = PK_{ID}^{SK_{revocation}} \mod N = (g^{SK_{ID}})^{SK_{revocation}}.$$

Danach leitet die CVCA PK_{ID-rev} an alle DVCAs weiter.

Schritt 4 (Sperrung DVCA): Die DVCAs berechnen für jeden Bereich den zugehörigen bereichsspezifischen Identifikator nach dem DH-Schlüsselaustausch:

$$hash(PK_{ID-rev}^{SK_{sector}} \mod N) = hash(((g^{SK_{ID}})^{SK_{revocation}})^{SK_{sector}} \mod N).$$

Zur Erinnerung: Der ePA berechnet $hash(PK_{sector}^{SK_{ID}} \mod N)$. Aufgrund der Berechnung von PK_{sector} ist das:

$$hash((PK_{revocation}^{SK_{sector}})^{SK_{ID}} \mod N) = hash(((g^{SK_{revocation}})^{SK_{sector}})^{SK_{ID}} \mod N).$$

Dieser Wert ist identisch zu dem Wert, den die DVCAs berechnen.

Der Vorteil dieses Verfahrens ist, dass die CVCA und die DVCAs zusammenarbeiten müssen, um die Anonymität zu brechen – eine Instanz alleine kann die Anonymität also nicht brechen.

9.2.4 Weitere Anwendungen

Auslesen von Attributen

Das Auslesen von Attributen aus dem ePA ist nur mit einem passenden Berechtigungszertifikat möglich. Ein Jugendschutzsystem benötigt bspw. nur das Alter; ein Auslesen der Anschrift ist nicht möglich. Die Vergabestelle für Berechtigungszertifikate für Anwendungen der Privatwirtschaft ist das Bundesverwaltungsamt. Die zugehörige Vorschrift, § 21 Abs. 2 und 3 Personalausweisgesetz, lautet wie folgt:

> (2) Die Berechtigung wird auf Antrag erteilt. Die antragstellende Person muss die Daten nach § 18 Absatz 4 Satz 2 Nummer 1, 2 und 4 angeben. Die Berechtigung ist zu erteilen, wenn
>
> 1. der Diensteanbieter seine Identität gegenüber der Vergabestelle für Berechtigungszertifikate nachweist,
> 2. der Diensteanbieter das dem Antrag zu Grunde liegende Interesse an einer Berechtigung, insbesondere zur geplanten organisationsbezogenen Nutzung, darlegt,
> 3. der Diensteanbieter die Einhaltung des betrieblichen Datenschutzes versichert und
> 4. der Vergabestelle für Berechtigungszertifikate keine Anhaltspunkte für eine missbräuchliche Verwendung der Daten vorliegen.

(3) Die Berechtigung ist zu befristen. Die Gültigkeitsdauer darf einen Zeitraum von drei Jahren nicht überschreiten. Die Berechtigung darf nur von dem im Berechtigungszertifikat angegebenen Diensteanbieter verwendet werden. Sie wird auf Antrag wiederholt erteilt.

Die Anwendungssoftware soll die Attributsfreigabe durch den Nutzer bestätigen lassen. Die beim Auslesen der Attribute übermittelten Daten werden nicht signiert. Dies soll den Nutzen für den Datenhandel reduzieren. Eine Authentifizierung der Daten erfolgt zumindest implizit durch die Chip Authentication.

Altersverifikation

Das Ziel der Altersverifikation mit dem ePA ist die Prüfung, ob ein Nutzer ein Mindestalter erreicht hat und damit bspw. berechtigt ist, eine Webseite mit nicht jugendfreien Inhalten abzurufen. Das genaue Geburtsdatum wird dabei nicht preisgegeben.

Nach der erfolgreichen Chip Authentication schickt das Terminal ein Datum an den Ausweis. Der Ausweis antwortet – einmal pro PACE-Authentifizierung –, ob das Geburtsdatum vor dem genannten Datum liegt. Dass der Ausweis nur einmal pro Authentifizierung antwortet, ist wichtig. Sonst könnten einfach verschiedene Geburtsdaten durchprobiert werden. In der implementierten Lösung müsste der Nutzer hier jedes Mal sein Passwort eingeben.

Ablauf des Online-Einsatzes

Abb. 9.11 fasst den Online-Einsatz des elektronischen Personalausweises, bspw. zum Auslesen von Attributen bzw. zur Durchführung der Altersverifikation, noch einmal (vereinfacht) zusammen. Die Abbildung soll deutlich machen, wie die unterschiedlichen Protokolle, die wir in diesem Abschnitt kennengelernt haben, zusammenwirken.

9.2.5 Exkurs: Elektronische Signaturen

„Elektronische Signaturen" ist ein juristischer Begriff für Signaturen über digitale Daten. Bereits das (deutsche) „Signaturgesetz"[6] kannte einfache, fortgeschrittene und qualifizierte Signaturen. Das Signaturgesetz wurde am 01.07.2016 durch die EU-Verordnung Nr. 910/2014 über elektronische Identifizierung und Vertrauensdienste für elektronische Transaktionen im Binnenmarkt (eIDAS-Verordnung) abgelöst. Die unterschiedlichen Arten elektronischer Signaturen haben sich nicht geändert.

Einfache Signaturen sind Daten, die der Authentifizierung dienen und die der Unterzeichner zum Unterzeichnen verwendet. Hier werden keine Sicherheitsvorkehrungen

---

[6] Tatsächlich lagen elektronischen Signaturen die *Europäische Signaturrichtlinie*, das *Deutsche Signaturgesetz*, die *Signaturverordnung*, sowie der *Algorithmenkatalog der Bundesnetzagentur* zugrunde.

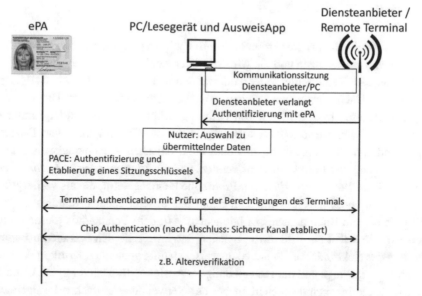

Abb. 9.11 Online-Einsatz des elektronischen Personalausweises

erfordert. Damit sind auch keine nennenswerten Rechtsfolgen an das Vorliegen solcher einfachen Signaturen geknüpft. Bei fortgeschrittenen Signaturen kommen zusätzlich kryptographische Verfahren zum Einsatz. Qualifizierte Signaturen erfordern eine sichere Speicherung des (privaten) Signaturschlüssels und eine 2-Faktor-Authentifizierung für die Signierung. Man spricht auch davon, dass bei qualifizierten Signaturen ein „qualifiziertes Zertifikat" verwendet wird. Ein solches qualifiziertes Zertifikat muss von einer Zertifizierungsstelle stammen, die bestimmte Voraussetzungen erfüllt, u. a. eine Deckungsvorsorge für den Fall von Pflichtverletzungen. Qualifizierte Signaturen erfüllen den „Anscheinsbeweis" für die Echtheit des signierten Dokuments – damit geht ein besonderer Beweiswert im Zivilprozess einher (§ 371a ZPO (Zivilprozessordnung)). Dokumente mit qualifizierter Signatur können die „elektronische Form" (§ 126a BGB (Bürgerliches Gesetzbuch)) erfüllen und damit als Ersatz für die Schriftform gelten.

Der elektronische Personalausweis als „sichere Signaturerstellungseinheit" unterstützt die qualifizierte Signatur. Allerdings ist von Haus aus kein Zertifikat enthalten. Die Zertifikatsausstellung erfolgt durch (private) Vertrauensdiensteanbieter (Certificate Authoritys (CAs)). Dafür ist eine vorhergehende Authentifizierung, bspw. über die Authentifizierungsfunktion des ePAs, nötig. Gegenüber dem ePA authentifiziert sich der Signierende beim Signieren eines Dokuments schließlich mittels PACE. Zum Zeitpunkt des Redaktionsschlusses dieses Buchs bot kein Vertrauensdiensteanbieter mehr die notwendigen Zertifikate an, um qualifizierte elektronische Signaturen mit dem elektronischen Personalausweis erstellen zu können.

9.3 Fazit

In diesem Kapitel haben wir uns mit elektronischen Ausweisdokumenten beschäftigt, die die meisten von uns besitzen und die wir mehr oder weniger häufig verwenden.

Wir haben zu Beginn die Sicherheitsmaßnahmen des elektronischen Reisepasses kennengelernt. Dabei haben wir gesehen, wie die personenbezogenen Daten vor unberechtigtem Auslesen bzw. Mitlesen von Dritten geschützt werden. Vordergründig waren dies klassische IT-Sicherheits-Protokolle, die in diesem Kontext auch dem Datenschutz dienlich sind. Im Zusammenhang mit dem elektronischen Personalausweis haben wir darüber hinaus mit der *Restricted Identification*, der *Funktion zum Auslesen von Attributen* und der *Funktion zur Altersverifikation* Protokolle kennengelernt, die als vordergründiges Ziel den Datenschutz haben – und sich damit aus unserer Sicht besonders gut eignen, um diese in diesem Buch genauer zu betrachten. Mit dem Verständnis dieser Protokolle können Sie sich selbst ein Bild davon machen, inwieweit Sie den (gerade zu Beginn der Einführung des elektronischen Personalausweises) häufig genannten Kritikpunkten zu den Gefahren des Trackings und dem unberechtigten Auslesen der Daten folgen. Unbestritten ist sicherlich die mangelnde Sicherheit bei der Verwendung einfacher Lesegeräte ohne eigene Tastatur.

Bislang werden die Online-Funktionen des elektronischen Personalausweises von den Bürgern so gut wie nicht genutzt. Daran konnte auch das Gesetz zur Förderung des elektronischen Identitätsnachweises (eID) und die damit einhergehende standardmäßige Freischaltung der eID-Funktion aus dem Jahr 2017 nur wenig ändern. Es gibt bis heute nur wenige brauchbare Dienste, die eine Verwendung des ePAs unterstützen. Auch durch die EU-Verordnung Nr. 910/2014 über elektronische Identifizierung und Vertrauensdienste für elektronische Transaktionen im Binnenmarkt (eIDAS-Verordnung) konnte die eID-Funktion des elektronischen Personalausweises keinen Auftrieb erhalten. Die Verordnung ermöglicht seit 1. Juli 2016 die Verwendung von nationalen Identifizierungsmitteln auch für die Nutzung von Diensten der öffentlichen Verwaltung in anderen EU-Staaten sowie im Europäischen Wirtschaftsraum (EWR). Die eID-Funktion im elektronischen Personalausweis stellt ein derartiges Identifizierungsmittel (mit höchstem Vertrauensniveau) für deutsche Bürger dar, das von den anderen Staaten seit September 2018 anerkannt werden muss. Die elektronische Signaturfunktion, die durch den ePA technisch ermöglicht wird, wird in der Praxis überhaupt nicht mehr unterstützt. Lediglich Fernsignaturen mittels eID-Funktion spielen eine geringe Rolle.

Im nächsten Kapitel werden wir uns mit weitergehenden datenschutzfördernden Technologien, sogenannten Privacy-Enhancing Technologies (PETs), beschäftigen. Im Zusammenhang mit der in diesem Kapitel vorgestellten Restricted Identification werden wir mit Gruppensignaturen ein kryptographisches Primitiv kennenlernen, das in zukünftigen Anwendungen sehr vielversprechend zu sein scheint.

9.4   Übungsaufgaben

Aufgabe 1

Die *Basic Access Control* verwendet Seriennummer, Geburtsdatum und Ablaufdatum (jeweils mit Prüfziffer) als Eingaben zur Erzeugung des Schlüssels. Nehmen Sie an, der Inhaber eines „E-Passes" stehe Ihnen gegenüber, und Sie wollten heimlich das Gesichtsbild aus dem Pass in dessen Jackentasche auslesen. Ihr Lesegerät hat die dafür benötigte Reichweite. Wie sollten Sie bei einem Angriff vorgehen? Nutzen Sie möglichst viel (vorhandenes oder recherchierbares) Wissen! Geben Sie eine begründete (!) Schätzung ab, wie viele benötigte Versuche Sie erwarten (und wie lange das dauern würde)

- bei serieller Vergabe der (nur aus Ziffern bestehenden) Seriennummern, entsprechend den bis Oktober 2007 gültigen Regeln!
- bei Vergabe der Seriennummern, entsprechend den derzeit gültigen Regeln (informieren Sie sich, wie viele Zeichen zulässig sind)!

Sollten Sie benötigte Informationen nicht finden, so treffen Sie plausible Annahmen!

Aufgabe 2

Warum kann bei der *Extended Access Control* die Terminal Authentication auch mit einem lange abgelaufenen Zertifikat des Terminals erfolgreich verlaufen? Wie kann man diesem Problem entgegenwirken?

Aufgabe 3

Wie wird bei der *Restricted Identification* sichergestellt, dass verschiedene Diensteanbieter auch verschiedene Pseudonyme erhalten, und wieso können die Diensteanbieter dies nicht umgehen?

Literatur

1. Dennis Kügler and Ingo Naumann. Sicherheitsmechanismen für kontaktlose Chips im deutschen Reisepass. *Datenschutz und Datensicherheit*, 31(3):176–180, 2007.

Weitere kryptographische Verfahren für PETs 10

Bisher haben wir in diesem Buch datenschutzfördernde Verfahren vorgestellt, die bereits Einzug in die Praxis erhalten haben. In diesem Kapitel beschäftigen wir uns nun mit weiteren kryptographischen Ansätzen, die sich heute überwiegend noch im „Forschungsstadium" befinden, in Zukunft aber Einzug in die Praxis der Privacy-Enhancing Technologies (PETs) finden können. Zunächst betrachten wir in Abschn. 10.1 weitere Signaturverfahren, die dem Datenschutz dienlich sind. Im Anschluss daran lernen wir in Abschn. 10.2 die mächtigen Werkzeuge rund um die Secure Multiparty Computation (MPC) kennen. In Abschn. 10.3 und 10.4 betrachten wir schließlich Zero-Knowledge Proofs (ZKPs) bzw. anonyme Berechtigungsnachweise.

> **Lernziele:** Am Ende dieses Kapitels sollten Sie weitere kryptographische Verfahren kennen, die in Zukunft als Grundlage für Privacy-Enhancing Technologies (PETs) dienen werden.

10.1 Weitere Signaturverfahren

Digitale Signaturen haben wir bereits in Abschn. 2.3.2 kennengelernt. In Abschn. 2.3.3 haben wir mit der *blinden Signatur* eine Abwandlung eines „normalen" Signaturverfahrens kennengelernt, die sich als Grundlage für datenschutzfreundliche Protokolle, wie etwa das anonyme Bezahlen nach Chaum (Abschn. 6.2), eignet. In diesem Abschnitt lernen wir mit der *Gruppensignatur* und der *Ringsignatur* zwei weitere Signaturverfahren kennen, die bestimmte Datenschutz-Eigenschaften aufweisen.

© Der/die Autor(en), exklusiv lizenziert an Springer Fachmedien Wiesbaden GmbH, ein Teil von Springer Nature 2022
R. Petrlic et al., *Datenschutz*, https://doi.org/10.1007/978-3-658-39097-6_10

10.1.1 Gruppensignatur

Digitale Signaturen erlauben den Nachweis der Integrität und Authentizität eines Dokuments unter der *Identität eines Unterzeichners* sowie Verbindlichkeit (Nicht-Abstreitbarkeit).

Eine Gruppensignatur ist im Wesentlichen eine „normale", digitale Signatur, die im Gegensatz zu dieser allerdings nur den Nachweis erbringt, dass ein *Teilnehmer aus einer bestimmten Gruppe ein Dokument signiert* hat. Die Gruppen werden durch einen sogenannten Gruppenmanager verwaltet, der in der Regel die Identität des Signierenden im Nachhinein aufdecken und die Gruppenmitgliedschaft widerrufen kann.

Algorithmen

Die für ein Gruppensignaturverfahren im Allgemeinen verwendeten Algorithmen sind die folgenden. M bezeichnet den Gruppenmanager und P ist die Menge der Gruppenmitglieder $P_1, \dots, P_n$.

- *Setup* (zwischen M und P)
  - Eingabe: Sicherheitsparameter
  - Ausgabe:
    * Privater Schlüssel x_i für jedes Gruppenmitglied P_i
    * Öffentlicher Schlüssel für die Gruppe
    * Offenlegungsschlüssel für den Gruppenmanager
- *Sign* (durch P_i)
  - Eingabe: Nachricht m, privater Schlüssel x_i
  - Ausgabe: Signatur von m
- *Verify* (durch beliebige Partei)
  - Eingabe: Nachricht m, Signatur von m, öffentlicher Schlüssel für die Gruppe
  - Ausgabe: Wahrheitswert (Signatur gültig/nicht gültig)
- *Open* (durch Gruppenmanager)
  - Eingabe: Nachricht m, Signatur von m, Offenlegungsschlüssel
  - Ausgabe: Identität des Signierenden i oder Fehlausgabe

Anwendung findet ein modifiziertes Gruppensignaturverfahren bspw. in der „Direct Anonymous Attestation", die den Nachweis der Authentizität eines Trusted Platform Module (TPM) ohne Preisgabe der vollständigen Identität und ohne Tracking-Möglichkeit erlaubt. Die Direct Anonymous Attestation wurde durch die Trusted Computing Group standardisiert. Nähere Informationen zu dem Verfahren finden sich bei BRICKELL ET AL. [3]

Daneben gibt es einige Vorschläge zur Verwendung im Identitätsmanagement, z. B. zum Nachweis von Berechtigungen. Bei Fahrzeug-Ad-hoc-Netzen könnte die Gruppensignatur etwa für den Nachweis der Authentizität einer Nachricht sorgen, ohne dass ein Tracking möglich ist.

10.1.2 Ringsignatur

Die *Ringsignatur* bietet ähnliche Eigenschaften wie die Gruppensignatur. Allerdings ist hier kein Gruppenmanagement nötig; die Gruppenbildung kann „ad-hoc" beim Signieren erfolgen. Eine Mitwirkung der anderen Gruppenmitglieder wird nicht benötigt, sofern ihre öffentlichen Schlüssel eines geeigneten Signaturverfahrens verfügbar sind. Es ist kein Gruppenmanager vorhanden, der einen Widerruf der Anonymität ermöglichen könnte. Der Rechenaufwand ist bei der Ringsignatur deutlich geringer als bei der Gruppensignatur, allerdings ist die praktische Nutzbarkeit aufgrund der mangelnden Widerrufsmöglichkeit eingeschränkt.

Ein möglicher Anwendungsfall für die Ringsignatur, der bei RIVEST ET AL. [10] genannt wird, besteht im anonymen Zuspielen („Leaking") von Geheimnissen:

Beispiel

Bob ist Minister in Lower Kryptonia. Er möchte pikante Informationen über die Eskapaden des Premierministers an die Presse geben. Dabei möchte er anonym bleiben. Ein Journalist soll sich allerdings darauf verlassen können, dass Bob tatsächlich Mitglied des Kabinetts ist. Die Gruppensignatur reicht hierfür nicht: eine Gruppe müsste erst etabliert werden. Würde Bob das verlangen, würde allein schon deshalb seine Identität offengelegt werden. Deshalb verwendet Bob eine Ringsignatur, wobei der Ring alle Minister enthält. ◄

10.2 Secure Multiparty Computation

Bei der *Secure Multiparty Computation (MPC)* haben wir es mit einer Reihe von Parteien $P_1, \ldots, P_n$ zu tun, die jeweils in Besitz von „privaten" Informationen $x_1, \ldots, x_n$ sind. Nun möchten sie eine Funktion $y = f(x_1, \ldots, x_n)$ über ihre Daten ausführen, um ein gemeinsames Ergebnis in Abhängigkeit ihrer Eingaben – der privaten Informationen – zu berechnen, ohne dass sie dabei ihre jeweiligen Eingaben den anderen Parteien mitteilen. MPC ist im Bereich der Kryptographie schon seit Jahrzehnten ein Forschungsthema. Im Wesentlichen geht es dabei darum, kryptographische Protokolle zu entwickeln, die eine „private" Ausführung der Funktion f erlauben, d. h. die Beteiligten lernen durch die Ausführung der Funktion (außer dem Ergebnis) keine zusätzlichen Informationen über die Eingaben der anderen Beteiligten. Selbst Betrüger, die an der Ausführung der Funktion beteiligt sind lernen bei einigen Protokollen nichts über die Eingaben der ehrlichen Beteiligten. Das Ziel der (theoretischen) Forschung war es lange Zeit, möglichst „allgemeine" Protokolle zu entwickeln, die für eine Vielzahl an unterschiedlichen Aufgabenstellungen eingesetzt werden können. Der Rechenaufwand ist bei den meisten dieser Protokolle sehr hoch.

10.2.1 Klassische MPC-Protokolle

ANDREW YAO gilt als einer der Begründer des Forschungsgebiets rund um das Thema *Secure Multiparty Computation (MPC)*. Das 1982 von ihm vorgestellte und nach ihm benannte „Millionärsproblem" (*Yao's Millionaires' Problem*) gilt als das erste sichere „two-party computation"-Protokoll. 1986 hat er mit dem nach ihm benannten *Yao's Garbled Circuit* einen weiteren Meilenstein in der Forschung in diesem Gebiet gelegt.

Yao's Millionaires' Problem

In Abschn. 8.2.4 hatten wir bereits die Anwendung einer Abwandlung von Yao's Millionaires' Problem in Form des *Socialist Millionaire's Protocol (SMP)* beim SIGMA-Protokoll bei OTR Messaging kennengelernt.

Der Name des Protokolls rührt daher, dass es beim „klassischen" Yao's Millionaires' Problem darum geht, dass zwei Millionäre wissen möchten, wer reicher ist, ohne dabei dem jeweils anderen den genauen Reichtum zu offenbaren. Abstrakt geht es bei diesem Protokoll um einen Vergleich von Daten, ohne die Daten offenzulegen. Eine vertrauenswürdige Partei, die den Vergleich durchführt, gibt es gerade nicht.

Nehmen wir an, Alice hat das Vermögen V_A und Bob das Vermögen V_B – beide Vermögen seien Elemente der Menge $\{1, \dots, 10\}$ (bspw. in Millionen). Des Weiteren sei k eine bijektive Trapdoor-Einwegfunktion (d. h. eine Funktion, die sich nur dann effizient umkehren lässt, wenn man eine Zusatzinformation kennt)[1] auf den Zahlen mit der Länge N Bit. Nur Alice besitzt den privaten Schlüssel, d. h. nur sie kann die Umkehrung der Einwegfunktion (also k^{-1}) effizient berechnen.

Im ersten Schritt wählt Bob nun eine zufällige Zahl X der Länge N Bit und übermittelt $k(X) - V_B$ an Alice. Alice berechnet $Y_1, \dots, Y_{10}$ mit $Y_i = k^{-1}(k(X) - B + i)$ für $i \in \{1, \dots, 10\}$. Alice wählt außerdem eine zufällige Primzahl P der Länge $\frac{N}{2}$ Bit, so dass $|Z_i - Z_j| \geq 2$ für alle Paare aus der Folge $Z_1, \dots, Z_{10}$ mit $Z_i = Y_i \mod P$ und $i, j \in \{1, \dots, 10\}$. Alice sendet $Z_1, \dots, Z_{V_A}, Z_{V_A+1} + 1, \dots, Z_{10} + 1$ und P an Bob. Wenn der B-te Eintrag aus der Liste gleich $X \mod P$ ist, dann ist $A \geq B$, andernfalls ist $A < B$. Bob informiert Alice über das Resultat.

LEIBENGER ET AL. [9] schlagen etwa die Verwendung des Protokolls bei Anwendungen des „Quantified Selfs" vor. Das Protokoll eignet sich für einen datenschutzfreundlichen Vergleich von personenbezogenen Daten unterschiedlicher Nutzer.

Yao's Garbled Circuit

Yao's Garbled Circuit ist eines der bekanntesten MPC-Protokolle, das die Evaluation einer Booleschen Schaltung erlaubt. Es bildet die Grundlage für eine Reihe von weiteren MPC-Protokollen.

---

[1] RSA (Abschn. 2.3.1) basiert auf der Trapdoor-Einwegfunktion der Multiplikation zweier großer Primzahlen; die Umkehrung (also die Primfaktorzerlegung) ist ohne Zusatzwissen nicht effizient durchführbar.

Es gibt einen Konstrukteur einer Schaltung, Alice, und einen Evaluator Bob. Alice verschlüsselt (bzw. aus dem Englischen „garble" übersetzt: „macht unkenntlich") die boolesche Schaltung und sendet sie an Bob. Bob erhält dann von Alice einen Schlüssel X_a, der von Alices Input a abhängt. Bob benötigt seinerseits einen Schlüssel Y_b, der von seinem Input b abhängt; Alice soll den Input b allerdings nicht erfahren. Deshalb führen die beiden einen *Oblivious Transfer* (wie in Abschn. 10.2.2 beschrieben) durch, bei dem Alice Y_0 und Y_1 als Eingabe verwendet und Bob als Eingabe b verwendet und als Ergebnis der Ausführung Y_b als Ausgabe erhält; Alice lernt bei der Protokollausführung nichts. Die Verschlüsselung der Schaltung erfolgt beispielhaft für ein AND-Gatter folgendermaßen: Alice berechnet 4 Ciphertexte $C_{00} = E_{X_0,Y_0}(Z_0)$, $C_{01} = E_{X_0,Y_1}(Z_0)$, $C_{10} = E_{X_1,Y_0}(Z_0)$, $C_{11} = E_{X_1,Y_1}(Z_1)$, vertauscht sie zufällig und sendet sie an Bob. Bob kann nur denjenigen Ciphertext entschlüsseln, der mithilfe von X_a und Y_b verschlüsselt wurde; er lernt also Z_{ab}.

Yao's Garbled Circuit-Protokoll bietet Sicherheit lediglich gegen passive Angreifer. Um eine betrügerische Partei zu überführen, die eine andere boolesche Schaltung als die vereinbarte übermittelt, kann ein *cut-and-choose*-Ansatz ähnlich wie wir ihn in Abschn. 6.2 kennengelernt haben, zum Einsatz kommen.

10.2.2 Anwendungen der Secure Multiparty Computation

Erst in den letzten Jahren haben Forscher Protokolle entwickelt, die als Lösung für spezielle Aufgabenstellungen in der Praxis dienen sollen. So berichten BOGETOFT ET AL.[2] über die erste größere Anwendung von MPC im Jahr 2008: in Dänemark wurde damit eine landesweite „Double Auction" für den Zuckerrübenmarkt realisiert, bei der die Farmer die Angaben über ihre Gebote – die Aussagen über ihre wirtschaftliche Lage zulassen – nicht gegenüber dem Auktionär preisgeben mussten und dieser trotzdem ein Ergebnis berechnen konnte. Wir werden darauf später zurückkommen, wenn wir über Private Set Intersection (PSI) sprechen. Als weitere Beispiele für Anwendungen von MPC-Protokollen können datenschutzgerechte Intrusion Detection, datenschutzgerechtes Data Mining, datenschutzgerechte statistische Analyse etc. genannt werden.

Private Information Retrieval
Private Information Retrieval (PIR) ist ein spezielles MPC-Problem, für das in den letzten Jahren einige Lösungen erforscht wurden. Mittels PIR-Protokoll lässt sich die Zugriffsstruktur eines Clients bei einem (Datenbank)-Betreiber (dem Server) verstecken. Der Client möchte das i.te Bit aus einer Bit-Sequenz, die beim Server abgespeichert ist, abfragen, ohne dass der Server erfährt, auf welches Bit der Client zugreifen möchte. In zahlreichen Forschungsarbeiten wurden PIR-Protokolle entwickelt, die vor allem das Ziel haben, möglichst wenig Kommunikations-Overhead aufzuweisen, d. h. dass etwa nicht die komplette Bitsequenz übertragen werden muss.

Oblivious Transfer

Oblivious Transfer verfolgt ein ähnliches Ziel wie *PIR*. Der Sender überträgt hierbei einen bestimmten Teil einer Information an den Empfänger. Er erfährt dabei nicht, um welchen Teil es sich handelt.

Private Set Intersection

Private Set Intersection (PSI) erlaubt es zwei Parteien, die Schnittmenge ihrer jeweils (geheimen) Mengen zu berechnen, ohne Informationen über jene Elemente dem jeweils anderen zu offenbaren, die nicht in der Schnittmenge liegen. PSI ist eine der am besten erforschten Anwendungen der MPC. Es gibt zahlreiche Protokolle und eine Reihe von Anwendungen, für die der Einsatz von PSI vorgeschlagen und umgesetzt wurde. Als mögliche Einsatzfelder für PSI wurden etwa der Abgleich von Geheimdienstinformationen zwischen Behörden unterschiedlicher Länder [6] bzw. DNA-Vaterschaftstests [1] vorgeschlagen. PSI hat auch Anwendung beim datenschutzgerechten Abgleich von Freunden/Kontakten bei sozialen Netzwerken gefunden. [7]

10.3 Zero-Knowledge Proof

Zero-Knowledge Proofs (ZKPs) ermöglichen den Beweis der Kenntnis eines Geheimnisses, ohne irgendetwas über das Geheimnis selbst preiszugeben

Ein bekanntes ZKP-Protokoll ist das *Fiat-Shamir-Protokoll* [8], bei dem die Kenntnis einer Quadratwurzel einer bekannten Quadratzahl bewiesen wird, ohne die Quadratwurzel zu offenbaren.[2]

ZKPs, einschließlich der nicht-interaktiven Varianten, dienen als Basis zahlreicher kryptographischer Protokolle. Sie kommen bspw. bei elektronischen Wahlverfahren, Gruppensignaturverfahren und anonymen Berechtigungsnachweisen zum Einsatz. In der Praxis haben sich ZKPs bisher allerdings aufgrund der nötigen Interaktion (dem Austausch vieler Nachrichten) nicht durchsetzen können.

Beispiel

Alice kennt zwei (große) zueinander isomorphe Graphen G_1 und G_2, sowie den zugehörigen Isomorphismus i und möchte die Kenntnis des Isomorphismus gegenüber Bob, der nur die Graphen kennt, beweisen.

Alice wählt zunächst zufällig ein $r \in \{1, 2\}$ und berechnet einen zufälligen Isomorphismus von G_1, d. h. sie benennt die Knoten um. Der entstehende Graph heißt H. Alice schickt H an Bob.

Bob wählt im nächsten Schritt zufällig ein $s \in \{1, 2\}$ und verlangt von Alice, einen Isomorphismus zwischen H und G_s vorzulegen.

---

[2] Die Sicherheit beruht auf der Schwierigkeit, Quadratwurzeln im Restklassenring $\mathbb{Z}_n$ zu berechnen.

Alice legt den Isomorphismus vor und Bob überprüft ihn.

Dieser Prozess wird n mal wiederholt.

Die Berechnung des von Bob angeforderten Isomorphismus ist einfach. Falls $r = s$, handelt es sich tatsächlich um den von Alice gewählten Isomorphismus. Nur in diesem Fall könnte ein Betrüger auch ohne Kenntnis des ursprünglichen Isomorphismus richtig antworten. Der Prozess wird aus diesem Grund n mal wiederholt. Andernfalls handelt es sich um eine Verkettung des ursprünglichen mit dem von Alice gewählten Isomorphismus. Die Überprüfung der Antwort ist ebenfalls einfach.

Bob hat nach Ausführung des ZKPs keine Informationen über den Isomorphismus i gelernt, die er im Anschluss nutzen könnte, um gegenüber einem Dritten zu beweisen zu versuchen, dass er den Isomorphismus kennt. ◄

10.4 Anonyme Berechtigungsnachweise

Anonyme Berechtigungsnachweise (Anonymous Credentials) erlauben den Nachweis einer Berechtigung, ohne dabei die eigene Identität preiszugeben.

Das Grundprinzip von anonymen Berechtigungsnachweisen ist, dass ein Aussteller für einen Nutzer einen Berechtigungsnachweis ausstellt. Der Nutzer kann gegenüber einem Prüfer den Besitz eines Berechtigungsnachweises vom Aussteller beweisen. Der Prüfer erfährt sonst nichts über den Nutzer, insbesondere keine Identität. Außerdem können Berechtigungsnachweise gegenüber verschiedenen Prüfern nicht miteinander in Verbindung gebracht werden. Es existieren Varianten von Berechtigungsnachweisen, die bspw. eine einmalige oder mehrmalige Benutzung erlauben.

10.4.1 Probleme

Durch die gewährleistete Anonymität bei anonymen Berechtigungsnachweisen ergeben sich eine Reihe von Problemen.

So ist etwa der Widerruf von Berechtigungen schwierig. Hierfür wurden unterschiedliche Protokolle entwickelt, die einen Widerruf bspw. global oder nur gegenüber einem einzelnen Prüfer erlauben.

Zudem ist die unerlaubte Weitergabe von Berechtigungen schwer nachvollziehbar. Lösungsansätze hierfür bestehen in der Verknüpfung mit „wertvollen" Informationen, die Berechtigungsinhaber ungern weitergeben, bzw. in der Bindung an Hardware (Smartcards o. Ä.).

Der Rechenaufwand bei anonymen Berechtigungsnachweisen ist durch die Verwendung einer Vielzahl an „komplexen" kryptographischen Protokollen, wie etwa *Zero-Knowledge Proofs* (siehe Abschn. 10.3) typischerweise höher als bei „klassischen" IdM-Verfahren. Dies mag auch der Grund dafür sein, warum sich anonyme Berechtigungsnachweise, mit Ausnahme weniger Beispiele, in der Praxis bis heute kaum durchgesetzt haben.

10.4.2 Verfahren

DAVID CHAUM hat 1985 das Konzept der *Anonymous Credentials* entwickelt. [5] Es bildet die Grundlage für moderne, nutzerzentrierte Identitätsmanagement (IdM)-Systeme. Ein Nutzer erhält von einer Trusted Third Party (TTP) ein „Credential", das bestimmte (geprüfte) Aussagen (Attribute) über den Nutzer enthält. Dieses Credential ist an einen privaten Schlüssel gebunden, den nur der Nutzer kennt. Möchte der Nutzer gegenüber Dritten bestimmte Attribute aus dem Credential offenbaren und beweisen, so kann er dies unter einem Pseudonym datensparsam tun, ohne dabei die anderen Attribute offenbaren zu müssen. Außerdem ist es kollaborierenden Dritten nicht möglich, die Informationen über die verwendeten Pseudonyme miteinander in Verbindung zu bringen – *Unverkettbarkeit* ist also gegeben. Das Verfahren basiert auf der Verwendung von *blinden Signaturen*, wie wir sie in Abschn. 2.3.3 kennen gelernt haben. Außerdem hat Chaum vorgeschlagen, dass dieser Ansatz, basierend auf *Einmal-Pseudonymen*, auch für anonymes Bezahlen verwendet werden kann. Dieses Verfahren haben wir in Abschn. 6.2 betrachtet.

CAMENISCH ET AL. [4] haben Chaums Ideen aufgegriffen und ein *Anonymous Credential System (ACS)* entwickelt, das sowohl eine *globale*, als auch eine *lokale* Aufdeckung der Anonymität erlaubt. Bei einer globalen Aufdeckung wird die Identität eines betrügenden Nutzers aufgedeckt, so dass jedermann die Identität des Betrügers erfährt. Bei der lokalen Aufdeckung hingegen wird nur das Pseudonym des Nutzers offengelegt.

Das *Identity Mixer*-System von *IBM*, das im Rahmen des von der EU geförderten *PrimeLife*-Projekt entwickelt wurde, und das *U-Prove*-System von *Microsoft* sind weitere Vertreter von ACSs. Mittels Zero-Knowledge-Beweisen lassen sich einzelne Attribute eines Nutzers gegenüber einem Dritten beweisen. So lässt sich etwa nachweisen, dass ein Nutzer ein bestimmtes Alter erreicht hat, ohne das genaue Geburtsdatum preiszugeben.[3] Unverkettbarkeit der verwendeten Pseudonyme gegenüber Dritten ist auch bei diesen Ansätzen gegeben. Das von der EU geförderte Projekt *ABC4Trust*, dessen Ziel die Entwicklung von *Attribute-Based Credentials (ABC)* ist, ist sowohl mit dem Identity Mixer-System als auch mit dem U-Prove-System kompatibel.

Anonyme Berechtigungsnachweise lassen sich auch mittels Gruppensignatur umsetzen. Der wesentliche Unterschied zwischen Gruppensignatur und anonymem Berechtigungsnachweis ist, dass die Gruppensignatur das Signieren eines Dokuments erlaubt (womit Integrität und Authentizität des Dokuments garantiert wird – Authentizität wird dabei in dem Sinn verstanden, dass garantiert wird, dass ein Mitglied der Gruppe das Dokument signiert hat). Verbindlichkeit kann bei der Gruppensignatur im Prinzip auch garantiert werden, allerdings lässt sich die Signatur nicht auf einen Einzelnen zurückführen. Ein anonymer Berechtigungsnachweis ist lediglich der Beweis, dass der Nutzer eine Information besitzt, die die Berechtigung für eine bestimmte Handlung nachweist.

---

[3] Man spricht in diesem Zusammenhang auch von einem „Selective Disclosure".

10.5 Fazit

In diesem Kapitel haben wir weitergehende *Privacy-Enhancing Technologies (PETs)* kennengelernt, die zur Zeit zu einem großen Teil noch Gegenstand der Forschung sind, vereinzelt aber bereits Einzug in Anwendungen gefunden haben. Wir dürfen damit rechnen, dass einige der Protokolle, sobald sie ihre Praxis-Tauglichkeit bewiesen haben, in Zukunft zum „Stand der Technik" gehören werden. Die Europäische Agentur für Netz- und Informationssicherheit (ENISA) hat in ihrer Publikation „Privacy and Data Protection by Design—from policy to engineering" aus dem Jahr 2014 bereits einige der in diesem Kapitel angesprochenen Protokolle als mögliche Maßnahmen im Kontext *Privacy by Design (PbD)* genannt.

10.6 Übungsaufgaben

Aufgabe 1
Ein Unternehmen möchte die ausgehenden E-Mails seiner Abteilungen signieren. Die Kunden sollen den Signaturen nicht ansehen können, welcher Sachbearbeiter sie erstellt hat; außerdem sollen sie nicht sehen können, ob zwei Signaturen durch denselben Sachbearbeiter erstellt wurden. Aus Sicherheitsgründen sollen aber nicht alle Mitarbeiter Zugriff auf den gleichen kryptographischen Schlüssel erhalten. Welche kryptographischen Bausteine eigenen sich für diese Anwendung?

Literatur

1. Pierre Baldi, Roberta Baronio, Emiliano De Cristofaro, Paolo Gasti, and Gene Tsudik. Countering gattaca: Efficient and secure testing of fully-sequenced human genomes. In *Proceedings of the 18th ACM Conference on Computer and Communications Security*, CCS '11, pages 691–702, New York, NY, USA, 2011. ACM.
2. Peter Bogetoft, Dan Lund Christensen, Ivan Damgård, Martin Geisler, Thomas Jakobsen, Mikkel Krøigaard, Janus Dam Nielsen, Jesper Buus Nielsen, Kurt Nielsen, Jakob Pagter, Michael Schwartzbach, and Tomas Toft. *Financial Cryptography and Data Security: 13th International Conference, FC 2009, Accra Beach, Barbados, February 23–26, 2009. Revised Selected Papers*, chapter Secure Multiparty Computation Goes Live, pages 325–343. Springer Berlin Heidelberg, Berlin, Heidelberg, 2009.
3. Ernie Brickell, Jan Camenisch, and Liqun Chen. Direct anonymous attestation. In *Proceedings of the 11th ACM Conference on Computer and Communications security (CCS '04)*, pages 132–145. ACM, 2004.
4. Jan Camenisch and Anna Lysyanskaya. *An Efficient System for Non-transferable Anonymous Credentials with Optional Anonymity Revocation*, pages 93–118. Springer Berlin Heidelberg, Berlin, Heidelberg, 2001.
5. David Chaum. Security without identification: transaction systems to make big brother obsolete. *Communications of the ACM*, 28(10):1030–1044, Oct. 1985.

6. Emiliano De Cristofaro and Gene Tsudik. Practical private set intersection protocols with linear complexity. In *Financial Cryptography and Data Security, 14th International Conference, FC 2010, Tenerife, Canary Islands, January 25–28, 2010, Revised Selected Papers*, pages 143–159, 2010.

7. Sky Faber, Ronald Petrlic, and Gene Tsudik. UnLinked: Private Proximity-based Off-line OSN Interaction. In *Proceedings of the 14th ACM Workshop on Privacy in the Electronic Society*, WPES '15, pages 121–131, New York, NY, USA, 2015. ACM.

8. Amos Fiat and Adi Shamir. *Advances in Cryptology — CRYPTO' 86: Proceedings*, chapter How To Prove Yourself: Practical Solutions to Identification and Signature Problems, pages 186–194. Springer Berlin Heidelberg, Berlin, Heidelberg, 1987.

9. Dominik Leibenger, Frederik Möllers, Anna Petrlic, Ronald Petrlic, and Christoph Sorge. Privacy Challenges in the Quantified Self Movement - An EU Perspective. *Proceedings on Privacy Enhancing Technologies*, 2016(4), 2016. Conference Presentation at PETS 2016.

10. Ronald Rivest, Adi Shamir, and Yael Tauman. How to leak a secret. In *Advances in Cryptology - ASIACRYPT 2001*, volume 2248 of *LNCS*, pages 552–565, 2001.

Teil II

Datenschutzrecht

Einführung in das Datenschutzrecht 11

Das vorliegende Buch widmet sich schwerpunktmäßig dem technischen Datenschutz. Im digitalen Zeitalter ist dies vor allem IT-Sicherheit. Wie IT-Systeme und Daten vor unberechtigter Datenverarbeitung (die unberechtigterweise zu Verlust, Veränderung, Verbreitung oder Einsichtnahme von/in Daten führen kann) zu schützen sind, sind wichtige technische Fragestellungen.

Die Beantwortung dieser Fragen setzt logisch voraus, zwischen berechtigten und unberechtigten Datenverarbeitungen zu unterscheiden. IT-Sicherheit richtet sich nicht gegen berechtigte Datenverarbeitung. Umgekehrt kann unberechtigte Datenverarbeitung nicht alleine mit den Mitteln der IT-Sicherheit verhindert werden.

Wer also soll berechtigt sein, Daten zu verarbeiten? Und wer soll das entscheiden? Was soll getan werden, um unberechtigte Datenverarbeitung zu verhindern, und was soll passieren, wenn sie doch stattfindet? Diese Fragen beantwortet das Recht, das vom demokratisch legitimierten Gesetzgeber auf Ebene der EU, des Bundes oder Landes gesetzt und von den Verantwortlichen[1] umgesetzt sowie von unabhängigen Aufsichtsbehörden und Gerichten durchgesetzt wird.

Der zweite Teil dieses Buchs soll eine Einführung in das Datenschutzrecht bieten.[2] Das Datenschutzrecht ist indes eingebettet in unsere umfassende Rechtsordnung, wobei mit „unserer Rechtsordnung" vor allem das durch EU-Recht geprägte deutsche Recht gemeint ist. Andere heutige Rechtsordnungen im deutschsprachigen Raum, aber auch in der EU insgesamt, sind, soweit es das grundlegende Verständnis betrifft, weitgehend vergleichbar.

---

[1] Zu Rolle und Definition des „Verantwortlichen" vgl. unten, Abschn. 13.5.5.

[2] Empfehlenswert und kompakt leistet dies auch: Bayerisches Landesamt für Datenschutz-Aufsicht (Hrsg.), Erste Hilfe Datenschutz-Grundverordnung für Unternehmen und Vereine, das Sofortmaßnahmen-Paket, 2017.

R. Petrlic et al., *Datenschutz*, https://doi.org/10.1007/978-3-658-39097-6_11

Nur wer wenigstens die grundlegenden (datenschutz-)rechtlichen Anforderungen kennt, kann sie in einzelnen Hard- oder Softwareprodukten sowie bei Dienstleistungen berücksichtigen oder in ein insgesamt rechtmäßiges Handeln umsetzen.

Dabei kann man gelegentlich auf Schwierigkeiten stoßen, die interdisziplinäre Arbeit mit sich bringt. Unterschiedliche Fächer mit ihren unterschiedlichen Ausbildungen, Notwendigkeiten und Rahmenbedingungen bringen unterschiedliches Denken und unterschiedliche Sprache hervor. Begriffe, die wir wie selbstverständlich in unserem Fach verwenden, versteht ein Fachfremder womöglich ganz anders:

Eine „Variable" ist für Mathematiker etwas, das es auszurechnen gilt. Informatiker weisen ihr einen Wert zu oder fragen ihn ab. Eine „Schleife" ist für Informatiker etwas Anderes als für Modedesigner und die Flugsicherung hat andere Vorstellungen von einer „Warteschleife" als ein Callcenter. Auch rechtliche Begriffe haben häufig ganz bestimmte Bedeutungen, die man ihnen nicht ohne entsprechende Fachkenntnis entnehmen würde. Viele Begriffe haben auch innerhalb der Rechtswissenschaft, manchmal sogar innerhalb desselben Gesetzes, unterschiedliche Bedeutungen.

In rechtlichen Fragen sind absolute Aussagen oft unseriös. Dies gilt es – ggf. auch aus haftungsrechtlichen Gründen – zu vermeiden. Das Wort „grundsätzlich" wird von Juristen daher meist anders gebraucht als von Nichtjuristen. Nichtjuristen meinen damit, dass etwas so grundsätzlich sei, dass keine Ausnahmen gelten können. Juristen dagegen meinen gerade, dass etwas ja nur grundsätzlich gelte, sie wollen mit dem Wort „grundsätzlich" gerade die Tür für Ausnahmen offenhalten. Juristen und Nichtjuristen meinen mit demselben Wort also das jeweilige Gegenteil.

Natürlich ist nicht jeder an diesen Grundlagen gleich interessiert. Für „Eilige" mag es sich daher anbieten, die folgenden Ausführungen zunächst zu überspringen und sich direkt ab Abschn. 13.4 mit den wichtigsten Gesetzen und ab Abschn. 13.5 mit den wichtigsten Begriffen des Datenschutzrechts zu beschäftigen.

Die Rechtsordnung im Allgemeinen

12

Das Recht regelt, vereinfacht ausgedrückt, wer was zu tun und was zu unterlassen hat („materielles Recht"), und wie diese Verpflichtungen durchgesetzt werden können („Verfahrensrecht").

12.1 Die Quellen des Rechts – Rechtsquellen

Aber welche Regeln gelten nun und woher weiß man das?

Dies entnimmt man den sogenannten Rechtsquellen. Was geeignete Rechtsquellen sind, wurde und wird im Lauf der Geschichte und in unterschiedlichen Weltgegenden unterschiedlich gesehen.

In unserer Demokratie wird Recht vom demokratisch legitimierten Gesetzgeber (dem Parlament) „gesetzt" – deshalb heißt es Gesetz.[1]

Gesetze werden in der Regel nicht für bestimmte einzelne Streitfälle erschaffen, sondern gelten allgemein.[2] Einzelfälle werden von unabhängigen Gerichten entschieden. Diese wenden die einschlägigen Vorschriften an und legen sie, wenn ihre Bedeutung nicht unmittelbar klar ist, aus. Wo sie Regelungslücken entdecken, können sie nicht einschlägige, aber ähnliches betreffende Vorschriften „analog" anwenden, den jeweiligen Rechtsgedanken also auf den zu entscheidenden Fall übertragen.[3] Gerichtliche Entscheidungen werden, wenn sie von Allgemeininteresse sein können, veröffentlicht. Sie finden

---

[1] https://www.dwds.de/wb/Gesetz.

[2] Art. 19 Abs. 1 GG.

[3] Reichold, in: Kühl/Reichold/Ronellenfitsch (Hrsg.), Einführung in die Rechtswissenschaft, 3. Aufl. 2019, § 3 Rn. 27 (S. 49).

R. Petrlic et al., *Datenschutz*, https://doi.org/10.1007/978-3-658-39097-6_12

zumindest neuere Entscheidungen meist über die Webseiten des jeweiligen Gerichts. Entscheidungen höherer oder gar oberster Gerichte sind äußerst wichtige Rechtsquellen.

Aus dem Studium sind Ihnen Literaturformen wie (Zeitschriften-) Aufsätze oder Lehrbücher bekannt. Da sich Rechtswissenschaft mit Gesetzen beschäftigt, gibt es hier daneben eine besondere Literaturform: den Kommentar. Kommentare sind Bücher, in denen Gesetze nach der Reihenfolge ihrer Artikel oder Paragrafen erläutert werden. Sie eignen sich für einen schnellen Zugriff auf Inhalte, die sich aus einer bestimmten Norm ergeben.

Um sich einem Rechtsgebiet ohne Vorkenntnisse zu nähern, sind Lehrbücher meist geeigneter.

Die Rechtswissenschaft beschäftigt sich mit Vorschriften, ohne Einzelfälle entscheiden zu können. Sie gibt aber wichtige argumentative Impulse in die Öffentlichkeit und beeinflusst so Gesetzgebung und Rechtsprechung. Dabei gibt es, wo verschiedene Menschen etwas bewerten, unterschiedliche Meinungen. Ob ein Gesetz verfassungsgemäß oder verfassungswidrig ist oder was ein bestimmter Rechtsbegriff genau bedeuten soll, darüber lässt sich in vielen Fällen mit guten Argumenten trefflich streiten. So kommt es, dass es über die Auslegung von Gesetzen oder die Notwendigkeit von Gesetzesänderungen unterschiedliche Meinungen geben kann. Es gibt in manchen Fällen eine „herrschende Meinung" (zitiert als „h.M."), die aber nicht unbedingt Recht haben muss. Daher können auch andere Ansichten (zitiert als „a.A.") ihre Berechtigung haben.

12.2 Ähnlichkeiten zwischen der Rechtsordnung und Software

Für ein besseres Verständnis der Rechtsordnung mag es sich gerade für Informatiker anbieten, das Recht mit Software zu vergleichen. An Ähnlichkeiten mangelt es nicht.

- Gesetze enthalten wie Programme Anweisungen.
- Beide sind hierarchisch gegliedert. So wie das Betriebssystem das Funktionieren des Gesamtsystems gewährleistet und Anforderungen an Einzelanwendungen stellt, so regelt die Verfassung eines Staates seine wichtigsten Grundsätze, das Funktionieren seiner Organe (z. B. Parlament und Regierung) und stellt Anforderungen an die einfachen Gesetze. Ein Gesetz darf ebenso wenig gegen die Verfassung verstoßen, wie eine zum Betriebssystem inkompatible Anwendung unter ihm (nicht) lauffähig sein wird. Die Verfassung der Bundesrepublik Deutschland ist das Grundgesetz.
- Die Rechtsordnung ist wie viele Programme modular aufgebaut. Die Module können gegenseitig eingebunden werden. Wer etwa im Datenschutzrecht prüfen will, ob ein junger Mensch eine Einwilligung erteilen darf, wird sich Gedanken über die zivilrechtlichen Fragen der Volljährigkeit, Geschäftsfähigkeit u.ä. machen müssen.
- Juristische Fachbegriffe mag man sich als Variablen vorstellen, die einen bestimmten Inhalt haben. Dieser Inhalt kann sich aber je nach Gesetz, nach Kontext oder durch Gesetzesänderung oder Gerichtsentscheidung ändern. So ist eine „Genehmigung"

im Zivilrecht[4] etwas völlig anderes als im Verwaltungsrecht.[5] Eine „Einwilligung" im Datenschutzrecht ist etwas anderes als im Strafrecht. Viele datenschutzrechtliche Begriffe sind in Art. 4 DSGVO definiert (man sagt auch: legaldefiniert, weil die Definition im Gesetz niedergelegt ist).

- Abstraktion und formale Logik sind wichtige Elemente. Ebenso, wie etwa eine Tabellenkalkulationssoftware nicht dafür geschaffen ist, bestimmte, vorher feststehende Rechenaufgaben mit bekannten Zahlen zu lösen, kennt die Rechtsordnung nicht die Streitparteien und ihre konkreten Probleme. Sie muss so abstrakt gehalten sein, dass möglichst alle Probleme gerecht gelöst werden können. Wo in Gesetzen „und", „oder", „soweit" oder „insbesondere" steht, ist (hoffentlich) genau das gemeint.
- Software und Recht sind sinnlos, wenn sie alleine auf dem Papier stehen. Sie müssen „ausgeführt" und durchgesetzt[6] werden, um zu wirken.
- Wie der Interpreter eines Programms muss auch der Rechtsanwender (z. B. ein Unternehmen, eine Behörde oder ein Gericht) die ihm vorliegenden Normtexte interpretieren und anwenden. Die Rechtsanwendung kann nicht etwa einmal „kompiliert" und dann immer gleich abgearbeitet werden. Vielmehr ist das Recht für jeden Fall einzeln zu „interpretieren" und dabei (i. d. R.) der aktuelle Stand der Rechtsordnung einschließlich der Rechtsprechung, der Stand der Technik, gesellschaftliche Anschauungen usw. zu berücksichtigen. Gelegentlich sind aber auch alte Fassungen eines Gesetzes[7] oder gar ausländische Gesetze[8] anzuwenden.
- Fehlende Normen, Fehler in Gesetzen oder mangelnde/falsche Ausführung der Gesetze können zu unrechtmäßigen Zuständen, im schlimmsten Fall zur Übernahme des Staates durch Verfassungsfeinde führen.[9] Gesetzgebung, Verwaltung und Rechtsprechung haben dem entgegenzuwirken. Dazu dienen – vergleichbar den Zugriffsbeschränkungen und ähnlichen Vorsorgemaßnahmen in der Informatik – Machtbeschränkungen wie

---

[4] Nach § 184 Abs. 1 BGB ist „Genehmigung" die „nachträgliche Zustimmung" zu einem Rechtsgeschäft.

[5] So benötigt gem. § 4 Abs. 1 S. 1 BImSchG eine (vorherige) Genehmigung, wer bestimmte Anlagen errichten oder betreiben will. Dies ohne Genehmigung zu tun wäre gar strafbar nach § 327 Abs. 2 StGB.

[6] Reichold, in: Kühl/Reichold/Ronellenfitsch (Hrsg.), Einführung in die Rechtswissenschaft, 3. Aufl. 2019, § 4 Rn. 4 (S. 57).

[7] So verweist Art. 140 GG auf Normen seiner Vorgängerverfassung, der Weimarer Reichsverfassung von 1919 (WRV), und bindet diese damit quasi in das Grundgesetz ein. Obwohl die WRV längst außer Kraft ist, sind deren Artikel 136, 137, 138, 139 und 141 weiter anwendbar.

[8] Vgl. dazu das Internationale Privatrecht, das regelt, welche Rechtsordnung auf einen privatrechtlichen Fall mit Auslandsbezug anzuwenden ist, z. B. bei grenzüberschreitenden Verträgen oder Unfällen, vgl. Art. 3 ff. EGBGB.

[9] Vgl. nur das „Ermächtigungsgesetz" vom 24. März 1933, offiziell das „Gesetz zur Behebung der Not von Volk und Reich", mit dem der nationalsozialistischen Reichsregierung Gesetzgebungskompetenzen eingeräumt wurden – und das Parlament entmachtet wurde.

Gewaltenteilung, Föderalismus und Grundrechte. Das Datenschutzrecht ist Teil dieses Grundrechtsschutzes. So umständlich „der Datenschutz" und die gerade in Deutschland anzutreffende föderale Vielfalt der Datenschutz-Aufsichtsbehörden gelegentlich wirken: diese Strukturen wurden geschaffen, um die Bürger vor Machtmissbrauch durch staatliche Stellen, aber auch durch Unternehmen zu schützen. Sie dienen auch der „Systemsicherheit", also davor, dass das System (die freiheitliche demokratische Grundordnung) – jemals wieder – korrumpiert wird.

12.3 Überblick über die Rechtsordnung

Im Rahmen des vorliegenden Buches kann ein Überblick die Rechtsordnung nur äußerst grob skizzieren. Er zielt darauf, das Verständnis datenschutzrechtlicher Regelungen zu fördern.

Für vertiefte Informationen muss auf die einschlägige Literatur verwiesen werden.[10]

Die Rechtsordnung regelt, sehr vereinfacht ausgedrückt, wer was zu tun und zu unterlassen hat, wer von wem was verlangen kann, was zu tun ist, wenn Regeln verletzt werden, und wie Regeln überhaupt entstehen und wieder geändert werden können.

- Das Zivilrecht regelt die Rechtsverhältnisse unter Privaten, die z. B. durch Vertrag, unerlaubte (schädigende) Handlungen[11] oder familiäre Verbundenheit entstehen können.[12]
- Das Strafrecht bedroht besonders abzulehnendes Verhalten mit Geld- oder Freiheitsstrafen.[13]
- Das öffentliche Recht regelt die Organe des Staates und deren Funktionsweise[14] sowie deren „hoheitliches", also durch staatliche Sonderrechte geprägtes[15] Verhältnis zu den Menschen.[16] Zu ihm zählt das Verfassungsrecht, das das Staatsorganisationsrecht und die Grundrechte umfasst, sowie das Verwaltungsrecht, das Eingriffe, aber auch öffentliche Leistungen normiert.

---

[10] Z. B. Kühl/Reichold/Ronellenfitsch (Hrsg.), Einführung in die Rechtswissenschaft, 3. Aufl. 2019.

[11] Z. B. das (i. d. R. fahrlässige) Herbeiführen eines Verkehrsunfalls.

[12] Etwa Unterhaltsverpflichtungen, vgl. z. B. § 1360 BGB.

[13] Vgl. Kühl, in: Kühl/Reichold/Ronellenfitsch (Hrsg.), Einführung in die Rechtswissenschaft, 3. Aufl. 2019, § 30 Rn. 9, 10 (S. 351).

[14] Reimer, Bonner Rechtsjournal. BRJ Sonderausgabe, Nr. 1, 2018, S. 10–13 (https://www.jura.uni-bonn.de/fileadmin/Fachbereich_Rechtswissenschaft/Einrichtungen/Lehrstuehle/Reimer/Reimer_P_-_5_Minuten_zum_Verwaltungsaufbau_-_BRJ_Sonderausgabe_01_2018__10-13.pdf).

[15] Reimer, in: Posser/Wolff (Hrsg.), BeckOK VwGO, 54. Edition, Stand: 01.04.2020, § 40 Rn. 45; Sodan, in: Sodan/Ziekow (Hrsg.), Verwaltungsgerichtsordnung, 5. Auflage 2018, § 40 Rn. 299.

[16] Becker, NVwZ 2019, 1385.

- Das jeweilige Verfahrensrecht regelt die Durchsetzung der Rechtsordnung durch Gerichte und Behörden.

Gerechtigkeit muss dabei das große, gemeinsame Ziel sein.[17] Sie kann aber nicht die Methode der Rechtsfindung sein, weil jeder unter Gerechtigkeit etwas anderes versteht.

Über Gesetze etwas zu lesen, bringt nur wenig Gewinn, wenn man die entsprechenden Artikel und Paragraphen nicht liest. Daher lesen Sie bitte, wenn Artikel oder Paragraphen im weiteren Verlauf dieses Buches zitiert werden, diese im Gesetz nach.

Sie finden alle Gesetzestexte im Internet. Die Suchmaschine Ihrer Wahl hilft Ihnen.

Recht der EU finden Sie – auch mit der Möglichkeit des Vergleichs von bis zu drei Sprachfassungen – unter https://eur-lex.europa.eu/homepage.html?locale=de,

Deutsches Bundesrecht finden Sie unter www.gesetze-im-Internet.de, wo ein Link auch zu https://justiz.de/onlinedienste/bundesundlandesrecht/index.php führt, wo wiederum die Fundstellen der Gesetze deutscher Länder aufgeführt sind.

Bitte beachten Sie, das Recht sich schnell ändern kann. Die o.g. Seiten aktualisieren den jeweiligen Rechtsstand relativ schnell.

Im Folgenden soll ein Überblick hinsichtlich der bestehenden Gesetze und weiterer Rechtsnormen gegeben werden:

12.3.1 Die Bundesebene

In der Bundesrepublik Deutschland[18] ist das Grundgesetz die Verfassung.[19] Es regelt die Grundlagen des Staates. So etwa, dass es sich bei der Bundesrepublik um einen demokratischen und sozialen Bundesstaat handelt, in dem alle Staatsgewalt vom Volke ausgeht, die Verwaltung an Gesetz und Recht und die Rechtsprechung, die von unabhängigen Gerichten ausgeübt wird, an die Gesetze gebunden ist (Art. 20 GG).

Diese wichtigsten Grundsätze sind von der „Ewigkeitsklausel" (Art. 79 Abs. 3 GG) geschützt, dürfen also auch vom verfassungsändernden Gesetzgeber nicht „berührt" werden.

Das Grundgesetz regelt des weiteren unter anderem, auf welchen sachlichen Gebieten der Bund die Gesetzgebungszuständigkeit („Gesetzgebungskompetenz") hat,[20] wie das

---

[17] Werner, in: Creifelds, Rechtswörterbuch, 24. Edition 2020, Stichwort „Gerechtigkeit".

[18] In der Schweiz (Bundesverfassung) und in Österreich (Bundesverfassungsgesetz) bestehen ebenfalls Verfassungen auf Bundesebene und ebenso auf kantonaler bzw. Landesebene, vgl. z. B. die Verfassung des Kantons Zürich, http://www.zhlex.zh.ch/Erlass.html?Open&Ordnr=101 (erlassen am 27.02.2005, in Kraft seit 01.01.2006).

[19] Vgl. die Präambel des Grundgesetzes, wonach „sich das Deutsche Volk kraft seiner verfassungsgebenden Gewalt dieses Grundgesetz gegeben" hat.

[20] Grundsätzlich liegt die Gesetzgebungskompetenz bei den Ländern. Der Bund hat sie nur, soweit dies im Grundgesetz geregelt ist, vgl. Art. 70 ff. GG.

Parlament, der Deutsche Bundestag, gewählt wird und welche Aufgaben Bundeskanzler oder Bundespräsident haben.

Die Grundrechte (Art. 1–17; daneben gibt es „grundrechtsgleiche Rechte" in Art. 20 Abs. 4, Art. 33, 38, 101, 103, 104[21] und wohl auch in Art. 93 Abs. 1 Nr. 4a GG[22]) regeln wichtige Rechte der Menschen, die zu Machtbeschränkungen des Staates führen. In diese Grundrechte darf der Staat nicht willkürlich,[23] sondern nur unter Beachtung von allerlei Grundsätzen eingreifen: Wesentliche Fragen muss das Parlament selbst durch Gesetz regeln,[24] Eingriffe müssen sinnvoll[25] und verhältnismäßig[26] sein. Je nach Grundrecht kann es spezielle Anforderungen an Eingriffe geben.[27]

Dabei gilt ein einleuchtender Grundsatz: je wichtiger das Grundrecht und je schwerer die Wirkung des Eingriffs, desto höher sind die Anforderungen an Gesetze, die diesen Eingriff erlauben sollen sowie an einen möglichen behördlichen oder gerichtlichen Entscheidungsprozess, der zu diesem Eingriff führen soll.[28]

Grundrechte sind damit wichtige Abwehrrechte gegen staatliche Übergriffe.[29] In die einfachgesetzliche Rechtsordnung „strahlen sie aus" und prägen so auch die Rechtsverhältnisse zwischen Privaten.[30]

Im Grundgesetz ist das Wort „Datenschutz" nicht enthalten. Bei seiner Verkündung am 23.5.1949 war allgemeiner Datenschutz nicht bekannt.

Das Grundgesetz kennt allerdings wichtige geschriebene Grundrechte, die „den Datenschutz" betreffen, etwa Art. 10 GG (Brief-, Post- und Fernmeldegeheimnis) und Art. 13 GG (Recht auf Unverletzlichkeit der Wohnung). Art. 4 Abs. 1 (Religionsfreiheit) und Art. 5 Abs. 1 GG (Meinungsfreiheit) haben eine „negative" Komponente: das Recht, sein Bekenntnis oder seine Meinung nicht offenbaren zu müssen.[31]

---

[21] Vgl. die Aufzählung in Art. 93 Abs. 1 Nr. 4a GG.

[22] Zu letzterem ausführlich Ziebarth, Online-Durchsuchung, 2013, S. 164 ff. m. w. N.

[23] Willkür ist dem Rechtsstaat unter allen Umständen verboten, vgl. Kirchhof, in: Maunz/Dürig (Begr.), Grundgesetz-Kommentar, Werkstand: 90. EL Februar 2020, Art. 3 Rn. 268.

[24] Huster/Rux, in: Epping/Hillgruber (Hrsg.), BeckOK Grundgesetz, 43. Edition, Stand: 15.05.2020, Art. 20 Rn. 105–107.

[25] Nämlich: einem legitimen Zweck dienen und hierfür geeignet sein, s. Daiber, JA 2020, 37.

[26] Ausführlich Daiber, JA 2020, 37.

[27] Vgl. z. B. Art. 13 Abs. 2 ff. GG.

[28] Horn, Gornig/Horn/Will (Hrsg.), Öffentliches Recht in Hessen, 1. Auflage 2018, 2. Teil, Rn. 297–300.

[29] Nußberger, in; Sachs (Hrsg.), Grundgesetz, 8. Auflage 2018, Art. 3 Rn. 38.

[30] Ruffert, JuS 2020, 1.

[31] Grabenwarter, in: Maunz/Dürig, Grundgesetz-Kommentar, Werkstand: 90. EL Februar 2020, Art. 5 Rn. 95 und Herzog, ebenda, Art. 4 Rn. 78

Das B VerfG erkennt außerdem in Art. 2 Abs. 1 i.V.m. Art. 1 Abs. 1 GG ein „allgemeines Persönlichkeitsrecht", zu dessen Ausprägungen das „Recht auf informationelle Selbstbestimmung"[32] und das „Grundrecht auf Gewährleistung der Vertraulichkeit und Integrität informationstechnischer Systeme"[33] gehören.

Die „einfachen Gesetze"[34] regeln bestimmte Sachmaterien, etwa das Zivilrecht[35] oder das Straßenverkehrsrecht.[36] Sie werden vom Parlament erlassen, in Deutschland vom Deutschen Bundestag, je nach Sachmaterie mit Zustimmung des Bundesrates.[37]

Weniger grundlegende Entscheidungen, wie etwa die Gestaltung eines Verkehrsschildes, können in Rechtsverordnungen[38] getroffen werden.[39] Rechtsverordnungen wirken im Prinzip wie Gesetze, werden aber nicht vom Parlament, sondern von der Regierung, einem Ministerium oder der Verwaltung erlassen. Sie müssen sich an die Vorgaben des Parlamentsgesetzes halten, das zu ihrem Erlass erlaubt[40] und dieses zitieren.[41] Sie sind leichter angreifbar, weil jedes Gericht, das sie für rechtswidrig hält, sie unangewandt lassen kann.[42] Sie haben dagegen den Vorteil, schnell auf neue Lagen reagieren zu können, weil sie ohne parlamentarisches Verfahren auskommen.

Soweit es auf Bundesebene Selbstverwaltungsträger gibt (z. B.: Deutsche Rentenversicherung Bund), können diese auch Satzungen erlassen. Sie sind wie formelle Gesetze und Rechtsverordnungen verbindlich, stehen im Rang aber unter den formellen Gesetzen. Satzungen und Rechtsverordnungen nennt man auch „materielle Gesetze", weil sie abstrakt-generelle Regelungen treffen, aber nicht den formellen Rang eines Parlamentsgesetzes haben. Wie Rechtsverordnungen sind auch Satzungen leichter gerichtlich angreifbar[43]

---

[32] B VerfGE 65, 1.

[33] B VerfGE 120, 274; dazu Ziebarth, Online-Durchsuchung, 2013, S. 79 ff.

[34] Auch „Parlamentsgesetz" oder „formelle Gesetze" genannt.

[35] Geregelt etwa im BGB.

[36] Geregelt etwa im StVG.

[37] Zustimmungspflichtige Gesetze kommen nur mit Zustimmung des Bundesrates zustande. Dagegen können bloße „Einspruchsgesetze" auch ohne Zustimmung des Bundesrates zustande kommen, wenn der Deutsche Bundestag einen Einspruch des Bundesrats mit mindestens derselben Mehrheit (absolute oder Zwei-Drittel-Mehrheit) zurückweist, die im Bundesrat für den Einspruch bestand, Art. 77 Abs. 4 GG.

[38] Z. B. die StVO.

[39] Art. 80 GG.

[40] Ziekow, in: Sodan/Ziekow (Hrsg.), Verwaltungsgerichtsordnung, 5. Auflage 2018, § 47 Rn. 353.

[41] Art. 80 Abs. 1 S. 3 GG.

[42] Gril, JuS 2000, 1080, 1082.

[43] Nämlich im Einzelfall durch jedes Gericht, das sie unangewandt lassen kann, oder, ggf. durch abstrakte Normenkontrolle nach § 47 VwGO, die zur Ungültigerklärung der Norm mit Wirkung gegenüber Jedermann führen kann.

als Parlamentsgesetze.[44] Die meisten Selbstverwaltungsträger sind aber dem Landesrecht zuzuordnen (etwa Kommunen und ihre Vereinigungen, Hochschulen[45] usw.; vgl. dazu sogleich).

Rechtsverordnungen werden dort erlassen, wo die sogenannte „unmittelbare Staatsverwaltung", also i. d. R. die in die ministeriale Hierarchie[46] eingebundene Verwaltung handelt.

Satzungen werden dagegen im Bereich der „mittelbaren Staatsverwaltung" von Institutionen erlassen, die Selbstverwaltungsrechte haben. Auf Bundesebene sind dies insbesondere Sozialversicherungsträger und Rundfunkanstalten.[47]

12.3.2 Die Landesebene

Auch auf Landesebene gibt es je Land eine Landesverfassung und einfache Gesetze.

Die Landesverfassung hat dieselbe Funktion wie das Grundgesetz: sie regelt das Zustandekommen, Funktionieren und die gegenseitige Kontrolle der Organe des Landes (Parlament, Regierung usw.).

Manche Landesverfassung kennt ergänzend zum Grundgesetz eigene Grundrechte,[48] in jüngerer Zeit haben einige Landesverfassungen ausdrücklich Grundrechte auf Datenschutz anerkannt.[49] Dies hat zumeist wohl vorwiegend symbolische Wirkung, da das bundesrechtliche Grundrecht auf informationelle Selbstbestimmung insoweit erschöpfend sein

---

[44] Hält ein Gericht ein Parlamentsgesetz für verfassungswidrig, muss es das Verfahren aussetzen und dem BVerfG (oder bei Verstößen gegen eine Landesverfassung: dem zuständigen Gericht des Landes) zur Entscheidung über die Verfassungswidrigkeit vorlegen (Art. 100 Abs. 1 GG). „Jedermann" kann (i. d. R. nur nach erfolgloser Bemühung in allen Gerichtsinstanzen) Verfassungsbeschwerde zum BVerfG erheben (Art. 93 Abs. 1 Nr. 4a GG). Das kleine „a" in „Nr. 4a" steht dabei nicht etwa für eine Untergliederung der Nr. 4. Vielmehr wurde Nr. 4a zusammen mit Nr. 4b nachträglich zwischen Nr. 4 und Nr. 5 eingefügt (Art. 1 Nr. 1 des Gesetzes vom 29.1.1969, BGBl. I, S. 97).

[45] Selbst die Universitäten der Bundeswehr haben Satzungen aufgrund Landesrechts erlassen. So zitiert die Promotionsordnung der Universität der Bundeswehr München vom 24.1.2012 „Art. 82 in Verbindung mit Art. 64 Abs. 1 des Bayerischen Hochschulgesetzes" als Rechtsgrundlage (https:// www.unibw.de/wow/dateien-wow-allgemein/promotionsordnung-2012-1-neu.pdf).

[46] Dazu Ziebarth, CR 2013, 60.

[47] Gall, in: Binder/Vesting (Hrsg.), Beck'scher Kommentar zum Rundfunkrecht, 4. Auflage 2018, Dritter Teil, Rn. 59.

[48] So etwa das in seiner praktischen Bedeutung umstrittene und blass gebliebene Grundrecht „auf die Heimat" in Art. 2 Abs. 2 der Landesverfassung von Baden-Württemberg.

[49] Dies vor allem im Beitrittsgebiet nach 1990 (also den „neuen Bundesländern"); hier gingen Erfahrungen mit einem Staat, der seine Bürger systematisch bespitzelte, und an die Erkenntnisse teils drastische Konsequenzen knüpfte, in die Verfassungen ein. Überhaupt ist die besondere Sensibilität bezüglich des Datenschutzes in Deutschland eine Folge der beiden deutschen Diktaturen des 20. Jahrhunderts, Masing, NJW 2012, 2305.

dürfte, als es keiner Ergänzung oder Verstärkung durch Landesgrundrechte bedarf – und diesen wohl i. d. R. auch nicht zugänglich sein dürfte.[50]

Große Bedeutung dagegen haben die einfachen Landesgesetze. Sie regeln, teilweise sehr detailliert und von Land zu Land unterschiedlich, unter welchen Voraussetzungen öffentliche Stellen der Länder (Kommunen, Landesbehörden, Gerichte usw.) personenbezogene Daten verarbeiten dürfen. Da der Großteil der öffentlichen Aufgaben von Landes- und Kommunalbehörden ausgeführt wird, kommt Landesrecht ein erhebliches Gewicht zu.

Auch auf Landesebene gibt es Rechtsverordnungen, etwa die Polizeiverordnungen zum Schutz vor gefährlichen Hunden[51] oder jüngst infektionsschutzrechtliche Rechtsverordnungen.[52]

Bedeutung haben auch kommunale, universitäre und ähnliche Satzungen von Selbstverwaltungskörperschaften.[53]

12.3.3 Die Ebene der Europäischen Union bzw. des Europäischen Wirtschaftsraums

Die Aufteilung in Bund und Länder dürfte sich ähnlich in allen föderal gegliederten Staaten finden. In Deutschland und Österreich kommt die Ebene der Europäischen Union hinzu.

Die EU ist von den (damaligen) Mitgliedstaaten gegründet worden.[54] Dies geschah in Deutschland durch Änderung des Grundgesetzes: Art. 23 GG erlaubt die Integration Deutschlands in die EU und überträgt hierfür Souveränitätsrechte an die Union.

Die EU hat keine Verfassung. Der Versuch, eine Verfassung einzuführen, ist an ablehnend ausgefallenen Volksbefragungen in Frankreich und den Niederlanden gescheitert.[55] Dennoch gibt es in der EU Rechtsakte, die faktisch die Funktion einer Verfassung übernehmen, nämlich die Verträge („Vertrag über die Europäische Union" – EUV und

---

[50] Dazu Ziebarth, Online-Durchsuchung, 2013, 144 ff.

[51] Z. B. die baden-württembergische Polizeiverordnung des Innenministeriums und des Ministeriums Ländlicher Raum über das Halten gefährlicher Hunde vom 3. August 2000.

[52] Z. B. die baden-württembergische Verordnung der Landesregierung über infektionsschützende Maßnahmen gegen die Ausbreitung des Virus SARS-CoV-2 (Corona-Verordnung – CoronaVO) vom 23. Juni 2020.

[53] Etwa eine Gebührensatzung einer Gemeinde oder die Prüfungsordnung einer Hochschule.

[54] Dies geschah in verschiedenen „Ausbaustufen" zunächst als „Europäische Gemeinschaften" (Europäische Gemeinschaft für Kohle und Stahl, Europäische Atomgemeinschaft u. a.); zur Geschichte vgl. die schöne, allerdings auf dem Stand von 2002 befindliche und damit veraltete, Übersicht bei Nowak/Frommeyer, JuS 2002, 560, sowie Sieber in: Sieber/Satzger/von Heintschel-Heinegg (Hrsg.), Europäisches Strafrecht, 2. Auflage 2014, Einführung, Rn. 140 ff.

[55] Kaufmann-Bühler, Grabitz/Hilf/Nettesheim (Hrsg.), Das Recht der Europäischen Union, 69. EL Februar 2020, EUV Art. 23 Rn. 30.

„Vertrag über die Arbeitsweise der Europäischen Union" – AEUV) und die Grundrecht-echarta (GrCh).[56] Diese zusammen regeln – wie das Grundgesetz – das Zusammenspiel der Organe der EU (Parlament, Rat, Kommission), andere wichtige Grundsätze sowie Grundfreiheiten und Grundrechte. Zusammen nennt man sie auch „Primärrecht".

Das Grundrecht auf Datenschutz ist auf Unionsebene Art. 7, 8 GrCh zu entnehmen. Auch Art. 16 AEUV kennt es; hier wird neben der Unabhängigkeit der Datenschutz-Aufsichtsbehörden die Regelungskompetenz der EU auf dem Felde des Datenschutzes statuiert. Nach der Rechtsprechung des BVerfG ist das unionsrechtliche Grundrecht auf vollharmonisierte[57] Sachverhalte anzuwenden,[58] etwa auf Datenverarbeitungen im nichtöffentlichen[59] Bereich. In nicht oder nur teilweise harmonisierten Bereichen ist dagegen das grundgesetzliche Recht auf informationelle Selbstbestimmung[60] weiterhin anwendbar, selbst wenn z. B. die DSGVO zu beachten ist.[61]

Auf Ebene der EU existieren auch „einfache Gesetze", „Sekundärrecht". Man nennt sie Verordnungen und Richtlinien. Verordnungen[62] gelten unmittelbar gegenüber Jedermann. Richtlinien geben dagegen nur ein Ziel vor, das die Mitgliedstaaten dann durch eigene Gesetze erreichen müssen (Art. 288 AEUV).

Die DSGVO ist ein solches Gesetz, nämlich eine Verordnung. Sie gilt also unmittelbar, soweit sie nicht ausdrücklich den Mitgliedstaaten Regelungsfreiraum lässt oder Rege-lungsaufträge erteilt.[63] Dies tut sie allerdings in großem Umfang.[64]

Es gibt auch „Tertiärrecht", das deutschen Rechtsverordnungen ähnelt. Auch dieses wird von der Exekutive erlassen, nämlich von der EU-Kommission. Z. B. sind „delegierte Rechtsakte" auch in der DSGVO vorgesehen: sie sollen die DSGVO künftig ergänzen und konkretisieren.[65]

Das Recht der EU wird auch Unionsrecht genannt. Unionsrecht – egal welchen Ranges – beansprucht Anwendungsvorrang vor nationalem Recht – egal welchen Ranges. Das

---

[56] Diese wiederum ergänzt um die EMRK; vgl. dazu die im nächsten Abschnitt folgenden Ausführungen zum Europarat.

[57] Mit „Harmonisierung" ist die Angleichung des Rechts der Mitgliedstaaten durch Unionsrecht – sei es unmittelbar geltend oder von den Mitgliedstaaten gleich oder ähnlich umzusetzen – gemeint.

[58] BVerfG, Beschluss vom 6.11.2019, 1 BvR 276/17 (Recht auf Vergessen II).

[59] Zum nichtöffentlichen Bereich zählen etwa die Privatwirtschaft, Vereine und dergleichen.

[60] Oder andere Grundrechte des Grundgesetzes mit Datenschutzbezug, etwa Art. 10 GG, vgl. dazu BVerfG, Beschluss vom 27.5.2020, 1 BvR 1873/13, 1 BvR 2618/13 (Bestandsdatenauskunft II)

[61] BVerfG, Beschluss vom 6.11.2019, 1 BvR 16/13 (Recht auf Vergessen I).

[62] Verordnungen dürfen nicht verwechselt werden mit deutschen Rechtsverordnungen – etwa der StVO.

[63] Näher Sydow, in: Sydow (Hrsg.), DSGVO, 2. Aufl. 2018, Einleitung, Rn. 22 ff.

[64] Kühling/Martini, Die DSGVO und das nationale Recht, 2016, S. 1 ff.

[65] Vgl. Art. 92 DSGVO.

heißt: widerspricht eine nationale Verfassung einfachem Unionsrecht, darf die Verfassung insoweit eigentlich, also im Grundsatz, nicht angewandt werden.[66]

Jedoch: das Unionsrecht beruht in Deutschland auf Art. 23 GG. Diesen zu ändern war dem deutschen verfassungsgebenden Gesetzgeber aber nur möglich, soweit er damit nicht gegen die „Ewigkeitsklausel" des Art. 79 Abs. 3 GG verstößt. Diese muss damit vorbehalten bleiben.[67]

Würde Unionsrecht also Regelungen treffen, die die in Art. 79 Abs. 3 GG genannten Grundsätze berühren würden, so müsste das Unionsrecht in Deutschland insoweit unangewandt bleiben.[68] Glücklicherweise ist mit Verstößen der EU gegen fundamentale Grundsätze von Demokratie, Rechtsstaat und Menschenrechten derzeit nicht zu rechnen. Die Kontrolle darüber, dass dies so bleibt, behält sich das BVerfG zu Recht ausdrücklich vor.[69]

Die EU steht mit drei Staaten, die keine Mitgliedstaaten sind, in besonders enger Beziehung: mit Island, Liechtenstein und Norwegen bildet sie den Europäischen Wirtschaftsraum (EWR). Man kann den EWR als eine Art „EU light" ansehen: dort gilt nicht das gesamte Unionsrecht, aber doch vieles davon. Insbesondere die Datenschutzregeln der EU gelten auch im EWR. Die EWR-Staaten sind insoweit Mitgliedstaaten gleichgestellt. Wo im Folgenden von der EU die Rede ist, ist daher auch der EWR, sind also letztlich diese drei Staaten ebenfalls gemeint.

12.3.4 Der Europarat

Die Europäische Union ist nicht zu verwechseln mit dem Europarat. Der Europarat ist eine andere Organisation zur Zusammenarbeit u. a. auf dem Gebiet der Friedenserhaltung und der Menschenrechte.[70] Ihm gehören Staaten bis weit in den Osten Europas an, einschließlich Russlands (bis März 2022, als es wegen des Angriffs auf die Ukraine ausgeschlossen wurde) und der Türkei. Auch einige westasiatische Staaten sind Mitglieder. Sie alle haben sich – zum Teil mit Vorbehalten – auf die Europäische Menschenrechtskonvention verpflichtet.[71]

Sein Gericht, der Europäische Gerichtshof für Menschenrechte (EGMR) in Straßburg, darf nicht mit dem Gerichtshof der Europäischen Union (EuGH) in Luxemburg verwech-

---

[66] EuGH, Urteil vom 15.7.1964, C-6/64 (Costa/E.N.E.L.).

[67] Ronellenfitsch, DVBl. 2012, 1521, 1525.

[68] Ronellenfitsch, in: Kühl/Reichold/Ronellenfitsch (Hrsg.), Einführung in die Rechtswissenschaft, 3. Aufl. 2019, § 18 Rn. 14 (S. 272); Ziebarth, CR 2013, 60, 61.

[69] Zuletzt BVerfG, Urteil vom 5.5.2020, 2 BvR 859/15 u. a.; die Bundesregierung scheint sich hieran nicht gebunden zu fühlen, vgl. Redaktion beck-aktuell, Verlag C.H.BECK, 2. Dezember 2021 (dpa), becklink 2021664.

[70] Grundlegend Brummer: Der Europarat – Eine Einführung, 2008.

[71] Vgl. https://www.coe.int/en/web/conventions/full-list/-/conventions/treaty/005/signatures.

selt werden. Der EGMR ist ein für die Verwirklichung der Menschenrechte wichtiges Gericht. Immer wieder werden Staaten wegen Menschenrechtsverletzungen verurteilt.[72] Dies dürfte nicht immer strukturelle Missstände beheben, aber immerhin tendenziell für Verbesserungen sorgen.

In der Bundesrepublik hat die Europäische Menschenrechtskonvention nicht Verfassungsrang, sondern den Rang eines Bundesgesetzes.[73] Sonstiges Bundesrecht ist nach Möglichkeit durch Auslegung mit ihr in Einklang zu bringen.[74]

Durch völkerrechtlichen Vertrag haben viele Mitgliedstaaten des Europarats außerdem die Europäische Datenschutzkonvention von 1981 angenommen, die bereits rudimentären Schutz bietet.[75]

Auf den Europarat und die EMRK wird im Rahmen dieses Buches nicht weiter eingegangen.

12.3.5 Die allgemeinen Regeln des Völkerrechts

Gemäß Art. 25 GG sind die allgemeinen Regeln des Völkerrechts Bestandteil des Bundesrechts und gehen den allgemeinen Gesetzen vor. Rangmäßig sind sie also zwischen dem Grundgesetz und den einfachen Bundesgesetzen angesiedelt. Auf sie wird im Rahmen dieses Buches nicht weiter eingegangen.[76]

12.3.6 Die Hierarchie des Rechts

Die hierarchische Gliederung der in und für Deutschland geltenden Rechtsordnung mag in Zusammenfassung der obigen Ausführungen wie folgt veranschaulicht werden:[77]

---

[72] Vgl. nur die Rechtsprechungsdatenbank des EGMR unter https://hudoc.echr.coe.int/.

[73] Meyer-Ladewig/Nettesheim, in: Meyer-Ladewig/Nettesheim/von Raumer (Hrsg.), Europäische Menschenrechtskonvention, 4. Auflage 2017, Einleitug Rn. 18.

[74] Meyer-Ladewig/Nettesheim, in: Meyer-Ladewig/Nettesheim/von Raumer (Hrsg.), Europäische Menschenrechtskonvention, 4. Auflage 2017, Einleitug Rn. 19.

[75] Übereinkommen zum Schutz des Menschen bei der automatischen Verarbeitung personenbezogener Daten, https://www.coe.int/en/web/conventions/full-list/-/conventions/treaty/108.

[76] Zum Völkerrecht allgemein Denfeld, Hans Wehberg (1885–1962) – Die Organisation der Staatengemeinschaft, 2008 und – aus ungewöhnlicher Perspektive – Ronellenfitsch, Louis L'Amour und das Völkerrecht (Public Law International), 2008.

[77] Wie oben bereits ausgeführt, handelt es sich um eine grundsätzliche und grobe Darstellung der Rechtsordnung und der Hierarchie der Normen.

GG:

Grundsätze des
Art. 79 Abs. 3 GG
(Ewigkeitsgarantie)

Unionsrecht:

Primärrecht (AEUV, EUV, GrCh)
Sekundärrecht (VO, RL)
Tertiärrecht

Bundesrecht:

Grundgesetz

Allgemeine Regeln des Völkerrechts
Formelle Bundesgesetze, EMRK
Rechtsverordnungen, Satzungen

Landesrecht:

16 Landesverfassungen
Formelle Landesgesetze
Rechtsverordnungen, Satzungen

Grundlagen des Datenschutzrechts 13

Einige Grundlagen sind für das Verständnis des Datenschutzrechts wichtig. Sicherlich kann man auch rechtmäßig handeln, wenn man noch nie von der Geschichte des Datenschutzes gehört hat – aber die Einordnung fällt doch leichter.

13.1 Entwicklung des Datenschutzes

Im Folgenden sollen die wichtigsten historischen Entwicklungen im Bereich Datenschutz skizziert werden. Sie sind wichtig für das Verständnis von Zweck, Struktur und Grundsätzen des Datenschutzes.

Das Bedürfnis nach einem „allgemeinen Datenschutz" wurde relativ spät erkannt. Es kam erst in den 1970er-Jahren auf, als (für damalige Verhältnisse) leistungsfähige Großrechner eingeführt wurden.[1] Die Angst davor, zum „gläsernen Bürger"[2] zu werden, von dem insbesondere der Staat alles weiß, traf auf die historische Erfahrung von Diktaturen gerade auch auf deutschem Boden, die nicht gezögert hatten, neue technische Entwicklungen und vorhandene Datensammlungen gegen die Menschen einzusetzen.[3]

Zuvor waren nur punktuelle Regelungen über besondere Schweigepflichten bekannt.

---

[1] Ronellenfitsch, Einige Bemerkungen zur Konjunktur des Datenschutzes, LKRZ 2009, 450, 451.

[2] Oder zum „Plastinat", wie Ronellenfitsch im Zusammenhang mit dem Datenschutz im Gesundheitsweisen schrieb, Ronellenfitsch, in: Manssen/Jachmann/Gröpl (Hrsg.), Nach geltendem Verfassungsrecht, Festschrift für Udo Steiner zum 70. Geburtstag, 2009 (Sonderdruck), S. 645.

[3] George Orwells Roman „Neunzehnhundertvierundachzig" aus dem Jahr 1948, in dem vollüberwachte, desinformierte, manipulierte und in sinnlosen Dauerkriegen gefügig gehaltene Gesellschaften skizziert werden, kombinierte die Erfahrung etwa von Nationalsozialismus und Stalinismus mit den (von Orwell prognostizierten) technischen Entwicklungen der Zukunft.

R. Petrlic et al., *Datenschutz*, https://doi.org/10.1007/978-3-658-39097-6_13

13.1.1 Punktuelle Diskretionsregelungen

Als älteste schriftlich fixierte Regelung einer Schweigepflicht gilt wohl der Eid des Hippokrates,[4] der diesen seinen Schülern abverlangte, die den Beruf des Arztes bei ihm erlernten, und die wiederum ihre Schüler entsprechend verpflichten sollten usw. Dies war freilich zunächst keine gesetzliche, sondern eine vertragliche Regelung.

Neben Verbote z. B. des sexuellen Missbrauchs von Patienten trat darin die Verpflichtung, über die in Ausübung des Berufes bekanntgewordenen Tatsachen zu schweigen.[5] Beides entspringt demselben Gedanken: der Patient ist auf die Hilfe des Arztes angewiesen und ihm ausgeliefert. Er soll diese Hilfe ohne Angst vor (sexuellem oder informationellem) Missbrauch in Anspruch nehmen können.

In einer ähnlichen Lage ist nach Vorstellung christlicher Lehre der „Sünder", also Jedermann. Man soll sein Gewissen erleichtern und Vergebung der Sünden erfahren können, indem man vor einem Priester die Beichte ablegt. Die Menschen nahmen diese religiöse Verpflichtung über die Jahrhunderte sehr ernst. Die Pflicht, sich einem Anderen anzuvertrauen, machte es sinnvoll, das Beichtgeheimnis einzuführen, was im Jahre 1215 geschah.[6]

Zu den ältesten Grundrechtsverbürgungen gehört das Recht auf Unverletzlichkeit der Wohnung (heute in Art. 13 GG geregelt). Es wurde schon in der englischen Magna Charta (ebenfalls von 1215), dem wohl ersten Grundrechtskatalog der Welt, berücksichtigt – wenn auch deren Gehalt nicht mit Grundrechtsverbürgungen eines modernen Rechtsstaats vergleichbar ist.[7] Aber immerhin: „my home is my castle": was in der Wohnung vor sich geht, geht den Staat (grundsätzlich[8]) nichts an.[9]

Wo immer in der zunehmend arbeitsteilig und privatnützig werdenden Gesellschaft die Notwendigkeit entstand, sich anderen anzuvertrauen, wurden besondere „Geheimnisse" erschaffen. Auf die Etablierung von Botendiensten (abseits „eigener" Boten etwa von Herrschern) folgte das Briefgeheimnis, die Erfindung des Funks und der Telegraphie erforderte ein Fernmeldegeheimnis.

---

[4] Wobei Urheberschaft und zeitliche Einordnung nicht völlig geklärt zu sein scheinen, vgl. https://de.wikipedia.org/wiki/Eid_des_Hippokrates (Stand: 18.9.2020).

[5] Ronellenfitsch, in: Manssen/Jachmann/Gröpl (Hrsg.), Nach geltendem Verfassungsrecht, Festschrift für Udo Steiner zum 70. Geburtstag, 2009 (Sonderdruck), S. 648.

[6] Ronellenfitsch, in: Manssen/Jachmann/Gröpl (Hrsg.), Nach geltendem Verfassungsrecht, Festschrift für Udo Steiner zum 70. Geburtstag, 2009 (Sonderdruck), S. 648.

[7] Ronellenfitsch, in: Kühl/Reichold/Ronellenfitsch (Hrsg.), Einführung in die Rechtswissenschaft, 3. Aufl. 2019, § 22 Rn. 3 (S. 288).

[8] Siehe zum Wort „grundsätzlich" die Ausführungen zu (fach-) sprachlichen Unterschieden auf S. 1 f.

[9] Vgl. Ronellenfitsch, in: Kühl/Reichold/Ronellenfitsch (Hrsg.), Einführung in die Rechtswissenschaft, 3. Aufl. 2019, § 24 Rn. 19 (S. 301).

Mit Einführung von demokratischen Wahlen wurde Wert auf die Geheimheit der Wahl gelegt.[10] Diese Ausprägung des Datenschutzes deutet bereits an, dass Datenschutz nicht nur Diskretionsschutz ist, sondern Funktionsvoraussetzung für ohne Angst vor Repressalien stattfindende Wahlen – und damit konstitutiv für eine Demokratie ist.[11]

Wer seine Vermögensverhältnisse aus steuerrechtlichen Gründen dem Finanzamt offenbaren muss, vertraut darauf, dass das Steuergeheimnis[12] gewahrt werde. Wer einen Rechtsanwalt braucht, hofft auf die anwaltliche Schweigepflicht.[13]

Als frühe Paparazzi nach dem Tode Otto von Bismarcks 1898 in dessen Schlafzimmer eindrangen, den Leichnam im Bett „hübsch" zurechtlegten und fotografierten, um das Bild in der Presse zu veröffentlichen, war die Empörung darüber so groß, dass 1907 das Recht am eigenen Bild – mit Schutzwirkung auch zugunsten Verstorbener – im Kunsturhebergesetz geregelt wurde.[14] Dieses gilt insoweit in umstrittenem Umfang bis heute.[15]

Diese punktuelle Entwicklung verschiedener Diskretionsregelungen ist eine Erklärung für die Verstreutheit derartiger Normen in vielen Gesetzen. Datenschutzrecht ist eben nicht als ein eigenständiges Rechtsgebiet gewachsen, sondern als Querschnittsmaterie in vielen anderen Regelungsbereichen mitgeregelt worden, wenn ein Bedürfnis hierfür deutlich wurde.

13.1.2 Allgemeine Datenschutzgesetze

Mit Aufkommen moderner Computersysteme erkannte man deren Potential, einzelne Menschen umfassend und umfassend alle Menschen zu erfassen. Dies wurde als Bedrohung wahrgenommen, gerade auch nach den Erfahrungen mit deutschen und anderen Diktaturen.[16]

Die damalige Vorstellung war es, dass in Großrechnern Datensammlungen zentralisiert und dann gegen die Menschen genutzt würden.[17]

---

[10] Gem. Art. 38 Abs. 1 S. 1 gilt: „die Abgeordneten des Deutschen Bundestages werden in allgemeiner, unmittelbarer, freier, gleicher und geheimer Wahl gewählt".

[11] BVerfGE 65, 1.

[12] § 30 AO.

[13] Zu dieser und weiteren beruflichen Schweigepflichten vgl. § 203 StGB.

[14] Zu diesem Ereignis und seinen Folgen vgl. Götting, in: Schricker/Loewenheim (Hrsg.), Urheberrecht, 6. Auflage 2020, § 22 KUG, Rn. 1 ff, 3.

[15] Dazu unten, ab Abschn. 18.2.

[16] Ronellenfitsch, in: Kühl/Reichold/Ronellenfitsch (Hrsg.), Einführung in die Rechtswissenschaft, 3. Aufl. 2019, § 24 Rn. 4 ff. (S. 323).

[17] Ronellenfitsch, Einige Bemerkungen zur Konjunktur des Datenschutzes, LKRZ 2009, 450, 451.

Diese Befürchtungen führten 1970 zum Erlass des weltweit ersten allgemeinen Datenschutzgesetzes in Hessen.[18] Ihm folgten ein Bundesdatenschutzgesetz (1977)[19] und entsprechende Gesetze in anderen westdeutschen Ländern sowie im Ausland.

1981 einigte sich der Europarat auf die Europäische Datenschutzkonvention.[20] Diese gilt seit 1985 und bis heute. Sie enthält bereits wichtige Grundsätze des modernen Datenschutzrechts.

1995 wurde in der damaligen Europäischen Gemeinschaft eine Datenschutz-Richtlinie erlassen.[21] Sie war die Vorgängernorm der DSGVO und wurde von dieser am 25.5.2018 abgelöst. Da sie als Richtlinie nicht unmittelbar galt, wurde sie in den Mitgliedstaaten umgesetzt. 2002 folgte, nachdem das Internet immer wichtiger geworden war, die Richtlinie 2002/58/EG, mit der der Datenschutz in der elektronischen Kommunikation geregelt wurde. Auch sie gilt noch heute,[22] weil Bestrebungen, sie durch eine ePrivacy-Verordnung abzulösen,[23] bislang nicht erfolgreich waren. Die Datenschutz-Richtlinie hatte – wie heute die DSGVO – zwei Zielrichtungen: sie sollte zunächst für ein einheitliches hohes Datenschutzniveau in der EU sorgen. Dieses war sodann Voraussetzung und Rechtfertigung für einen „freien Datenverkehr" innerhalb der EU, die ja auch ein Binnenmarkt ist und die interne Markthemmnisse abbauen will.

13.1.3 Das Volkszählungsurteil des BVerfG

Das wohl wichtigste Urteil des BVerfG auf dem Gebiet des Datenschutzes ist nach wie vor das Volkszählungsurteil.[24] Die 1970er-Jahre waren vom Terror der RAF geprägt.[25] Staatlicherseits wurde auch mit Mitteln der Informationstechnik versucht, dem Einhalt zu gebieten. Ein Beispiel hierfür ist die Rasterfahndung, mit deren Hilfe für sich genommen unverdächtige, aber relevante Einzelinformationen über Menschen zusammengetragen und mittels Kumulation und Ausschlussverfahren verdächtige Verhältnisse

---

[18] Ronellenfitsch, Einige Bemerkungen zur Konjunktur des Datenschutzes, LKRZ 2009, 450, 451.

[19] Ronellenfitsch, Einige Bemerkungen zur Konjunktur des Datenschutzes, LKRZ 2009, 450, 451.

[20] Übereinkommen zum Schutz des Menschen bei der automatischen Verarbeitung personenbezogener Daten (Konvention Nr. 108), http://conventions.coe.int/Treaty/GER/Treaties/Html/108.htm.

[21] Richtlinie 95/46/EG zum Schutz natürlicher Personen bei der Verarbeitung personenbezogener Daten und zum freien Datenverkehr, RL 95/46/EG.

[22] Allerdings inzwischen in geänderter Fassung, seit sie durch die „Cookie-Richtlinie" (2009/136/EG) geändert wurde.

[23] Der Gang der Gesetzgebung wird unter anderem dokumentiert unter https://rsw.beck.de/aktuell/gesetzgebung/gesetzgebungsvorhaben/e-privacy-verordnung.

[24] BVerfG, Urteil vom 15.12.1983, BVerfGE 65, 1.

[25] Petri, in: Lisken/Denninger (Hrsg.), Handbuch des Polizeirechts, 6. Auflage 2018, A, Rn. 83.

ermittelt wurden.[26] Auch vor diesem Hintergrund wurde das Volkszählungsgesetz 1983, mit dem umfassende verpflichtende Datenerhebungen verbunden waren, in der Öffentlichkeit äußerst misstrauisch, unter anderem mit Massendemonstrationen aufgenommen,[27] gerade weil diese Maßnahmen Befürchtungen befeuerten, der Staat könnte Grundrechte aushöhlen.

Mit dem Volkszählungsurteil wurde dieses Gesetz für teilweise verfassungswidrig erklärt. Gleichzeitig „fand" das BVerfG das „Recht auf informationelle Selbstbestimmung". Dieses wurde in die Vorschriften der Art. 2 Abs. 1 (Allgemeine Handlungsfreiheit) und Art. 1 Abs. 1 (Menschenwürdegarantie) hineininterpretiert. Während die allgemeine Handlungsfreiheit sehr leicht einschränkbar ist, ist die Menschenwürde unantastbar. Zwischen diesen sehr unterschiedlichen Polen „bewegt"[28] sich die Einschränkbarkeit des Rechts auf informationelle Selbstbestimmung.

Dieses Urteil und das damit „gefundene" Recht auf informationelle Selbstbestimmung sind der Kern des deutschen Datenschutzrechts. Gegenstand des Grundrechts ist das Recht eines Jeden, grundsätzlich selbst über die Preisgabe „seiner" personenbezogenen Daten zu entscheiden.[29] Eingriffe in dieses Recht sind möglich, benötigen aber eine Rechtsgrundlage. Wesentliches hat der demokratisch legitimierte Gesetzgeber dabei selbst zu regeln.[30]

13.2 Unterscheidung zwischen öffentlichem und nicht-öffentlichem Bereich

Wie bereits oben beschrieben ist Datenschutz ein Grundrecht.[31] Grundrechte sind vor allem Abwehrrechte gegen den Staat, prägen aber auch die Rechtsverhältnisse zwischen Privaten.[32]

Entsprechend ist auch im Bereich des Datenschutzes zu unterscheiden zwischen öffentlichem und nicht-öffentlichem Bereich. Dies meint nicht die Zugänglichkeit

---

[26] Schwabenbauer, in: Lisken/Denninger (Hrsg.), Handbuch des Polizeirechts, 6. Auflage 2018, G, Rn. 1058.

[27] Vgl. Ronellenfitsch, in: Manssen/Jachmann/Gröpl (Hrsg.), Nach geltendem Verfassungsrecht, Festschrift für Udo Steiner zum 70. Geburtstag, 2009 (Sonderdruck), S., 645, 650.

[28] Von einer „gleitenden Skala" spricht Ronellenfitsch, in: Kühl/Reichold/Ronellenfitsch (Hrsg.), Einführung in die Rechtswissenschaft, 3. Aufl. 2019, § 25 Rn. 5 (S. 323).

[29] BVerfG, Urteil vom 15.12.1983, BVerfGE 65, 1, LS 1.

[30] BVerfG, Urteil vom 15.12.1983, BVerfGE 65, 1, LS 2.

[31] Auf Unionsebene geregelt in Art. 7, 8 GrCh, auf deutscher Bundesebene geregelt in Art. 1 Abs. 1 i.V.m. Art. 2 Abs. 1 GG (Recht auf informationelle Selbstbestimmung).

[32] Guckelberger, JuS 2003, 1151, 1153, 1154.

geographischer Orte, sondern die Rechtsnatur verantwortlicher Stellen[33] – eben, ob sie dem Staat im weitesten Sinne zuzuordnen sind.

Grob gilt:

Zum nicht-öffentlichen Bereich gehören Unternehmen einschließlich Selbständiger und Freiberufler (z. B. Ärzte, Architekten, Anwälte usw.) sowie Vereine.

Zum öffentlichen Bereich zählen Bund und Länder sowie Kommunen (Gemeinden, Gemeindeverbände, Landkreise) und öffentliche Hochschulen, aber auch Beliehene (Privatpersonen mit Hoheitsrechten, wie z. B. Schornsteinfeger).

Eine Sonderrolle nehmen Rundfunkanstalten und Religionsgemeinschaften[34] ein.[35] Hierauf kann im Rahmen des vorliegenden Buches nicht weiter eingegangen werden.

Abgrenzungsprobleme ergeben sich, wo öffentliche Stellen sich an Gesellschaften in privater Rechtsform (z. B. GmbH, AG) beteiligen und wie Private handeln, z. B. privatrechtliche Verträge schließen. Zur Abgrenzung im Einzelnen vgl. § 1 Bundesdatenschutzgesetz (BDSG).

Während öffentliche Stellen **grundrechtsverpflichtet** sind, sind nicht-öffentliche Stellen selbst **grundrechtsberechtigt**. Damit ergeben sich ganz unterschiedliche Grundvoraussetzungen für Datenverarbeitungen.

Öffentliche Stellen dürfen nur ausnahmsweise Daten verarbeiten, wenn ein Gesetz dies erlaubt. Denn Datenverarbeitungen durch öffentliche Stellen sind Grundrechtseingriffe, die der Rechtfertigung bedürfen. Solche Rechtsgrundlagen sind entweder Ergebnis einer Abwägung zwischen dem Grundrecht und dem Zweck, dem die Rechtsgrundlage dient, oder sie sehen eine solche Abwägung vor.

Nicht-öffentliche Stellen dagegen können z. B. die Berufsfreiheit[36] geltend machen. Daher geht es hier um eine Abwägung zwischen den Grundrechten der Verantwortlichen[37] und dem Grundrecht auf Datenschutz der Betroffenen.

13.3   Zweck des Datenschutzes

Datenschutz schützt nicht Daten.[38] Er schützt Menschen vor den Folgen rechtswidriger Datenverarbeitung.

Hat die Menschheit keine wichtigeren Sorgen? Sicherlich. Wer in Lebensgefahr schwebt, braucht nicht primär Datenschützer. Und in der Tat weicht der Datenschutz

---

[33] Zu Rolle und Definition des „Verantwortlichen" vgl. unten, Abschn. 13.5.5.

[34] Zum kirchlichen Datenschutz vgl. Sydow (Hrsg.), Kirchlicher Datenschutz, 1. Aufl. 2021.

[35] Will, DuD 2020, 369, 371.

[36] Art. 12 GG.

[37] Zu Rolle und Definition des „Verantwortlichen" vgl. unten, Abschn. 13.5.5.

[38] Zilkens, in: Zilkens/Gollan (Hrsg.), Datenschutz in der Kommunalverwaltung, 5. Aufl. 2019, Kapitel 1 Rn. 6.

zurück, wenn Datenverarbeitung zur Behebung von Lebensgefahren wirklich erforderlich ist.[39]

Allerdings: viele Probleme in der Welt ließen sich einfacher lösen, wenn überall Demokratie, Rechtsstaatlichkeit und die Achtung der Menschenrechte verbreitet wäre. „Der Datenschutz" ist ein Baustein hierfür. Und viele Menschen wären nicht in Gefahr, wenn der jeweilige Staat oder private Organisationen sie nicht aufgrund von Verhaltens- oder anderen Merkmalen verfolgen würden, die eine im hiesigen Sinne rechtswidrige Datenverarbeitung voraussetzen.

Aber was soll schon passieren? Ist es wirklich so schlimm, wenn jemand erfährt, welche Website ein Mensch besucht hat? Wäre es nicht vielmehr sehr nützlich, wenn wir auf Datenschutz verzichten und z. B. der Polizei erlauben würden, darüber Buch zu führen, wer wann mit wem wie kommuniziert[40] oder wer wann wohin mit dem Auto fährt?[41]

Wer nichts zu verbergen hat, hat doch nichts zu befürchten.

Ist es nicht großartig, dass man jederzeit eine Maschine durch Spracheingabe nach allem Möglichem fragen kann – und sinnvolle, auf das eigene Leben abgestimmte Antworten erhält?

Das kann man so sehen. Und in der Tat gibt es Menschen, die die Abschaffung des Datenschutzes und totale Transparenz propagieren.[42]

Die Verarbeitung personenbezogener Daten bedeutet die Erschließung von Wissen über Menschen. Wissen ist Macht. Viel zu wissen, bedeutet viel Macht. Besonders gefährlich ist viel unkontrollierte und asymmetrisch verteilte Macht. Datenschutz will – wie alle Grundrechte – Macht und damit die Möglichkeit deren Missbrauchs begrenzen. Denn die „Profile" (man könnte auch sagen: „Dossiers"), die ständig und über Jahre über unser beobachtetes Verhalten angelegt werden, wenn wir dies nicht verhindern, können nicht nur verwendet werden, um uns mit „relevanter Werbung zu versorgen"[43] oder uns vor Terroristen zu schützen. Sie können auch gegen uns selbst gewendet werden. Etwa, indem der Online-Shop die Preise erhöht, wenn er erkennt, dass wir mit teuren Geräten „surfen" oder uns gar nichts verkauft, wenn zu viele unserer Facebook-Freunde pleite sind. Oder wir schaffen es am Flughafen nicht mehr durch die Passkontrolle, weil wir uns bei Twitter über einen Despoten geäußert haben, dessen Land wir gerade verlassen wollen.

Interessieren sich fremde Geheimdienste wirklich für die Schulnoten unserer Kinder? Sollten wir „Schulclouds" nicht einfach in das Land verlegen, in dem die fähigsten

---

[39] Vgl. Art. 6 Abs. 1 UAbs. 1 lit d DSGVO.

[40] Zur Vorratsdatenspeicherung von Telekommunikations-Verbindungsdaten Ziebarth, ZUM 2017, 398.

[41] Zur automatisierten Kennzeichenerfassung Ziebarth, CR 2015, 687.

[42] Gelegentlich tun sie das auch indirekt, indem sie den Verantwortlichen zum Mitbetroffenen umdeklarieren und damit aus der Tatsache der Verarbeitung auf eine Verarbeitungsbefugnis fehl-schließen, so Giesen, Euphorie ist kein Prinzip des Rechtsstaats, in: Stiftung Datenschutz (Hrsg.), DatenDebatten, Band 1, 2016, S. 23, ff.

[43] Dazu Ziebarth, VuR 2018, 257.

Anbieter sitzen? Vermutlich interessieren sich ausländische Geheimdienste nicht für jede Note jedes Schülers. Aber welch umfassende Datensammlung steht ihnen zur Verfügung, wenn wir ihnen über Jahrzehnte zu allen Schülern alle Daten liefern? Findet ein fremder Geheimdienst eines Tages zu jedem Wahlbewerber erpressungstaugliches Material – und entscheidet dann durch gezielte Indiskretion, wie die Wahl ausgehen wird?[44] Was soll ihn daran hindern, wenn unsere „digitalisierten Schulen" seinem Land Daten über Generationen von Schülern frei Haus geliefert haben? Wenn wir aus Unfähigkeit und Ignoranz unsere digitale Souveränität aufgegeben haben?

Und wie schützen wir uns vor Kriminellen, die unsere Daten erfahren wollen – angefangen von der ausgespähten PIN der Bankkarte hin zum auf „Social Engineering"[45] beruhendem Identitätsdiebstahl?

Es zeigt sich: Datenschutz hat mindestens drei Schutzdimensionen.

Neben den individuellen Schutz von Intim- und Privatsphäre, aber auch Reputation (die je nach den Zusammenhängen für den individuellen Menschen existenziell sein kann), tritt der Schutz vor Kriminalität und der Schutz der Funktionsfähigkeit des demokratischen Gemeinwesens. In diesem Zusammenhang führte das BVerfG im Volkszählungsurteil aus:

„Mit dem Recht auf informationelle Selbstbestimmung wären eine Gesellschaftsordnung und eine diese ermöglichende Rechtsordnung nicht vereinbar, in der Bürger nicht mehr wissen können, wer was wann und bei welcher Gelegenheit über sie weiß. Wer unsicher ist, ob abweichende Verhaltensweisen jederzeit notiert und als Information dauerhaft gespeichert, verwendet oder weitergegeben werden, wird versuchen, nicht durch solche Verhaltensweisen aufzufallen. Wer damit rechnet, daß etwa die Teilnahme an einer Versammlung oder einer Bürgerinitiative behördlich registriert wird und daß ihm dadurch Risiken entstehen können, wird möglicherweise auf eine Ausübung seiner entsprechenden Grundrechte (Art. 8, 9 GG) verzichten.

Dies würde nicht nur die individuellen Entfaltungschancen des Einzelnen beeinträchtigen, sondern auch das Gemeinwohl, weil Selbstbestimmung eine elementare Funktionsbedingung eines auf Handlungsfähigkeit und Mitwirkungsfähigkeit seiner Bürger begründeten freiheitlichen demokratischen Gemeinwesens ist."[46]

---

[44] Vgl. nur das „Ibiza-Video", das in Österreich den Bundesinnenminister zum Rücktritt, zu Neuwahlen und zur Bildung einer neu zusammengesetzten Bundesregierung geführt hatte. Es ist leicht, das gut zu finden, wenn es den „richtigen" trifft. Aber wer entscheidet, wer der richtige ist, und mit welcher Intention wurde das Video zuerst aufgenommen und später veröffentlicht? Welche Videos wurden nicht veröffentlicht? Wer hat die Macht, eine demokratisch gewählte Bundesregierung zu stürzen?

[45] Lehrreich dazu Schumacher, Die Datenschleuder 94/2010, S. 52 ff., https://ds.ccc.de/pdfs/ds094. pdf.

[46] BVerfGE 65, 1, C. II 1 a.

„Der Datenschutz" dient also als Grundrecht der Verhinderung von Machtmissbrauch durch staatliche und private Akteure. Er dient aber auch der demokratischen Teilhabe und damit der Funktionsfähigkeit unseres demokratischen Gemeinwesens. Er ist damit von existenzieller Bedeutung.

Soweit Datenschutz die technische Datensicherheit verbessert, dient er darüber hinaus auch etwa dem Schutz von Geschäfts- oder Staatsgeheimnissen. Dies ist aber eher eine Nebenfolge.

13.4 Wichtige Gesetze

Die folgende Darstellung kann sich nur auf die wichtigsten Gesetze beschränken. Insbesondere den öffentlichen Bereich mit seinen vielen Spezialgesetzen kann sie nicht annähernd abbilden. Für einen Überblick ist das aber auch ausreichend.

13.4.1 Wichtige Rechtsakte auf Ebene der Europäischen Union

Die VO (EU) 2018/1725

Mit der Verordnung VO (EU) 2018/1725 wird der Datenschutz in den EU-Institutionen geregelt. Auch der Europäische Datenschutzbeauftragte als unabhängige Aufsichtsbehörde hat hier seine gesetzliche Grundlage. Die Verordnung trifft weitgehend ähnliche Regelungen wie die DSGVO. Sie hat, wie in Art. 2 Abs. 3 DSGVO angekündigt, die VO (EG) 45/2001 abgelöst.

Sie ist nur für die EU-Institutionen von Bedeutung und für Menschen, die mit ihnen zu tun haben. Auf sie wird im Folgenden daher nicht mehr eingegangen.

Die Datenschutz-Grundverordnung

Mittlerweile ist die Datenschutz-Grundverordnung (DSGVO)[47] der zentrale Rechtsakt bezüglich des Datenschutzes in Europa. Die DSGVO gilt in der EU und dem EWR unmittelbar. Sie ist seit 25. Mai 2016 in Kraft und gilt seit 25. Mai 2018 (Art. 99 DSGVO).

Sie regelt fast alle Fragen des Datenschutzes für fast alle Bereiche.

Sie gilt sowohl für öffentliche als auch für nichtöffentliche Stellen.

Sie heißt „Grund"-Verordnung, weil sie durch bestehende oder künftige Spezialnormen ergänzt wird, die sie entweder weiter konkretisieren oder in bestimmten Bereichen

---

[47] Verordnung EU/2016/679 des Europäischen Parlaments und des Rates vom 27. April 2016 zum Schutz natürlicher Personen bei der Verarbeitung personenbezogener Daten, zum freien Datenverkehr und zur Aufhebung der Richtlinie 95/46/EG.

bereichsspezifische Sonderregelungen schaffen (werden). Vgl. dazu die e-Privacy-RL[48] oder die „delegierten Rechtsakte", die von der Kommission erlassen werden können.[49] Die DSGVO ist auch der im Rahmen dieses Buches zentral behandelte Rechtsakt. Sie ist allerdings u. a. für folgende Bereiche nicht anwendbar:

- Datenverarbeitung durch natürliche Personen für privat-familiäre Tätigkeiten (Art. 2 Abs. 2 lit c DSGVO). Wer also etwa ein Adressbuch auf dem privaten Smartphone hat, ohne es beruflich zu nutzen, muss hierfür die DSGVO nicht beachten. Trotzdem gebietet zumindest der Anstand, sorgfältig mit diesen Daten umzugehen und sie nicht etwa leichtfertig jedem App-Hersteller zur Verfügung zu stellen.
- Datenverarbeitung, die weder automatisiert durchgeführt wird, noch die Speicherung in einem „Dateisystem"[50] umfasst oder vorbereitet. Eine ungeordnete Zettelsammlung wäre hierfür ein Beispiel. Die herrschende Meinung hält allerdings automatisierte Datenverarbeitung schon dann für gegeben, wenn eine Datenverarbeitungsanlage (z. B. ein Computer oder ein Smartphone) beteiligt ist. Wer also mittels Computers einen Brief schreibt oder ein Foto speichert, soll automatisierte Datenverarbeitung betreiben. Auf eine automatisierte Auswertung soll es gerade nicht ankommen.[51]
- Datenschutz bei den EU-Institutionen. Dafür ist eine Parallelnorm, nämlich die VO EU/2018/1725,[52] anwendbar (dazu bereits oben unter Abschn. 13.4.1).
- Rechtsbereiche, die nicht in die Gesetzgebungskompetenz der EU fallen. Hierauf nimmt Art 2 Abs. 2 lit a DSGVO Rücksicht, ohne jedoch zu verraten, welche Bereiche das sind. Die EU hat keine umfassende Gesetzgebungskompetenz. Es gilt der Grundsatz der begrenzten Einzelermächtigung.[53] Damit müsste eigentlich klar sein, wo EU-Recht gilt und wo nicht. Allerdings ist eine abschließende Sammlung soweit ersichtlich nirgends aufzufinden, was auch an der Dynamik der Entwicklung des EU-Rechts und der Rechtsprechung des EuGH liegen könnte.

---

[48] Richtlinie 2002/58/EG des Europäischen Parlaments und des Rates vom 12. Juli 2002 über die Verarbeitung personenbezogener Daten und den Schutz der Privatsphäre in der elektronischen Kommunikation (Datenschutzrichtlinie für elektronische Kommunikation) – in der durch die Cookie-RL (2009/136/EG) geänderten Fassung.

[49] Dazu Sydow, in: Sydow (Hrsg.), DSGVO, 2. Aufl. 2018, Art. 92 Rn. 1 ff.

[50] Zum Begriff des Dateisystems vgl. Art. 4 Nr. 6 DSGVO und die unten folgenden Ausführungen zu wichtigen Begriffsbestimmungen (Abschn. 13.5).

[51] Kritisch dazu Ziebarth, ZD 2014, 394, 398 f.

[52] Verordnung (EU) 2018/1725 des Europäischen Parlaments und des Rates vom 23. Oktober 2018 zum Schutz natürlicher Personen bei der Verarbeitung personenbezogener Daten durch die Organe, Einrichtungen und sonstigen Stellen der Union, zum freien Datenverkehr und zur Aufhebung der Verordnung (EG) Nr. 45/2001 und des Beschlusses Nr. 1247/2002/EG.

[53] Ennöckl, in: Sydow (Hrsg.), DSGVO, 2. Aufl. 2018, Art 2 Rn. 8.

- Nicht in den Anwendungsbereich des Unionsrechts fällt etwa der parlamentarische Bereich in den Mitgliedstaaten, weshalb die DSGVO nicht auf diese Tätigkeit anwendbar ist.[54] Genannt wird ferner die nationale Sicherheit.[55]
- Die DSGVO gilt gem. Art. 2 Abs. 2 lit b nicht für Tätigkeiten, die in den Anwendungsbereich von Titel V Kapitel 2 EUV fallen. Dies betrifft die Gemeinsame Sicherheits- und Außenpolitik (GASP).[56]
- Die DSGVO gilt gem. Art. 2 Abs. 2 lit d DSGVO nicht für den Bereich der „Verhütung, Ermittlung, Aufdeckung oder Verfolgung von Straftaten oder der Strafvollstreckung". Dafür gilt die JI-RL (dazu sogleich).

Die JI-RL

Die JI-RL[57] schließt die Lücke, die dadurch entsteht, dass die DSGVO für den Bereich der „Verhütung, Ermittlung, Aufdeckung oder Verfolgung von Straftaten oder der Strafvollstreckung" nicht anwendbar ist („JI" steht für „Justiz und Inneres"). Sie enthält ähnliche Regelungen wie die DSGVO, sie sind – mit Rücksicht auf die mitgliedstaatlichen Gesetzgeber und deren Regelungsspielraum – häufig aber abgeschwächt. So werden den Datenschutz-Aufsichtsbehörden weniger Befugnisse und den Betroffenen tendenziell weniger Rechte zugestanden als in der DSGVO.

Als Richtlinie (RL) gilt sie nicht unmittelbar, sondern muss durch mitgliedstaatliches Recht umgesetzt werden. Das geschieht in Deutschland auf Bundesebene v. a. durch das BDSG und bundesrechtliche Spezialgesetze (z. B. BPolG oder BKAG), auf Landesebene durch das jeweilige Landesdatenschutzgesetz oder landesrechtliche Spezialgesetze (in Baden-Württemberg z. B. das PolG oder das Justizvollzugsgesetzbuch).

Die ePrivacy-RL

Auch die ePrivacy-RL[58] ist eine Richtlinie. Sie regelt u. a. die Vertraulichkeit bei der Nutzung elektronischer Kommunikationsnetze und elektronischer Informationsdienste. Sie

---

[54] S. dazu die Ausführungen zum Landesrecht; zur Anwendbarkeit der DSGVO auf die Tätigkeit von parlamentarischen Petitionsausschüssen vgl. aber EuGH, Urteil vom 09. Juli 2020 – C-272/19.

[55] Ennöckl, in: Sydow (Hrsg.), DSGVO, 2. Aufl. 2018, Art 2 Rn. 8.

[56] Ennöckl, in: Sydow (Hrsg.), DSGVO, 2. Aufl. 2018, Art 2 Rn. 9.

[57] Richtlinie (EU) 2016/680 des Europäischen Parlaments und des Rates vom 27. April 2016 zum Schutz natürlicher Personen bei der Verarbeitung personenbezogener Daten durch die zuständigen Behörden zum Zwecke der Verhütung, Ermittlung, Aufdeckung oder Verfolgung von Straftaten oder der Strafvollstreckung sowie zum freien Datenverkehr und zur Aufhebung des Rahmenbeschlusses 2008/977/JI des Rates.

[58] Richtlinie 2002/58/EG DES EUROPÄISCHEN PARLAMENTS UND DES RATES vom 12. Juli 2002 über die Verarbeitung personenbezogener Daten und den Schutz der Privatsphäre in der elektronischen Kommunikation (Datenschutzrichtlinie für elektronische Kommunikation) (ABl. L 201 vom 31.7.2002, S. 37).

regelt auch solche Vorgänge, die keine Verarbeitung personenbezogener Daten darstellen
und schützt damit auch die Vertraulichkeitserwartungen Juristischer Personen.

Da auch sie als Richtlinie nicht unmittelbar gilt, wurde sie in Deutschland u. a. durch
das TT-DSG umgesetzt.[59]

Die Richtlinie wurde 2002 erlassen und 2009 geändert.[60] Die EU stellt auf ihren
Seiten sowohl die Originalfassung, als auch eine „konsolidierte Fassung"[61] bereit, also
eine Fassung, in der die Änderungen enthalten sind. Die Unterschiede sind teils erheblich,
sodass darauf geachtet werden muss, ob der aktuelle Text vorliegt oder nicht. Dies betrifft
insbesondere Art. 5 Abs. 3 der RL, der das Web- und Apptracking nur mit Einwilligung
erlaubt.[62]

Die ePrivacy-VO
Die seit langem angekündigte ePrivacy-VO war dagegen bei Redaktionsschluss für dieses
Buch weder beschlossen noch ihr Beschluss absehbar.

Der Kodex für die elektronische Kommunikation
Der Kodex für elektronische Kommunikation ist wiederum eine europäische Richtlinie,
nämlich die RL (EU) 2018/1972. Der Kodex enthält nicht primär datenschutzrechtliche
Regelungen. Er dient der allgemeinen Wirtschaftsregulierung. Es werden Vorgaben
hinsichtlich der Regulierung der betroffenen Branchen gemacht – damit die Regulierung
möglichst einheitlich erfolgt und damit den Binnenmarkt möglichst wenig hemmt. Die
Richtlinie war bis Dezember 2020 umzusetzen, was nur zögerlich, in Deutschland mit
Änderungen des TKG und Einführung des TT-DSG (s. unten, Abschn. 13.4.2) geschehen
ist.

13.4.2 Wichtige Gesetze auf Ebene der Bundesrepublik Deutschland

Das Bundesdatenschutzgesetz
Das BDSG ist das zentrale Datenschutzgesetz des Bundes. Es soll ganz unterschiedlichen
Anforderungen gerecht werden, nämlich:

---

[59] Vgl. unten, Abschn. 18.3.3.

[60] Durch die Cookie-RL (Art. 3 Nr. 5 RL 2009/136/EG DES EUROPÄISCHEN PARLAMENTS
UND DES RATES vom 25. November 2009). Seit dem nennen Manche auch die ePrivacy-RL nun
Cookie-RL.

[61] https://eur-lex.europa.eu/legal-content/DE/TXT/HTML/?uri=CELEX:02002L0058-20091219&
from=DE.

[62] Dazu näher unten, Abschn. 18.3.

- Es soll die Regelungsaufträge erfüllen, die sich aus der DSGVO ergeben, und hierbei relevante Unterschiede zwischen öffentlichen und nichtöffentlichen Stellen beachten und regeln.
- Es soll Regelungsspielräume aus der DSGVO nutzen und zugleich die Regelungsaufträge erfüllen, die sich aus der JI-RL ergeben. Dazu muss es unterscheiden zwischen Tätigkeiten, die der „Verhütung, Ermittlung, Aufdeckung oder Verfolgung von Straftaten oder der Strafvollstreckung" dienen (JI-RL), und anderen behördlichen Tätigkeiten (DS-GVO). Wichtig ist es, zu verstehen, dass der gesamte Teil 3 des BDSG (§§ 45–84) ausschließlich den erstgenannten Bereich betrifft.
- Es soll auch Regelungen für die Fälle enthalten, in denen weder DSGVO noch JI-RL anwendbar sind, vgl. Teil 4 BDSG (§§ 85, 86 BDSG).

Das BDSG enthält daher Konkretisierungen von Vorschriften der DSGVO, z. B. betreffend die Errichtung, Aufgaben und Befugnisse des Datenschutz-Aufsichtsbehörde auf Bundesebene[63] (8–21 BDSG) oder Abschwächungen von Pflichten Verantwortlicher (§§ 32 ff.).

Verschärft wird dagegen z. B. die Pflicht, betriebliche Datenschutzbeauftragte zu benennen, indem sie auf mehr Unternehmen ausgedehnt wird (§ 38 BDSG).

Sicherheitsbehördengesetze des Bundes

Polizeirecht ist Ländersache. Trotzdem unterhält der Bund eine Vielzahl von Gefahrenabwehr- und Strafverfolgungsbehörden sowie drei Geheimdienste. Deren Tätigkeit ist i. d. R. in je einem Gesetz pro Behörde geregelt.

Diesen Behörden stehen oft eingriffsintensive Maßnahmen zur Verfügung, wie etwa die Überwachung des Post- und Telekommunikationsverkehrs, das Abhören von Wohnungen oder Online-Durchsuchungen. Normen, die derartiges erlauben, müssen datenschutzrechtliche Garantien enthalten, die diese intensive staatliche Machtausübung rechtsstaatlich umhegen.[64] Im Rahmen dieses Buches kann nur auf die wichtigsten Behörden und dazugehörigen Gesetze verwiesen werden. Es sind dies folgende Behörden: Bundespolizei, Bundeskriminalamt, Zollfahndungsdienst, Bundesamt für Verfassungsschutz, Militärischer Abschirmdienst, Bundesnachrichtendienst.

Nicht alle dieser Behörden operieren im Anwendungsbereich des Unionsrechts, sodass das jeweilige Gesetz nicht unbedingt die JI-RL umsetzen muss.

Das Bundesmeldegesetz

Das Bundesmeldegesetz regelt die Melderegister. Wer eine Wohnung bezieht (oder auszieht), hat sich bei der zuständigen Meldebehörde anzumelden (oder abzumelden), vgl. § 17 Abs. 1 und 2 BMG.

---

[63] Dies ist der Bundesbeauftragte für den Datenschutz und die Informationsfreiheit (BfDI).

[64] Näher Ziebarth, Online-Durchsuchung, 2013, passim.

Die Melderegister enthalten zahlreiche Daten über nahezu die gesamte Bevölkerung. Das BMG regelt, wer unter welchen Umständen diese Daten erhalten kann.

Bezüglich einiger Zwecke können Betroffene Widerspruch dagegen einlegen, dass „ihre" Meldedaten weitergegeben werden. Etwa gegen die Weitergabe zu Zwecken der Werbung durch die Bundeswehr (§ 36 Abs. 2 BMG)[65] oder durch Parteien, zur Aufnahme in ein Adressbuch oder zur Gratulation bei Geburts- und Jahrestagen durch Veröffentlichung in den Medien (§ 50 Abs. 5 BMG) sowie gegen die Weitergabe an Kirchen, denen der Betroffene nicht angehört (§ 42 Abs. 3 S. 2 BMG).[66]

Die Bücher des Sozialgesetzbuchs

Das Sozialgesetzbuch ist ein Gesetzeswerk großen Umfangs. Es regelt z. B. die Sozialhilfe, Rentenversicherung, Krankenversicherung, das Schwerbehindertenrecht, die Kinder- und Jugendhilfe, die Arbeitslosenversicherung u.v.m. Dazu ist es in verschiedene „Sozialgesetzbücher" aufgeteilt, die jeweils eine Sachmaterie regeln.

So regelt das Erste Buch Sozialgesetzbuch (SGB I) gemeinsame Grundlagen, zu denen das in § 35 SGB I geregelte Sozialgeheimnis gehört.[67] Weitere spezielle Gesetze gelten als Teile des SGB, etwa das BAföG.

Das Zehnte Buch Sozialgesetzbuch (SGB X) normiert das Sozialverwaltungsverfahren einschließlich des Sozialdatenschutzes. Diese Datenschutzvorschriften werden ergänzt durch noch bereichsspezifischere Regelungen in den weiteren „Sozialgesetzbüchern". Große Bedeutung hat z. B. das Achte Buch Sozialgesetzbuch (SGB VIII),[68] das den Bereich der Kinder- und Jugendhilfe betrifft. Wie Kindertageseinrichtungen Daten verarbeiten dürfen, welche Stellen welche Daten im Falle von Kindeswohlgefährdungen oder besonderen Förderbedarfen austauschen dürfen, wird hier geregelt. Dabei ist es nicht immer einfach, das Zusammenspiel der Normen z. B. aus SGB X, SGB VIII und den Verschwiegenheitsverpflichtungen aus § 201 StGB zu durchschauen.

---

[65] Dies betrifft freilich nur die Werbung für den freiwilligen Dienst in den Streitkräften. Wehrpflichtige können nicht verhindern, dass ihre Daten gem. § 15 Wehrpflichtgesetz weitergegeben werden. Dieser gilt ausweislich § 2 Wehrpflichtgesetz derzeit aber nur im Verteidigungs- oder Spannungsfall (Art. Art. 115a, 80a GG).

[66] Näher Zilkens in: Zilkens/Gollan (Hrsg.), Datenschutz in der Kommunalverwaltung, 5. Aufl. 2019, Rn. 504 ff., 523.

[67] Näher Janzen in: Zilkens/Gollan, Datenschutz in der Kommunalverwaltung, 5. Aufl. 2019, Rn. 295 ff.

[68] Dieses Gesetz wurde eingeführt durch das Kinder- und Jugendhilfegesetz (KJHG) und ist deshalb – gerade in sozialpädagogischen Fachkreisen – auch selbst unter dieser Bezeichnung bekannt.

Telekommunikations-Telemedien-Datenschutz-Gesetz

Das Telekommunikations-Telemedien-Datenschutz-Gesetz (TT-DSG) löste zum 1. Dezember 2021 in datenschutzrechtlicher Hinsicht das Telekommunikationsgesetz (TKG) und das Telemediengesetz (TMG) ab.

Das TKG regelte den Datenschutz – grob gesprochen – bei der Nutzung von Telekommunikationsdiensten (Telefon, SMS und dergleichen). Sein datenschutzrechtlicher Schwerpunkt lag also auf der Gewährleistung des Fernmeldegeheimnisses.

Das TMG regelte den Datenschutz bei der Nutzung von Telemediendiensten (Ansehen einer Website, Nutzung von Apps u.ä.). Es schützte z. B. vor der Infiltration der Endgeräte der Verbraucher und vor Nutzerbeobachtung und Profilbildung beim „Surfen" im Internet. Es regelte etwa, dass Cookies und sonstige Informationen auf den Endgeräten der Nutzer nur gespeichert und von dort wieder ausgelesen werden dürfen, wenn dies zur Erbringung eines vom Nutzer nachgefragten Dienstes im Wortsinne erforderlich ist (§ 15 Abs. 1 S. 1 TMG).[69]

Die beiden Bereiche voneinander abzugrenzen, ist nicht immer einfach, zumal die zunehmende Konvergenz der Medien zu Mischformen führt.

So entschied etwa der EuGH, dass der Dienst Google Mail kein elektronischer Kommunikationsdienst sei.[70] Damit muss Google insoweit die spezifischen Pflichten eines Anbieters von Diensten elektronischer Kommunikation nicht erfüllen. Dies dürfte sich mit dem Inkrafttreten des TT-DSG geändert haben.[71]

Beide Gesetzte, das TKG und das TMG dienten, soweit um ihre datenschutzrechtlichen Inhalte ging, teilweise der Umsetzung der ePrivacy-RL.

Diese Aufgabe übernimmt nun das TT-DSG, das in seinem Teil 2 den „Datenschutz und Schutz der Privatsphäre in der Telekommunikation" und in seinem Teil 3 den „Telemediendatenschutz" und den Schutz der Endeinrichtungen regelt. Auch das TT-DSG dient insoweit teilweise der Umsetzung der ePrivacy-RL. Sollte zukünftig eine ePrivacy-VO erlassen werden, wird es insoweit wieder obsolet werden.

13.4.3 Wichtige Gesetze auf Ebene der deutschen Bundesländer

Die Länder regeln „den Datenschutz" bei der Tätigkeit ihrer Behörden und sonstigen öffentlichen Stellen in einer Vielzahl von Spezialgesetzen, etwa in Beamten-, Schul-, Hochschul-, Polizei- und allgemein in Landesdatenschutzgesetzen.

Letztere regeln auch die Einzelheiten bezüglich Zuständigkeit, Aufgaben und Befugnissen der Landesdatenschutzbehörden.

---

[69] Zu Abs. 3 vgl. unten, Abschn. 18.3.3, Abschn. 18.3.3.

[70] EuGH, Urteil vom 13.6.2019, Rs. C-193/18 (Gmail).

[71] So die Bundesregierung in ihrem Gesetzentwurf, BT-Drs. 19/27441, S. 33.

13.5   Wichtige Begriffe des Datenschutzes

Naturwissenschaft und Technik bedienen sich der Mathematik als Hilfswissenschaft.[72] Wer hier einen Gedanken ausdrücken will, kann ihn in die Form mathematischer Formeln bringen. Diese sind für den Laien zwar schwer verständlich, für den Kenner aber umso unmissverständlicher.

Die Rechtswissenschaft muss i. d. R. ohne mathematische Formeln auskommen. Die Sprache der Rechtswissenschaft ist eben die menschliche Sprache. Diese hat den Vorteil, allgemein verständlich zu sein, jedenfalls im jeweiligen Land. Sie hat aber den Nachteil, nicht immer präzise und nicht aus sich selbst heraus verständlich zu sein.[73] Denn was genau sind „Daten", was „natürliche Personen" und was „Verarbeitung"?

Begriffen und damit Normen Inhalt zu geben, wird als „Auslegung" bezeichnet. Gesetze, Verträge und andere Erklärungen müssen oft richtig „ausgelegt" werden, um zu verstehen, was gemeint ist.[74]

Manche Begriffe werden in Gesetzen definiert („legaldefiniert"). Dazu kann sich das Gesetz aber nur anderer Begriffe bedienen, die wiederum definitionsbedürftig sein können. Juristische Begriffe, die nicht legaldefiniert sind, haben möglicherweise dieselbe Bedeutung wie im Alltag. Unter einem „Kind" mag man sich natürlicherweise etwas vorstellen können, aber wo genau ist die Grenze zum „Nicht-Kind"? Wenn Rechte oder Pflichten davon abhängen, ob jemand (schon oder noch) ein „Kind" ist oder nicht, dann muss die Abgrenzung möglichst exakt erfolgen können. Dies kann durch die gesetzliche Festlegung einer Altersgrenze erfolgen oder an sonstige Ereignisse anknüpfen. So beginnt die Rechtsfähigkeit des Menschen, d. h., die Fähigkeit, eigene Rechte und Pflichten zu begründen, mit der Vollendung der Geburt (§ 1 BGB). Was freilich die „Vollendung der Geburt" ist, ist wiederum auslegungsbedürftig, wobei dies auch einem Wandel unterliegen kann, der von medizinischen Erkenntnissen abhängt.[75]

Wo es auf den Inhalt von Begriffen ankommt, die nicht legaldefiniert sind, kann eine Definition durch die Rechtsprechung oder (unverbindlich, aber oft wegweisend) durch die Wissenschaft vorgenommen werden.

Im Folgenden sollen die wichtigsten Begriffe des Datenschutzrechts vorgestellt werden. Ihre Bedeutung entscheidet zum Teil darüber, ob das Datenschutzrecht auf einen bestimmten Sachverhalt überhaupt anwendbar ist.

Viele zentrale Begriffe des Datenschutzrechts sind in Art. 4 DSGVO legaldefiniert.

---

[72] Pieper, in: Troitzsch (Hrsg.), Informatik als Schlüssel zur Qualifikation: GI-Fachtagung „Informatik und Schule 1993" Koblenz, 11.–13. Oktober 1993, 1993, S. 79.

[73] Vgl. Vogel, LTO v. 12.9.2020, https://www.lto.de/recht/feuilleton/f/rechtslinguistik-datenanalyse-fachsprache-jura-sprachspiele-transparenz-deutung-macht-gewalt/.

[74] Näher Möllers, Juristische Methodenlehre, 2020, 3. Aufl. Teil 2.

[75] Behme, in: Hager (Hrsg.), Beck.Online-Großkommentar, § 1 BGB Rn. 14 ff.

13.5.1 Personenbezogene Daten

> Art. 4 Nr. 1 DSGVO: Im Sinne dieser Verordnung bezeichnet der Ausdruck:
> „personenbezogene Daten" alle Informationen, die sich auf eine identifizierte oder identifizierbare natürliche Person (im Folgenden „betroffene Person") beziehen; als identifizierbar wird eine natürliche Person angesehen, die direkt oder indirekt, insbesondere mittels Zuordnung zu einer Kennung wie einem Namen, zu einer Kennnummer, zu Standortdaten, zu einer Online-Kennung oder zu einem oder mehreren besonderen Merkmalen identifiziert werden kann, die Ausdruck der physischen, physiologischen, genetischen, psychischen, wirtschaftlichen, kulturellen oder sozialen Identität dieser natürlichen Person sind;

Das Datenschutzrecht ist in der Regel nur anwendbar, soweit es um sogenannte „personenbezogene Daten" geht. Der Begriff setzt sich aus den Begriffen „Daten" und „personenbezogen" zusammen.

Daten

In der Informatik versteht man unter „Daten" Signale, die Informationen repräsentieren.[76] Ein Loch in einer Lochkarte, ein bestimmter Magnetisierungszustand auf einer Festplatte oder ein elektrischer Zustand (Spannung, Strom) an einem Leiter können ein solches Signal sein.[77] Der Singular von „Daten" lautet: „Datum".

Das Datenschutzrecht geht von einem anderen Datenbegriff aus. Daten sind für das Datenschutzrecht die Informationen selbst. Ob und wie diese gespeichert sind, ist für sich genommen egal. Der Pfarrer, dem gebeichtet wird, erhält die Information über die „Sünden" nur mündlich. Er hat sie nicht aufzuschreiben oder sonst zu speichern. Trotzdem gilt für ihn die Schweigepflicht, genauso, wie das Datenschutzrecht an sich bereits für mündliche Informationen gilt.

Dem widerspricht nicht, dass die DSGVO einen eingeschränkten Anwendungsbereich hat, der sich auf automatisierte oder auf (strukturierten) „Dateien" beziehende Datenverarbeitung beschränkt (Art. 2 Abs. 1 DSGVO). In manchen Lebensbereichen wird sie ergänzt durch Bundes- oder Landesrecht, das die „Lücke" füllt, in anderen Lebensbereichen reicht der Anwendungsbereich der DSGVO für einen angemessenen Schutz aus.

---

[76] Schelp, Modellierung mehrdimensionaler Datenstrukturen analyseorientierter Informationssysteme, 2013, S. 8 ff. unter Hinweis auf die DIN 44300.

[77] Schumny, Digitale Datenverarbeitung: Grundlagen für das technische Studium, 2. Aufl. 1989, S. 66 ff., 171 ff.

Person

Das Datenschutzrecht schützt nicht alle Daten, sondern nur personenbezogene Daten.[78] Mit Personen sind die „natürlichen" Personen gemeint[79] – im Gegensatz zu „juristischen Personen" wie Aktiengesellschaften, Vereinen, Gemeinden oder Staaten.[80]

„Natürliche Personen" wiederum sind alle Menschen.[81] Man könnte statt „personenbezogene Daten" also auch einfach „menschenbezogene Daten" sagen.

Personenbezug

Der Datenschutz schützt also Menschen vor dem Umgang mit Informationen über sie. Es braucht einen Bezug zwischen Datum und Mensch (Personenbezug). Dieser besteht, wenn klar ist oder herausgefunden werden kann, um welchen Menschen es geht.

Nicht personenbezogen sind Informationen, die von vornherein nichts mit Menschen zu tun haben. Wetterdaten zum Beispiel sind für sich genommen nicht personenbezogen.

Nicht personenbezogen sind Informationen, die so anonymisiert sind, dass der Personenbezug nicht mehr hergestellt werden kann (absolute Anonymität). Das wird z. B. von veröffentlichten Wahlergebnissen angenommen. Ist nur bekannt, dass eine Partei in einem Wahlkreis eine bestimmte Stimmenzahl bekommen hat, folgt daraus nicht, wer wen gewählt hat.[82]

Nach der Rechtsprechung des EuGH nicht personenbezogen sind außerdem Daten, bei denen zwar ein Personenbezug hergestellt werden könnte, dies aber wegen eines gesetzlichen Verbots oder wegen der Unverhältnismäßigkeit der dazu einzusetzenden Mittel unwahrscheinlich ist.[83] Man spricht hier von „faktischer Anonymität" (vgl. § 16 Abs. 6 S. 1 Nr. 6 BStatG).

Liegt absolute oder wenigstens faktische Anonymität vor, ist das Datenschutzrecht i. d. R. nicht anwendbar.[84] Manche bereichsspezifischen Normen verlangen dagegen absolute Anonymität, z. B. § 16 Abs. 1 S. 1 BStatG.

---

[78] Zerdick, in: Ehmann/Selmayr (Hrsg.), DSGVO, 2. Auflage 2018, Art. 1 Rn 8.

[79] Zerdick, in: Ehmann/Selmayr (Hrsg.), DSGVO, 2. Auflage 2018, Art. 1 Rn 8.

[80] Die letzteren beiden sind juristische Personen des öffentlichen Rechts, nämlich Gebietskörperschaften. Dass das private Gesellschaftsrecht neben juristischen Personen auch noch rechtsfähige Personengesellschaften kennt, die aber keine juristischen Personen sein sollen (GbR, oHG, KG), muss hier nicht weiter interessieren.

[81] Für Interessierte: nach römischem Recht waren z. B. Sklaven zwar Menschen, aber keine „Personen" – sie hatten deshalb die Rechtsstellung von Sachen, vgl. Honsell, Römisches Recht, 8. Aufl. 2015, S. 23 f.

[82] Allerdings sind in Extremsituationen Ausnahmen denkbar: wo in einem kleinen Dorf eine Partei auf 100 % kommt, weiß man, dass jeder, der gewählt hat, diese Partei gewählt hat. Wer aber wählen gegangen ist, ist offen sichtbar, den Wahlhelfern gegenüber müssen sich Wähler sogar identifizieren. Extremwerte wie 0 oder 100 % können also schon zur De-Anonymisierung führen.

[83] EuGH, Urteil, vom 19.10.2016, C 582/14, Rn. 42.

[84] Roßnagel, ZD 2021, 188 f.

Wenn der Personenbezug davon abhängt, ob klar ist oder herausgefunden werden kann, um welchen Menschen es geht, so stellt sich die Frage, für wen das klar sein oder werden können muss.

Dies ist umstritten. Es haben sich als Gegenpole eine absolute und eine relative Theorie gebildet.

Nach der **absoluten Theorie** ist ein den Personenbezug ausschließendes Maß an Anonymität erst erreicht, wenn niemand (mit welchen Mitteln auch immer) in der Lage ist, die Information einem Menschen zuzuordnen.[85]

Den Vertretern der **relativen Theorie** genügt es dagegen, wenn dem Verantwortlichen (also demjenigen, der die Datenverarbeitung durchführt) eine Identifizierung nicht möglich ist.

Beide Theorien haben Argumente für und gegen sich.

Richtig ist wohl, dass von faktischer Anonymität – und damit i. d. R. von der Nichtanwendbarkeit des Datenschutzrechts – auszugehen ist, wenn der Verantwortliche mit vernünftigerweise zu erwartenden Mitteln (einschließlich Wissen Dritter) den Personenbezug nicht herstellen kann.[86] Dem EuGH reicht es bereits aus, wenn der Einsatz von Mitteln verboten ist.[87] Dagegen spricht aber, dass mit dem Einsatz von verbotenen Mitteln in manchen Situationen vernünftigerweise zu rechnen ist – und dass unterschiedliche Rechtsordnungen unterschiedliche Mittel verbieten, weshalb unklar ist, was genau der EuGH eigentlich meint.[88] Da der EuGH dieses Kriterium im Rahmen der Prüfung des Vorliegens von Mitteln aufstellt, mit denen vernünftigerweise zu rechnen ist, ist auf das Recht abzustellen, dem der Verantwortliche unterliegt.

Betroffene Person, Betroffener

In der Definition des Art. 4 Nr. 1 DSGVO heißt es: „‚personenbezogene Daten' alle Informationen, die sich auf eine identifizierte oder identifizierbare natürliche Person (im Folgenden ‚betroffene Person') beziehen".

In der Klammer findet sich also eine weitere Legaldefinition, nämlich die der „betroffenen Person". Man kann auch kurz „Betroffener" sagen, in diesem Buch werden beide Begriffe synonym verwendet.

Betroffen ist diejenige natürliche Person, auf die sich die personenbezogenen Daten beziehen. Ihrem Schutz gilt das Datenschutzrecht.

---

[85] Zu den Theorien ausführlich Ziebarth, in: Sydow (Hrsg.), DSGVO, 2. Aufl. 2018, Art. 4 Rn. 33 ff.

[86] Vgl. auch EG 26 DSGVO.

[87] EuGH, Urteil vom 19.10.2016 – C-582/14, Rn. 42 ff.

[88] Ziebarth, in: Sydow (Hrsg.), DSGVO, 2. Aufl. 2018, Art. 4 Rn. 23; Klar/Kühling, in: Kühling/Buchner (Hrsg.), DSGVO, BDSG, 3. Aufl. 2020, Art. 4 Rn. 29; weitere Nachweise auch zur Gegenauffassung bei Arning/Rothkegel, in: Taeger/Gabel (Hrsg.), DSGVO, BDSG, 3. Aufl. 2019, Art. 4 Rn. 31 (Fn. 69).

Sie ist es, die Betroffenenrechte wie die Rechte auf Auskunft, Widerspruch oder Löschung ausüben kann.

13.5.2 Verarbeitung, Verarbeitungsschritte

Wie oben dargestellt, regelt das Recht, wer was tun darf oder zu unterlassen hat (Abschn. 12). Recht bezieht sich auf menschliches Verhalten. Daten alleine sind kein menschliches Verhalten. Das Datenschutzrecht interessiert sich erst für sie, wenn sie „verarbeitet" werden.

> „Verarbeitung" jeden mit oder ohne Hilfe automatisierter Verfahren ausgeführten Vorgang oder jede solche Vorgangsreihe im Zusammenhang mit personenbezogenen Daten wie das Erheben, das Erfassen, die Organisation, das Ordnen, die Speicherung, die Anpassung oder Veränderung, das Auslesen, das Abfragen, die Verwendung, die Offenlegung durch Übermittlung, Verbreitung oder eine andere Form der Bereitstellung, den Abgleich oder die Verknüpfung, die Einschränkung, das Löschen oder die Vernichtung;

Als Definition für „Verarbeitung" bleibt letztendlich: „jeder ausgeführte Vorgang . . . mit personenbezogene Daten". Die folgenden Zeilen bilden wichtige Beispiele ab.

Damit ist jeder Umgang mit personenbezogenen Daten eine Verarbeitung.[89]

Auch rein maschineller Umgang oder solcher in juristischen Personen zählt hierzu, denn auch diese Vorgänge sind (letztendlich) menschlich veranlasst.[90]

Die in Art. 4 Nr. 2 DSGVO genannten Beispiele sind dabei besonders relevant. Wenn später herausgearbeitet wird, dass für jede Verarbeitung eine Rechtsgrundlage erforderlich ist, so ist damit gemeint, dass die Rechtsgrundlage jeden vorgenommen Verarbeitungsschritt abdecken muss – sonst ist die Datenverarbeitung rechtswidrig. Es kann also durchaus sein, dass das „Erheben" von Daten zulässig ist, das „Speichern" oder „Übermitteln" aber nicht.

Die wichtigsten Verarbeitungsschritte sollen hier kurz vorgestellt werden.

Erhebung

„Erhebung" hat nichts damit zu tun, dass Daten von unten nach oben gebracht würden.

---

[89] Reimer, in: Sydow (Hrsg.), DSGVO, 2. Aufl. 2018, Art. 4 Rn. 43; Schild, in: Wolff/Brink (Hrsg.), BeckOK Datenschutzrecht, 32. Edition, Stand 01.05.2020, Art. 4 Rn. 32

[90] BVerfGE 150, 244, Ziebarth, CR 2015, 687, 688 f.; anders noch BVerfGE 120, 378, wo rein maschinelle staatliche Überwachung zu Unrecht nicht als Grundrechtseingriff qualifiziert wurde.

Mit „Erhebung" ist das aktive Sich-Beschaffen gemeint: jemand schaut, recherchiert, erfragt personenbezogenen Daten eines Anderen, um sich Kenntnis von ihnen zu verschaffen.[91]

Erfassung, Speicherung

Mit Erfassung dürfte die physische Aufnahme der Daten auf einem Datenträger gemeint sein. Also z. B. das hand- oder maschinenschriftliche Aufschreiben auf Papier, die Aufnahme auf Tonband oder die digitalisierte Speicherung in einem IT-System.

Umstritten ist allerdings, wie sich das Erfassen vom Speichern unterscheidet, das ebenfalls als Beispiel genannt ist. Eine Ansicht in der Literatur sieht dies wohl als Synonym zum Speichern an,[92] andere sehen im Speichern dagegen eher die weitere Aufbewahrung der Datenträger,[93] die erst dann beginnt, wenn der Schreibvorgang abgeschlossen ist.

Offenlegung: Übermittlung, Verbreitung, Bereitstellung

Mit Offenlegung sind alle Verarbeitungsschritte gemeint, die zur Folge haben, dass Dritte[94] die personenbezogenen Daten erhalten.

Offenlegung ist dabei der Oberbegriff. Zu ihr zählen

- die Übermittlung, also zielgerichtete Übersendung an einen Dritten,
- die Verbreitung, also Versendung an einen größeren Empfängerkreis, einschließlich der Veröffentlichung (z. B. in Büchern, Zeitungen, im Internet usw.),
- die Bereitstellung auf Abruf.

Löschung

Auch wenn es überraschen mag: auch die Löschung ist ein (wichtiger) Verarbeitungsschritt. Auch er muss rechtmäßig sein.

Dazu gehört zum einen, dass der Verantwortliche zur Löschung berechtigt ist.[95] Der Verantwortliche ist allerdings in den Fällen des Art. 17 DSGVO zur Löschung verpflichtet.

Dazu gehört zum anderen, dass er auch beim Löschen technische und organisatorische Maßnahmen zum Schutz der Daten ergreift.[96]

---

[91] Reimer, in: Sydow (Hrsg.), DSGVO, 2. Aufl. 2018, Art. 4 Rn. 55.

[92] Schild, in: Wolff/Brink (Hrsg.), BeckOK Datenschutzrecht, 32. Edition, Stand 01.05.2020, Art. 4 Rn. 42.

[93] Reimer, in: Sydow (Hrsg.), DSGVO, 2. Aufl. 2018, Art. 4 Rn. 61; ebenso Arning/Rothkegel, in: Taeger/Gabel (Hrsg.), DSGVO, BDSG, 3. Aufl. 2019, Art. 4 Rn. 73. Ähnlich wohl Roßnagel, in: Simitis/Hornung/Spiecker gen. Döhmann (Hrsg.), Datenschutzrecht, 1. Auflage 2019, Art. 4 Rn. 19, der im Erfassen das „Formgeben" sieht, im Speichern das weitere Aufbewahren.

[94] Abschn. 13.5.7.

[95] S. dazu unten, ab Abschn. 13.5.2.

[96] S. dazu unten, ab Abschn. 16.

So sind etwa personenbezogene Daten auf Papier nicht in der Weise zu löschen, dass sie zur Abholung durch die Müllabfuhr an den Straßenrand gestellt werden. Dort könnte sie ja schließlich jeder einsehen. Sie sind vielmehr – der Sensibilität der Daten entsprechend[97] – zu Vernichten. Dasselbe gilt für andere Datenträger wie Magnetbänder, Disketten, optische Datenträger, Flash-Speicher, Festplatten usw.

Viele Verantwortliche wissen z. B. gar nicht, wie leicht vermeintlich gelöschte Daten wiederherzustellen sind – oder gar, dass Geräte wie Kopierer, Multifunktionsgeräte usw. Datenträger enthalten, auf denen ohne bewusstes Zutun der Nutzer personenbezogene Daten gespeichert werden. Werden diese Geräte ausgemustert, ist auf ordnungsgemäßes Löschen zu achten, wofür in Auftragsverarbeitung[98] auch ein Dienstleister in Anspruch genommen werden kann.

13.5.3 Pseudonymisierung

Art. 4 Nr. 5 DSGVO: Im Sinne dieser Verordnung bezeichnet der Ausdruck:

„Pseudonymisierung" die Verarbeitung personenbezogener Daten in einer Weise, dass die personenbezogenen Daten ohne Hinzuziehung zusätzlicher Informationen nicht mehr einer spezifischen betroffenen Person zugeordnet werden können, sofern diese zusätzlichen Informationen gesondert aufbewahrt werden und technischen und organisatorischen Maßnahmen unterliegen, die gewährleisten, dass die personenbezogenen Daten nicht einer identifizierten oder identifizierbaren natürlichen Person zugewiesen werden;

Pseudonyme sind Kennungen, die an Stelle der unmittelbar identifizierenden Merkmale (z. B. Namen) treten. Beispiele sind Personalausweis- und Steuernummern, Künstler- und Decknamen, Nicknames im Internet.[99]

Die Nutzung von Pseudonymen sollte da vorgesehen oder ermöglicht werden, wo Klaridentitäten nicht benötigt werden.[100] Wird aber bei verschiedenen Gelegenheiten

---

[97] Vgl. DIN 66399 und Art. 32 DSGVO: „Unter Berücksichtigung des Stands der Technik, der Implementierungskosten und der Art, des Umfangs, der Umstände und der Zwecke der Verarbeitung sowie der unterschiedlichen Eintrittswahrscheinlichkeit und Schwere des Risikos für die Rechte und Freiheiten natürlicher Personen treffen der Verantwortliche und der Auftragsverarbeiter geeignete technische und organisatorische Maßnahmen, um ein dem Risiko angemessenes Schutzniveau zu gewährleisten".

[98] S. unten, Abschn. 13.5.6.

[99] Ziebarth, in: Sydow (Hrsg.), DSGVO, 2. Aufl. 2018, Art. 4 Rn. 90 ff.

[100] Art. 5 Abs. 1 lit e DSGVO.

dasselbe Pseudonym demselben Menschen zugeordnet, so erleichtert dies wegen der kumulierenden Wirkung die Identifizierung.[101]

13.5.4 Dateisystem

> Art. 4 Nr. 6 DSGVO: Im Sinne dieser Verordnung bezeichnet der Ausdruck:
> „Dateisystem" jede strukturierte Sammlung personenbezogener Daten, die nach bestimmten Kriterien zugänglich sind, unabhängig davon, ob diese Sammlung zentral, dezentral oder nach funktionalen oder geografischen Gesichtspunkten geordnet geführt wird;

Der Begriff des „Dateisystems" darf keinesfalls mit demselben Begriff aus der Informatik verwechselt werden.

Ein Dateisystem im datenschutzrechtlichen Sinne könnte z. B. eine Datenbank sein, eine Tabellenkalkulations-Datei, aber auch ein (nicht automatisiertes) Karteikartensystem, wie es früher z. B. als Bibliothekskatalog üblich war. Entscheidend ist, dass die Datensammlung nicht manuell und sequenziell (von vorne nach hinten o.ä.) durchgesehen werden muss, um Informationen zu finden, sondern Informationen anhand von vordefinierten Kriterien schnell gefunden werden können.

Der Begriff des Dateisystems hat erhebliche Bedeutung für das Datenschutzrecht. Denn die DSGVO ist nur auf Fälle anwendbar, in denen personenbezogene Daten ganz oder teilweise automatisiert verarbeitet werden. Für nicht automatisierte Verarbeitung gilt sie nur, wenn die personenbezogenen Daten in einem Dateisystem gespeichert werden (sollen) – Art. 2 Abs. 1 DSGVO.

In Fällen nicht automatisierter Verarbeitung ist das Vorliegen eines Dateisystems also konstitutive Voraussetzung für die Anwendbarkeit der DSGVO.

Ist die DSGVO nicht anwendbar, kann sonstiges Datenschutzrecht dennoch anwendbar sein. Insbesondere für öffentliche Stellen des Bundes und der Länder ist „der Datenschutz" weitergehend geregelt.

Für nichtöffentliche Stellen sieht allerdings § 1 Abs. 1 S. 2 BDSG vor, dass das BDSG ebenfalls nicht anwendbar ist, wenn Datenverarbeitung nicht automatisiert erfolgt und Daten nicht in einem Dateisystem gespeichert (werden).

Bsp.

ein Frisör oder Kellner fragt den Gast nach seinen Wünschen und erfüllt diese prompt, ohne sie irgendwo (automatisiert oder strukturiert) zu notieren. Für die Frage nach

---

[101] Ziebarth, in: Sydow (Hrsg.), DSGVO, 2. Aufl. 2018, Art. 4 Rn. 90 ff., 99, 101.

den Wünschen ist weder DSGVO noch BDSG anwendbar, sonstige einschlägige datenschutzrechtliche Vorschriften sind nicht ersichtlich, der Frisör oder Kellner muss bei seiner Frage nicht „den Datenschutz" beachten. ◄

Bsp.

---

ein Kellner tippt die Bestellung in ein Tablet ein, das sie an die Küche sendet. Außerdem wird das Buchhaltungssystem über den Warenverbrauch und nach Bezahlen über den Geldeingang informiert. Diese Verarbeitung ist automatisiert. Die Daten sind auch personenbeziehbar, solange der Kellner sieht/sich erinnert, wen er vor sich hat. Wird mit Kredit-, EC- oder ähnlicher Karte bezahlt, stellen die entsprechenden Nummern Pseudonyme dar, anhand derer der Kunde ebenfalls identifizierbar ist. Der Vorgang fällt damit in die Anwendungsbereiche von DSGVO und BDSG.

Das ist nicht schlimm, denn die Datenverarbeitung ist erforderlich für die Vertragserfüllung (Art. 6 Abs. 1 UAbs. 1 lit b DSGVO)[102] und damit erlaubt. Es löst allerdings Pflichten aus, etwa Informationspflichten (Art. 13 DSGVO).[103] oder die Pflicht, die Daten mittels geeigneter technischer und organisatorischer Maßnahmen zu schützen (Art. 32 DSGVO)[104] ◄

13.5.5 Verantwortlicher

Art. 4 Nr. 7 DSGVO: Im Sinne dieser Verordnung bezeichnet der Ausdruck:

„Verantwortlicher" die natürliche oder juristische Person, Behörde, Einrichtung oder andere Stelle, die allein oder gemeinsam mit anderen über die Zwecke und Mittel der Verarbeitung von personenbezogenen Daten entscheidet; sind die Zwecke und Mittel dieser Verarbeitung durch das Unionsrecht oder das Recht der Mitgliedstaaten vorgegeben, so können der Verantwortliche beziehungsweise die bestimmten Kriterien seiner Benennung nach dem Unionsrecht oder dem Recht der Mitgliedstaaten vorgesehen werden;

Auch der Begriff des Verantwortlichen ist entscheidend für das Datenschutzrecht. Denn der Verantwortliche ist der, den die (meisten) Pflichten aus dem Datenschutzrecht treffen.

---

[102] Dazu unten, Abschn. 14.2.2.

[103] Dazu unten, Abschn. 15.4.

[104] Dazu unten, Abschn. 16.

Er muss sicherstellen und nachweisen können, dass seine Datenverarbeitung rechtmäßig ist.

Verantwortlicher ist nach der Definition des Art. 4 Nr. 7 DSGVO jede „Stelle, die allein oder gemeinsam mit anderen über die Zwecke und Mittel der Verarbeitung von personenbezogenen Daten entscheidet".

Ein Kellner, der zur Aufnahme von Bestellungen ein Tablet nebst Hintergrundsystem verwendet, hat hierüber vermutlich nicht selbst entschieden. Er ist Angestellter und verwendet die Mittel, die ihm vorgegeben werden. Verantwortlicher ist der Inhaber des Restaurants. Dieser kann eine natürliche Person (also ein Mensch)[105] sein oder eine juristische Person.[106] Für letztere handeln deren Organe, also z. B. Geschäftsführer.

Die in der Definition des Art. 4 Nr. 7 DSGVO genannten Beispiele („natürliche oder juristische Person, Behörde, Einrichtung") sind nicht abschließend, wie die Wendung „oder andere Stelle" zeigt. Deutlich wird außerdem, dass der Verantwortliche nicht zwingend selbst rechtsfähig sein muss. So kann eine Landesbehörde (z. B. Ministerium, Bezirksregierung/Regierungspräsidium) Verantwortlicher sein, obwohl sie nicht selbst rechtsfähig ist.[107]

Bsp.

Während die Universität Saarbrücken als Juristische Person des öffentlichen Rechts eigene Rechte und Pflichten begründen kann (sie also Rechtsfähigkeit besitzt), ist die Hochschule für Polizei Baden-Württemberg nicht selbst rechtsfähig, sondern eine unselbständige Einrichtung des Landes Baden-Württemberg. Dennoch handelt es sich bei der Hochschule um eine abgrenzbare Entität mit eigener Leitung und eigenen Verarbeitungen (und Verarbeitungszwecken). Das Innenministerium von Baden-Württemberg ist eine andere abgrenzbare Entität, die zum Land Baden-Württemberg gehört. Verfehlt wäre es deshalb, das Land Baden-Württemberg als Verantwortlichen anzusehen und einen Austausch personenbezogener Daten zwischen Hochschule und Innenministerium ohne Voraussetzungen zuzulassen. Vielmehr sind die Voraussetzungen für „Übermittlungen"[108] zu beachten. Verfehlt wäre es aber auch, Universität oder Hochschule immer als Verantwortliche anzusehen: wo ihre Institute, Fakultäten oder auch einzelne Forscher über Zwecke und Mittel der Datenverarbeitung entscheiden, können auch diese – alleine oder gemeinsam mit anderen – Verantwortliche sein. ◄

---

[105] S. oben, Abschn. 13.5.1.

[106] Also z. B. UG, GmbH, AG. Da die DSGVO keine Rücksicht auf die Feinheiten des deutschen Gesellschaftsrechts nimmt, sind auch Personengesellschaften, die nach deutschem Recht keine juristischen Personen sind, gemeint (z. B. GbR, oHG, KG).

[107] Rechtsfähig ist aber das jeweilige Land als Gebietskörperschaft, als juristische Person des öffentlichen Rechts.

[108] Dazu bereits oben, Abschn. 13.5.2.

Die Definition zeigt weiter, dass mehrere Stellen gemeinsam verantwortlich sein können. Diese Konstellation wird von Art. 26 DSGVO näher geregelt.

13.5.6 Auftragsverarbeiter

Art. 4 Nr. 8 DSGVO: Im Sinne dieser Verordnung bezeichnet der Ausdruck:
„Auftragsverarbeiter" eine natürliche oder juristische Person, Behörde, Einrichtung oder andere Stelle, die personenbezogene Daten im Auftrag des Verantwortlichen verarbeitet;

Verantwortliche sollen sich nicht dadurch ihrer Pflichten entledigen können, dass sie die Datenverarbeitung „outsourcen". Sie sollen die Verarbeitung grundsätzlich aber durchaus „outsourcen" dürfen. Beides wird mit der Figur der Auftragsverarbeitung erreicht.

Ein Dienstleister erhält dabei personenbezogene Daten (die er sonst nicht ohne weiteres erhalten dürfte) und verarbeitet sie ausschließlich im Auftrag des Verantwortlichen.

Bsp.

So müsste z. B. ein selbständiger Arzt, der eine Praxiswebsite betreiben will, sie selbst betreiben. Er müsste technische und organisatorische Maßnahmen zum Schutz der dort anfallenden personenbezogenen Daten ergreifen.

Hierfür hat er aber weder Zeit noch Knowhow. Er beauftragt daher einen Dienstleister, vielleicht einen selbständigen studierten Informatiker, die Website für ihn zu erstellen und zu betreiben. Dieser wiederum kann kein eigenes Rechenzentrum betreiben. Er beauftragt daher den Anbieter eines Rechenzentrums, die Dateien, die für die Praxiswebsite benötigt werden, zu „hosten".

In dieser Konstellation ist der Arzt Verantwortlicher, der Informatiker Auftragsverarbeiter und der Rechenzentrumsbetreiber Unterauftragnehmer. ◄

Der Verantwortliche muss mit dem Auftragnehmer, der Auftragnehmer mit dem Subunternehmer Auftragsverarbeitungsverträge schließen, in denen u. a. geregelt ist, dass der Verantwortliche weisungsberechtigt ist und Datenverarbeitung nur zur Erfüllung des Auftrags zulässig ist. Der Rechenzentrumsbetreiber darf nicht etwa seine Kenntnis darüber, dass bestimmte Personen sich für die Website der Praxis interessieren, ausnutzen, um „personalisierte Werbung" zu schalten.

13.5.7 Dritter

Art. 4 Nr. 10 DSGVO: Im Sinne dieser Verordnung bezeichnet der Ausdruck:

„Dritter" eine natürliche oder juristische Person, Behörde, Einrichtung oder andere Stelle, außer der betroffenen Person, dem Verantwortlichen, dem Auftragsverarbeiter und den Personen, die unter der unmittelbaren Verantwortung des Verantwortlichen oder des Auftragsverarbeiters befugt sind, die personenbezogenen Daten zu verarbeiten;

Der Verantwortliche verarbeitet personenbezogene Daten des Betroffenen. Hierzu kann er sich eigener Mitarbeiter bedienen oder auch die Dienstleistung von Auftragsverarbeitern in Anspruch nehmen.

Eigene Mitarbeiter sind diejenigen, die in der Definition des Art. 4 Nr. 10 DSGVO gemeint sind mit „den Personen, die unter der unmittelbaren Verantwortung des Verantwortlichen oder des Auftragsverarbeiters befugt sind, die personenbezogenen Daten zu verarbeiten".

Jeder, der weder Betroffener noch Verantwortlicher (mitsamt Mitarbeitern und Auftragsverarbeitern einschließlich Unterauftragnehmern) ist, ist Dritter.[109]

Sollen Dritte Daten erhalten, so benötigt der Verantwortliche eine Übermittlungsbefugnis. Aber auch der Dritte braucht eine Rechtsgrundlage für die Verarbeitung der personenbezogenen Daten. Sobald er sie verarbeitet, ist er insoweit selbst Verantwortlicher.

13.5.8 Besondere Kategorien personenbezogener Daten

Art. 9 Abs. 1 DS-GVO definiert den Begriff der „besonderen Kategorien personenbezogener Daten" und ein grundsätzliches Verbot, diese zu verarbeiten.

Besondere Kategorien personenbezogener Daten sind demnach personenbezogene „Daten, aus denen die rassische und ethnische Herkunft, politische Meinungen, religiöse oder weltanschauliche Überzeugungen oder die Gewerkschaftszugehörigkeit hervorgehen,

---

[109] Art. 4 Nr. 10 DSGVO.

genetische[110] und biometrische[111] Daten zur eindeutigen Identifizierung einer natürlichen Person, Gesundheitsdaten[112] und Daten zum Sexualleben oder der sexuellen Orientierung".

Das Verbot aus Art. 9 Abs. 1 DSGVO kann nur unter den Voraussetzungen der Abs. 2 bis 4 überwunden werden. Gelingt das, ist die Verarbeitung aber noch lange nicht erlaubt. Es bedarf immer noch zusätzlich einer Rechtsgrundlage i.S.d. Art. 6 DSGVO.[113]

Das Verbot zeigt, dass diese Datenarten (man spricht auch von „Artikel-9-Daten") besonders schutzwürdig sind. Das folgt aus dem hohen Missbrauchs- und Diskriminierungspotential, das ihnen innewohnt.

---

[110] S. die Definition in Art. 4 Nr. 13 DSGVO.

[111] S. die Definition in Art. 4 Nr. 14 DSGVO; zur Nutzung von Fingerabdrücken im Arbeitsverhältnis Brink/Joos, jurisPR-ArbR 19/2020, Anm. 3.

[112] S. die Definition in Art. 4 Nr. 15 DSGVO.

[113] Dazu sogleich unter Abschn. 14.2

Welche Daten darf man wofür verarbeiten? 14

In diesem Abschnitt wollen wir der Frage nachgehen, ob und wofür Verantwortliche überhaupt personenbezogene Daten verarbeiten dürfen. Die weitere Frage, welche Pflichten sie dabei treffen, bleiben den nachfolgenden Abschnitten vorbehalten.

14.1 Gilt ein „Verbot mit Erlaubnisvorbehalt"?

Im Zusammenhang mit Datenverarbeitung ist oft davon die Rede, es gelte ein „präventives Verbot mit Erlaubnisvorbehalt". Das ist nicht ganz falsch, aber auch nicht ganz richtig.

14.1.1 Das präventive Verbot mit Erlaubnisvorbehalt im Allgemeinen

Würden Sie uns darin zustimmen, dass es in Deutschland verboten sei, Auto zu fahren oder Häuser zu bauen? Ein Blick nach draußen verrät: es wird Auto gefahren und es werden Häuser gebaut. Ist es also verboten? Durchaus. Wird es trotzdem rechtmäßig getan? Ja!

Der scheinbare Widerspruch lässt sich auflösen, wenn man sich die Figur des „präventiven Verbots mit Erlaubnisvorbehalt" klarmacht.

Es gibt Tätigkeiten, die gefährlich, aber nützlich sind. Auto zu fahren oder Häuser zu bauen, gehört dazu.

Um die Gefahr zu beherrschen, verbietet der Gesetzgeber diese Tätigkeit. Das Verbot dient aber nicht dazu, dass die Tätigkeit unterbleibt. Sie ist ja schließlich nützlich. Es dient dazu, die Tätigkeit in geordnete Bahnen zu lenken. Denn von dem Verbot kann man sich durch staatliche Erlaubnis befreien lassen. Die Erlaubnis wird erteilt, wenn ihre gesetzlichen Voraussetzungen vorliegen.

R. Petrlic et al., *Datenschutz*, https://doi.org/10.1007/978-3-658-39097-6_14

Voraussetzung für die Erteilung einer Fahrerlaubnis ist u. a., dass man die Verkehrsregeln kennt und beachtet, das Fahrzeug sicher steuern kann usw. (§ 2 StVG).

Voraussetzung für die Erteilung einer Baugenehmigung ist, dass solche Häuser[1] an diese Stelle „gehören",[2] dass sie dort nicht stören oder gefährdet sind, und dass sie sicher gebaut sind.[3]

Die Tätigkeit wird also zur Prävention vor Unfällen usw. zunächst verboten. Wer nachweist, dass er die Gefahr (voraussichtlich) beherrscht, erhält die Genehmigung und kann die Tätigkeit ausüben. Es ist also nur verboten, diesen Tätigkeiten ohne Erlaubnis nachzugehen. Dies ist das „präventive Verbot mit Erlaubnisvorbehalt".

14.1.2 Ein präventives Verbot mit Erlaubnisvorbehalt im Datenschutzrecht?

Im Gegensatz zum Straßenverkehrs- oder Baurecht sind im Datenschutzrecht grundsätzlich keine Genehmigungen vorgesehen.

Ausnahmen, also Genehmigungsvorbehalte, sind aufgrund nationaler Rechtsvorschriften möglich,[4] in Deutschland aber – soweit ersichtlich – nur spärlich vorhanden. Teilweise wird es von einer Genehmigung übergeordneter Behörden oder der Verwaltungsspitze („Oberste Dienstbehörde") abhängig gemacht, wenn Behörden personenbezogene Daten im Auftrag verarbeiten lassen wollen, so z. B. § 111a Abs. 1 S. 1 Nr. 2 BBG, § 85a Abs. 2 S. 1 LBG BW. Hier besteht also tatsächlich ein präventives Verbot mit Erlaubnisvorbehalt.

Ansonsten – und in der Regel – ist Datenverarbeitung ohne staatliche Genehmigung erlaubt. Möglichkeiten, sich eine Datenverarbeitung (auch von der Datenschutz-Aufsichtsbehörde) zertifizieren zu lassen (was einer Genehmigung nahe kommt) ändern daran ebenso wenig, wie die Pflicht, diese Behörde im Rahmen von Datenschutz-Folgenabschätzungen[5] zu beteiligen.

In der Regel besteht also kein Erlaubnisvorbehalt in dem Sinne, dass man eine behördliche Erlaubnis braucht. Das befreit aber nicht von der Pflicht, die gesetzlichen Voraussetzungen zu beachten, die für Datenverarbeitungen vorgegeben sind. Die Verarbeitung personenbezogener Daten ist nur in dem Rahmen erlaubt, in dem gesetzliche Vorschriften dies vorsehen oder erlauben. Insofern kann man auch hier von einem präventiven Verbot mit Erlaubnisvorbehalt sprechen – nämlich mit dem Vorbehalt des Bestehens einer

---

[1] Wohnhaus oder Fabrik? Villa oder Hochhaus?

[2] In den Worten des Baurechts: dass die baulichen Anlagen bauplanungsrechtlich zulässig sind, §§ 30 ff. BauGB.

[3] Dass sie also auch bauordnungsrechtlich zulässig sind, vgl. die Bauordnungen der Länder, z. B. § 58 LBO BW.

[4] Art. 36 Abs. 5 DSGVO.

[5] Dazu unten, Abschn. 15.2.

gesetzlichen Rechtsgrundlage. Dies ist aber nicht das „eigentliche" präventive Verbot mit Erlaubnisvorbehalt, das oben für Fahrerlaubnisse und Baugenehmigungen vorgestellt wurde.

Von seltenen Genehmigungspflichten abgesehen dürfen und müssen Verantwortliche also personenbezogene Daten ohne behördliche Genehmigung verarbeiten. Was sie brauchen und woran sie sich halten müssen, sind Rechtsgrundlagen für die Verarbeitung, also Normen, die die Verarbeitung erlauben und hierfür Voraussetzungen normieren. Die wichtigsten Rechtsgrundlagen sollen im Folgenden vorgestellt werden.

14.2 Rechtsgrundlagen

Welche Rechtsgrundlagen gibt es?

Wenn es sich um eine Datenverarbeitung handelt, für die die DSGVO **einschlägig** ist, so ergibt sich die Rechtsgrundlage aus der **DSGVO**, ggf. ergänzt durch fachspezifisches, im öffentlichen Bereich häufig mitgliedstaatliches Recht (in Deutschland: des Bundes oder des jeweiligen Landes).

Wenn es sich dagegen um Datenverarbeitung handelt, für die die DSGVO **nicht einschlägig**[6] ist, so ergibt sich die Rechtsgrundlage **nicht aus der DSGVO**, sondern häufig aus mitgliedstaatlichem Recht (in Deutschland: des Bundes oder des jeweiligen Landes).

Vom Regelfall, dass die DSGVO einschlägig ist, gehen wir im Folgenden aus. Die DSGVO stellt in Art. 6 Abs. 1 UAbs. 1 DSGVO sechs Rechtsgrundlagen zur Verfügung. Wenn Sie die folgenden sechs Überschriften lesen, werden Sie bemerken, dass wir die Reihenfolge gegenüber dem Gesetzeswortlaut verändert haben. Art. 6 Abs. 1 UAbs. 1 lit a (Einwilligung) haben wir an das Ende der Aufzählung und der Ausführungen verlegt, um zu verdeutlichen, dass Verarbeitungen nicht primär auf Einwilligungen gestützt werden sollten.

Damit soll zwei verbreiteten Irrtümern begegnet werden. Ein Irrtum besagt, dass es immer gut sei, sicherheitshalber eine Einwilligung einzuholen. Der andere Irrtum besagt, dass Datenverarbeitung nach der DSGVO nur noch mit Einwilligung zulässig sei. Wohl gemerkt: beides ist falsch.

Den übrigen fünf Rechtsgrundlagen ist gemeinsam, dass sie verlangen, dass eine Datenverarbeitung für den genannten Zweck erforderlich sein muss. Es reicht also nicht, einen ausreichenden Zweck zu verfolgen, die konkrete Verarbeitung – und die konkreten einzelnen Verarbeitungsschritte – müssen erforderlich sein, um diesen Zweck zu erreichen.

Und auch nur diejenigen Daten, die dafür erforderlich sind, dürfen aufgrund Art. 6 Abs. 1 UAbs. 1 lit b bis f DSGVO verarbeitet werden. Dies nennt man **Erforderlichkeitsprinzip**.

Die sechs Rechtsgrundlagen des Art. 6 Abs. 1 UAbs. 1 DSGVO sind im Einzelnen:

---

[6] Z. B.: Im Anwendungsbereich der JI-RL, vgl. dazu oben, Abschn. 13.4.1.

14.2.1 Art. 6 Abs. 1 UAbs. 1 lit b DSGVO – Vertragserfüllung

Art. 6 Abs. 1 UAbs. 1 lit b DSGVO erlaubt es, diejenigen personenbezogenen Daten so zu verarbeiten, wie es zur Anbahnung oder Erfüllung/Abwicklung/Durchführung eines Vertrags erforderlich ist.

Für viele alltägliche Rechtsgeschäfte ist keinerlei Datenverarbeitung erforderlich, etwa für den Kauf eines Brötchens gegen Bargeld.[7]

Bsp.

Erforderlich und damit erlaubt ist es, wenn ein Lieferservice aufschreibt, an wen er was wohin liefern soll. Denn andernfalls kann er nicht liefern. Schreibt er dies nicht automatisiert[8] und nicht strukturiert[9] auf, so ist nicht einmal der Anwendungsbereich von DSGVO und BDSG eröffnet.

Nicht auf Art. 6 Abs. 1 UAbs. 1 lit b DSGVO stützen könnte es ein Lieferdienst, wenn er ein Dossier über den Kunden, seine Zahlungsbereitschaft, seine Vorlieben usw. anlegen und nutzen würde, um Werbung an ihn zu versenden oder um die Daten an Dritte zu verkaufen. Denn das wäre zur Erfüllung des Lieferauftrags nicht erforderlich. Nicht erforderlich wäre es i. d. R. auch, den Beruf des Kunden zu erfragen. ◄

Art. 6 Abs. 1 UAbs. 1 lit b DSGVO gilt nicht nur Verträge über Leistungen des täglichen Bedarfs, sondern auch für langfristig angelegte Rechtsgeschäfte wie das Anmieten einer Wohnung oder das Aufnehmen eines Kredits.

Die Vorschrift würde auch hinsichtlich Arbeitsverträgen greifen. Für die Verarbeitung von Bewerber- und sonstigen Arbeitnehmerdaten ist in Deutschland allerdings § 26 BDSG die speziellere Norm, die aufgrund der Öffnungsklausel in Art. 88 DSGVO zulässig ist.

Ähnliche Normen wie § 26 BDSG enthalten die Beamtengesetze des Bundes und der Länder und teilweise die Landesdatenschutzgesetze (z. B. § 15 LDSG BW).

Sollte ein Mitgliedstaat allerdings nicht von der Öffnungsklausel in Art. 88 DSGVO Gebrauch machen, könnte Datenverarbeitung im Arbeitsverhältnis auf Art. 6 Abs. 1 UAbs. 1 lit b DSGVO gestützt werden.

---

[7] Zivilrechtlich handelt es sich um ein „Geschäft für den, den es angeht": es ist dem Inhaber einer Bäckereikette völlig egal, wer auf Kundenseite der Vertragspartner ist.

[8] Als automatisiert sieht die h.M. jede Datenverarbeitung an, die mittels Computern und ähnlichen Geräten durchgeführt wird. Krit. dazu Ziebarth, ZD 2014, 394, 398f.

[9] S. oben zur Definition des Begriffs Dateisystem, Abschn. 13.5.4.

14.2.2 Art. 6 Abs. 1 UAbs. 1 lit c DSGVO – Rechtliche Verpflichtung

Art. 6 Abs. 1 UAbs. 1 lit c DSGVO erlaubt Datenverarbeitung, soweit sie erforderlich ist, damit der Verantwortliche einer rechtlichen Verpflichtung nachkommen kann.

Nicht ausreichend sein kann eine vertragliche Verpflichtung. Natürlich können A und B vertraglich vereinbaren, dass B Daten von C zu veröffentlichen hat. Wäre die Veröffentlichung deshalb erlaubt, so könnte man „Verträge zulasten Dritter" schließen.

Bsp.

A und B schließen einen Vertrag. Darin legen sie fest, dass C jedem von ihnen monatlich 1000 Euro zu zahlen habe. Außerdem verpflichten sie sich gegenseitig, Daten des C an D weiterzugeben.

Ein klassischer „Vertrag zulasten Dritter" – eine Denkfigur, die gerne bemüht wird, um zu zeigen, dass das nicht geht.[10] ◄

Es muss sich also um eine öffentlich-rechtliche Verpflichtung handeln. Dies ergibt sich auch aus Art. 6 Abs. 3 DSGVO.

Bsp.

Es könnte ein Wirt aufgrund einer gerade grassierenden Pandemie behördlich verpflichtet werden, Namen und Kontaktdaten seiner Gäste zu erheben und zwei Wochen lang zu speichern.[11] Da er behördlicherseits (wirksam) dazu verpflichtet wurde, ist er zu dieser Datenverarbeitung berechtigt. ◄

Bsp.

A hat von ihrem Freund, dem Berufsverbrecher B, eine Million Euro in Bar erhalten. Mit diesem Geld soll sie über Immobilienmakler I eine Luxusvilla erwerben und anschließend der Tante T des B überschreiben. I meint, er müsse A identifizieren und folgende Daten notieren: Vorname und Nachname, Geburtsort, Geburtsdatum, Staatsangehörigkeit, Wohnanschrift.

Darf er das? Ja er darf und er muss, denn er ist gesetzlich dazu verpflichtet (Art. 6 Abs. 1 UAbs. 1 lit c DSGVO i.V.m. §§ 10, 11 Geldwäschegesetz). ◄

---

[10] BGH, Urteil vom 29.6.2004, VI ZR 211/03, NZV 2004, 519, 520.

[11] Vgl. § 2 Abs. 3 der Verordnung des Sozialministeriums und des Wirtschaftsministeriums zur Eindämmung von Übertragungen des Corona-Virus (SARS-CoV-2) in Gaststätten (Corona-Verordnung Gaststätten – CoronaVO Gaststätten (BW), https://www.baden-wuerttemberg.de/fileadmin/redaktion/dateien/PDF/Coronainfos/200516_CoronaVO_Gaststaetten.pdf.

14.2.3 Art. 6 Abs. 1 UAbs. 1 lit d DSGVO – Lebenswichtige Interessen

Datenverarbeitung ist auch erlaubt, soweit sie erforderlich ist zum Schutz lebenswichtiger Interessen. Die Rettung von Menschenleben hat nicht am Datenschutz zu scheitern.

Bsp.

Angenommen, ein Mensch bricht bewusstlos zusammen. Erkennbar liegt ein medizinischer Notfall vor. Darf der Notarzt den Puls fühlen?

Natürlich darf er, werden Sie sagen, denn er tut das manuell und schreibt ihn nicht auf. Der Anwendungsbereich der DSGVO ist nicht eröffnet. ◄

Bsp.

Nun hat aber der Notarzt ein elektronisches Messgerät und er schreibt das Ergebnis doch auf: in den Notfallbericht, der anschließend ordentlich, nach Namen sortiert, mit allen anderen Notfallberichten abgeheftet wird. Hier haben wir zumindest teilweise automatisierte Verarbeitung und mit dem Bericht, der strukturiert abgelegt wird, wohl auch ein Dateisystem. Der Anwendungsbereich der DSGVO und des BDSG ist eröffnet.

In diesem Fall muss nicht etwa versucht werden, eine Einwilligung des Patienten zu erwirken, indem gewartet wird, bis er wieder aufwacht. Er kann sofort untersucht werden ◄

Bsp.

Ein Mensch ist bei Bewusstsein, macht aber den Eindruck, als wäre eine medizinische Untersuchung sinnvoll. Die damit verbundene Datenerhebung kann nicht auf Art. 6 Abs. 1 UAbs. 1 lit c DSGVO gestützt werden, denn erstens ist sie nicht lebensnotwendig, zweitens kann der bei Bewusstsein befindliche Patient gefragt werden, ob er untersucht werden wolle. Bejaht er das, besteht ein Vertragsverhältnis und Datenverarbeitung ist aufgrund des Art. 6 Abs. 1 UAbs. 1 lit b DSGVO zulässig. ◄

Die Frage, ob und inwieweit die Datenverarbeitung zur Wahrung lebenswichtiger Interessen erforderlich ist, ist ein strenger und objektiver Maßstab anzulegen. Auch wenn das manchem Jugendlichen anders vorkommen mag: der Zugang zu Youtube, Instagram & Co ist nicht lebenswichtig.

14.2.4 Art. 6 Abs. 1 UAbs. 1 lit e DSGVO – Öffentliches Interesse, öffentliche Gewalt

Oben wurde bereits der weit verbreitete Irrtum angesprochen, dass viele Menschen glauben, seit Wirksamwerden der DSGVO sei Datenverarbeitung nur noch mit Einwilligung zulässig.[12] Kann das richtig sein? Nein, denn dann würde jeder z. B. dem Finanzamt mitteilen, in die Verarbeitung von Steuerdaten nicht einzuwilligen.

Wenn der Staat kraft seiner hoheitlichen (öffentlich-rechtlichen Sonder-) Befugnisse seine Aufgaben erfüllt, kann er weder auf Einwilligungen, noch auf Vertragsschlüsse hoffen. Das muss er auch nicht, denn er kann sich auf die Gesetze berufen, die ihm seine Tätigkeit erlauben.

Art. 6 Abs. 1 UAbs. 1 lit e DSGVO ist hierfür eine Grundlage, aber keine ausreichende Grundlage. Wie sich aus Art. 6 Abs. 2 und 3 DSGVO ergibt, braucht es neben Art. 6 Abs. 1 UAbs. 1 lit e DSGVO immer eine weitere Rechtsgrundlage im Unionsrecht oder im mitgliedstaatlichen Recht.

Solche finden sich in allgemeiner Form in den Datenschutzgesetzen des Bundes[13] und der Länder,[14] und spezifischer (wenn eingriffsintensiver) in Fachgesetzen des Bundes[15] und der Länder.[16]

Datenverarbeitungen, die auf Art. 6 Abs. 1 UAbs. 1 lit e DSGVO gestützt werden, kann der Betroffene gem. Art. 21 Abs. 1 S. 1 DSGVO widersprechen. Allerdings werden häufig zwingende Gründe die gegenläufigen Interessen überwiegen, sodass die Datenverarbeitung dennoch zulässig bleibt (Art. 21 Abs. 1 S. 2 DSGVO).

Bsp.

A verlangt vom Jobcenter „Arbeitslosengeld II" (ALG II, „Hartz IV"). Als er gefragt wird, wer er sei, was er arbeite, wie viel er verdiene und wie viel Vermögen er habe, meint er, das gehe den Staat nichts an, schließlich gebe es ja den Datenschutz. Das ALG II ist eine Sozialleistung, die nach dem Dritten Buch Sozialgesetzbuch (SGB III) gewährt wird. Folglich gelten in Ergänzung der DSGVO das in § 35 SGB I normierte Sozialgeheimnis und der in §§ 67 ff. SGB X geregelte Sozialdatenschutz. Nach § 67a SGB X können die Sozialbehörden diejenigen Sozialdaten erheben, deren Kenntnis zur Erfüllung ihrer Aufgaben erforderlich ist. Das ist bei den oben genannten Angaben der Fall, die Behörde darf die Daten also erheben. Der Antragsteller hat mitzuwirken (§ 66 SGB I). ◄

---

[12] S. oben, Abschn. 14.2.

[13] Z. B. §§ 3, 4 BDSG.

[14] Z. B. § 4 LDSG BW.

[15] Z. B. §§ 106 ff. BBG; für den Bereich der JI-RL vgl. z. B. § 21 BPolG.

[16] Z. B. §§ 20, 20b SchoG SL; für den Bereich der JI-RL vgl. z. B. Art. 31 Abs. 1 PAG BY.

14.2.5 Art. 6 Abs. 1 UAbs. 1 lit f DSGVO – Berechtigtes Interesse

Verlockend klingt für viele Verantwortliche Art. 6 Abs. 1 UAbs. 1 lit f DSGVO. Danach ist Datenverarbeitung zulässig, soweit sie zur Wahrung berechtigter Interessen (des Verantwortlichen oder eines Dritten) erforderlich ist.

„Natürlich habe ich ein berechtigtes Interesse, den Lesern meiner Website einen Identifikator auf den Rechner zu schreiben, ihr Verhalten zu beobachten, Dossiers darüber anzulegen, mit meinen zehntausend Vertragspartnern auszutauschen und dann nach Analyse ihrer Persönlichkeit, Zahlungsbereitschaft und Schwächen Werbung anzuzeigen; schließlich bringt mir das viel Geld", denkt sich wohl manch ein Webseitenbetreiber.[17]

Dabei wird der nächste Halbsatz des Art. 6 Abs. 1 UAbs. 1 lit f DSGVO gerne überlesen: „...sofern nicht die Interessen oder Grundrechte und Grundfreiheiten der betroffenen Person, die den Schutz personenbezogener Daten erfordern, überwiegen".

Um sich auf Art. 6 Abs. 1 UAbs. 1 lit f DSGVO berufen zu können, müssen also drei Bedingungen erfüllt sein:[18]

1. Berechtigtes Interesse – Es muss ein berechtigtes Interesse bestehen. Das ist weit zu verstehen und umfasst alles, was erlaubt ist. So wird Datenverarbeitung zum Zwecke des illegalen Drogenhandels nicht rechtmäßig sein.[19] Werbung auszuspielen gilt jedoch – trotz ihrer belästigenden Wirkung[20] – als berechtigtes Interesse,[21] weil es nicht per se verboten ist.
2. Die Datenverarbeitung muss insgesamt (und zwar für jeden Verarbeitungsschritt und jedes Einzeldatum) erforderlich sein, um diesen Zweck zu erreichen.
3. Gegenläufige Interessen des Betroffenen dürfen nicht überwiegen. Hier ist also eine Abwägung der Grundrechtspositionen vorzunehmen. Nur wenn das Gegenläufige Interesse nicht überwiegt, kann die Verarbeitung auf Art. 6 Abs. 1 UAbs. 1 lit f DSGVO gestützt werden.

---

[17] Zum Online-Tracking s. unten, Abschn. 18.3.3.

[18] Vgl. ausführlich die Orientierungshilfe der Datenschutz-Aufsichtsbehörden zu Telemedien, 20. Dezember 2021, https://datenschutz-hamburg.de/assets/pdf/DSK-OH-Telemedien.pdf, sowie die FAQ des LfDI Baden-Württemberg, https://www.baden-wuerttemberg.datenschutz.de/faq-zu-cookies-und-tracking-2/.

[19] Bitte zeigen Sie Ihren örtlichen Drogendealer dennoch bei der Polizei an, nicht bei der Datenschutz-Aufsichtsbehörde. Die Aufsichtsbehörden werden erfahrungsgemäß häufig in Fällen „eingeschaltet", in denen es nur vordergründig um „den Datenschutz" geht, in Wahrheit aber um völlig andere Konflikte. Dies bindet unnötig Kräfte und hält die Behörde ab, den wirklich wichtigen Themen nachzugehen.

[20] Vgl. Ziebarth, VuR 2018, 257 m. w. N.

[21] ErwG 47 letzter Satz DSGVO.

Die Pflicht zur Abwägung zwingt zu Einzelfallentscheidungen.[22] Wo dies aus Gründen automatisierter Massenverarbeitungen nicht möglich zu sein scheint, muss das zulasten des Verantwortlichen gehen. Er hat dann seine Massenverarbeitungen mit so viel „Sicherheitsabstand" zu nicht mehr erlaubten Datenverarbeitungen durchzuführen, dass eine Rechtsverletzung auch im Einzelfall strukturell ausgeschlossen ist.

Auf Art. 6 Abs. 1 UAbs. 1 lit f DSGVO gestützte Datenverarbeitung hat aus Sicht der Verantwortlichen einen Nachteil: Betroffene können ihr widersprechen (Art. 21 Abs. 1 DSGVO). Hierauf sind sie hinzuweisen (Art. 21 Abs. 4 DSGVO). Widerspricht der Betroffene, so hat Datenverarbeitung zum Zwecke der Direktwerbung zu unterbleiben (Art. 21 Abs. 3 DSGVO). Datenverarbeitung zu anderen Zwecken hat zu unterbleiben, wenn nicht die Voraussetzungen des Art. 21 Abs. 1 S. 2 DSGVO vorliegen.

Behörden können sich zur Erfüllung ihrer Aufgaben nicht auf Art. 6 Abs. 1 UAbs. 1 lit f DSGVO berufen, wie sich aus Art. 6 Abs. 1 UAbs. 2 DSGVO ergibt. Sie haben sich an ihre gesetzlichen Rechtsgrundlagen zu halten.[23] Das schließt nicht aus, dass Behörden bei anderen Gelegenheiten als ihrer Aufgabenerfüllung Datenverarbeitung auf Art. 6 Abs. 1 UAbs. 1 lit f DSGVO stützen können.

Bsp.

A betreibt einen Online-Shop. Er verschickt die bestellte Ware nach Geldeingang (Vorauskasse) oder auf Rechnung (der Kunde zahlt nach Empfang der Ware). Darf er hinsichtlich aller Kunden Bonitätsauskünfte bei der Schufa einholen?

Hier ist nach der Zahlungsart zu unterscheiden. Bei Kauf gegen Vorkasse geht A keinerlei Risiko ein. Hier dürfte eine Bonitätsanfrage ausscheiden.[24]

Beim Kauf gegen Rechnung geht A ein kreditorisches Risiko ein. Man könnte vertreten, die Bonitätsabfrage sei erforderlich zur Abwicklung des Vertrages (Art. 6 Abs. 1 UAbs. 1 lit b DSGVO). Da sie das im strengen Sinne aber nicht ist (A könnte den Kunden auch einfach vertrauen), liegt es näher, die Abfrage auf Art. 6 Abs. 1 UAbs. 1 lit f DSGVO zu stützen.[25]

A hat ein berechtigtes Interesse, nur solchen Kunden die Bezahlung auf Rechnung zu ermöglichen, die kreditwürdig sind. Die Interessen der Kunden scheinen nicht zu überwiegen, denn sie können sich auch für den Kauf gegen Vorkasse entscheiden. Dann tragen freilich sie das Risiko, zu bezahlen und die Ware nicht zu erhalten. ◄

---

[22] Reimer, in: Sydow (Hrsg.), DSGVO, 2. Aufl. 2018, Art. 6 Rn. 59 ff.

[23] Reimer, in: Sydow (Hrsg.), DSGVO, 2. Aufl. 2018, Art. 6 Rn. 66.

[24] Vgl. Krämer, NJW 2020, 497, 499.

[25] Vgl. Krämer, NJW 2020, 497, 501; vgl. auch § 31 BDSG.

14.2.6 Art. 6 Abs. 1 UAbs. 1 lit a DSGVO – Einwilligung

Einwilligungen können da sinnvoll sein, wo jemand personenbezogene Daten sinnvoll verwenden will, dies aber nicht im strengen Sinne notwendig ist. Wir erinnern uns: alle Rechtsgrundlagen in Art. 6 Abs. 1 UAbs. 1 lit b bis f DSGVO verlangen die Erforderlichkeit der Daten und der Datenverarbeitung.

> **Bsp.**
>
> Jemand nimmt, weil er zufällig ausgewählt wurde, an einer Umfrage teil und möchte sich auch für Rückfragen zur Verfügung stellen. Warum sollte er nicht einwilligen dürfen, dass man seinen Namen und seine Telefonnummer für diesen Zweck notiert? ◄

Einwilligungen werden aber oft auch aus falschen Gründen den Betroffenen abverlangt.

Manchen Verantwortlichen ist es zu anstrengend, vielleicht auch zu unsicher, gesetzliche Rechtsgrundlagen zu kennen und ihre Voraussetzungen und Grenzen zu beachten.

Sie erhoffen sich eine Vereinfachung, indem sie von Betroffenen eine Einwilligung verlangen.

Da es um informationelle Selbstbestimmung geht, kann man grundsätzlich in jede Verarbeitung personenbezogener Daten einwilligen. Vgl. aber u. a. unter Abschn. 14.2.6.

> **Bsp.**
>
> Denken Sie an Cookie-Banner, EULAs oder ähnliche Gelegenheiten: hier versucht man, Ihnen sehr weitgehende Einwilligungen in alles Mögliche und Unmögliche zu entlocken. Und mal ehrlich: haben Sie derartiges je zu Ende gelesen und verstanden? ◄

Mit der Einwilligung versuchen Verantwortliche oft, die Grenzen, die gesetzliche Verarbeitungsbefugnisse setzen, zu umgehen. Nicht die vom Gesetzgeber als angemessen erachtete Datenverarbeitung soll stattfinden, sondern die vom Verantwortlichen am Markt (der Softwareprodukte, Websites, Arbeitsplätze oder Mietwohnungen) durchsetzbare Datenverarbeitung.

Die DSGVO akzeptiert in Art. 6 Abs. 1 UAbs. 1 lit a DSGVO die Möglichkeit, Datenverarbeitung auf Einwilligungen zu stützen, bringt ihr aber Misstrauen entgegen. Entsprechend hoch sind die Hürden dafür, eine wirksame Einwilligung zu erhalten. Der Verantwortliche hat sicherzustellen, belegen zu können und dafür zu haften, dass auf Einwilligungen gestützte Datenverarbeitung nur aufgrund wirklich wirksamer Einwilligung erfolgt (Art. 7 Abs. 1 DSGVO), die zeitlich vor dem Beginn der Verarbeitungen erklärt wurde. Das ist schwieriger, als es den Anschein hat.

Wer Einwilligungen als „Joker" missversteht, der immer dann gezogen wird, wenn gesetzliche Rechtsgrundlagen die gewollte Verarbeitung nicht tragen, baut im Zweifel auf Sand.

- Hürden abseits des Datenschutzrechts: AGB- und Wettbewerbsrecht

Einwilligungserklärungen werden den Betroffenen abverlangt, aber meist von Verantwortlichen vorformuliert. Häufig handelt es sich daher um Allgemeine Geschäftsbedingungen (AGB).[26] AGB unterliegen der zivilrechtlichen Wirksamkeits- und Angemessenheitskontrolle (§§ 305 ff. BGB). Sie müssen insbesondere eindeutig und verständlich sein, ihre Kenntnisnahme muss zumutbar sein und sie dürfen den Vertragspartner weder überraschen noch unangemessen benachteiligen.[27] Schon hieran scheitern viele Einwilligungstexte, weshalb wichtige datenschutzrechtliche Erfolge nicht von Datenschutz-Aufsichtsbehörden, sondern von Verbraucherzentralen vor Zivilgerichten errungen wurden.[28]

Manche Praktiken sind als unlauterer Wettbewerb[29] verboten oder Indiz eines Missbrauchs einer besonders starken Marktmacht.[30] So geht das Bundeskartellamt derzeit gegen Facebook wegen „Ausbeutungsmissbrauchs" vor, weil es datenschutzrechtswidrige Nutzungsbedingungen nur aufgrund seiner enormen Marktmacht durchsetzen könne; der Fall liegt derzeit (März 2022) dem Bundesgerichtshof zur Entscheidung in der Hauptsache vor,[31] nachdem er in einem Eilverfahren bereits zugunsten des Bundeskartellamts entschieden hat.[32]

Diesen wirtschaftsrechtlichen Fragen kann im Rahmen dieses Buches nicht weiter nachgegangen werden.

- Einwilligungsfähigkeit des Betroffenen

Voraussetzung für die Wirksamkeit einer Einwilligung ist, dass der Einwilligende einwilligungsfähig ist. Dies hängt freilich von Faktoren ab, die der Verantwortliche oft nicht kennen kann. Neben Personen, die aufgrund psychischer Beeinträchtigungen nicht in der

---

[26] Ziebarth, ZD 2013, 375, 377.

[27] §§ 305 Abs. 2 Nr. 2, 305c, 307 BGB.

[28] Vgl. nur EuGH, Urteil vom 1.10.2019, C-673/17 (Planet 49); BGH, Urteil vom 14.1.2016, I ZR 65/14 (Facebook-Freundefinder) = NJW 2016, 3445 m. Anm. Lachenmann.

[29] Vgl. das UWG, das vor unlauterem Wettbewerb schützt.

[30] Vgl. das GWB, das gegen eine Vermeidung des Wettbewerbs durch Absprachen, Kartelle oder Monopole schützt.

[31] Vgl. Baumgart/Berger, LTO vom 22.6.2020, https://www.lto.de/recht/hintergruende/h/bgh-facebook-bundeskartellamt-datenschutz-kartellrecht-massstab-marktbeherrschung-daten-social-media/.

[32] Https://www.bundesgerichtshof.de/SharedDocs/Pressemitteilungen/DE/2020/2020080.html.

Lage sind, Folgen und Tragweite einer Einwilligung zu bewerten, sind vor allem Kinder schutzbedürftig.

Die DSGVO schützt Personen unter 16 Jahren besonders bei und vor der Einholung von Einwilligungen (Art. 8 DSGVO) – insbesondere da, wo sich Angebote gezielt an Kinder richten. Kinder bis 13 Jahre sind nicht einwilligungsfähig. Ältere Jugendliche können je nach inhaltlichem Zusammenhang alleine oder mit ihren Erziehungsberechtigten einwilligen.

- Informiertheit des Einwilligenden

Eine Einwilligung kann nur wirksam sein, wenn sie informiert erfolgt, wenn also der Betroffene über die Zwecke der Datenverarbeitung ebenso aufgeklärt wird wie über die Empfänger und die involvierten Datenarten. Dabei gerät die Pflicht, den Betroffenen ausreichend zu informieren, in Konflikt mit der ebenfalls bestehenden Pflicht, ihn auf verständliche Weise zu informieren. Denn je umfangreicher die Datenverarbeitung ist, desto umfangreicher und detaillierter müsste die Information sein, was sie dann weniger verständlich macht. Je komplexer die Datenverarbeitung, desto unwahrscheinlicher ist es daher, dass sie wirksam auf eine Einwilligung gestützt werden kann, dass es also dem Verantwortlichen gelingt, eine wirksame Einwilligung einzuholen.

Insofern muss die oben (Abschn. 14.2.6) getroffene Feststellung, grundsätzlich könne in jede Datenverarbeitung eingewilligt werden, in diesem Sinne relativiert werden: wenn Verarbeitungen so komplex werden, dass sie den Betroffenen nicht in einfacher Sprache und in angemessener Zeit verdeutlicht werden können, so können sie eben nicht auf Einwilligungen gestützt werden.

Die Pflicht, bei Einholung einer Einwilligung den Betroffenen zu informieren, wird ergänzt um die grundsätzliche Informationspflicht bei Datenerhebung gem. Art. 13, 14 DSGVO.[33]

- Verständlich und eindeutig erklärte Einwilligung

Eine Einwilligung kann nur wirksam sein, wenn der Text der Erklärung, der ja meist nicht vom Erklärenden stammt, sondern vom Verantwortlichen, verständlich und eindeutig ist.[34] Die Verständlichkeit ist zweifelhaft bei fremdsprachigen Texten, besonders langen, komplizierten und unstrukturierten Texten, oder solchen, die aus einer Vielzahl von Einzeldokumenten bestehen, die in unklarer Weise aufeinander verweisen.

Die Verwendung ungewöhnlicher oder vermeintlicher Fachbegriffe oder Fremdwörter kann auf den Versuch hindeuten, den Betroffenen Erklärungen unterzuschieben, die sie eigentlich nicht abgeben wollen.

---

[33] S. dazu unten, Abschn. 15.2.

[34] Art. 7 Abs. 2 DSGVO.

- Freiwilligkeit der Einwilligung

Eine Einwilligung kann nur wirksam sein, wenn sie freiwillig erteilt wurde. Physischer Zwang oder die Bedrohung mit einer Waffe werden die selteneren Fälle unfreiwilliger Erklärung sein.

Häufiger kommt es vor, dass Einwilligungen erteilt werden, weil sie Voraussetzung für den Zugang zu Leistungen sind, die man ohne Einwilligung nicht erhalten würde. Hier wird in vielen Fällen die Einwilligung unwirksam, die Datenverarbeitung daher rechtswidrig sein.

Bsp.

Ein Wohnungseigentümer möchte seine Wohnung vermieten. Von allen Mietinteressenten verlangt er Schufa-Selbstauskünfte, Gehaltsnachweise, die Zugangsdaten für das Online-Banking (um zu schauen, ob man bisher regelmäßig die Miete bezahlt hat) und eine Schweigepflichtentbindung gegenüber der Bank.

Ein derartiger Exzess kann nicht zulässig sein (vgl. Art. 7 Abs. 4 DSGVO), hat aber bei den derzeit äußerst angespannten Mietwohnungsmärkten gute Chancen, durchgesetzt werden zu können. ◄

Bsp.

ein Apotheker beschäftigt 30 Angestellte, darunter auch minderjährige Auszubildende in der Probezeit, in der sie ohne Angabe von Gründen gekündigt werden können. Er möchte seine Apotheke per Video überwachen. Er verlangt daher zur Prävention von Diebstählen Einwilligungserklärungen von allen Mitarbeitern, die er natürlich erhält.

Auch hier ist Freiwilligkeit ausgeschlossen. Die soziale Abhängigkeit und die Gefahr, für einen Dieb gehalten zu werden, wenn man sich gegen Videoüberwachung ausspricht, zwingen geradezu zur Erklärung der Einwilligung. Diese ist damit unwirksam.

Der Fall zeigt auch, dass es Datenverarbeitungen gibt, die ihrer „Natur" nach nicht dafür in Frage kommen, auf Einwilligungen gestützt zu werden. Wenn z. B. die Datenverarbeitung nur einheitlich wirken kann, müsste sie bei nur einer verweigerten oder widerrufenen Einwilligung insgesamt abgeschaltet werden.[35] ◄

Bsp.

Ein Zeitungsverlag veröffentlicht seine Zeitung auch online. Er stellt die Nutzer vor die Wahl, Tracking zuzustimmen oder die Zeitung entweder nicht oder nur gegen kostenpflichtiges Abonnement (1 Euro pro Tag) online lesen zu dürfen.

---

[35] Der Fall ist nachempfunden OVG Saarlouis, Urteil vom 14.12.2017 – 2 A 662/17 = MMR 2018, 259 m. Anm. Ziebarth ab S. 262.

Die Rechtsprechung akzeptiert derartige Gestaltungen,[36] weil der Zugang gegen Vergütung angemessen erscheint und damit eine zumutbare Alternative für denjenigen darstellt, der seine Einwilligung nicht erteilen will. Die Freiwilligkeit einer doch erteilten Einwilligung wird daher bejaht.

Das erscheint nicht per se unangemessen, bringt aber mindestens vier Folgeprobleme mit sich:

1. Wie hoch ist eine angemessene Vergütung bzw. ab welcher Höhe ist sie so unangemessen, dass die Einwilligung in das Tracking nicht mehr freiwillig ist? Die Datenschutz-Aufsichtsbehörden geraten hier in die Gefahr, zu Preisregulierungsbehörden werden zu müssen.
2. Ist es wirklich zumutbar, sich zum Lesen einer Zeitung namentlich zu registrieren? Dadurch kann erst recht ein personenbezogenes Profil z. B. politischer Interessen erstellt werden. Verantwortliche müssen nachweisen können, dass derartiges nicht geschieht.
3. Wie wird eigentlich die Zahlung abgewickelt? Dies ist wieder mit Registrierungsaufwand und weiterer Datenverarbeitung verbunden.
4. Für welche Websitebetreiber soll dieses Modell gelten? Kann künftig jede Website ein Eintrittsgeld verlangen, wenn man ohne Tracking die Seite besuchen will? Oder ist umgekehrt das Grundrecht auf informationelle Selbstbestimmung den Betroffenen abkaufbar? Darf demnächst der Bäcker höhere Brötchenpreise verlangen, wenn man nicht darin einwilligt, von ihm geohrfeigt zu werden?[37] ◄

Im Zusammenhang mit der Freiwilligkeit der Einwilligung muss erfahrungsgemäß auf etwas hingewiesen werden, was eigentlich eine Selbstverständlichkeit sein sollte: die Pflicht, Datenverarbeitung ausschließlich rechtmäßig durchzuführen und sich in Ermangelung einer gesetzlichen Rechtsgrundlage eine Einwilligung zu beschaffen (oder die Datenverarbeitung zu unterlassen) trifft den Verantwortlichen. Es gibt keine Pflicht der Betroffenen, einzuwilligen. Wo es eine solche Pflicht gäbe, wäre die Einwilligung mangels Freiwilligkeit unwirksam, die Datenverarbeitung rechtswidrig.

---

[36] Vgl. die Entscheidung der österreichischen Datenschutz-Aufsicht, https://www.ris.bka.gv.at/Dokumente/Dsk/DSBT_20181130_DSB_D122_931_0003_DSB_2018_00/DSBT_20181130_DSB_D122_931_0003_DSB_2018_00.pdf.

[37] Manchmal wird die Absurdität einer im Internet üblichen Praxis erst deutlich, wenn man sie zur Probe in Gedanken in die „Offline-Welt" überträgt. Das Recht, nicht geohrfeigt zu werden, muss man nicht extra bezahlen, denn Jedermann hat dieses Recht ohnehin. Wer Geld für das Unterlassen von Ohrfeigen verlangen würde, wäre ein Schutzgelderpresser. Warum man dann für sein ebenfalls ohnehin bestehendes Recht, nicht beim Surfen beobachtet zu werden, bezahlen muss, erschließt sich nicht wirklich,

Bsp.

Eine Schule will oder muss Online-Unterricht abhalten. Hierfür verwendet sie die Plattform eines privaten Anbieters, dessen Datenverarbeitung sie nicht versteht. Um sich „abzusichern", verlangt sie von allen Lehrern, Schülern und Eltern eine Einwilligung.

Lehrer sind dienst- oder arbeitsrechtlich, Schüler über die Schulpflicht mit der Schule verbunden. Für Einwilligungen ist hier insoweit kein Raum. Die Schule hat eine Plattform auszuwählen, deren Datenverarbeitung sie selbst beherrschen kann, und die Datenverarbeitung auf das zur Aufgabenerfüllung der Schule Erforderliche zu beschränken. ◀

- Aktiv erklärte Einwilligung

Eine Einwilligung kann nur wirksam sein, wenn sie vom Betroffenen aktiv erklärt wurde. „Weitersurfen" oder das Belassen vor-angekreuzter Kästchen ist keine aktive Handlung.[38]

„Nudging", also das eher unterbewusste Verleiten zum Anklicken der Einwilligung, dürfte ähnlich wirken wie vorausgewählte Ankreuzkästchen – und damit in vielen Fällen unzulässig sein.

- Separat erklärte Einwilligung

Eine Einwilligung kann nur wirksam sein, wenn sie von anderen Erklärungen deutlich erkennbar abgesetzt ist. Sie ist nicht im „Kleingedruckten" zu verstecken (Art. 7 Abs. 2 S. 1 DSGVO).

- Für den konkreten Einzelfall erklärte Einwilligung

Eine Einwilligung kann nur wirksam sein, wenn sie für den konkreten Fall und einen bestimmten Zweck (oder auch mehrere bestimmte Zwecke) erklärt wurde; unwirksam sind alle pauschalen Einwilligungen.[39] Der konkrete Fall schließt die einzelnen Verarbeitungszwecke ein, die nicht nur dargestellt, sondern i. d. R. einzeln aus- und abwählbar sein müssen.[40]

- Zumutbar widerrufbare Einwilligung

Eine Einwilligung kann nur wirksam sein, wenn der Betroffene vor der Erteilung der Einwilligung darauf hingewiesen wurde, dass und wie er die Einwilligung jederzeit mit Wirkung für die Zukunft widerrufen kann. (Art. 7 Abs. 3 DSGVO). Dies muss dann

---

[38] EuGH, Urteil vom 1.10.2019, Rs. C-673/17 (Planet 49), https://curia.europa.eu/juris/document/document.jsf?docid=218462&mode=req&pageIndex=1&dir=&occ=first&part=1&text=&doclang=DE&cid=917770.

[39] Buchner/Petri, in: Kühling/Buchner (Hrsg.), DSGVO, BDSG, 3. Aufl. 2020, Art. 6 Rn. 179

[40] So mit Recht die Consent Guidelines des EDSA (Guidelines 05/2020 on consent under Regulation 2016/679, Version 1.1, vom 4. Mai 2020, Ziff. 3.1.3, https://edpb.europa.eu/sites/edpb/files/files/file1/edpb_guidelines_202005_consent_en.pdf.

auch so funktionieren. Der Widerruf muss so einfach möglich sein, wie die Erklärung der Einwilligung.

Der Verantwortliche muss eingehende Widerrufserklärungen beachten. Ersichtlich ist das mit Aufwand und mit der Möglichkeit verbunden, dass Datenverarbeitung künftig nicht (mehr) stattfinden darf.

– Einwilligung neben gesetzlicher Rechtsgrundlage?

Manch ein Verantwortlicher fordert Einwilligungen, führt die Datenverarbeitung aber auch bei verweigerter oder widerrufener Einwilligung durch und beruft sich dann auf eine gesetzliche Rechtsgrundlage. Art. 17 Abs. 1 lit b DSGVO scheint ein solches Vorgehen zu stützen. Daher erlaubt die wohl h.M. in der Literatur diese Vorgehensweise.[41]

Aber: wenn bei Beginn der Datenverarbeitung dem Betroffenen durch Abverlangen einer Einwilligungserklärung eine Wahl vorgetäuscht wird, die er in Wahrheit nicht hat, so erfolgt die Einwilligung nicht informiert und ist damit unwirksam.[42] Denn über die Wahlfreiheit getäuscht zu werden, konterkariert das Recht auf informationelle Selbstbestimmung bzw. das Grundrecht auf Datenschutz. Zumindest ist also über die Absicht zu informieren, die Daten auch ohne Einwilligung zu verarbeiten.[43]

Wenn ein Verantwortlicher Einwilligungen einholt, hat er sich daran messen zu lassen. Ein Rückgriff auf gesetzliche Rechtsgrundlagen kommt dann nicht mehr ohne Weiteres in Frage.

Der Europäische Datenschutz-Ausschuss hält einen solchen Wechsel daher für überhaupt nicht zulässig.[44]

Allerdings kann ein Fehler in der Wahl der Rechtsgrundlage den Verantwortlichen auch nicht ewig daran hindern, von gesetzlichen Verarbeitungsbefugnissen Gebrauch zu machen. Öffentliche Stellen z. B. sind ja i. d. R. zur Aufgabenerfüllung verpflichtet und daher darauf angewiesen, von ihren gesetzlichen Befugnissen Gebrauch zu machen.

Auch eine Lebensrettung (Art. 6 Abs. 1 UAbs. 1 lit c DSGVO) darf nicht daran scheitern, dass etwa der Notarzt irrtümlich versucht hat, eine Einwilligung einzuholen.

Die Folgen einer Verquickung von Einwilligung und gesetzlicher Rechtsgrundlage sind daher im Einzelfall zu prüfen. Ein derartiger Wechsel von der Einwilligung zur gesetzlichen Rechtsgrundlage löst, wenn er ausnahmsweise zulässig ist, zumindest neue

---

[41] Albers/Veit, in: Wolff/Brink (Hrsg.), BeckOK Datenschutzrecht, 32. Edition, Stand 01.05.2020, Art. 6 Rn. 27; Taeger, in: Taeger/Gabel (Hrsg.), DSGVO, BDSG, 3. Aufl. 2019, Art. 6 Rn. 41.

[42] Ziebarth, MMR 2018, 259, 263.

[43] Buchner/Petri in: Kühling/Buchner (Hrsg.), DSGVO, BDSG, 3. Aufl. 2020, Art. 6 Rn. 23 i.V.m. Art. 7 Rn. 16 ff., 18.

[44] Consent Guidelines des EDSA (Guidelines 05/2020 on consent under Regulation 2016/679, Version 1.1, vom 4. Mai 2020, Rn. 122, 123, https://edpb.europa.eu/sites/edpb/files/files/file1/edpb_guidelines_202005_consent_en.pdf.

Informationspflichten nach Art. 13, 14 DSGVO aus.[45] Zu beachten ist, dass die Verweigerung oder der Widerruf einer Einwilligung gleichzeitig als Widerspruch[46] gegen die Datenverarbeitung gedeutet werden muss, soweit diese auf Art. 6 Abs. 1 UAbs. 1 lit e oder f DSGVO gestützt wird oder werden soll.[47]

Es gibt also zwei „Pole" von Ansichten:

- EDSA: Blockierung der gesetzlichen Rechtsgrundlagen des Art. 6 Abs. 1 UAbs. 1 lit b bis f DSGVO;
- h.M.: Freiversuch für Verantwortliche, folgenlos Einwilligungen abzufragen und sich hieran dann nicht zu halten.

Die Wahrheit dürfte in der Mitte liegen.

Soweit dem Verantwortlichen bereits bekannt ist, dass eine gesetzliche Befugnis greift, hat er sich auf diese zu stützen und nicht Einwilligungen einzuholen.[48]

Erkennt er dies erst später bzw. ändern sich die Umstände entsprechend, so kann dies allenfalls künftige Datenverarbeitung erlauben. Die bisherige Datenverarbeitung „hing" an der Einwilligung und hat deren Schicksal zu teilen: wurde die Einwilligung unrechtmäßig abverlangt (weil nicht informiert, freiwillig, aktiv, separat erklärt usw.[49]), ist die darauf gestützte Datenverarbeitung rechtswidrig, selbst wenn sie auf anderer Grundlage hätte erfolgen können. Ein Widerruf der Einwilligung ist zu akzeptieren.

Eine Neuerhebung mit entsprechender Rechtsgrundlage und Information bleibt möglich.

14.3   Allgemeine Voraussetzungen für die Rechtmäßigkeit von Datenverarbeitungen

Neben den soeben dargestellten Voraussetzungen der Rechtsgrundlagen in Art. 6 DSGVO bestehen weitere Voraussetzungen, die gem. Art. 5 DSGVO für alle Datenverarbeitungen im Anwendungsbereich der DSGVO gelten. Sie gelten im Anwendungsbereich der JI-RL aufgrund deren Art. 4 ähnlich, aber nicht unmittelbar: sie sind dann durch nationales Recht umzusetzen.

---

[45] Consent Guidelines des EDSA (Guidelines 05/2020 on consent under Regulation 2016/679, Version 1.1, vom 4. Mai 2020, Rn. 120, https://edpb.europa.eu/sites/edpb/files/files/file1/edpb_guidelines_202005_consent_en.pdf.

[46] S. dazu unten, ab Abschn. 17.1.6.

[47] Taeger, in: Taeger/Gabel (Hrsg.), DSGVO, BDSG, 3. Aufl. 2019, Art. 6 Rn. 4.

[48] Taeger, in: Taeger/Gabel (Hrsg.), DSGVO, BDSG, 3. Aufl. 2019, Art. 6 Rn. 43, 44; Ziebarth, MMR 2018, 262 f.

[49] Zu den vielen und hohen Hürden einer wirksamen Einwilligung vgl. oben, ab Abschn. 14.2.6.

Es handelt sich – neben den in Art. 6 DSGVO aufgestellten Bedingungen – um zwingende Voraussetzungen für rechtmäßige Datenverarbeitungen. Fehlt es an einer von ihnen, ist die Datenverarbeitung rechtswidrig.

Nicht zu verkennen ist, dass die Voraussetzungen des Art. 5 DSGVO mit jenen des Art. 6 Abs. 1 UAbs. 1 DSGVO gewisse Schnittmengen aufweisen. So werden die Prinzipien der Rechtmäßigkeit, der Erforderlichkeit und der Zweckbindung auch in Art. 6 Abs. 1 UAbs. 1 DSGVO aufgestellt. Art. 6 DSGVO kann insoweit als Konkretisierung des Art. 5 DSGVO angesehen werden. Dennoch enthält Art. 5 DSGVO auch eigene, zu prüfende, Bedingungen. Im Übrigen kann er der Vergewisserung dienen, ob ein im Wege der Prüfung des Rechtsgrundlagen des Art. 6 gefundenes Ergebnis richtig sein kann.

Die einzelnen Bedingungen des Art. 5 Abs. 1 DSGVO werden dort zugleich **Grundprinzipien** der DSGVO zugeordnet. Diese sind:

14.3.1 Art. 5 Abs. 1 lit a DSGVO – Rechtmäßigkeit, Verarbeitung nach Treu und Glauben, Transparenz

Als Rechtmäßigkeitsvoraussetzung die Rechtmäßigkeit zu verlangen, führt streng genommen zu einem Zirkelschluss.[50] Alle Anforderungen des Datenschutzrechts müssen erfüllt sein.

„Treu und Glauben" ist ein sehr unspezifischer Begriff („Gummiparagraf"). Er klingt vertraut, weil er gem. § 242 BGB auch das deutsche Zivilrecht (und das deutsche Recht insgesamt) als Grundsatz durchzieht. Deutsche Normen können aber keine unionsrechtlichen Begriffe definieren.

Nach Treu und Glauben unzulässig wäre eine Verarbeitung, die nur formal gesehen die rechtlichen Voraussetzungen erfüllt.[51]

So kann z. B. „Nudging", also Verhaltensmanipulation durch Gestaltung, gegen Treu und Glauben verstoßen, wenn die Gestaltung irreführend wirkt.

Spitzfindige Versuche, Nutzern Einwilligungen unterzuschieben, ohne dass sie dies richtig merken, oder durch Labyrinthe von Erklärungen zu hetzen, bis sie erschöpft auf „ok" klicken, sind zum Scheitern verurteilt und tragen den Makel des – bußgelderhöhenden oder strafrechtsrelevanten – Vorsatzes auf der Stirn geschrieben. Von derartigem ist dringend abzuraten.

Zur Transparenzpflicht s. unten, ab Abschn. 15.4

---

[50] Reimer, in: Sydow (Hrsg.), DSGVO, 2. Aufl. 2018, Art. 5 Rn. 12 ff.
[51] Reimer, in: Sydow (Hrsg.), DSGVO, 2. Aufl. 2018, Art. 5 Rn. 14.

14.3.2 Art. 5 Abs. 1 lit b DSGVO – Zweckbindung

Alle Rechtsgrundlagen des Art. 6 Abs. 1 DSGVO verlangen, dass eine Datenverarbeitung für bestimmte Zwecke erforderlich ist. Auch eine Einwilligung ist an die Zwecke gebunden, für die sie erteilt wurde.[52]

Der (vorher) bestimmte konkrete Zweck ist der Maßstab für die Erforderlichkeitsprüfung: was für einen Zweck erforderlich sein kann, ist für einen anderen entbehrlich.

Daraus folgt, dass einmal (für einen bestimmten Zweck) erlangte Daten nicht ohne weiteres zu einem anderen Zweck verarbeitet werden dürfen (Art. 5 Abs. 1 lit b DSGVO).[53] Denn damit würden die Grenzen der Einwilligung oder der gesetzlichen Rechtsgrundlage missachtet.

Zweckänderungen sind daher im Grundsatz wie neue Verarbeitungen zu behandeln. Sie benötigen eine eigene Rechtsgrundlage und lösen ggf. neue Informationspflichten nach Art. 13, 14 DSGVO aus.[54]

In eng begrenzten Ausnahmefällen kann eine Zweckänderung auch sonst zulässig sein, also in Fällen, in denen weder eine Einwilligung noch eine gesetzliche Rechtsgrundlage die Zweckänderung erlauben. Diese Situation beschreibt Art. 6 Abs. 4 DSGVO. Er erlaubt Zweckänderungen, wenn der neue Zweck mit dem Zweck, zu dem die Daten erhoben wurden, „vereinbar" ist (so ErwG 50 S. 1 DSGVO und Art. 5 Abs. 1 lit b DSGVO).

ErwG 50 S. 2 DSGVO könnte man so auslegen, dass es für eine Zweckänderung gar keiner Rechtsgrundlage bedürfe.[55]

Nach Reimer stellt die Rechtsgrundlage, die die ursprüngliche Erhebung erlaubt hat, auch eine Rechtsgrundlage für „vereinbare" Zweckänderungen dar.[56]

Buchner/Petri verlangen darüber hinaus, dass die zweckändernde Verarbeitung einer eigenständigen Rechtsgrundlage nach Art. 6 Abs. 1 UAbs. 1 lit b bis f DSGVO oder einer Einwilligung bedürfe.[57]

Um zu prüfen, ob der neue Zweck mit dem bisherigen vereinbar ist, hat der Verantwortliche die Bedingungen in Art. 6 Abs. 4 lit a bis e DSGVO zu prüfen und das Ergebnis zu dokumentieren.

---

[52] Buchner/Petri, in: Kühling/Buchner (Hrsg.), DSGVO, BDSG, 3. Aufl. 2020, Art. 6 Rn. 179.

[53] Taeger, in: Taeger/Gabel (Hrsg.), DSGVO, BDSG, 3. Aufl. 2019, Art. 6 Rn. 137.

[54] Dazu Buchner/Petri, in: Kühling/Buchner (Hrsg.), DSGVO, BDSG, 3. Aufl. 2020, Art. 6 Rn. 185, die dann aber auch eine Neuerhebung verlangen. Ob jemandem geholfen ist, wenn Verantwortliche „nicht aus einem bereits bestehenden Datenvorrat [schöpfen]", sondern dieselben Daten neu erheben (so Buchner/Petri aaO), darf aber bezweifelt werden. Dies scheint nur zu unnötiger Bürokratie und Belästigung des Betroffenen zu führen. Es scheint auszureichen, den Betroffenen über die Zweckänderung zu informieren.

[55] Ablehnend Reimer, in: Sydow (Hrsg.), DSGVO, 2. Aufl. 2018, Art. 5 Rn. 24, Art. 6 Rn. 67.

[56] Reimer, in: Sydow (Hrsg.), DSGVO, 2. Aufl. 2018, Art. 5 Rn. 24, Art. 6 Rn. 67.

[57] Buchner/Petri, in: Kühling/Buchner (Hrsg.), DSGVO, BDSG, 3. Aufl. 2020, Art. 6 Rn. 181 ff.

Sind die Zwecke nicht „vereinbar" so muss die Datenverarbeitung unterlassen oder auf eine gesetzliche Grundlage oder eine Einwilligung gestützt werden.

Gem. Art. 6 Abs. 4 DSGVO sind Zweckänderungen auch aufgrund von Vorschriften der Union oder der Mitgliedstaaten zulässig.

Bsp.

A kauft unter falschem Namen und falscher Adresse bei einem Online-Shop hochwertige Waren gegen Rechnung ein. Den Paketboten fängt er vor seiner vermeintlichen Adresse ab, nimmt die Ware entgegen und verschwindet, ohne zu bezahlen.

Darf das Unternehmen die Angaben des A und die Metadaten (samt IP-Adresse des A) der Polizei übergeben?

Ja, es darf. Unabhängig davon, ob der Zweck der Verarbeitung (Strafverfolgung) mit dem Zweck der Erhebung (Abwicklung des Vertrags) vereinbar ist (das kann man durchaus bejahen, weil die Straftat Vertragsbezug hat), ist die Zweckänderung gem. § 24 Abs. 1 Nr. 1 letzte Variante BDSG[58] zulässig. ◄

Da Zweckänderungen also nicht schlechthin verboten sind, ist statt von „Zweckbindung" auch von „Zweckkompatibilität" als Grundsatz der DSGVO die Rede.[59]

14.3.3 Art. 5 Abs. 1 lit c DSGVO – Datenminimierung

Mit Datenminimierung ist gemeint, dass – immer vor dem Hintergrund des spezifischen Zwecks der Verarbeitung – nur diejenigen personenbezogenen Daten verarbeitet werden, die für diesen Zweck wirklich notwendig sind.[60]

Dies ist also das auf die Auswahl der verarbeiteten Daten angewandte Erforderlichkeitsprinzip.[61]

---

[58] Diese Vorschrift wird (wie § 23 BDSG) allerdings kritisiert, weil Art. 6 Abs. 4 insoweit keine Öffnungsklauseln enthalte, sondern die Mitgliedstaaten nur da Regelungen treffen könnten, wo sie auch den Erhebungstatbestand regeln dürfen, s. Buchner/Petri, in: Kühling/Buchner (Hrsg.), DSGVO, BDSG, 3. Aufl. 2020, Art.6 Rn. 199, 200.

[59] Albers/Veit, in: Wolff/Brink (Hrsg.), BeckOK Datenschutzrecht, 32. Edition, Stand 01.05.2020, Art. 6 Rn. 68.

[60] Reimer, in: Sydow (Hrsg.), DSGVO, 2. Aufl. 2018, Art. 5 Rn. 29 ff.

[61] Dazu oben, Abschn. 14.2.

14.3.4 Art. 5 Abs. 1 lit d DSGVO – Richtigkeit

Über einen Menschen unrichtige Daten zu speichern und sie sonst zu verarbeiten, erhöht die Risiken für diesen Menschen naturgemäß. Man stelle sich vor, die Schufa würde speichern, dass ein bestimmter Mensch Insolvenz anmelden musste, und dies auf Anfrage einem anderen Menschen (z. B. desselben Namens) fälschlicherweise zuschreiben. Derartiges kann existenzielle Folgen haben.

14.3.5 Art. 5 Abs. 1 lit e DSGVO – Speicherbegrenzung

Daten sollen nur so lange personenbezogen gespeichert werden, wie dies für die ursprünglichen Zwecke oder die in lit e genannten Zwecke erforderlich ist.

Das bedeutet, dass sie zu löschen[62] sind, sobald diese Zwecke dies zulassen.

Dies ist also das auf die Dauer der Verarbeitung angewandte Erforderlichkeitsprinzip.[63]

14.3.6 Art. 5 Abs. 1 lit f DSGVO – Integrität und Vertraulichkeit

Integrität und Vertraulichkeit sind nicht nur bei der Speicherung zu schützen, sondern auch bei der sonstigen Verarbeitung, etwa der Übermittlung oder Löschung.

Hierfür sind geeignete und angemessene technische und organisatorische Maßnahmen zum Schutz der Daten zu ergreifen.

14.3.7 Art. 5 Abs. 2 DSGVO – Rechenschaftspflicht

Das alles hat der Verantwortliche nicht nur zu tun und zu verantworten, er hat es auch zu dokumentieren und nachweisen zu können. Wie er diese Pflicht umsetzen kann, wird unten, ab Abschn. 15 näher beschrieben.

14.4   Dauer der Datenverarbeitung – Löschung

Im besten Fall sind Erhebung und weitere Verarbeitung personenbezogener Daten rechtmäßig erfolgt. Nun stellt sich die Frage: wie lange dürfen gespeicherte Daten aufbewahrt werden?

---

[62] Zur Frage, ob die Löschung auch in Form von Anonymisierung stattfinden darf, vgl. Roßnagel, ZD 2021, 188.

[63] Dazu oben, Abschn. 14.2.

Diese Frage beantwortet Art. 17 DSGVO, bzw. er stellt die Weichen für die Beantwortung.

14.4.1 Grundsatz: Löschverpflichtung

Gemäß Art. 17 Abs. 1 ist der Verantwortliche verpflichtet, personenbezogene Daten zu löschen, wenn eine der folgenden Bedingungen erfüllt ist:

a) Entfallene Notwendigkeit

Die Pflicht, zu löschen, besteht, sobald die Notwendigkeit zur Verarbeitung entfallen ist. Mit Notwendigkeit dürfte dasselbe gemeint sein wie mit Erforderlichkeit in Art. 6 DSGVO.

Wann genau die Notwendigkeit entfällt, ist häufig schwer zu beurteilen und steht zu Beginn der Verarbeitung oft noch gar nicht fest.

Das dürfte hinsichtlich der Stammdaten (z. B. Name und Anschrift eines Mieters) mindestens so lange sein, bis das Vertragsverhältnis beendet ist.

Häufig werden von Verantwortlichen gesetzliche Aufbewahrungspflichten geltend gemacht. In der Tat sind z. B. Handelsbriefe und weitere Unterlagen gem. §§ 238, 257 und § 147 AO aufzubewahren. Hierbei handelt es sich um eine rechtliche Verpflichtung i.S.d. Art. 17 Abs. 3 lit b DSGVO.

Auch noch laufende Garantie-, Gewährleistungs- oder Verjahrungsfristen können berücksichtigt werden (Art. 17 Abs. 3 lit e DSGVO).

b) Widerruf einer Einwilligung

Zu löschen sind personenbezogene Daten, die aufgrund einer Einwilligung verarbeitet wurden, bei Eingang des Widerrufs.

c) Einlegen eines Widerspruchs

Zu löschen sind personenbezogene Daten, die aufgrund Art. 6 Abs. 1 UAbs. 1 lit e oder f DSGVO verarbeitet wurden, im Falle der Erklärung des Widerspruchs:

- auf jeden Fall, wenn die Verarbeitung der Direktwerbung diente (Art. 21 Abs. 2 DSGVO)[64] oder
- in anderen Fällen, wenn der Verantwortliche nicht zwingende schutzwürdige Gründe für die Verarbeitung nachweisen kann, die die Interessen, Rechte und Freiheiten der betroffenen Person überwiegen.

d) Unrechtmäßige Verarbeitungen

War die Datenverarbeitung rechtswidrig, ist zu löschen.

---

[64] Hier zeigt sich, dass Direkt-Werbung ein berechtigtes Interesse sein mag, die entgegenstehenden Interessen der Betroffenen aber keinesfalls überwiegt.

e) Löschung aufgrund rechtlicher Verpflichtung

Personenbezogene Daten sind zu löschen, wenn die Voraussetzungen einer Vorschrift des Unionsrechts oder des mitgliedstaatlichen Rechts es verlangt.

f) Art. 8 DSGVO

Nach dem Wortlaut des Art. 17 Abs. 1 lit f DSGVO sind personenbezogene Daten zu löschen, wenn sie „in Bezug auf angebotene Dienste der Informationsgesellschaft gemäß Artikel 8 Absatz 1 erhoben" wurden. Es fragt sich, warum man sie dann erheben sollte, wenn man verpflichtet wäre, sie sogleich zu löschen. Das kann nicht gemeint sein. Nach richtiger Auffassung ist gem. Art. 17 Abs. 1 lit f DSGVO zu löschen, wenn die Einwilligung der Personensorgeberechtigten oder die Zustimmung des Kindes hierzu fehlte. Dann aber ist die Datenverarbeitung ohnehin rechtswidrig und die rechtswidrig erlangten Daten sind gem. lit d zu löschen.

14.4.2 Pflicht zur Nachberichtigung

Ist der Verantwortliche zum Löschen verpflichtet, hat die Daten aber bereits öffentlich gemacht, so trifft er gem. Art. 17 Abs. 2 DSGVO „unter Berücksichtigung der verfügbaren Technologie und der Implementierungskosten angemessene Maßnahmen, auch technischer Art, um für die Datenverarbeitung Verantwortliche, die die personenbezogenen Daten verarbeiten, darüber zu informieren, dass eine betroffene Person von ihnen die Löschung aller Links zu diesen personenbezogenen Daten oder von Kopien oder Replikationen dieser personenbezogenen Daten verlangt hat".

Dies kann man sich als eine Art Rückruf vorstellen. Insbesondere, wer automatisiert Daten öffentlich macht, wird Vorkehrungen zu treffen haben, um dieser Pflicht nachkommen zu können.

14.4.3 Ausnahmen von der Lösch- und Nachbrichtigungs-verpflichtung

Die Lösch- und Rückrufverpflichtung gelten nicht in den Fällen des Art. 17 Abs. 3 DSGVO, also nicht, solange und „soweit die Verarbeitung erforderlich ist

a) zur Ausübung des Rechts auf freie Meinungsäußerung und Information;
b) zur Erfüllung einer rechtlichen Verpflichtung, die die Verarbeitung nach dem Recht der Union oder der Mitgliedstaaten, dem der Verantwortliche unterliegt, erfordert, oder zur Wahrnehmung einer Aufgabe, die im öffentlichen Interesse liegt oder in Ausübung öffentlicher Gewalt erfolgt, die dem Verantwortlichen übertragen wurde;
c) aus Gründen des öffentlichen Interesses im Bereich der öffentlichen Gesundheit gemäß Artikel 9 Absatz 2 Buchstaben h und i sowie Artikel 9 Absatz 3;
d) für im öffentlichen Interesse liegende Archivzwecke, wissenschaftliche oder historische Forschungszwecke oder für statistische Zwecke gemäß Artikel 89 Absatz 1, soweit

das in Absatz 1 genannte Recht voraussichtlich die Verwirklichung der Ziele dieser Verarbeitung unmöglich macht oder ernsthaft beeinträchtigt, oder

a) zur Geltendmachung, Ausübung oder Verteidigung von Rechtsansprüchen".

Bsp.

N hat in den 1990er-Jahren für eine rechtsradikale Partei für den Bundestag kandidiert. Ein Mandat errungen hat er nicht. Inzwischen unterstützt er die Partei und ihre Ideologie nicht mehr, wird aber ständig auf seine Kandidatur angesprochen und hat deshalb Probleme bei der Arbeit. Er möchte, dass Hinweise auf die Kandidatur aus dem Internet gelöscht werden.

Eine Kandidatur zum Deutschen Bundestag ist von hohem politischen und historischen Interesse. Ein Recht auf Löschung hat N wohl nicht. Denn seinem „Recht auf Vergessenwerden" steht das Recht der Websitebetreiber auf Meinungsfreiheit und das Recht der Leser auf Informationszugang entgegen.

Aus demselben Grund wird er auch Betreiber von Suchmaschinen nicht verpflichten können, die Seiten, die seine Kandidatur thematisieren, nicht mehr als Suchtreffer aufzuführen, wenn man im Internet nach seinem Namen sucht.[65] ◄

Bessere Chancen hätte jemand, der nicht kandidiert oder hohe Ämter innegehabt hat, also „nur privat" bestimmte Ansichten gehabt hat und dies eher zufällig öffentlich wurde.

Bsp,

I ist Informatiker und der Leiter der IT-Abteilung einer Stadtverwaltung. Er soll ein Verfahren einführen, das eine digitale Aktenführung ermöglicht. Dieses soll den Sachbearbeitern ermöglichen, einen Vorgang (z. B. zur Erteilung einer Baugenehmigung) als „abgeschlossen" zu kennzeichnen. Zwei Jahre nach dieser Kennzeichnung soll der jeweils so gekennzeichnete Vorgang gelöscht werden, um der datenschutzrechtlichen Löschverpflichtung zu genügen.

Der Leiter der IT entscheidet üblicherweise nicht über die Verarbeitungsvorgänge, sondern stellt nur die Technik dafür bereit. I ist gut beraten, den Verantwortlichen darauf hinzuweisen, dass Akten vor Vernichtung dem zuständigen Stadt- oder Landesarchiv zur Übernahme anzubieten sind (§ 3 Abs. 1, § 7 LArchG BW; §§ 15 Abs. 2 und 3, § 8 SArchG). Diese Rechtsvorschriften sind in Art. 17 Abs. 3 DSGVO („Archivzwecke") gemeint. Nicht gemeint ist der Wunsch eines Unternehmens, alle Daten zu „archivieren". ◄

Mehr zur Nachberichtigungs-Pflicht unten, ab Abschn. 17.1.5.

---

[65] Vgl. EuGH, Urteil vom 13.5.2014 – C-131/12 – Google Spain, dazu Ziebarth, ZD 2014, 394.

14.5 Übermittlungen von Daten in Drittstaaten

Die Idee hinter der Europäisierung des Datenschutzrechts ist es, einerseits das Recht in der Europäischen Union bzw. darüber hinaus im Europäischen Wirtschaftsraums[66] auf hohem Niveau zu harmonisieren, um andererseits auf dieser Grundlage Hemmnisse bei der grenzüberschreitenden Verarbeitung abbauen zu können (freier Datenverkehr).

Weil wir wissen, dass im EU-/EWR-Ausland dieselben Standards gelten, können wir ruhigen Gewissens Daten dorthin übermitteln – so jedenfalls der Grundgedanke. Natürlich ist nicht ausgeschlossen, dass das Datenschutzniveau in einem Nicht-EWR-Land (also einem Drittland) ebenso hoch oder gar höher ist, als im EWR. So besteht kein Zweifel daran, dass in der Schweiz ein hohes Datenschutzniveau besteht.

Dennoch: die Kehrseite des formalen Vertrauens, das der Gesetzgeber in EWR-Staaten legt, ist grundsätzliches Misstrauen gegenüber Nicht-EWR-Staaten.

Deshalb verbietet Art. 44 DSGVO Übermittlungen an Drittländer,[67] soweit nicht die Bedingungen erfüllt werden, die in Art. 44 ff. (Kapitel V) DSGVO niedergelegt sind.

Personenbezogene Daten in Drittländer übermitteln? Viele Verantwortliche würden von sich weisen, derartiges zu tun. Wer aber Suchmaschinen, Soziale Netzwerke, Software einschließlich Apps und Betriebssystemen, Cloud-Anbieter usw. aus Drittstaaten nutzt, kann kaum verhindern, dass Übermittlungen stattfinden. Vor allem auch, wenn die entsprechenden Hersteller und Dienstleister sich die Daten einfach nehmen.

Bsp.

Eine Bäckerei betreibt eine Website mit Facebooks Like-Button. Damit übermittelt sie personenbezogene Daten in die USA, weil sie durch Einbindung des PlugIns dessen Verarbeitungen ermöglicht. ◄

Dafür sind diese Dienstleister zwar auch verantwortlich. Ein Verantwortlicher, der sich ihrer bedient, ist aber zumindest mitverantwortlich (Art. 26 DSGVO).

Wer also personenbezogene Daten in Drittländer übermitteln will, muss neben einer Rechtsgrundlage i.S.d. Art. 6 DSGVO für die Datenverarbeitung „an sich" auch eine Basis für die Drittlandsübermittlung nach Art. 44 ff. DSGVO nachweisen können.

Bsp.

Eine Schule nutzt ein Textverarbeitungsprogramm und den dazu gehörigen Cloudspeicher eines Anbieters in den USA, der Supportleistungen aus Indien heraus anbietet, sodass Angestellte und Subunternehmer dort Zugriff auf die Daten in der Cloud haben.

---

[66] Also die EU plus Island, Liechtenstein und Norwegen, vgl. dazu schon oben, Abschn. 12.3.3.

[67] Und an internationale Organisationen – hierauf wird im Folgenden nicht weiter hingewiesen.

Nicht nur die verarbeiteten Texte, sondern auch die Nutzernamen, E-Mail-Adressen und organisatorische Daten (Schule, Klasse usw.) werden dem privaten Anbieter so bekannt.

Die Schule muss die Transfers in die USA und nach Indien verantworten. Dazu gehört eine Analyse des dortigen Datenschutzniveaus, der Rechtsschutzmöglichkeiten usw. (s. dazu sogleich). Da sie das realistischerweise nicht leisten kann, wäre die Nutzung einer anderen Software und einer anderen Cloudlösung die einfachere, rechtssichere und empfehlenswerte Wahl. ◄

14.5.1 Angemessenheitsbeschluss der EU-Kommission

Vermeintlich am einfachsten haben es Verantwortliche, die Übermittlungen in Staaten durchführen wollen, für die die EU-Kommission einen Angemessenheitsbeschluss erlassen hat. Diese Übermittlungen sind aufgrund des Angemessenheitsbeschlusses ohne Weiteres erlaubt (Art. 45).

Angemessenheitsbeschlüsse können auf bestimmte Gebiete eines Staates oder auch bestimmte Sektoren beschränkt werden.

Soweit ersichtlich bestehen derzeit (August 2021) Angemessenheitsbeschlüsse hinsichtlich folgender Staaten und Gebiete:

Andorra, Argentinen, Kanada (dort nur für „commercial organisations"), Färöer, Guernsey, Israel, Isle of Man, Japan, Jersey, Neuseeland, Schweiz und Uruguay; diese gelten nicht im Anwendungsbereich der JI-RL, Südkorea und Vereinigtes Königreich (gilt auch im Anwendungsbereich der JI-RL)[68]

Angemessenheitsbeschlüsse bieten aber nur vermeintlich Sicherheit. Wiederholt hat der EuGH solche Beschlüsse, die die Kommission zugunsten der USA getroffen hat, für nichtig erklärt (Safe Harbor[69] und EU-US-Privacy Shield[70]).

Wer sich auf Angemessenheitsbeschlüsse der EU-Kommission verlässt, kann also auf Sand gebaut haben.

---

[68] Europäische Kommission: Adequacy decisions, https://ec.europa.eu/info/law/law-topic/data-protection/international-dimension-data-protection/adequacy-decisions_en (Abruf: 26.04.2021); vgl. auch den Durchführungsbeschluss der Kommission vom 28.6.2021, gemäß der Richtlinie (EU) 2016/680 des Europäischen Parlaments und des Rats zur Angemessenheit des Schutzes personenbezogener Daten durch das Vereinigte Königreich).

[69] „Safe Harbor" wurde noch aufgrund der DS-RL beschlossen. Der EuGH erklärte den Beschluss mit Urteil vom 6. Oktober 2015, C-362/14 (Schrems) für nichtig.

[70] Der „Privacy Shield" sollte, ebenfalls noch aufgrund der DS-RL, „Safe Harbor" ersetzen. Der Beschluss wurde für nichtig erklärt durch EuGH, Urteil vom 16.7.2020, C-311/18 (Schrems II).

14.5.2 Geeignete Garantien, Standardvertragsklauseln

Eine weitere „Basis" i.S.d. Art. 44 ff. DSGVO, um Drittlandsübermittlungen zu erlauben, sind geeignete Garantien des Verantwortlichen oder Auftragsverarbeiters im Drittland, einschließlich Standardvertragsklauseln[71] (Art. 46 DSGVO).

Die möglichen Arten von Garantien sind Art. 46 Abs. 2 (ohne aufsichtsbehördliche Genehmigung) und Abs. 3 DSGVO (mit Genehmigung der Datenschutz-Aufsichtsbehörde) zu entnehmen, können hier aber nicht näher problematisiert werden.

Entscheidend ist, dass sie nur dann eine wirksame Basis für Drittlandstransfers bieten, wenn dadurch auch tatsächlich ein akzeptables Datenschutzniveau erreicht wird. Es reicht nicht, dass Garantien auf dem Papier stehen.[72]

14.5.3 Verbindliche interne Datenschutzvorschriften

Für konzerninterne Übermittlungen, die in Drittstaaten gehen, können Datenschutz-Aufsichtsbehörden sog. „verbindliche interne Datenschutzvorschriften" genehmigen, Art. 47 DSGVO.

14.5.4 Sonstige Drittlandsübermittlungen in Einzelfällen

Stehen die oben beschriebenen Instrumente der Art. 45-47 DSGVO nicht zur Verfügung, kann nur im Einzelfall auf Basis des Art. 49 DSGVO übermittelt werden, wenn die dort genannten Voraussetzungen erfüllt sind.

Ansonsten muss der Drittlandstransfer unterbleiben.

14.6 Die Bedeutung zivilrechtlicher Nutzungsrechte für den Datenschutz

Das Datenschutzrecht beschäftigt sich, wie gezeigt, mit der Frage, wer welche personenbezogenen Daten wofür wie verarbeiten darf. Anknüpfungspunkt ist das Datum, schutzbedürftig ist der mit diesem Datum bezeichnete Mensch.

---

[71] Solche wurden von der EU-Kommission beschlossen, s. Beschluss 2010/87/EU, https://op.europa.eu/de/publication-detail/-/publication/473b885b-31d6-4f3b-a10f-01152e62be6e/language-de/format-PDFA1A.

[72] Vgl. zu Standardvertragsklauseln EuGH, Urteil vom 16.7.2020, C-311/18 (Schrems II), Rn. 90 ff., 96.

Auf das Eigentum (oder eine sonstige zivilrechtliche Nutzungsberechtigung) am IT-System nimmt das Datenschutzrecht nur bedingt Rücksicht. Nur weil einem Unternehmen das IT-System gehört, darf es damit noch lange nicht personenbezogene Daten verarbeiten.

Allerdings ist der umgekehrte Gedanke richtig: Wer keine zivilrechtliche Nutzungsberechtigung hat, der hat auch nicht auf das System zuzugreifen.

Wenn ein Unternehmen A Daten sammelt und auf seinen Systemen verarbeitet, muss es sicherstellen, dass es das rechtmäßig tut. Ein anderes Unternehmen B und auch der Betroffene der Datenverarbeitung des A sind aber nicht ohne Weiteres berechtigt, auf die Systeme des A zuzugreifen.

Und auch ein Websitebetreiber oder Softwarehersteller ist nicht ohne Weiteres berechtigt, auf Endgeräte des betroffenen Nutzers zuzugreifen, etwa, um ihn mittels „Cookies" zu „tracken"[73] oder mittels „Telemetriedaten" sein Nutzungsverhalten zu beobachten.

In Deutschland gilt neben dem Recht auf informationelle Selbstbestimmung auch das Grundrecht auf Gewährleistung der Vertraulichkeit und Integrität informationstechnischer Systeme,[74] das, wie jedes Grundrecht, Ausstrahlungswirkung auch in die einfachgesetzliche Rechtsordnung hat.[75] Ähnliche Verbürgungen dürfte auch das Recht auf Datenschutz i.S.d. Art. 7, 8 GrCh aufweisen.

IT-Sicherheit soll Systeme vor Angriffen von Außen (und durchaus auch von Innen) schützen, selbst wenn auf diesen Systemen personenbezogene Daten unrechtmäßig verarbeitet werden sollten. Sie dient daher nicht nur dem Datenschutz, sondern auch dem Eigentumsschutz.

---

[73] Dazu s. unten, Abschn. 18.3.3.

[74] BVerfGE 120, 274; dazu Ziebarth, Online-Durchsuchung, 2013 passim.

[75] Guckelberger, JuS 2003, 1151.

Rechenschaftspflicht

Gem. Art. 5 Abs. 2 DSGVO muss der Verantwortliche nachweisen können, dass er personenbezogene Daten ausschließlich rechtmäßig verarbeitet.

Dazu sind die Instrumente nützlich, die nach Innen und nach Außen die Transparenz der Verarbeitung sicherstellen sollen. Sie dienen nicht nur der nachträglichen Kontrolle, sondern auch der vorherigen Vergewisserung durch den Verantwortlichen selbst, ob die geplante Verarbeitung so durchgeführt werden darf, wie er sich das vorstellt.

Die Nachweispflichten der DSGVO werden, jedenfalls, wenn man sie wörtlich nimmt, als zu weitgehend und zu unbestimmt kritisiert.[1] In der Tat ist es einer der Grundfehler der DSGVO, Verantwortlichen relativ unterschiedslos Pflichten aufzuerlegen, ohne (viel) Rücksicht auf Natur und Leistungsfähigkeit des Verantwortlichen oder die Zwecke der Datenverarbeitung zu nehmen. Vermeintliche Erleichterungen, wie sie etwa in Art. 30 Abs. 5 DSGVO beabsichtigt werden, sind selten und werden durch ihre engen Voraussetzungen häufig gar nicht anwendbar sein. S. dazu die Ausführungen zu Art. 30 Abs. 5 unter Abschn. 15.1.3.

Allerdings ist den Datenschutz-Aufsichtsbehörden der Grundsatz der Verhältnismäßigkeit bekannt. Dass bei „harmloser" Datenverarbeitung „exorbitante Rechenschafts- und Nachweispflichten"[2] bestehen oder geltend gemacht werden, ist unwahrscheinlich.

Je größer allerdings Zahl und Komplexität der Datenverarbeitungen sind, desto höhere Anforderungen an die Rechenschaftspflicht sind zu beachten.

Nicht jeder Kleingewerbetreibende, Verein oder Freiberufler muss z. B. Tracking auf seiner Website oder per GPS in seinem Firmenwagen aktivieren. Wer darauf verzichtet, muss weniger Rechenschaft ablegen.

---

[1] Veil, in: Forgó/Helfrich/Schneider (Hrsg.), Betrieblicher Datenschutz, 3. Aufl. 2019, Kapitel 1.

[2] Veil, in: Forgó/Helfrich/Schneider (Hrsg.), Betrieblicher Datenschutz, 3. Aufl. 2019, Kapitel 1 Rn. 31.

© Der/die Autor(en), exklusiv lizenziert an Springer Fachmedien Wiesbaden GmbH, ein Teil von Springer Nature 2022
R. Petrlic et al., *Datenschutz*, https://doi.org/10.1007/978-3-658-39097-6_15

Transparenz ist neben der Rechtmäßigkeit der Verarbeitung an sich eines der wichtigsten Ziele der DSGVO. Ohne Transparenz der Datenverarbeitung ist informationelle Selbstbestimmung nicht möglich.[3]

Transparenz ist in mehreren Dimensionen zu gewährleisten, nämlich intern und extern.

Dabei sind die Übergänge fließend: Mitarbeiter des eigenen Unternehmens sind zwar Interne, aber auch Betroffene, soweit es um Personaldatenverarbeitung geht.

15.1 Verzeichnis der Verarbeitungstätigkeiten

Zentraler Baustein ist hier das Verzeichnis *der*[4] Verarbeitungstätigkeiten (Art. 30 DSGVO).[5]

Grundsätzlich[6] alle Verantwortlichen und Auftragsverarbeiter müssen ein Verzeichnis der Verarbeitungstätigkeiten erstellen und ihre Verfahren darin beschreiben.

Im Gegensatz zu früher muss es nicht mehr Jedermann zugänglich gemacht oder unverlangt an die Datenschutz-Aufsichtsbehörde geschickt werden. Es ist ihr aber auf Anfrage zugänglich zu machen (Art. 30 Abs. 4 DSGVO).

Primärer Zweck ist aber die interne Übersicht über die eigenen Vorgänge und die getroffenen Maßnahmen.

Bsp.

In einer Stadtverwaltung bestehen 50 einzelne Fachämter. Eines davon ist das Jugendamt, das 20 Kitas und zehn Jugendhäuser betreibt. Das Amt für Bildung betreibt 30 Schulen und die Volkshochschule, das Kulturamt drei Museen. Alle diese und weitere städtische Einrichtungen betreiben je mindestens einen Kanal bei Facebook und Instagram. Diese wurden im Lauf der Zeit von engagierten Erzieherinnen, Museumspraktikanten und anderem Personal eingeführt. Schließlich müsse man die Menschen da abholen, wo sie seien. Niemand hat einen Gesamtüberblick über die städtischen Social-Media-Kanäle.

Unabhängig davon, ob all diese Stellen die genannten Dienste nutzen dürfen, muss der Verantwortliche (die juristische Person, hier die Gebietskörperschaft „Stadt", vertreten durch ihren Oberbürgermeister) einen Überblick über alle städtischen Ver-

---

[3] Pötters, in: Gola (Hrsg.), Datenschutz-Grundverordnung, 2. Auflage 2018, Art. 5 Rn. 10, 11.

[4] Art. 30 DSGVO spricht vom „Verzeichnis von Verarbeitungstätigkeiten". Im Gegensatz zu einem „Verzeichnis der Verarbeitungstätigkeiten" müsste ein solches nicht abschließend sein. Da Art. 30 Abs. 1 DSGVO aber ausdrücklich verlangt, dass alle Verarbeitungstätigkeiten abgebildet sein müssen, wird im Folgenden vom Verzeichnis der Verarbeitungstätigkeiten die Rede sein. So auch ErwG 82 DSGVO.

[5] Hübner, in: Dochow u. a. (Hrsg.), Datenschutz in der ärztlichen Praxis, 1. Auflage 2019, 6.2.

[6] Zu Ausnahmen siehe unten die Ausführungen zu Art. 30 Abs. 5 DSGVO.

arbeitungen haben.[7] Auch Social-Media-Aktivitäten müssen daher im Verzeichnis der Verarbeitungstätigkeiten dargestellt werden. ◄

15.1.1 Verarbeitungstätigkeiten

Was sind eigentlich Verarbeitungstätigkeiten? Das sind die Anlässe, Zwecke, Methoden und Mittel, für die wiederkehrend personenbezogene Daten verarbeitet werden.[8] Eine Videoüberwachung des eigenen Grundstücks kann etwa eine solche Verarbeitungstätigkeit darstellen.

Im Gegensatz zum Recht vor Wirksamwerden der DSGVO muss die Verarbeitungstätigkeit nicht mehr automatisiert sein. Da die DSGVO insgesamt aber nur auf Datenverarbeitung anwendbar ist, die automatisiert, teilautomatisiert oder nichtautomatisiert, aber mit Dateien (strukturierten Datensammlungen unabhängig von der verwendeten Technik) durchgeführt wird, müssen auch nur solche im Verzeichnis der Verarbeitungstätigkeiten abgebildet werden.

Bsp.

Ein Kellner notiert die Bestellung des Gastes auf einem Zettel, der mit der Tischnummer versehen ist. Diesen trägt er in die Küche, wo die Wünsche erfüllt und die Zettel vernichtet werden. Dies tut er bei jedem Gast und dies tun alle Kellner in dieser Gaststätte. Die Summe dieser Verarbeitungen wäre eine Verarbeitungstätigkeit. Weil sie aber weder (teil-)automatisiert erfolgt noch Dateibezug hat, ist die DSGVO nicht anwendbar. Die Verarbeitungstätigkeit muss nicht im Verzeichnis der Verarbeitungstätigkeiten abgebildet werden. ◄

Bsp.

Die Wünsche des Gastes werden mittels Tablet notiert und elektronisch an die Küche weitergegeben. Das Buchhaltungssystem verbucht sogleich den entsprechenden Warenverbrauch, prüft, ob Waren neu bestellt werden müssen und verbucht den Geldeingang, sobald der Kellner diesen bestätigt. Das System ermöglicht auch Zahlung per Karte oder App (spätestens hier kommen personenbezogene Daten ins Spiel).

Diese automatisierte Verarbeitungstätigkeit ist im Verzeichnis der Verarbeitungstätigkeiten abzubilden. ◄

---

[7] Natürlich hat kein Oberbürgermeister, Minister oder Vorstandsvorsitzender selbst diesen Überblick. Sie müssen aber dafür sorgen, dass es die Dokumentationen in ihrem Haus erlauben, sich diesen Überblick sofort zu verschaffen.

[8] Vgl. ausführlich Petri, in: Simitis/Hornung/Spiecker gen. Döhmann (Hrsg.), Datenschutzrecht, 1. Auflage 2019, Art. 30 DSGVO Rn. 16.

15.1.2 Enthaltene Angaben

Das Verzeichnis der Verarbeitungstätigkeiten des Verantwortlichen[9] enthält gem. Art. 30
Abs. 1 DSGVO zumindest folgende Angaben:

„a) den Namen und die Kontaktdaten des Verantwortlichen und gegebenenfalls des
gemeinsam mit ihm Verantwortlichen, des Vertreters des Verantwortlichen sowie eines
etwaigen Datenschutzbeauftragten".

Unabhängig davon, welche Verarbeitungstätigkeiten ein Verantwortlicher vornimmt: er
wird bei allen von ihnen denselben Namen tragen, dieselbe Anschrift und ggf. denselben
Vertreter haben. Diese Angaben können also ein Mal zentral zusammengestellt werden und
müssen sich nicht in jedem Verzeichniseintrag, der eine einzelne Verarbeitungstätigkeiten
beschreibt, wiederfinden.

Schon mit diesen Angaben sind manche Verantwortliche überfordert. Verantwortlicher
ist bei juristischen Personen diese selbst. Mit „Vertreter" ist nicht der Stellvertreter des
Chefs gemeint, sondern ein Vertreter i.S.d. Art. 27 DSGVO, den nur solche Verantwortliche benennen, die ihren Sitz außerhalb des EWR haben.[10]

Wo gemeinsame Verantwortung besteht, sind auch die Mitverantwortlichen zu nennen.
Es bietet sich an, die Vereinbarung zur gemeinsamen Verantwortung i.S.d. Art. 26 DSGVO
hier gleich mit zu dokumentieren oder auf sie zu verweisen.

„b) die Zwecke der Verarbeitung".

Da ohnehin Rechtmäßigkeitsvoraussetzung jeder Datenverarbeitung ist, dass sie zu
bestimmten, vordefinierten Zwecken erfolgt, dürften die Zwecke dem Verantwortlichen
bekannt sein. Sollten sie ihm nicht bekannt sein, wäre das ein guter Anlass, zu hinterfragen,
ob die Datenverarbeitung überhaupt notwendig ist.

Erstaunlicherweise verlangt Art. 30 nicht die Angabe der Rechtsgrundlage, auf der die
Verarbeitungstätigkeit beruht. Da der Verantwortliche aber auch insoweit rechenschafts-
pflichtig ist (Art. 5 Abs. 2 DSGVO), bietet es sich an, die Rechtsgrundlage hier gleich mit
zu dokumentieren, bei Einwilligungen auch die Umstände, die dafür sprechen, dass und
wie die Einwilligung informiert, freiwillig, aktiv, separat usw.[11] erklärt wurde.

„c) eine Beschreibung der Kategorien betroffener Personen und der Kategorien personenbezogener Daten".

Kategorien betroffener Personen können z. B. Kunden, Beschäftigte, Lieferanten
sein.[12]

---

[9] Auf das des Auftragsverarbeiters nach Art. 30 Abs. 2 DSGVO wird hier nicht weiter eingegangen.
Die hiesigen Ausführungen gelten mit den aus dem Wortlaut des Abs. 2 ersichtlichen Unterschieden
entsprechend.

[10] Martini, in: Paal/Pauly (Hrsg.), DSGVO, BDSG, 3. Aufl. 2021, Art. 30 Rn. 7.

[11] Vgl. die Darstellung oben unter Abschn. 14.2.6.

[12] Martini, in: Paal/Pauly (Hrsg.), DSGVO, BDSG, 3. Aufl. 2021, Art. 30 Rn. 10a.

Bitte schreiben Sie hier nicht „Long Integer" oder „String" (Datentypen aus Datenbanksystemen oder Programmiersprachen). Schreiben Sie auch nicht „Personendaten", denn das ist nichtssagend.

Andererseits müssen Sie auch nicht jedes Einzeldatum benennen, sondern Sie können Kategorien bilden, soweit die darin zusammengefassten Daten dasselbe „Schicksal" haben, also gleich erhoben, gleich gespeichert, gleich übermittelt, gleich gelöscht usw. werden.

Zum Beispiel, können Sie BIC, IBAN und Name der Bank zu „Bankdaten" zusammenfassen, Straße, Hausnummer, Postleitzahl und Ort zu „Adresse". Wird eine Videoüberwachung beschrieben, so kann schlicht von Bilddaten die Rede sein.[13]

„d) die Kategorien von Empfängern, gegenüber denen die personenbezogenen Daten offengelegt worden sind oder noch offengelegt werden, einschließlich Empfänger in Drittländern oder internationalen Organisationen".

Zum Begriff des Empfängers vgl. Art. 4 Nr. 9 DSGVO. Auch Personen innerhalb eines Verantwortlichen (einer juristischen Person) oder Auftragsverarbeiter können Empfänger sein.[14] Insoweit ist es empfehlenswert, auch die Auftragsverarbeitungsverträge hier entweder mit zu dokumentieren oder auf sie zumindest zu verweisen.

Es müssen nicht die konkreten Empfänger genannt werden.[15] Wo diese feststehen, mag es sich aber empfehlen, dies zu tun.

„e) gegebenenfalls Übermittlungen von personenbezogenen Daten an ein Drittland oder an eine internationale Organisation, einschließlich der Angabe des betreffenden Drittlands oder der betreffenden internationalen Organisation, sowie bei den in Artikel 49 Absatz 1 Unterabsatz 2 genannten Datenübermittlungen die Dokumentierung geeigneter Garantien".

Zu Drittlandstransfers vgl. bereits oben, Abschn. 14.5. Wie die danach zu beachtenden Pflichten erfüllt werden, ist im Verzeichnis der Verarbeitungstätigkeiten zu dokumentieren.

„f) wenn möglich, die vorgesehenen Fristen für die Löschung der verschiedenen Datenkategorien".

Verantwortliche sollten sich von vornherein darüber Gedanken machen, wie lange sie personenbezogene Daten aufbewahren wollen und dürfen.

Soweit konkrete Fristen feststehen, sind sie hier zu benennen. Andernfalls sollten die Kriterien benannt werden, aus denen sich der Löschzeitpunkt ergibt.

---

[13] Martini, in: Paal/Pauly (Hrsg.), DSGVO, BDSG, 3. Aufl. 2021, Art. 30 Rn. 10b ff.

[14] Bertermann, in: Ehmann/Selmayr (Hrsg.), DSGVO, 2. Auflage 2018, Art. 30 Rn 12.

[15] Martini, in: Paal/Pauly (Hrsg.), DSGVO, BDSG, 3. Aufl. 2020, Art. 30 Rn. 12a.

Bsp.

Ein Supermarktbetreiber betreibt eine Videoüberwachung. Er speichert die Bilder auch. Es wäre sicherlich nicht rechtmäßig, sie „ewig" oder „zu lange" zu speichern. Er muss sich also überlegen, wie lange er speichern will.

Allerdings fallen hier zwei Kategorien von Bildern an: die große Masse der Bilder zeigt nichts Auffälliges, nur wenige Bilder dokumentieren Straftaten.

Der Eintrag im Verzeichnis der Verarbeitungstätigkeiten könnte also lauten, dass Bilder nach drei Tagen automatisch gelöscht werden, es sei denn, es sind Straftaten zu sehen. Diese Sequenzen können dann länger aufbewahrt, der Polizei übergeben werden usw. Sie müssen erst gelöscht werden, wenn die (straf- und ggf. zivilrechtlichen) Verfahren abgeschlossen sind. ◄

„g) wenn möglich, eine allgemeine Beschreibung der technischen und organisatorischen Maßnahmen gemäß Artikel 32 Absatz 1".

Jeder Verantwortliche (und auch: Auftragsverarbeiter) ist verpflichtet, geeignete und angemessene technische und organisatorische Maßnahmen zum Schutz der Daten zu ergreifen (Art. 32 DSGVO).[16] Diese hat er gem. Art. 5 Abs. 2 DSGVO zu dokumentieren.

Warum er sie nicht im Verzeichnis der Verarbeitungstätigkeiten abbilden können sollte, ist nicht ersichtlich. Es dürfte also so gut wie immer „möglich" sein.[17]

Dabei sind vereinfachte Darstellungen und Verweise auf detailliertere Dokumentationen natürlich zulässig.

15.1.3 Entbehrlichkeit eines Verzeichnisses der Verarbeitungstätigkeiten

Eine der wenigen Vorschriften der DSGVO, die auf kleine Unternehmen und ähnliche Verantwortliche (Vereine usw.) Rücksicht zu nehmen vorgeben, ist Art. 30 Abs. 5 DSGVO.

Danach müssen Verantwortliche mit weniger als 250 Mitarbeitern kein Verzeichnis der Verarbeitungstätigkeiten erstellen. Es sei denn, eine der nachfolgenden Bedingungen ist erfüllt:

- die Verarbeitung birgt ein Risiko für die Rechte und Freiheiten der betroffenen Personen,
- die Verarbeitung erfolgt nicht nur gelegentlich oder
- es erfolgt eine Verarbeitung besonderer Datenkategorien gemäß Artikel 9 Absatz 1 bzw. die Verarbeitung von personenbezogenen Daten über strafrechtliche Verurteilungen und Straftaten im Sinne des Artikels 10.

---

[16] Dazu unten, ab Abschn. 16

[17] Petri, in: Simitis/Hornung/Spiecker gen. Döhmann (Hrsg.), Datenschutzrecht, 1. Auflage 2019, Art. 30 DSGVO Rn. 33.

Diese Vorschrift ist aus zwei Gründen unerfreulich. Zum einen bleiben auch kleine Unternehmen verpflichtet, rechtmäßig zu handeln und dies belegen zu können. Sie von der Pflicht zu befreien, ein Verzeichnis der Verarbeitungstätigkeiten zu führen, nimmt ihnen das zentralste und einfachste Instrument hierfür.[18] Freilich bleiben sie berechtigt, eines zu führen, was ihnen an dieser Stelle empfohlen sei.

Zweitens läuft die Ausnahmevorschrift des Art. 30 Abs. 5 DSGVO weitgehend ins Leere, weil ihre o.g. Gegenausnahmen so unklar, gleichzeitig aber so weitreichend sind, dass sie häufig die Pflicht bestehen lassen werden.[19]

So ist sehr unklar, was mit „Risiko" gemeint ist. Nach der Rechtsprechung des BVerfG gibt es angesichts automatisierter Datenverarbeitung überhaupt kein „belangloses Datum mehr".[20] Würde aber jede Verarbeitung als in diesem Sinne riskant eingestuft, wäre jeder Verantwortliche verpflichtet, ein Verzeichnis der Verarbeitungstätigkeiten zu erstellen. Die Ausnahme liefe leer. Andererseits können auch nicht nur solche Verarbeitungen gemeint sein, die so gefährlich sind, dass sie einer Datenschutz-Folgenabschätzung[21] bedürfen. Denn Art. 35 Abs. 1 DSGVO verlangt dafür ein „hohes Risiko", was Art. 30 Abs. 5 DSGVO nicht tut.

Die Erwägungsgründe 75 bis 78 der DSGVO können einen Anhalt geben.[22] Bis man sie durchschaut hat, hat man aber auch ein Verzeichnis der Verarbeitungstätigkeiten erstellt.

Eine weitere Gegenausnahme sieht Art. 30 Abs. 5 DSGVO vor, wenn das kleine Unternehmen nicht nur gelegentlich personenbezogene Daten verarbeitet.[23] Hier reicht also – unabhängig vom Risiko – die fortdauernde, regelmäßig wiederkehrende Verarbeitung aus, um die Pflicht, ein Verzeichnis der Verarbeitungstätigkeiten zu führen, bestehen zu lassen.

Dass ein Unternehmen mit 250 Mitarbeitern keine Personaldaten regelmäßig verarbeitet,[24] dürfte kaum vorkommen.

Insofern wäre es sinnvoller gewesen, die Gegenausnahmen restriktiver zu gestalten und dafür den Grenzwert erheblich zu senken. Unternehmen mit mindestens 50, aber weniger als 250 Mitarbeitern gelten nicht etwa als Kleinst- oder Klein-, sondern bereits als mittlere Unternehmen.[25]

---

[18] Hartung, in: Kühling/Buchner (Hrsg.), DSGVO, BDSG, 3. Aufl. 2020, Art. 30 Rn. 39.

[19] Hartung, in: Kühling/Buchner (Hrsg.), DSGVO, BDSG, 3. Aufl. 2020, Art. 30 Rn. 39.

[20] BVerfGE 65, 1, 45.

[21] dazu unten, Abschn. 15.2.

[22] Petri, in: Simitis/Hornung/Spiecker gen. Döhmann (Hrsg.), Datenschutzrecht, 1. Auflage 2019, Art. 30 DSGVO Rn. 44.

[23] Petri, in: Simitis/Hornung/Spiecker gen. Döhmann (Hrsg.), Datenschutzrecht, 1. Auflage 2019, Art. 30 DSGVO Rn. 45.

[24] Nicht für ausreichend hält das allerdings Schultze-Melling, in: Taeger/Gabel (Hrsg.), DSGVO, BDSG, 3. Aufl. 2019, Art. 30 Rn. 30.

[25] Art. 2 Abs. 1, 2 des Anhangs zur Empfehlung der Kommission zur Definition von Kleinstunternehmen und KMU, der gem. ErwG 13 DSGVO auch im hiesigen Kontext zu berücksichtigen ist.

Auch die dritte Gegenausnahme (Verarbeitungen von Daten nach Art. 9 oder 10 DSGVO) ist so weit, dass sie Art. 30 Abs. 5 DSGVO ad absurdum führt. Jedes Unternehmen, das Mitarbeiter beschäftigt, muss z. B. Krankmeldungen entgegennehmen. Und schon verarbeitet es mit einem Gesundheitsdatum ein Artikel-9-Datum.

Zusammenfassend ist zu empfehlen, einfach ein Verzeichnis der Verarbeitungstätigkeiten zu erstellen. Es ist nützlich und vermutlich einfacher zu erstellen, als die Ausnahmevorschrift zu prüfen.[26]

Es kann Ort und Grundlage weiterer Transparenzbemühungen sein, wie sie im Folgenden skizziert werden.

15.2 Datenschutz-Folgenabschätzung

Durch die Datenschutz-Folgenabschätzung (DSFA) wird nicht nur dokumentiert, dass die Datenverarbeitung rechtmäßig ist, sondern dies wird mit ihrer Hilfe vorab geprüft und sichergestellt.[27]

15.2.1 Zweck einer Datenschutz-Folgenabschätzung

Zweck einer Datenschutz-Folgenabschätzung ist es, dass sich der Verantwortliche vor Beginn der Datenverarbeitung klar macht, welche Risiken durch die Verarbeitung entstehen werden.[28] Er soll sich Gedanken machen, wie er diese Risiken minimieren kann.[29] Im besten Fall wird er dadurch geeignete Maßnahmen ergreifen, die die Risiken vermeiden. Gleichzeitig werden diese Überlegungen und die angedachten und ergriffenen Maßnahmen dokumentiert.

Die DSFA dient also der Sicherstellung der Rechtmäßigkeit der Datenverarbeitung und der Dokumentation derselben,[30] indem z. B. unnötige Risiken vermieden und unvermeidbare Risiken (rechtlich, organisatorisch oder technisch) umhegt werden.

---

[26] Muster finden sich im Internet, z. B. bei den Aufsichtsbehörden. In BW enthält der Ratgeber für Vereine derartige Muster, die auch kleinen Unternehmen einschließlich Selbständigen weiterhelfen können, vgl. https://www.baden-wuerttemberg.datenschutz.de/wp-content/uploads/2018/05/Praxisratgeber-für-Vereine.pdf.

[27] Ausführlich Nägele/Petrlic/Schemmel, DuD 2020, 719.

[28] Schwendemann, in: Sydow (Hrsg.), DSGVO, 2. Aufl. 2018, Art. 35 Rn. 1.

[29] Schwendemann, in: Sydow (Hrsg.), DSGVO, 2. Aufl. 2018, Art. 35 Rn. 1.

[30] A.A. Schwendemann, in: Sydow (Hrsg.), DSGVO, 2. Aufl. 2018, Art. 35 Rn. 1, die die DSFA als ein Instrument ansieht, das nach Bejahung der Rechtmäßigkeit zum Einsatz komme.

15.2.2 Pflicht zur Erstellung einer Datenschutz-Folgenabschätzung

Eine Datenschutz-Folgenabschätzung ist zeitlich vor Beginn der Datenverarbeitung zu erstellen. Sie ist dann verpflichtend, wenn die Datenverarbeitung „voraussichtlich ein hohes Risiko für die Rechte und Freiheiten natürlicher Personen zur Folge" haben wird (Art. 35 Abs. 1 DSGVO). Ob sie das haben wird, ist umfassend und insbesondere anhand der in Art. 35 Abs. 1 DSGVO genannten Kriterien zu prüfen:[31]

- Einsatz neuer Technologien (z. B. Big Data, Mustererkennung usw.)
- Art der Verarbeitung (z. B. Profilbildung, Veröffentlichung)
- Umfang der Verarbeitung
- Umstände der Verarbeitung
- Zwecke der Verarbeitung.

Art. 35 Abs. 2 DSGVO betont die Selbstverständlichkeit, dass der Datenschutzbeauftragte des Verantwortlichen (falls einer benannt wurde) einzubeziehen ist. Das ist er freilich grundsätzlich bei jeder Einführung neuer Datenverarbeitungsverfahren.

Art. 35 Abs. 3 DSGVO konkretisiert die Fälle einer verpflichtenden Datenschutz-Folgenabschätzung. Wiederum ist die Aufzählung nicht abschließend (vgl. das Wort „insbesondere"). Diese sind:

„a) systematische und umfassende Bewertung persönlicher Aspekte natürlicher Personen, die sich auf automatisierte Verarbeitung einschließlich Profiling gründet und die ihrerseits als Grundlage für Entscheidungen dient, die Rechtswirkung gegenüber natürlichen Personen entfalten oder diese in ähnlich erheblicher Weise beeinträchtigen;

b) umfangreiche Verarbeitung besonderer Kategorien von personenbezogenen Daten gemäß Artikel 9 Absatz 1 oder von personenbezogenen Daten über strafrechtliche Verurteilungen und Straftaten gemäß Artikel 10 oder

Die Datenschutz-Aufsichtsbehörden geben gem. Art. 35 Abs. 4 DSGVO Listen mit Verarbeitungstätigkeiten heraus, für die eine Datenschutz-Folgenabschätzung gefertigt werden muss („Musslisten").[32]

---

[31] Vgl. dazu das WP 248 (Rev. 01 17/DE, angenommen am 4. April 2017, zuletzt überarbeitet und angenommen am 4. Oktober 2017) der Art. 29 Datenschutzgruppe, http://ec.europa.eu/newsroom/document.cfm?doc_id=44137.

[32] Z. B. in BW: https://www.baden-wuerttemberg.datenschutz.de/wp-content/uploads/2018/05/Liste-von-Verarbeitungsvorg%C3%A4ngen-nach-Art.-35-Abs.-4-DS-GVO-LfDI-BW.pdf

15.2.3 Ohne Pflicht zur Erstellung einer Datenschutz-Folgenabschätzung

Verantwortliche müssen bei jedem geplanten neuen Verarbeitungsvorgang prüfen, ob im Sinne der oben genannten Kriterien eine Pflicht zur Erstellung einer Datenschutz-Folgenabschätzung besteht. Kommen sie zu dem Ergebnis, dass keine besteht, so haben sie (zumindest in Grenz- oder Zweifelsfällen) diese Prüfung, die sie leitenden Überlegungen und das Ergebnis zu dokumentieren.

15.2.4 Inhalt einer Datenschutz-Folgenabschätzung

Gem. Art. 35 Abs. 7 DSGVO enthält die Datenschutz-Folgenabschätzung zumindest folgendes:

„a) eine systematische Beschreibung der geplanten Verarbeitungsvorgänge und der Zwecke der Verarbeitung, gegebenenfalls einschließlich der von dem Verantwortlichen verfolgten berechtigten Interessen;

b) eine Bewertung der Notwendigkeit und Verhältnismäßigkeit der Verarbeitungsvorgänge in Bezug auf den Zweck;

c) eine Bewertung der Risiken für die Rechte und Freiheiten der betroffenen Personen gemäß Absatz 1 und

d) die zur Bewältigung der Risiken geplanten Abhilfemaßnahmen, einschließlich Garantien, Sicherheitsvorkehrungen und Verfahren, durch die der Schutz personenbezogener Daten sichergestellt und der Nachweis dafür erbracht wird, dass diese Verordnung eingehalten wird, wobei den Rechten und berechtigten Interessen der betroffenen Personen und sonstiger Betroffener Rechnung getragen wird."

Falls schon vorhanden, kann der Eintrag im Verzeichnis der Verarbeitungstätigkeiten[33] hier als Grundlage dienen. Falls nicht, kann die Datenschutz-Folgenabschätzung Grundlage dieses Eintrags sein.

Erstaunlich ist wiederum, dass die Angabe einer Rechtsgrundlage nicht vorgeschrieben ist.[34] Es empfiehlt sich, sie dennoch zu dokumentieren und sich der Einhaltung ihrer Voraussetzungen zu vergewissern.

Kern der Prüfung ist zunächst die systematische Beschreibung der Datenverarbeitung. Wer verarbeitet welche Daten wofür und wie?

Anschließend ist die Notwendigkeit jedes Datums und jedes Verarbeitungsschritts zu hinterfragen. Werden Risiken erkennbar, so sind diese zu gewichten, wobei Risiken üblicherweise als Ergebnis einer Multiplikation der Faktoren „mögliche Schadenshöhe" und „Eintrittswahrscheinlichkeit" definiert werden.

---

[33] Dazu oben, Abschn. 15.1.

[34] Soll die Datenverarbeitung auf Art. 6 Abs. 1 UAbs. 1 lit f DSGVO gestützt werden, sind allerdings die berechtigten Interessen zu nennen.

Schließlich sind die Risiken durch geeignete Maßnahmen zu umhegen.

Ausführliche Informationen zu diesem Prozess und ein Fallbeispiel finden Sie auf den Seiten des bayerischen LDA unter https://www.lda.bayern.de/de/thema_dsfa.html.

15.2.5 Ergebnis der Datenschutz-Folgenabschätzung

Die Datenschutz-Folgenabschätzung kann zu der Erkenntnis führen, dass besondere Risiken nicht bestehen oder mit zu ergreifenden Maßnahmen in ausreichender Weise umhegt werden können. Dann kann die Datenverarbeitung durchgeführt werden.

Wichtig ist, dass der Verantwortliche hier ehrlich zu sich selbst ist. Schreibt er sich die Dinge schön, so wird er auf dem Papier eine nett verpackte Lüge aufbewahren, die Datenverarbeitung wird dennoch rechtswidrig sein.

Falls es nicht gelingt, ein erkanntes hohes Risiko durch Maßnahmen einzuhegen, kann der Verantwortliche die Datenverarbeitung unterlassen. Oder er konsultiert gem. Art. 36 Abs. 1 DSGVO die zuständige Datenschutz-Aufsichtsbehörde.

Dies bietet der Datenschutz-Aufsichtsbehörde die Gelegenheit, durch Beratung auf eine rechtmäßige Datenverarbeitung hinzuwirken oder – falls das nicht möglich ist – aufsichtsrechtliche Maßnahmen zu ergreifen, um eine rechtswidrige Datenverarbeitung zu verhindern oder zu beenden.

15.3 Datenpannen

Datenverarbeitung wird von Menschen durchgeführt, oder von Maschinen, die von Menschen gebaut, programmiert und bedient wurden. Wo Menschen oder deren Maschinen im Spiel sind, da passieren Fehler.

15.3.1 Was sind Datenpannen?

Dann kann das vorkommen, was Art. 4 Nr. 12 DSGVO eine „Verletzung des Schutzes personenbezogener Daten" nennt: „eine Verletzung der Sicherheit, die, ob unbeabsichtigt oder unrechtmäßig, zur Vernichtung, zum Verlust, zur Veränderung, oder zur unbefugten Offenlegung von beziehungsweise zum unbefugten Zugang zu personenbezogenen Daten führt, die übermittelt, gespeichert oder auf sonstige Weise verarbeitet wurden".

Bsp.

Ein Unternehmen versendet einen Newsletter. Dazu werden alle E-Mail-Adressen in das „An"-Feld des E-Mail-Programms eingetragen. Die Folge ist, dass jeder Kunde von jedem anderen Kunden im Verteiler des Newsletters erfährt:

1. Vor- und Nachname,
2. E-Mail-Adresse,
3. Tatsache des Bezugs des Newsletters dieses Unternehmens.

Da es sich um eine unrechtmäßige Offenlegung handelt (die Kunden müssen/dürfen das voneinander nicht wissen, jedenfalls nicht aufgrund des Newsletter-Empfangs), liegt eine „Verletzung des Schutzes personenbezogener Daten" vor, also eine „Datenpanne".

Wie „schlimm" die „Datenpanne" ist, und ob mit einem Bußgeld zu rechnen ist, hängt von mehreren Faktoren ab. Zunächst wird sich die Datenschutz-Aufsichtsbehörde anschauen, wer der Verantwortliche ist: ein großer Konzern, womöglich auf IT spezialisiert? Oder ein Ortsverein des Landfrauenbundes?[35] Fällt dieser Verantwortliche ständig mit „Datenpannen" auf oder war es das erste Mal? Wie viele Daten sind betroffen und welcher Art sind sie? Ersichtlich sind z. B. an HIV-/AIDS-Beratungsstellen höhere Anforderungen an Sicherheit und Sorgfalt zu stellen als an einen Eichhörnchenfanverein. ◄

15.3.2 Was tut man mit Datenpannen?

Vermeldung

Das beste, was man mit Datenpannen tun kann, ist, sie zu vermeiden. Dazu sollte man die Pflichten aus der DSGVO befolgen und auch (sonst) gesunden Menschenverstand walten lassen.

Wenn Ihnen ein vermeintlicher Prinz mitteilt, dass er an seine 100 Milliarden Dollar nur kommt, wenn Sie ihm 1000 Dollar bezahlen, und Ihnen dafür eine Provision von einer Million Dollar verspricht, dürfte es besser sein, den Link in der E-Mail nicht anzuklicken.

Wenn Ihnen Ihr Anbieter von Fernwartungsarbeiten anbietet, Sie könnten seinen Zugang zu Ihren Servern permanent offen lassen (weil das Arbeit spare: sie müssen ihm dann nicht jedes Mal manuell Zugang gewähren), werden Sie misstrauisch!

Datenschutz hat eine gewisse Schnittmenge mit dem Schutz von Geschäftsgeheimnissen. Deutsche Unternehmen, auch kleine und mittlere, sind häufig innovativ und können deshalb Ziel von Wirtschaftsspionage werden. Die Landesämter für Verfassungsschutz bieten hier bei Bedarf Beratung unter dem Blickwinkel der Spionageabwehr an.[36]

---

[35] Erfahrungsgemäß ist es wahrscheinlich, dass letztere nie wieder etwas von ihrer Datenpannenmeldung hören werden.

[36] S. z. B. das LfV BW: https://www.verfassungsschutz-bw.de/,Lde/Startseite/Arbeitsfelder/Praevention.

Beheben

Wie gesagt, Menschen machen Fehler. Früher oder später kommt es doch zur Datenpanne. Diese ist dann möglichst schnell zu beheben.

Sicherheitslücken sind zu schließen, verlorene Daten wiederherzustellen usw. Wie genau Sie dazu technisch vorgehen müssen, werden Sie im rechtlichen Teil dieses Buches nicht erfahren. Fragen Sie jemanden, der sich auskennt, im Zweifel Ihre Datenschutz-Aufsichtsbehörde. Auch die Kriminalpolizei hat auf derartige Delikte spezialisierte Organisationseinheiten, in Baden-Württemberg etwa die Zentrale Ansprechstelle Cybercrime beim Landeskriminalamt.[37]

Interne Dokumentation

Datenpannen, die erlittenen Schäden und die getroffenen Maßnahmen sind in jedem Fall intern zu dokumentieren (Art. 33 Abs. 5 DSGVO). Falls benannt, sollte der Datenschutzbeauftragte eingebunden werden.

Meldung an die Datenschutz-Aufsichtsbehörde

Verantwortliche müssen eine Datenpanne der zuständigen Datenschutz-Aufsichtsbehörde melden.[38] Die Datenschutz-Aufsichtsbehörden halten auf ihren Webseiten Meldeportale für Datenpannen bereit.

Eine Meldung ist nur dann entbehrlich, wenn die Datenpanne „voraussichtlich nicht zu einem Risiko für die Rechte und Freiheiten natürlicher Personen führt" (Art. 36 Abs. 1 S. 1 letzter HS DSGVO).

Bsp.

V ist Vorsitzender des Kaninchenzüchtervereins seines Heimatorts. Er verliert in der Straßenbahn einen USB-Stick, auf dem ein Mitgliederverzeichnis gespeichert ist. Dieses enthält neben Namen, Anschriften und Bankverbindungsdaten den Hinweis auf die Mitgliedschaft der jeweiligen Personen. Der Stick ist nach dem Stand der Technik sicher verschlüsselt, das Passwort nicht darauf notiert.

Um den Stand der Technik zu überwinden, müsste man einen Aufwand betreiben, der heute nicht vernünftigerweise zu erwarten ist. Das Risiko kann als gering betrachtet werden, eine Pflicht zur Meldung besteht nicht (natürlich darf freiwillig gemeldet werden). ◄

---

[37] S. https://lka.polizei-bw.de/zentrale-ansprechstelle-cybercrime/.

[38] Näher Wilhelm, in: Sydow (Hrsg.), DSGVO, 2. Aufl. 2018, Art. 33 Rn. 1.

Bsp.

Rechtsanwalt R ist unterwegs zu seinen Mandanten M, um ihn in steuerrechtlichen Fragen zu beraten. In einem Café lässt R die Papierakte liegen, in der die Steuerdaten des M zu finden sind.

Es handelt sich um sensible Daten des M. Sie sind für jeden Finder unmittelbar lesbar. Daher dürfte es sich um eine meldepflichtige Datenpanne handeln. ◄

Bsp.

A ist Arzt. Er klickt in einer E-Mail, in der ein vermeintlicher Prinz ihn um Hilfe bittet, auf einen Link. Daraufhin wirkt der PC des A seltsam ausgelastet. Einige Tage später öffnet sich ein Fenster, in dem freundlich darauf hingewiesen wird, dass die Festplatte des PC sowie alle erreichbaren Netzlaufwerke und auch die Backups der vergangenen Tage von einem Krypto-Trojaner verschlüsselt worden sind. Gegen Zahlung einer bestimmten Summe Bitcoins werde die Verschlüsselung aufgehoben. Dies betrifft auch die elektronischen Patientenakten.

Hier besteht die Datenpanne in zwei Verletzungen: zum Einen hatte ein Unbefugter Zugriff auf personenbezogene Daten (unabhängig davon, ob er ihn genutzt hat, um die Daten zu kopieren oder zur Kenntnis zu nehmen). Zum anderen sind personenbezogene Daten verloren gegangen. Selbst wenn sie rekonstruiert werden können, bleibt es eine (meldepflichtige) Datenpanne. ◄

Unterbleibt die Meldung an die Datenschutz-Aufsichtsbehörde rechtswidrig, so ist dies eine Ordnungswidrigkeit. Eine Panne zu melden, die nicht meldepflichtig gewesen wäre, ist keine Ordnungswidrigkeit. Im Zweifel sollte daher immer lieber gemeldet werden.

Die Aufsichtsbehörden nehmen Pannenmeldungen i. d. R. automatisiert entgegen. Haben sie den Eindruck, dass alles getan wurde, um Schäden zu beheben und zu minimieren, ist die Sache möglicherweise ohne weitere Rückmeldung erledigt. Nicht ausgeschlossen werden kann, dass – insbesondere bei vermeidbaren Pannen und/oder großem Schaden – ein Bußgeld verhängt wird.

Meldefrist, Meldewege

Die Frist des Art. 33 Abs. 1 S. 1 DSGVO ist sehr kurz: sie lautet: unverzüglich.[39]

Wenn „unverzüglich" nicht eingehalten werden kann, lautet sie: „in der Regel spätestens nach 72 Stunden", wobei viel dafür spricht, dass diese 72 Stunden „stundenscharf" gemeint sind (Wochenenden und Feiertage sind also keine Ausreden). Anwendbar ist die Fristen-VO.[40]

---

[39] Ausführlich Wilhelm, in: Sydow (Hrsg.), DSGVO, 2. Aufl. 2018, Art. 33 Rn. 13 ff.

[40] Verordnung (EWG, Euratom) Nr. 1182/71 des Rates vom 3. Juni 1971 zur Festlegung der Regeln für die Fristen, Daten und Termine.

Verantwortliche sind gut beraten, schon vor Auftreten einer Datenpanne Meldewege zu installieren.

Diese sollten folgendes vorsehen (nicht alle Vorschläge sind gesetzlich vorgesehen, erscheinen aber sinnvoll):

1. Wer den Verdacht hat, dass eine Datenpanne vorliegen könnte, hat seinen unmittelbaren (oder anderen) Vorgesetzten (oder Vertreter) sowie (falls benannt) den Datenschutzbeauftragten (oder Vertreter) zu verständigen.
2. Ist die IT-Abteilung betroffen oder wird deren Know-how gebraucht, ist auch deren Leiter (oder Vertreter) zu verständigen.
3. Der Vorgesetzte nach Nr. 1 (oder ein von ihm zu unterrichtender höherer Vorgesetzter) entscheidet über
   • die weiteren Schritte zur Behebung der Panne,
   • die Unterrichtung weiterer Personen, insbesondere der Geschäfts- oder Behördenleitung und
   • die Meldung an die Datenschutz-Aufsichtsbehörde. Er holt dabei den Rat des Datenschutzbeauftragten und ggf. des Leiters der IT (oder seines Vertreters) ein. Im Fall einer Meldung an die Datenschutz-Aufsichtsbehörde wird die Geschäfts- oder Behördenleitung in jedem Fall informiert.
   • Falls kein Vorgesetzter (evtl.: einer bestimmten Hierarchieebene) innerhalb von x Stunden erreichbar ist, dürfen der Leiter der IT und der Datenschutzbeauftragte (oder jeweils Vertreter) jeweils alleine sich für eine Meldung an die Datenschutz-Aufsichtsbehörde entscheiden.

Benachrichtigungspflicht gegenüber Betroffenen

In bestimmten Fällen ist die Benachrichtigung auch der Betroffenen Pflicht, nämlich gem. Art. 34 Abs. 1 DSGVO, wenn die Datenpanne „voraussichtlich ein hohes Risiko für die persönlichen Rechte und Freiheiten natürlicher Personen zur Folge" hat.

In anderen Fällen bietet es sich an, Betroffene oder Dritte freiwillig zu warnen, etwa, wenn deutlich wird, dass auch deren Systeme kompromittiert sein könnten.

15.4 Informationspflichten

Ein wichtiger Baustein im Rahmen der Rechenschaftspflicht ist die Transparenz gegenüber den Betroffenen. Diese sind über Datenerhebungen gem. Art. 13, 14 DSGVO zu informieren.

Findet die Datenerhebung auf Grundlage einer Einwilligung statt, so muss diese wirksam sein, was ebenfalls erfordert, dass der Betroffene ausreichend informiert wurde.[41]

---

[41] S. oben, Abschn. 14.2.6.

Aber auch in den Fällen einer Rechtsgrundlage nach Art. 6 Abs. 1 UAbs. 1 lit b bis
f DSGVO gilt, dass der Betroffene zu informieren ist. Nur ein informierter Betroffener
kann abschätzen, ob die Datenverarbeitung berechtigt ist, ob er mitwirkt oder von seinen
Betroffenenrechten[42] Gebrauch machen will.

Schaut man sich die Art. 13 und 14 DSGVO an, so kann es schnell passieren, dass
man vor lauter Gemeinsamkeiten die Unterschiede nicht sieht. Das Konzept hinter der
Unterscheidung von Art. 13 und 14 DSGVO zu verstehen, ist jedoch wichtig.

Zwischen beiden besteht eine Asymmetrie, die der gegenseitigen Ergänzung dient.

Art. 13 DSGVO ist anwendbar, wenn eine Erhebung beim Betroffenen erfolgt. In
anderen Fällen ist Art. 14 DSGVO anwendbar.

Gemeint ist bei Art. 13 DSGVO eine Erhebung mit Kenntnis des Betroffenen und unter
dessen Mitwirkung.[43] Einfach gesprochen: er wird gefragt. Manche halten zwar auch das
bloße (heimliche oder vom Betroffenen nicht zu verhindernde) Beobachten einer Person
oder ihres Verhaltens für eine Erhebung „beim Betroffenen".[44] Dass Art. 13 DSGVO
derartiges meint, ist aber unwahrscheinlich. Dagegen spricht, dass nur nach Art. 14 Abs.
1 lit d DSGVO über die Datenkategorien zu informieren ist. Das ist nur dann erklärbar,
wenn die Datenkategorien im Falle des Art. 13 DSGVO dem Betroffenen ohnehin bekannt
sind – nämlich, weil er danach gefragt wird.[45]

Auslegungszweifel entstehen durch die Doppeldeutigkeit des Unterschieds der Formu-
lierungen in Art. 13 Abs. 1 DSGVO („werden personenbezogene Daten bei der betroffenen
Person erhoben") und Art. 14 Abs. 1 DSGVO („werden personenbezogene Daten **nicht**
bei der betroffenen Person erhoben"):[46] worauf bezieht sich das Wort „nicht": nur auf das
Merkmal „bei der betroffenen Person" oder auch auf das Merkmal „erhoben"?

Ebenso darf die Erhebung bei Dritten als deren Befragung angesehen werden, von der
die Dritten Kenntnis erhalten und bei der sie wiederum mitwirken.

Art. 13 DSGVO ist wohl dann einschlägig, wenn personenbezogene Daten erstens
erhoben und zweitens gerade beim Betroffenen (in dessen Kenntnis und mit dessen
Mitwirkung) erhoben werden. Geschieht etwas anderes (keine Erhebung, nicht beim
Betroffenen, ohne dessen Kenntnis oder ohne dessen Mitwirkung), so ist Art. 14 DSGVO
einschlägig.[47]

---

[42] Dazu unten, Abschn. 17.

[43] Ingold, in: Sydow (Hrsg.), DSGVO, 2. Aufl. 2018, Art. 13 Rn. 8; Franck, in: Gola (Hrsg.),
Datenschutz-Grundverordnung, 2. Auflage 2018, Art. 13 Rn. 4.

[44] Bäcker, in: Kühling/Buchner (Hrsg.), DSGVO, BDSG, 3. Aufl. 2020, Art. 13 Rn. 13, 14; ähnlich
Dix, in: Simitis/Hornung/Spiecker gen. Döhmann (Hrsg.), Datenschutzrecht, 1. Auflage 2019, Art.
13 DSGVO Rn. 6.

[45] Franck, in: Gola (Hrsg.), Datenschutz-Grundverordnung, 2. Auflage 2018, Art. 13 Rn. 4; Schmidt-
Wudy reicht dagegen eine aktive oder passive mentale Beteiligung des Betroffenen, Schmidt-Wudy,
in: Wolff/Brink (Hrsg.), BeckOK Datenschutzrecht, 32. Edition, Stand 01.05.2020, Art. 14 Rn. 31.

[46] Hervorhebung nur hier.

[47] Von einem Auffangtatbestand spricht daher zu Recht Ingold, in: Sydow (Hrsg.), DSGVO, 2. Aufl.
2018, Art. 14 Rn. 8.

Die Unterscheidung zwischen Betroffenenerhebung nach Art. 13 DSGVO und Dritterhebung nach Art. 14 DSGVO erklärt die Unterschiede zwischen den Informationspflichten im Einzelnen.

Welche Informationen nach Art. 13 und 14 DSGVO bereitgestellt werden müssen, ergibt sich aus deren jeweiligem Abs. 1 und 2. Es fällt auf, dass beide Artikel in Absatz 1 auf jeden Fall bereitzustellende Informationen nennen, während in Abs. 2 ergänzt wird, dass das notwendig/erforderlich ist, „um der betroffenen Person gegenüber eine faire und transparente Verarbeitung zu gewährleisten".

Warum das ergänzt wird, ist unklar und umstritten. Manche sehen darin eine überflüssige Feststellung, andere eine kaum operationalisierbare Bedingung. In aller Regel dürften auch die Informationen der jeweiligen Abs. 2 notwendig/erforderlich sein.[48]

Mit der folgenden Darstellung wird der Versuch unternommen, die bereitzustellenden Informationen zu systematisieren und Gemeinsamkeiten und Unterschiede zwischen Art. 13 und Art. 14 DSGVO und ihren jeweiligen Abs. 1 und 2 herauszustellen. Dabei fällt insbesondere auf, dass, wenn die Datenverarbeitung auf Art. 6 Abs. 1 UAbs. 1 lit f DSGVO beruht, die geltend gemachten berechtigten Interessen im Falle der Direkterhebung gem. Art. 13 Abs. 1 DSGVO, im Falle der Dritterhebung dagegen nach Maßgabe des Art. 14 Abs. 2 DSGVO darzulegen sind. Ein Grund hierfür ist ebenso nicht ersichtlich wie der ganze Sinn der Unterscheidung der Abs. 1 und 2 (s. soeben). Der Versuch, Gemeinsamkeiten und Unterschiede zwischen Art. 13 und 14 DSGVO darzustellen, mündet in die sogleich abgedruckte „Übersicht" (Abb. 15.1). Diese ist freilich wenig übersichtlich. Anschaulich zeigt sie immerhin, wie unübersichtlich das Regelungsgefüge in Art. 13, 14 DSGVO normiert ist.

Es fällt auf, dass die meisten Informationen bereits im Verzeichnis der Verarbeitungstätigkeiten[49] enthalten sein sollten. Verantwortliche, die mit viel Mühe die Voraussetzungen des Art. 30 Abs. 5 DSGVO geprüft und für sich bejaht haben, sehen sich um die Früchte dieser Anstrengung betrogen: sie müssen die Informationen in jedem Fall bereithalten.

Hinsichtlich des Zeitpunkts der Information unterscheiden sich die beiden Vorschriften. Die Information nach Art. 13 DSGVO muss „bei Erhebung" erfolgen.

Für diejenige nach Art. 14 DSGVO gilt dessen Abs. 3, wonach der Betroffene in einer angemessenen Frist nach Erhebung zu informieren sei, spätestens aber nach einem Monat, bei Ansprache oder bei Offenlegung an Dritte – je nachdem, was am frühesten eintritt.

Zu informieren ist zudem, wenn Daten zu einem anderen Zweck verarbeitet werden sollen, als dem ursprünglichen Erhebungszweck.

Art. 14 Abs. 5 DSGVO enthält Ausnahmevorschriften. In bestimmten Fällen ist nicht nach Art. 14 DSGVO zu informieren. Dieser Absatz gilt ersichtlich nicht für die Information nach Art. 13. Sollte allerdings in einem Fall des Art. 13 DSGVO eine der Voraussetzung des Art. 14 Abs. 5 DSGVO erfüllt sein, so wäre zu prüfen, ob Art. 14 Abs. 5

---

[48] Kniyrim, in: Ehmann/Selmayr (Hrsg.), DSGVO, 2. Auflage 2018, Art. 30 Rn 29 ff. m. w. N.

[49] S. dazu oben, Abschn. 15.1.

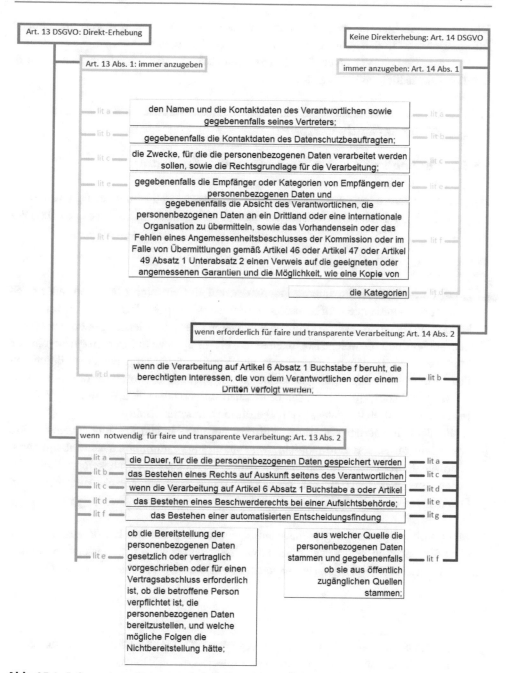

Abb. 15.1   Informationspflichten nach Art. 13 und 14 DSGVO

DSGVO entsprechend angewandt werden kann oder muss. So kann z. B. eine unmögliche Information auch in den Fällen des Art. 13 DSGVO nicht verlangt werden.[50]

Aus Art. 12 DSGVO ergeben sich Vorgaben darüber, wie zu informieren ist, u. a. nämlich verständlich und unentgeltlich.

15.5 Zu schließende Verträge

15.5.1 Vereinbarung zur gemeinsamen Verantwortung

Entscheiden mehrere Stellen gemeinsam über die Zwecke und Mittel der Datenverarbeitung (Art. 4 Nr. 7 DSGVO), so liegt gemeinsame Verantwortung i.S.d. Art. 26 DSGVO vor.

Bsp.

Z hat eine Plattform im Internet gegründet, auf der einzelne Menschen, aber auch Unternehmen und andere Organisationen (Selbsthilfegruppen, Parteien) sich vorstellen können. Je nachdem, welche Gruppen von Waren oder Dienstleistungen ein Unternehmen anbietet und für welche Regionen es in welcher Sprache tut, werden entsprechende Merkmale den Besuchern, Abonnenten und Kunden dieser Organisationen durch den Plattformbetreiber zugeordnet. Dasselbe gilt für Themen, die dort besprochen werden.

Ist die P-Partei, die dort einen Auftritt hat, mitverantwortlich für die von Z (ohne Interventionsmöglichkeit der P) durchgeführte Datenverarbeitung?

Ja, denn P hat den Ort ihres Auftritts gewählt. Indem sie ihre Themen, ihre Ausrichtung usw. dort veröffentlicht, sorgt sie für eine Zuordnung dieser Inhalte durch Z an die Betroffenen. Sie entscheidet daher, obwohl sie faktisch keinerlei Einfluss außer „love it or leave it" hat, gemeinsam mit Z über die Zwecke und Mittel der Datenverarbeitung.[51] ◄

Mehr Informationen zur gemeinsamen Verantwortung hat der EDSB zusammengestellt.[52] Sie beziehen sich seiner Zuständigkeit entsprechend auf die Datenverarbeitung bei EU-Institutionen,[53] dürften aber weitgehend auf die DSGVO übertragbar sein.

---

[50] A.A. Schmidt-Wudy, in: Ehmann/Selmayr (Hrsg.), DSGVO, 2. Auflage 2018, Art. 13 Rn. 95.

[51] Vgl. EuGH, Urteil vom 5.6.2018, C-210/16 (Wirtschaftsakademie), Rn. 33 ff.

[52] Leitlinien des EDSB zu den Begriffen „Verantwortlicher", „Auftragsverarbeiter" und „gemeinsam Verantwortliche" nach der Verordnung(EU) 2018/1725 vom 7.11.2019, https://edps.europa.eu/sites/edp/files/publication/19-11-07_edps_guidelines_on_controller_processor_and_jc_reg_2018_1725_de.pdf.

[53] VO (EU) 2018/1725; vgl. oben, Abschn. 13.4.1.

Der Europäische Datenschutzausschuss hat „Guidelines" zu demselben Themenkreis erarbeitet und am 2.9.2020 angenommen.[54]

Muster für Vereinbarungen nach Art. 26 DSGVO finden sich beim LfDI BW,[55] ebenso FAQs zum Thema.[56]

15.5.2 Auftragsverarbeitungsvertrag

Zum Begriff Auftragsverarbeitung vgl. oben, Abschn. 13.5.6.

Danach ist Auftragsverarbeiter, wer personenbezogene Daten ausschließlich für den und auf Weisung des Verantwortlichen verarbeitet. Er darf auch für andere Verantwortliche im Auftrag tätig werden, hat dann aber die jeweiligen Daten voneinander (physisch oder logisch) getrennt zu halten und sich an die jeweiligen Verträge und Weisungen zu halten.

Bsp.

Die Behörde B führt Papierakten. Jedes Jahr möchte sie diejenigen Akten, die drei Jahre zuvor als „abgeschlossen" markiert wurden, vernichten. Nachdem sie sie dem Landesarchiv zur Übernahme angeboten und dieses nur wenige Akten als „Musterakten" entnommen hat, verbrennt sie den Rest.

Hier bleibt der Verarbeitungsschritt „Löschen"[57] (Verbrennen) in der Behörde, die Verantwortliche ist. Es liegt keine Auftragsverarbeitung vor. ◄

Bsp.

Wie oben, aber B hat keine Einrichtungen, um Papierakten zu verbrennen. Sie beauftragt das Privatunternehmen P mit der Vernichtung.

Hier liegt Auftragsverarbeitung vor. P ist Auftragsverarbeiter. ◄

---

[54] Guidelines 07/2020 on the concepts of controller and processor in the GDPR, Version 1.0, Adopted on 02 September 2020, https://edpb.europa.eu/sites/edpb/files/consultation/edpb_guidelines_202007_controllerprocessor_en.pdf.

[55] https://www.baden-wuerttemberg.datenschutz.de/mehr-licht-gemeinsame-verantwortlichkeit-sinnvoll-gestalten/.

[56] https://www.baden-wuerttemberg.datenschutz.de/faq-zur-abgrenzung-der-verantwortlichkeiten-und-des-konzepts-der-auftragsverarbeitung/.

[57] S. dazu oben, Abschn. 13.5.2.

Bsp.

Unternehmen U korrespondiert mit vielen seiner Kunden und Lieferanten per Briefpost. Die Briefe werden von U elektronisch an die A-AG versandt, die sie ausdruckt, kuvertiert, frankiert und zur Post gibt.

A führt Auftragsverarbeitung für U durch. ◄

Gem. Art. 28 DSGVO haben der Verantwortliche und der Auftragsverarbeiter einen Auftragsverarbeitungsvertrag zu schließen. Neben einem Vertrag käme auch ein anderes „Rechtsinstrument" (z. B. ein Gesetz oder eine Verordnung) in Frage, das dann ähnliches regeln müsste. Solche Rechtsinstrumente existieren in Deutschland soweit ersichtlich aber (noch) nicht. Das ist schade, denn es erscheint recht umständlich, fehleranfällig und bürokratisch, wenn der Gesetzgeber gesetzlich vorschreibt, was alles in einem Vertrag stehen muss – statt es gleich (ggf. dispositiv und durch adäquate Alternativen ersetzbar) selbst zu regeln.

Die Idee der Auftragsverarbeitung ist die folgende: Wenn ein Verantwortlicher V die Datenverarbeitung durch einen Anderen A ausführen lässt, so wäre eigentlich der Andere A seinerseits ein weiterer Verantwortlicher.

Ihm (A) müssten die personenbezogene Daten zunächst durch V übermittelt werden, wofür V eine Rechtsgrundlage bräuchte. A bräuchte ebenfalls eine Rechtsgrundlage. Beiden wird aber die Rechtsgrundlage fehlen, weil die Beziehung zwischen V und dem Betroffenen nicht ohne weiteres eine Übermittlung an Dritte erlauben wird.

Mt dem Auftragsverarbeitungsvertrag wird so getan, als gehöre der Auftragnehmer zum Verantwortlichen. Der Auftragsverarbeitungsvertrag tritt an die Stelle aller Rechtsgrundlagen, die „eigentlich" für den Austausch zwischen V und A nötig wären.

Insofern ist Auftragsverarbeitung eine Privilegierung.[58]

Der Gesetzgeber misstraut der Auftragsverarbeitung. Er befürchtet, dass dies dazu führt, dass fähige Verantwortliche sich ihrer Pflichten entledigen, die dann von unfähigen Auftragsverarbeitern auch nicht wahrgenommen werden. Damit sich niemand durch Outsourcing vor seinen Pflichten „drücken" kann, bleibt die Verantwortung beim (ursprünglich) Verantwortlichen. Er ist dafür verantwortlich, was der Auftragsverarbeiter tut. Er hat ihm Weisungen zu geben, damit er es rechtmäßig tut. Er haftet für Fehler.

Oben[59] wurde bereits das Beispiel des Arztes genannt, der sich einen Webauftritt von einem selbständigen studierten Informatiker betreiben lässt. Welche Daten dort wie verarbeitet werden, liegt in der Verantwortung des Arztes. Er kann sich nicht herausreden, wenn die Website z. B. mit illegalen Tracking-Elementen bestückt wird.

Allerdings: soll wirklich der Arzt dem Informatiker Weisungen erteilen, wie die Website (also die Server) vor unbefugtem Zugriff gesichert werden sollen? Wir sehen:

---

[58] Bertermann, in: Ehmann/Selmayr (Hrsg.), DSGVO, 2. Auflage 2018, Art. 28 Rn 4 ff., auch wenn der Begriff „Privilegierung" zunehmend vermieden wird.

[59] Erstes Beispiel unter Abschn. 13.5.6.

der Arzt bedient sich des Informatikers nicht, um sich vor seinen Pflichten zu drücken, sondern um einen Fachmann diese Pflichten – fachmännisch – erfüllen zu lassen.

Die DSGVO kennt auch Pflichten des Auftragsverarbeiters. Mit dem Auftragsverarbeitungsvertrag wird dem Auftragsverarbeiter gem. Art. 28 Abs. 3 lit c DSGVO die Pflicht übertragen, geeignete und angemessene technische und organisatorische Maßnahmen[60] zum Schutz der Daten gem. Art. 32 DSGVO zu ergreifen. Die Pflichten des Art. 32 DSGVO treffen den Verantwortlichen und den Auftragsverarbeiter!

Bsp.

Der Informatiker I aus o.g. Beispiel verarbeitet auf seinem Server in seinem Haus die Daten, die auf der Website des Arztes anfallen. Der Arzt hat ihn angewiesen, zum Schutz der auf dem Server gespeicherten Daten eine Videoüberwachung im Serverraum zu betreiben, was I umgesetzt hat.

Allerdings „hostet" I auch die Website von Rechtsanwalt R. Dieser möchte nicht für eine Videoüberwachung verantwortlich sein und erteilt I die Weisung, den Serverraum nicht mittels Videoüberwachung zu überwachen.

Nun ist Auftragsverarbeiter I mit zwei gegenläufigen Weisungen konfrontiert.

Er kann sich natürlich einen zweiten Server und ein zweites Haus anschaffen, um die Mandantenfähigkeit zu gewährleisten.

In der Praxis sind Auftragsverarbeiter für viele Verantwortliche tätig. Das Knowhow und die Marktmacht der Auftragsverarbeiter verhindern, dass Verantwortliche ihnen wirklich individuelle Weisungen erteilen können, v. a., wenn es um geeignete und angemessene technische und organisatorische Maßnahmen zum Schutz der Daten mit Hilfe der aller Datenverarbeitung zu Grunde liegenden Infrastruktur geht. Die Weisung wird dann dadurch erteilt, dass der Auftragsverarbeiter mitteilt, welche Maßnahmen er ergreift und der Verantwortliche überlegt, ob er genau diese Weisung erteilen und den Auftragsverarbeitungsvertrag so unterschreiben will – oder vom Vertragsschluss Abstand nehmen will. Oder nehmen muss, weil die vom Auftragnehmer angebotenen Maßnahmen nicht ausreichend sind.

A und R wählen I gerade deshalb als Auftragsverarbeiter, weil er das technische Know-how hat. Im Gegensatz zu ihnen kann er die Website sicher betreiben. Die DSGVO erlegt Auftragsverarbeitern daher zu Recht besondere, eigene Pflichten im Hinblick auf geeignete und angemessene technische und organisatorische Maßnahmen zum Schutz der Daten auf (Art. 32 DSGVO). ◄

---

[60] Dazu unten ab Abschn. 16.

Technische und organisatorische Maßnahmen – toMs

16

Im Bereich des Datenschutzes ist häufig von sogenannten „technischen und organisatorischen Maßnahmen" die Rede. Auch in diesem Buch ist der Begriff schon gefallen.[1] Sie werden gerne als „toM" (ohne Rücksicht auf die korrekte Pluralform auch: „toMs") bezeichnet. Was ist damit gemeint?

Mit technischen Maßnahmen ist alles gemeint, was mittels Sachmitteln die Vertraulichkeit, Integrität und Verfügbarkeit von Daten gewährleisten soll. Das fängt nicht erst bei moderner IT an, sondern beginnt mit klassischen Maßnahmen wie markierten Diskretionszonen bei Warteschlangen, abgeschlossenen Türen (zu Räumen, aber auch zu Schränken, Schubladen und Transportbehältern) und setzt sich fort im Sicht- und Schallschutz.

Technische Maßnahmen, die datenschutzkonformes Verhalten erzwingen und Fehlverhalten verhindern, sind nötig, aber alleine nicht ausreichend. Sie werden daher flankiert von organisatorischen Maßnahmen, also Verhaltensge- und -verboten.

Gemäß Art. 32 DSGVO sind sowohl der Verantwortliche als auch der Auftragsverarbeiter verpflichtet, geeignete und angemessene technische und organisatorische Maßnahmen zum Schutz der Daten zu ergreifen.

Bsp.

A und B sind Mitarbeiter in derselben Sozialbehörde. Sie teilen sich ein Büro. Gelegentlich kommen Bürger vorbei, um ein Anliegen zu besprechen.

Ersichtlich können A und B in ihrem Büro kein Gespräch mit Bürgern führen, ohne dass der jeweils andere mithören kann und muss. Je nach Anliegen des Bürgers kann das ein Problem sein.

---

[1] Zuletzt soeben bei den Ausführungen zu den vom Verantwortlichen zu verantwortenden technische und organisatorische Maßnahmen beim Auftragsverarbeiter.

© Der/die Autor(en), exklusiv lizenziert an Springer Fachmedien Wiesbaden GmbH, ein Teil von Springer Nature 2022
R. Petrlic et al., *Datenschutz*, https://doi.org/10.1007/978-3-658-39097-6_16

Eine geeignete Maßnahme wäre es, A und B je ein Einzelzimmer zuzuweisen. Diese Maßnahme wäre geeignet, die Vertraulichkeit der Bürgerberatung sicherzustellen. Vermutlich wird sie aber am fehlenden Geld scheitern. Da Art. 32 Abs. 1 DSGVO auch nur „angemessene" Maßnahmen fordert, wird „der Datenschutz" A und B keine Einzelzimmer ermöglichen.

Eine Maßnahme wäre es, den jeweils nicht am Gespräch beteiligten Mitarbeiter zum „Spazierengehen" auf den Flur zu schicken. Das wäre indes eine sinnlose Vergeudung von Arbeitskraft, die „der Datenschutz" nicht verlangt.

Die Lösung besteht wohl darin, ein separates Besprechungszimmer anzubieten, das von demjenigen Mitarbeiter mit dem Bürger aufgesucht wird, der gerade ein Beratungsgespräch zu führen hat. Dies kann nicht technisch vorgegeben, sondern muss organisatorisch – etwa mittels Dienstanweisung – geregelt werden. ◄

Gelegentlich überschneiden sich die Kategorien „technisch" und „organisatorisch". Welcher der beiden ist z. B. ein Rollen- und Rechtekonzept in einem Netzwerk zuzuordnen? Vermutlich ein Stück weit beiden.

Zu den organisatorischen Maßnahmen kann man Prozesse zählen, die dafür sorgen sollen, dass die Vorgaben des Datenschutzrechts eingehalten werden, einschließlich derer, mit denen die Einhaltung jener überprüft werden soll. Solche Prozesse einzuführen, ist Sache des Verantwortlichen – je nachdem, wie umfangreich und komplex die Datenverarbeitung ist.[2]

Technische Maßnahmen betreffend die Informationstechnologie wurden im ersten Teil dieses Buches ausführlich vorgestellt.[3]

Die Maßnahmen haben gem. Art. 32 Abs. 2 DSGVO die drohenden Risiken zu berücksichtigen, insbesondere diejenigen, die zu „Vernichtung, Verlust, Veränderung oder unbefugte[r] Offenlegung von beziehungsweise unbefugte[m] Zugang zu personenbezogenen Daten, die übermittelt, gespeichert oder auf sonstige Weise verarbeitet wurden" führen könnten.

Kommt Ihnen das bekannt vor? Ja. Wir haben oben die Definition einer Datenpanne i.S.d. Art. 4 Nr. 12 DSGVO, also der „Verletzung des Schutzes personenbezogener Daten" kennengelernt: „eine Verletzung der Sicherheit, die, ob unbeabsichtigt oder unrechtmäßig, zur Vernichtung, zum Verlust, zur Veränderung, oder zur unbefugten Offenlegung von beziehungsweise zum unbefugten Zugang zu personenbezogenen Daten führt, die übermittelt, gespeichert oder auf sonstige Weise verarbeitet wurden".

---

[2] Ausführlich und mit Beispiel für eine kommunale Dienstanweisung Zilkens in: Zilkens/Gollan, Datenschutz in der Kommunalverwaltung, 5. Aufl. 2019, Kapitel 11.

[3] Lehrreich auch: Gollan in: Zilkens/Gollan, Datenschutz in der Kommunalverwaltung, 5. Aufl. 2019, Kapitel 12.

Geeignete und angemessene technische und organisatorische Maßnahmen zum Schutz der Daten müssen also getroffen werden, um Datenpannen zu vermeiden.[4]

Bsp.

Eine Website mit TLS zu verschlüsseln, entspricht dem Stand der Technik und ist nicht schwierig. Es dürfte so gut wie immer eine geeignete und angemessene technische und organisatorische Maßnahme zum Schutz der Daten sein. Bagatellfälle, in denen sie nicht nötig ist, mögen denkbar sein, etwa, wenn ein Kleinselbständiger die Seite nur als „Visitenkarte" ohne weitere Datenverarbeitung betreibt. ◄

Bsp.

Ein Rechtsanwalt muss ständig Papierakten mit zu Gericht nehmen.

Es empfiehlt sich die Verwendung einer abschließbaren Aktentasche. Natürlich kann auch sie mit Gewalt geöffnet werden. Die Hemmung dabei dürfte aber größer sein als bei einem flüchtigen Blick in eine lose herumliegende Akte oder gar auf den sichtbaren Aktendeckel. Wer dagegen ein verschlossenes Behältnis aufbricht, macht sich strafbar. ◄

Bsp.

Eine Behörde hat Büros im Erdgeschoss. Die Fenster grenzen direkt an den Gehweg.

Besucher, Akten, Kalender, Monitore und dergleichen sind davor zu schützen, vom Gehweg aus beobachtet werden zu können. ◄

Bsp.

Ein Unternehmen least[5] alle seine Kopiergeräte von einem Anbieter. Nach jeweils zwei Jahren werden sie gegen modernere Geräte ausgetauscht. Die ausgemusterten Geräte verkauft der Anbieter an Dritte.

Der Käufer liest die Festplatte eines Kopierers aus und findet dort Dateien, die jede in den letzten beiden Jahren in dem Unternehmen angefertigte Kopie enthalten. Unter anderem Bewerbungsunterlagen, den Entwurf eines nächsten Monat einzureichenden Patents, Dokumente des Betriebsrats und des Betriebsarztes.

Der Käufer ist zufällig ein Konkurrent des Unternehmens. Er reicht das Patent (schneller) selbst ein und macht damit ein Vermögen. Er zeigt außerdem die offensichtlich bestehende Datenpanne bei der Datenschutz-Aufsichtsbehörde an.

---

[4] Im Zusammenhang mit E-Mails und Kalendern vgl. auch unten, Abschn. 18.4 und Abschn. 18.5.

[5] Leasing ist im Prinzip eine Form der Miete; vgl. Graf von Westphalen, Vertragsrecht und AGB-Klauselwerke, 45. EL 2020, Teil „Klauselwerke", Kapitel „Leasing", III.

Die ganz erhebliche Datenpanne hätte vermieden werden können, wenn es Prozesse gegeben hätte, die verhindern, dass nicht ausreichend gelöschte Festplatten das Unternehmen verlassen. Dazu muss man freilich erst einmal darauf kommen, dass Kopierer Festplatten enthalten können.

Dieser Fall zeigt: Datenschutz ist nicht eine lästige Formalität, die es möglichst billig abzuhaken gilt. Er ist ein wichtiger Teil des Grundrechtsschutzes und schützt als Diskretionsschutz reflexiv auch wichtige Interessen des Unternehmens. ◄

Betroffenenrechte

Das Datenschutzrecht regelt nicht nur, welche Grenzen und Handlungspflichten Verantwortliche beachten müssen, wenn sie personenbezogene Daten verarbeiten wollen.

Es regelt auch, was die Betroffenen von den Verantwortlichen verlangen können. Diese Rechte nennt man Betroffenenrechte.

Die DSGVO sieht eine Reihe von Betroffenenrechten vor. Sie sieht aber auch Ausnahmen vor und die Möglichkeit, dass mitgliedstaatliches Recht weitere Ausnahmen vorsehen kann.

Wenn es um Betroffenenrechte geht, muss also immer sowohl die DSGVO als auch das einschlägige nationale (in Deutschland: je nach Sachmaterie das Bundes- oder Landesrecht) geprüft werden.

Ähnliches gilt umso mehr für Fälle außerhalb des Anwendungsbereichs der DSGVO, etwa im Bereich der JI-RL.

17.1 Wichtige Betroffenenrechte

17.1.1 Auskunft

Das Auskunftsrecht entspricht der Wurzel des deutschen Datenschutzrechts als Recht auf informationelle Selbstbestimmung. Wer selbstbestimmt handeln will, braucht Information.[1]

---

[1] Ehmann, in: Ehmann/Selmayr (Hrsg.), DSGVO, 2. Auflage 2018, Art. 15 Rn 1.

R. Petrlic et al., *Datenschutz*, https://doi.org/10.1007/978-3-658-39097-6_17

Das Auskunftsrecht ist auch Grundvoraussetzung für die Ausübung aller anderen Betroffenenrechte: wer nicht weiß, dass/ob er Betroffener einer Datenverarbeitung ist, kann kaum Berichtigung oder Löschung verlangen.[2]

Menschen[3] haben zunächst das Recht, zu erfahren, ob ein bestimmter Verantwortlicher überhaupt Daten über sie verarbeitet. Ist das nicht der Fall, hat er das zu bestätigen. Damit enden dann auch die Betroffenenrechte.

Ist das aber der Fall, so ist der jeweilige Mensch Betroffener. Dies gibt ihm das Recht, gem. Art. 15 Abs. 1 HS 1 lit a bis h DSGVO Auskunft zu verlangen. Glücklich kann sich als Verantwortlicher schätzen, wer bereits sein Verzeichnis der Verarbeitungstätigkeiten[4] erstellt hat. Vieles von dem, was Art. 15 DSGVO fordert, lässt sich dem Verzeichnis der Verarbeitungstätigkeiten entnehmen.

Auskunft ist gem. Art. 15 Abs. 1 HS 2 DSGVO zu erteilen über:

„a) die Verarbeitungszwecke;[5]

b) die Kategorien personenbezogener Daten, die verarbeitet werden;[6]

c) die Empfänger oder Kategorien von Empfängern, gegenüber denen die personenbezogenen Daten offengelegt worden sind oder noch offengelegt werden, insbesondere bei Empfängern in Drittländern oder bei internationalen Organisationen [einschließlich der geeigneten Garantien i.S.d. Art. 46 DSGVO, vgl. Art. 15 Abs. 2 DSGVO];[7]

d) falls möglich die geplante Dauer, für die die personenbezogenen Daten gespeichert werden, oder, falls dies nicht möglich ist, die Kriterien für die Festlegung dieser Dauer;[8]

e) das Bestehen eines Rechts auf Berichtigung oder Löschung der sie betreffenden personenbezogenen Daten oder auf Einschränkung der Verarbeitung durch den Verantwortlichen oder eines Widerspruchsrechts gegen diese Verarbeitung;[9]

f) das Bestehen eines Beschwerderechts bei einer Aufsichtsbehörde;[10]

g) wenn die personenbezogenen Daten nicht bei der betroffenen Person erhoben werden, alle verfügbaren Informationen über die Herkunft der Daten;

h) das Bestehen einer automatisierten Entscheidungsfindung einschließlich Profiling gemäß Artikel 22 Absätze 1 und 4 und – zumindest in diesen Fällen – aussagekräftige

---

[2] Ehmann, in: Ehmann/Selmayr (Hrsg.), DSGVO, 2. Auflage 2018, Art. 15 Rn 1.

[3] Art. 15 Abs. 1 HS 1 DSGVO spricht dieses Recht zwar nur betroffenen Personen zu, aber bevor klar ist, ob Daten über jemanden verarbeitet werden, weiß er noch nicht, ob er Betroffener ist. Das Recht muss also unabhängig von der Betroffeneneigenschaft jedem Menschen zustehen.

[4] S. dazu oben, Abschn. 15.1.

[5] Vgl. Art. 30 Abs. 1 S. 2 lit b DSGVO.

[6] Vgl. Art. 30 Abs. 1 S. 2 lit c DSGVO.

[7] Vgl. Art. 30 Abs. 1 S. 2 lit d DSGVO; soweit konkrete Empfänger aber bekannt sind und benannt werden können, sind diese konkret zu benennen.

[8] Vgl. Art. 30 Abs. 1 S. 2 lit f DSGVO.

[9] Dazu sogleich unter Abschn. 17.1.2 bis Abschn. 17.1.6.

[10] Dazu sogleich unter Abschn. 17.1.9.

Informationen über die involvierte Logik sowie die Tragweite und die angestrebten Auswirkungen einer derartigen Verarbeitung für die betroffene Person".[11]

Bsp.

Unternehmen U ist berechtigt, Name und Anschrift des Kunden K zu verarbeiten, der vor einigen Tagen im Onlineshop des U Ware bestellt hat. K hat mittlerweile vergessen, etwas bestellt zu haben und bittet K um Auskunft nach Art. 15 DSGVO. Das Unternehmen reagiert nicht.

Das Unternehmen handelt, obwohl die Verarbeitung „an sich" rechtmäßig sein mag, rechtswidrig, weil kein Grund ersichtlich ist, eine Auskunft nach Art. 15 DSGVO zu verweigern. ◄

Daneben besteht ein Recht auf Erhalt einer Kopie der personenbezogenen Daten nach Maßgabe des Art. 15 Abs. 3, 4 DSGVO.[12]

Bsp.

M ist als Gewalttäter bekannt. Seine Frau F ist, nachdem er sie immer wieder geschlagen hat, vor ihm „weggelaufen" und hat sich eine eigene Wohnung gesucht. Er glaubt, sie könne nach Berlin gezogen sein, weil ihr bisheriger Arbeitgeber dort eine Niederlassung hat. In ihrem Namen verlangt M vom Arbeitgeber Auskunft und erhält sie prompt – einschließlich neuer Adresse. M beschließt, ihr dort demnächst aufzulauern. ◄

An diesem Beispiel zeigt sich, dass Datenschutz lebenswichtig sein kann. Der Arbeitgeber gibt Auskunft, ohne die Identität des Anfragenden hinreichend zu prüfen.[13] In der Auskunftserteilung an den Falschen liegt zugleich eine Datenpanne.[14]

17.1.2 Berichtigung

Betroffene haben ein Recht auf Berichtigung unrichtiger personenbezogener Daten nach Maßgabe des Art. 16 DSGVO.

---

[11] Der Einschub in eckigen Klammern sowie die Fußnoten gehören nicht zum zitierten Gesetzestext.

[12] Brink/Joos, ZD 2019, 483.

[13] Näher zu dieser wichtigen Pflicht Petrlic, DuD 2019, 1.

[14] Dazu oben, Abschn. 15.3.

Was sind „unrichtige Daten"? Unrichtig sind personenbezogene Daten dann, wenn ihr Aussagegehalt dem Beweis zugänglich und unwahr ist. Wertungen können nicht berichtigt werden (durchaus aber ihnen zu Grunde liegende unwahre Tatsachenbehauptungen).[15]

Bsp.

Schüler S hat einen komplizierten Namen. Bei der Einschulung wurde dieser mit falscher Schreibweise in die Schulakten übertragen. Nun hat er ein Zeugnis erhalten, das diese falsche Schreibweise aufweist.

S kann verlangen, dass die Schulakte berichtigt und ein Zeugnis mit dem richtigen Namen ausgestellt wird. ◄

Bsp.

XYZ, geboren in Hamburg am 01.01.1970, musste Privatinsolvenz anmelden. Durch einen Übertragungsfehler erhält YXZ, ebenfalls am 01.01.1970 in Hamburg geboren, einen negativen Eintrag bei einer Auskunftei. Folglich erhält er keine Warenkredite mehr, mit dem Hinweis, er sei nicht kreditwürdig.

YXZ hat Anspruch auf Berichtigung gegen die Auskunftei dahingehend, dass er nicht Privatinsolvenz habe anmelden müssen.[16] Allerdings wird er nur erfahren, welche Auskunftei unric16htige Daten über ihn verbreitet, wenn er bei einem der Händler, die ihm Vertragsschlüsse verweigern, Auskunft über den Negativeintrag und seine Quelle erhält. Dies verdeutlicht noch einmal, wie wichtig das Auskunftsrecht ist. ◄

Schüler S hat in seinem Mathe-Test angegeben, drei mal drei sei zehn. Unzufrieden mit der dafür erhaltenen Note fordert er den Lehrer auf, diese unrichtigen Daten zu berichtigen.

Wenn zehn unrichtig sei, dann speichere er (der Lehrer) ja unrichtige Daten von S. Hat S einen Berichtigungsanspruch gegen L?

Zunächst: wenn er einen Anspruch haben sollte, dann gegen die Schule, denn sie ist die Verantwortliche. Der Lehrer ist dort Angestellter oder Beamter.

Ein Anspruch auf Berichtigung setzt voraus, dass die Daten unrichtig sind.

Der Satz „drei mal drei ist zehn" ist unrichtig. Aber um diesen geht es vorliegend nicht.

Es geht um die Aussage „S hat beim Mathe-Test angegeben, drei mal drei sei zehn". Diese Aussage ist richtig. S hat also keinen Anspruch auf Berichtigung.[17]

---

[15] Peuker, in: Sydow (Hrsg.), DSGVO, 2. Aufl. 2018, Art. 15 Rn. 7.

[16] Zur Nachberichtigungspflicht vgl. unten, Abschn. 17.1.5.

Wir stellen fest: was richtig und was unrichtig ist, hängt mit der eingenommenen Perspektive und diese mit dem Verarbeitungszweck zusammen.

17.1.3 Löschung

Zum Löschen vgl. bereits oben, Abschn. 14.4.

17.1.4 Einschränkung der Verarbeitung

Gem. Art. 4 Nr. 3 DSGVO bedeutet „„Einschränkung der Verarbeitung' die Markierung gespeicherter personenbezogener Daten mit dem Ziel, ihre künftige Verarbeitung einzuschränken". Dies nannte man vor Wirksamwerden der DSGVO „sperren".

Gem. Art. 18 DSGVO kann die betroffene Person unter Umständen eine Einschränkung der Verarbeitung verlangen.

Die Einschränkung ist eine Art Schwebezustand. Die Daten werden nicht mehr vollumfänglich verarbeitet, aber auch noch nicht gelöscht.

Bsp.

U hat durch ein Gewinnspiel, an dem B teilgenommen hat, dessen Anschrift erhoben. Während B glaubt, die Anschrift werde nur im Falle des Gewinns zur Benachrichtigung verwendet, verkauft U die Anschrift an allerlei Interessenten, die anfangen, B unerwünschte Werbung zu schicken.

Als B dies durchschaut, möchte er, dass U aufhört, seine Daten zu verkaufen. Er möchte aber nicht, dass U seine Anschrift löscht. Vielmehr soll sie zu Beweiszwecken weiter gespeichert werden. B kann dies gem. Art. 18 Abs. 1 lit b DSGVO verlangen. U muss daraufhin die Anschrift des B so markieren (oder getrennt aufbewahren), dass sie nicht mehr übermittelt wird, aber für Beweiszwecke zur Verfügung steht. ◄

---

[17] Zum nicht bestehenden Anspruch, bei Schulwechseln die eigene Schulakte „bereinigen" zu lassen, vgl. VG Berlin, Beschluss vom 28.2.2020, 3L 1028.19 = DuD 2020, 480–484.

17.1.5 Nachberichtigung

Bsp.

XYZ, geboren in Hamburg am 01.01.1970, musste Privatinsolvenz anmelden. Durch einen Übertragungsfehler erhält Herr YXZ, ebenfalls am 01.01.1970 in Hamburg geboren, einen negativen Eintrag bei einer Auskunftei. Folglich erhält er keine Warenkredite mehr, mit dem Hinweis, er sei nicht kreditwürdig.

YXZ hat Anspruch auf Berichtigung dahingehend, dass er nicht Privatinsolvenz habe anmelden müssen.[18] Mit dieser Berichtigung alleine ist es aber nicht getan. Denn die Auskunftei hat das unrichtige Datum schon an Dritte gestreut, die es nun YXZ zu Unrecht entgegenhalten. Die Auskunftei muss daher diesen Dritten mitteilen, dass sie das Datum berichtigt hat. ◄

Diese in der Literatur so genannte Nachberichtigungspflicht besteht in den Fällen, in denen personenbezogene Daten übermittelt oder gar veröffentlicht wurden, die später berichtigt, gelöscht oder in ihrer Verarbeitung eingeschränkt wurden (Art. 19 DSGVO).[19] Teilweise wird vertreten, dies einschränkend nur dann zu verlangen, wenn gerade der Betroffene Löschung, Berichtigung oder Einschränkung durchgesetzt hat.[20]

Richtigerweise wird man Art. 19 DSGVO in ähnlicher, aber anderer Hinsicht einschränkend auslegen müssen, nämlich dahingehend, dass nicht immer eine Nachberichtigungspflicht besteht, aber auch nicht nur in den Fällen der Ausübung von Rechten durch den Betroffenen, sondern immer dann, wenn sich das Datum oder seine Verarbeitung, insbesondere Übermittlung oder Veröffentlichung, nachträglich als unrichtig bzw. rechtswidrig herausstellen. Bemerkt das der Verantwortliche ohne Einschreiten des Betroffenen, hat er die Empfänger zu informieren.

Bsp.

Goldhändler G hat dem Privatmann P eine goldene Uhr abgekauft. Er hat ihm den Kaufpreis überwiesen, wobei er die entsprechenden Daten des P seiner (des G) Bank übermittelt hat. Dies war zur Vertragserfüllung erforderlich und erlaubt (Art. 6 Abs. 1 UAbs. 1 lit b DSGVO). Nachdem die gesetzliche Aufbewahrungsfrist bei G endet, löscht er die Daten. Er muss die Bank hierüber nicht informieren. Diese hat die Einhaltung ihrer Fristen selbst zu verantworten. ◄

---

[18] Siehe bereits das Beispiel unter Abschn. 17.1.2.

[19] Schröder in: Zilkens/Gollan (Hrsg.), Datenschutz in der Kommunalverwaltung, 5. Aufl. 2019, Kapitel 6, Rn. 256.

[20] Kamann/Braun, in: Ehmann/Selmayr (Hrsg.), DSGVO, Art. 19, Rn. 9.

Bsp.

Nach Überweisung des hohen Kaufpreises stellt G fest, dass die Uhr ein billiges Imitat ist. Er zeigt Q bei der Polizei wegen Betruges an, weil er diesen aufgrund eines Irrtums fälschlicherweise für den Verkäufer hält. Kurze Zeit später fällt ihm ein, dass doch P der Verkäufer war. Selbstverständlich hat er (auch aus anderen Gründen und schon aus Eigeninteresse) der Polizei mitzuteilen, dass sich der Verdacht nicht gegen Q, sondern gegen P richtet, auch wenn Q keine Betroffenenrechte geltend gemacht hat. ◄

Es gibt auch Fälle, in denen der Betroffene kein Interesse an einer Nachberichtigung hat. Sie ist ihm nicht aufgrund des Art. 19 DSGVO aufzudrängen.[21]
Mehr zur Nachberichtigungspflicht s. oben, Abschn. 14.4.2.

17.1.6 Widerspruch

Der Widerspruch sollte nicht mit dem Widerruf verwechselt werden.

Widerrufen kann man seine Einwilligung (jederzeit, aber mit Wirkung nur für die Zukunft, vgl. Art. 7 Abs. 3 DSGVO).[22]

Etwas anderes ist der Widerspruch. Dieser ist in verschiedenen Konstellationen geregelt:

Widerspruch gegen Direktwerbung

Am stärksten ist die Position des Betroffenen im Falle von Direktwerbung (einschließlich damit zusammenhängenden Profilings). Hier kann der Betroffene ohne besondere Gründe widersprechen und der Widerspruch ist vom Verantwortlichen zu beachten (Art. 21 Abs. 2 und 3 DSGVO).

Widerspruch in den Fällen des Art. 6 Abs. 1 UAbs. 1 lit e oder f DSGVO

Dient die Datenverarbeitung der Ausübung öffentlicher Gewalt oder dem Schutz öffentlicher Interessen (Art. 6 Abs. 1 UAbs. 1 lit e DSGVO) oder dient sie berechtigten Interessen (Art. 6 Abs. 1 UAbs. 1 lit f DSGVO), so kann gem. Art. 21 Abs. 1 DSGVO aus Gründen widersprochen werden, die in der besonderen Situation des Betroffenen liegen.

„Der Verantwortliche verarbeitet die personenbezogenen Daten nicht mehr, es sei denn, er kann zwingende schutzwürdige Gründe für die Verarbeitung nachweisen, die die Interessen, Rechte und Freiheiten der betroffenen Person überwiegen, oder die Verarbeitung dient der Geltendmachung, Ausübung oder Verteidigung von Rechtsansprüchen" (Art. 21 Abs. 1 S. 2 DSGVO).

---

[21] Schwartmann/Keppeler in: Sydow (Hrsg.), DSGVO, 2. Aufl. 2018, Art. 19 Rn. 6.
[22] S. auch oben, Abschn. 14.2.6

Widerspruch bei wissenschaftlicher, historischer oder statistischer Datenverarbeitung

Schwach ist die Position des Betroffenen, wenn er einer Datenverarbeitung widerspricht, die „zu wissenschaftlichen oder historischen Forschungszwecken oder zu statistischen Zwecken gemäß Artikel 89 Absatz 1" DSGVO erfolgt. Hier setzt sich bereits ein einfaches öffentliches Interesse durch (Art. 21 Abs. 6 DSGVO). Außerdem kann mitgliedstaatliches Recht gem. Art. 89 Abs. 2 DSGVO weitere Beschränkungen vorsehen.

Gemeint ist mit wissenschaftlichen Zwecken nicht etwa die Marktforschung von Unternehmen oder die „Erforschung" des Klickverhaltens der Nutzer auf einer Website, sondern die in der Regel an staatlichen Forschungseinrichtungen und Hochschulen betriebene, jedenfalls wissenschaftlichen Maßstäben verpflichtete Forschung.[23]

Historische Zwecke dienen nicht einem Firmenarchiv („wir bewahren alles auf"), sondern archivrechtlichen[24] Aufbewahrungspflichten, die wiederum historischer Forschung dienen.

Auch die statistischen Zwecke sind auf die gesetzlich geregelte, amtliche Statistik[25] beschränkt. Eine „Statistik" über das Nutzerverhalten zu erstellen, ist hier nicht privilegiert.

17.1.7 Datenübertragbarkeit

Das Recht auf Datenübertragbarkeit (auch: Datenoperabilität) ist mit der DSGVO neu entstanden.[26] Es ist der Sache nach zunächst ein Recht auf Erhalt einer Kopie. Dabei müssen die Daten aber in einem strukturierten, gängigen und maschinenlesbaren Format herausgegeben werden (Art. 20 Abs. 1 DSGVO). Zweck der Vorschrift ist, dass der Betroffene, der zu einem anderen Anbieter wechselt, die Daten dort sinnvoll weiterverwenden kann.[27] Sie mag auch auf andere Konstellationen anwendbar sein, etwa bei Arbeitgeberwechsel.[28]

Der Betroffene hat das Recht, diese Daten an den neuen Verantwortlichen weiterzugeben oder direkt von dem bisherigen Verantwortlichen weitergeben zu lassen.

Voraussetzung ist automatisierte Verarbeitung. Diese muss auf einem Vertrag oder auf einer Einwilligung beruhen.

---

[23] Näher Helfrich, in: Sydow (Hrsg.), DSGVO, 2. Aufl. 2018, Art. 21 Rn. 93 ff.

[24] Vgl. das BArchG und die Archivgesetze der Länder.

[25] Vgl. die Statistikgesetze in Bund und Ländern.

[26] Benedikt, RDV 2017, 189; Sydow/Wilhelm, in: Sydow (Hrsg.), DSGVO, 2. Aufl. 2018, Art. 20 Rn. 5.

[27] Vgl. Sydow/Wilhelm, in: Sydow (Hrsg.), DSGVO, 2. Aufl. 2018, Art. 20 Rn. 1.

[28] Gola, Handbuch Beschäftigtendatenschutz, Aktuelle Rechtslage und Umsetzungshilfen, 8. Auflage 2019, Rn. 1678.

Bsp.

A nutzt auf seinem Smartphone eine „Corona-App" des Herstellers X, die per Bluetooth andere Geräte in der Nähe erkennt, auf denen sie ebenfalls läuft. Sie meldet diese Kontakte an einen zentralen Server (ob dies zulässig oder richtig ist, sei hier dahingestellt). Zweck ist es, im Falle der Erkrankung eines Nutzers diejenigen Nutzer zu warnen, die gleichzeitig an denselben Orten waren. A möchte auf die Konkurrenz-App des Herstellers Y umsteigen und „seine" Daten der letzten zwei Wochen „mitnehmen".

Dies könnte eine sinnvolle Anwendung des Rechts auf Datenübertragbarkeit sein. Denn ohne diese Möglichkeit würde ein Wechsel der App unnötig erschwert, weil es gerade auf die vergangenen Tage ankommt. Die Aufenthaltsdaten des A sollten daher übertragbar sein.

Nicht mitübertragen werden dürfen allerdings die Daten der „Kontakte" des A, denn diese haben einer Datenverarbeitung durch Y nicht zugestimmt (vgl. Art. 20 Abs. 4 DSGVO).

A wird also seine bei X gespeicherten Kontakte verlieren und evtl. neue Kontakte, nämlich Nutzer der Y-App, hinzugewinnen. ◄

17.1.8 Recht auf Entscheidung durch Menschen

„Die betroffene Person hat das Recht, nicht einer ausschließlich auf einer automatisierten Verarbeitung – einschließlich Profiling – beruhenden Entscheidung unterworfen zu werden, die ihr gegenüber rechtliche Wirkung entfaltet oder sie in ähnlicher Weise erheblich beeinträchtigt" (Art. 22 Abs. 1).

Bsp.

K will im Online-Shop des V Waren kaufen und auf Rechnung bezahlen.

Nachdem er seine Personalien angegeben hat, findet eine Abfrage bei Auskunfteien statt. Dort ist K zu Recht als insolventer Betrüger bekannt. Die Software des V bricht den Vorgang ab, K erhält die Ware nicht.

Die Datenverarbeitung dürfte unter die Ausnahme des Art. 22 Abs. 2 lit a DSGVO fallen und damit zulässig sein, wenn und weil die automatisch gefällte Entscheidung für die Frage des Abschlusses (oder Nichtabschlusses) des Kaufvertrags erforderlich ist.[29] Sie ist dies im strengen Sinne zwar nicht, denn V könnte das Risiko auch eingehen. Dies erscheint aber nicht zumutbar. ◄

---

[29] Krämer, NJW 2020, 497, 498; Krämer, NJW 2018, 347, 350.

Bsp.

R will im Online-Shop des V Waren kaufen und auf Rechnung bezahlen.

Nachdem er seine Personalien angegeben hat, findet eine Abfrage bei Auskunfteien statt. Dort ist R zu Recht als reicher und zahlungsfreudiger Bürger bekannt.

Sofort verzehnfachen sich die Preise und nur noch die hochwertigsten Artikel werden angezeigt.

Derartiges ist nicht erforderlich i. S. d. Art. 22 Abs. 2 lit a DSGVO und auch sonst kaum zu rechtfertigen. ◄

17.1.9 Beschwerde bei einer Datenschutz-Aufsichtsbehörde

Wer glaubt, in seinen datenschutzrechtlichen Rechten verletzt zu werden, kann sich bei einer Datenschutz-Aufsichtsbehörde beschweren. Die Datenschutz-Aufsichtsbehörden und ihre Tätigkeit werden unten, ab Abschn. 21, näher vorgestellt.

17.2 Allgemeine Anforderungen an die Reaktion des Verantwortlichen

Art. 12 DSGVO hält einige allgemeine Anforderungen bereit, die der Verantwortliche zu beachten hat, wenn er mit der Ausübung von Betroffenenrechten konfrontiert wird. Dies betrifft die Verständlichkeit, die Fristen und die Unentgeltlichkeit.

Bsp.

A kann B nicht leiden. Daher verlangt er täglich Auskunft über die bei B verarbeiteten Daten, um ihn zu ärgern.

Das ist offensichtlich exzessiv i. S. d. Art. 12 Abs. 5 DSGVO. Der Verantwortliche kann ein angemessenes Entgelt verlangen oder die Auskunft verweigern. ◄

Exzessives Handeln in diesem Sinne liegt nicht vor, wenn die häufigen Anliegen jeweils berechtigt sind.[30]

---

[30] Gola, Handbuch Beschäftigtendatenschutz, Aktuelle Rechtslage und Umsetzungshilfen, 8. Auflage 2019, Rn. 196.

17.3 Gesetzliche Beschränkungen von Betroffenenrechten

Die oben dargestellten Betroffenenrechte können je nach Zusammenhang eingeschränkt sein.

Diese Beschränkungen können sich aus dem jeweiligen Artikel der DSGVO, der das Betroffenenrecht regelt, selbst ergeben, vgl. z. B. Art. 14 Abs. 5, Art. 20 Abs. 4 DSGVO.

Zentral für alle Betroffenenrechte und für die Informationspflicht nach Art. 13, 14 DSGVO gilt Art. 12 DSGVO. Hier wird z. B. in Abs. 6 geregelt, dass der Verantwortliche sich der Identität der Antrag stellenden Person vergewissern kann, wenn er begründete Zweifel hieran hat.

Bsp.

X möchte gerne den Kontostand von Y erfahren. Bei dessen Bank B gibt er sich telefonisch als Y aus und verlangt Auskunft über die über ihn gespeicherten personenbezogene Daten an die von ihm genannte Faxnummer. Die Bank faxt ihm alle personenbezogene Daten des Y zu.

X erschleicht sich fremde personenbezogene Daten, womit er in eine gefährliche Nähe zu § 42 Abs. 2 BDSG, einem Straftatbestand, gerät.

B übermittelt X ohne Berechtigung personenbezogene Daten des Y. Dies ist zugleich eine Datenpanne.[31] ◄

Bsp.

2013 hatten Moderatoren einer australischen Radioshow in einem britischen Krankenhaus angerufen, sich als Königin Elisabeth II und ihren Sohn, Prinz Charles, ausgegeben und Auskunft über das Befinden von Herzogin Catherine („Kate") verlangt, die dort als Schwangere in Behandlung war. Eine Krankenschwester hielt die Anrufer für „echt" und leitete den Anruf an die betreffende Station weiter, wo tatsächlich Auskunft gegeben wurde. Die Krankenschwester nahm sich wenige Tage später das Leben.[32]

Der tragische Fall zeigt: Verantwortliche sollten ihre Mitarbeiter dahingehend schulen, wie Auskünfte zu erteilen sind, z. B., dass dies nicht am Telefon zu geschehen hat, dass der Datenschutzbeauftragte eingebunden wird u.v.m. Er zeigt such, dass Identitätsdiebstahl und Datenpannen nicht lustig sind, sondern erhebliche Konsequenzen haben können. ◄

---

[31] Vgl. dazu oben, Abschn. 15.3. Zur Vermeidung solcher Pannen helfen geeignete und angemessene technische und organisatorische Maßnahmen zum Schutz der Daten, zu denen eine Identifizierung der Antragsteller gehört, Petrlic, DuD 2019, 1.

[32] https://www.srf.ch/sendungen/glanz-und-gloria/people/royal/nach-suizid-von-kates-krankenschwester-aus-fuer-scherz-sendung.

Einschränkungen durch mitgliedstaatliches Recht sehen Art. 23 und 89 DSGVO vor.
Dies ist u. a. im BDSG aufgegriffen worden. §§ 32 bis 37 BDSG schränken die
Betroffenenrechte ein. Ähnliches gilt auf Landesebene, z. B. gem. §§ 8-11, 13-13 LDSG
BW. Dies dient dem Schutz öffentlicher Interessen.

Ausgewählte Verarbeitungssituationen

18

Im Folgenden sollen typische, ausgewählte Verarbeitungssituationen hinsichtlich ihrer rechtmäßigen Umsetzung skizziert und vor Fehlern gewarnt werden.

18.1 Videoüberwachung

Videoüberwachung begegnet uns heutzutage in vielfältigster Form. Neben die klassische Kamera an der Hauswand oder in der Bank treten nun Dashcams,[1] Bodycams[2] oder Drohnen,[3] und alle können mit „intelligenter Videoüberwachung" ausgestattet sein, also der Fähigkeit, Gesichter zu erkennen oder Verhaltensmuster zu analysieren.

Öffentlichen Stellen stehen für Videoüberwachung eigene Rechtsgrundlagen zur Verfügung, die je nach Zweck unterschiedlich sind.[4]

Für nicht-öffentliche Stellen ist Art. 6 DSGVO die Rechtsgrundlage.

---

[1] Zu diesen LfDI BW, 34. TB 2018, S. 87.

[2] Vgl. DSK, Orientierungshilfe der Datenschutzaufsichtsbehörden zu dem Einsatz von Bodycams durch private Sicherheitsunternehmen vom 22. Februar 2019, https://www.datenschutzkonferenz-online.de/media/oh/20190222_oh_bodycams.pdf.

[3] DSK, Positionspapier zur Nutzung von Kameradrohnen durch nicht-öffentliche Stellen vom 16. Januar 2019, https://www.datenschutzkonferenz-online.de/media/oh/20190116_oh_positionspapier_kameradrohnen.pdf.

[4] Für den Bereich des Polizeirechts vgl. Art. 33 PAG, für sonstige behördliche Videoüberwachung in Bayern Art. 24 bayDSG, für öffentliche Stellen des Bundes § 4 BDSG; für Videoüberwachung in Straßentunneln vgl. Ziebarth, NZV 2021, 230.

Mehr zur Videoüberwachung durch nichtöffentliche Stellen erfahren Sie in der Orientierungshilfe zur Videoüberwachung.[5]

18.2 Aufnahme und Veröffentlichung von Fotos

Verworren und unklar ist die Rechtslage rund um das Aufnehmen und Veröffentlichen von „Personenbildnissen" (im Folgenden: Fotos).[6]

18.2.1 Rechtslage vor Wirksamwerden der DSGVO – das KUG

Die Rechtslage vor Wirksamwerden der DSGVO war verworren genug. Das KUG verbot das Verbreiten oder Zur-Schau-Stellen von Fotos (§ 22 KUG), wenn nicht ein Ausnahmetatbestand (§ 23 KUG) griff. Ausnahmen waren:

*   Einwilligung (insbesondere, wenn ein Entgelt geflossen ist), § 22 Abs. 1 S. 1 KUG,
    Die Einwilligung wird im KUG nicht geregelt, es dürften heute die Voraussetzungen der DSGVO[7] gelten.
*   Bildnisse aus dem Bereich der Zeitgeschichte (§ 23 Abs. 1 Nr. 1 KUG),
*   Bildnisse mit Personen als „Beiwerk" (§ 23 Abs. 1 Nr. 2 KUG),
*   Bilder von Ansammlungen u.ä. (§ 23 Abs. 1 Nr. 3 KUG),
*   Bilder, die zu künstlerischen Zwecken angefertigt wurden.

Ohne Einwilligung war aber ähnlich wie bei Art. 6 Abs. 1 UAbs. 1 lit f DSGVO eine Abwägung vorzunehmen: Ein Ausnahmefall nach Art. 23 KUG war nur möglich, wenn das entgegenstehende Interesse nicht überwog (§ 23 Abs. 2 KUG).

So weit, so (un-) klar. Das KUG beschäftigte sich aber nur mit dem Zur-Schau-Stellen oder Verbreiten von Fotos, nicht mit deren „Aufnahme": Das Erheben, Speichern und Nutzen war nicht geregelt. Hier galt das für den Verantwortlichen einschlägige allgemeine Datenschutzrecht:

*   Bei einer Bundesbehörde, einem Verein oder einem Unternehmen: das BDSG.
*   Bei einer dem Landesrecht unterliegenden Einrichtung, etwa einer Schule: das LDSG.
*   Bei einer Einrichtung der Jugendhilfe (z. B. kommunale Kita): den SGB VIII, X, I.

---

[5] DSK, Orientierungshilfe „Videoüberwachung durch nichtöffentliche Stellen" vom 3. September 2020, https://www.datenschutzkonferenz-online.de/media/oh/20200903_oh_v%C3%BC_dsk.pdf.

[6] Ziebarth, Anm. zu OVG Lüneburg, Beschluss vom 19.1.2021 – 11 LA 16/20, MMR 2021, 593, 597f.

[7] Dazu oben, Abschn. 14.2.6.

- Bei einer katholischen Einrichtung (z. B. kirchliche Kita): katholisches Recht.
- Bei einer evangelischen Einrichtung (z. B. kirchliche Kita): evangelisches Recht.

Wollte eine Kita also Fotos der Kinder aufnehmen, speichern oder ausstellen, musste sie sich zunächst fragen, welchem dieser Bereiche sie zuzuordnen sei und was sie deshalb zu beachten habe. Angesichts der Tatsache, dass Erzieher hierin in keiner Weise ausgebildet werden, ist derartiges geradezu eine Zumutung.

18.2.2 Rechtslage seit Wirksamwerden der DSGVO – das KUG?

Was soeben in der Vergangenheitsform geschrieben wurde, gilt auch heute, nach Inkrafttreten der DSGVO. Heute ist nur zusätzlich unklar, in welchen Fällen die DSGVO gilt. Denn diese hat „eigentlich" Anwendungsvorrang vor dem KUG. Da sie jedoch Öffnungsklauseln enthält, kann das KUG als nationales Recht weiter angewandt werden – aber nur im Geltungsbereich der Öffnungsklauseln. Wann das genau der Fall ist, ist nicht wirklich geklärt.[8] Das wiederum ist unerfreulich, denn § 33 KUG hält einen Straftatbestand bereit. Ein Straftatbestand, von dem man nicht weiß, wann er anwendbar ist, ist eines Rechtsstaats unwürdig.[9] Der Gesetzgeber hat hier Klarheit zu schaffen.[10]

Bis dahin sind Verantwortliche gut beraten, die strengsten in Frage kommenden Regelungen zu beachten. Wird etwa im Rahmen des Art. 6 Abs. 1 UAbs. 1 lit f DSGVO die Wertung des § 23 Abs. 1, 2 KUG mitberücksichtigt, so droht keine Strafverfolgung. Wird sie ignoriert und das KUG ist anwendbar, droht Strafe.[11]

Bsp.

B lässt von Fotograf F Bewerbungsfotos erstellen. F fotografiert B einige Male, dann sucht B das hübscheste Foto aus, bezahlt es und erhält vier Abzüge.

Darf F das Foto des B in seinem Schaufenster oder auf seiner Website zwecks Werbung für sein (des F) Atelier veröffentlichen?

Nein, wenn er keine wirksame Einwilligung dafür hat. Auch wenn F das Foto „geschossen" hat, zeigt es das Gesicht des B. Es hängt daher von der Einwilligung des B ab. ◄

---

[8] Zum KUG und seinem Verhältnis zur DSGVO: OLG Köln, Beschluss vom 18.06.2018 - 15 W 27/18, BeckRS 2018, 12712; Lennart Ziebarth/Elsaß, ZUM 2018, 578; Hildebrand, ZUM 2018, 585; Benedikt/Kranig, ZD 2019, 4; Krüger/Wiencke, MMR 2019, 76; Reuter/Schwarz, ZUM 2020, 31; Pardey, in: Geigel (Hrsg.), Haftpflichtprozess, 28. Auflage 2020, Kapitel 23 Rn. 61 ff.

[9] Ziebarth, Anm. zu OVG Lüneburg, Beschluss vom 19.1.2021 – 11 LA 16/20, MMR 2021, 593, 597, 598.

[10] Benedikt/Kranig, ZD 2019, 4, 7.

[11] Ziebarth, Anm. zu OVG Lüneburg, Beschluss vom 19.1.2021 – 11 LA 16/20, MMR 2021, 593, 597, 598.

18.2.3 Urheberrecht

Das Datenschutzrecht ist nicht das einzige Rechtsgebiet, das berührt ist, wenn ein Foto veröffentlicht wird. Auch das Urheberrecht spielt eine Rolle.[12]

Bsp.

B lässt von Fotograf F Bewerbungsfotos erstellen. F fotografiert B einige Male, dann sucht B das hübscheste Foto aus, bezahlt es und erhält vier Abzüge.

Darf B das Foto auf seiner Website und in seinem Xing-Profil verwenden?

Nein, wenn F dem nicht zugestimmt hat. Das Foto zeigt zwar B, aber F ist als Fotograf der „Schöpfer" dieses „Werks".[13] B hat Eigentum an den Abzügen und ein Nutzungsrecht für Bewerbungen erworben, aber nicht ein Nutzungsrecht für Internetveröffentlichungen. Sollte B das Foto trotzdem unerlaubt ins Internet stellen, kann F ihn abmahnen (auf Unterlassung in Anspruch nehmen, fiktive Lizenzkosten geltend machen usw.).

Während B also das Recht am eigenen Bild zusteht, hat F das Urheberrecht. Das Foto darf daher nur verwendet werden, wenn beide einverstanden sind. ◄

Urheberrecht ist nicht das Thema dieses Buches. Geht es um Bildveröffentlichungen (z. B. auf Websites), spielt es aber eine große Rolle. Bitte stellen Sie nichts ins Internet, woran sie nicht die entsprechenden Rechte haben. Das gilt auch für vermeintlich „freie" Werke, bei denen i. d. R. Lizenzbestimmungen (wie richtige Nennung des Urhebers, Zwang, bestimmte Lizenzen einzuräumen usw.) zu beachten sind.

Und das gilt nicht nur für Bilder, die Menschen zeigen, sondern für alle Bilder, Videos, für Kartenwerke u. ä.

18.3   Websites und Apps

Die DSGVO wurde eingeführt, um die „großen Fische", die massiv Daten verarbeitenden Konzerne der Internetwirtschaft, zu bändigen.

Aber auch „kleine Fische" können mit heutigen Methoden sehr leicht sehr viele Daten auf vielfältigste Weise verarbeiten.

Oft merken die „kleinen" gar nicht, dass die praktischen Bausätze (Development Kits), mit denen sie Websites oder Apps „entwickeln", bereits mächtige Werkzeuge zur

---

[12] Ziebarth, Anm. zu OVG Lüneburg, Beschluss vom 19.1.2021 – 11 LA 16/20, MMR 2021, 593, 597.

[13] Ob es sich urheberrechtlich um ein Lichtbildwerk oder ein Lichtbild handelt, ist für die Zwecke dieses Buches nicht relevant; vgl. dazu § 2 Abs. 1 Nr. 5 UrhG im Gegensatz zu § 72 UrhG.

Beobachtung und Überwachung der Nutzer beinhalten, die diese Daten an die Hersteller senden.

Die schlechte Nachricht für Verantwortliche: für den Betrieb von Websites oder Apps gilt all das, was oben erläutert wurde. Die Datenverarbeitung muss fair und transparent sein, sie muss in den Grenzen einer Rechtsgrundlage bleiben, Betroffene sind zu informieren und haben Rechte.

Die gute Nachricht für Betroffene ist: für den Betrieb von Websites oder Apps gilt all das, was oben erläutert wurde. Die Datenverarbeitung muss fair und transparent sein, sie muss in den Grenzen einer Rechtsgrundlage bleiben, Betroffene sind zu informieren und haben Rechte.

18.3.1 Impressumspflicht

Bitte beachten Sie in jedem Fall die Impressumspflicht, wenn Sie eine Website oder App betreiben (vgl. §§ 5, 6 TMG). Dies ist aber keine datenschutz-, sondern medienrechtliche Pflicht, sodass es bei dem Hinweis darauf sein Bewenden haben soll.

18.3.2 Informationspflicht

Ja, Art. 13, 14 DSGVO[14] gelten auch auf Websites und in Apps. Was dort an Datenverarbeitung stattfindet, muss abgebildet werden.

Bsp.

W ist Inhaber einer Würstchenbude. Für diese hat er eine Website eingerichtet. Diese tut nichts, als auf einer einzigen Seite darzustellen, wo die Bude ist, was geboten wird, wem sie gehört und welche Preise und Öffnungszeiten gelten. Braucht sie eine Datenschutzerklärung?

Ja, denn sie verarbeitet bei Abruf personenbezogene Daten, nämlich IP-Adressen. Dies muss beschrieben werden. Der Aufwand dürfte sich in Grenzen halten, wenn wirklich nicht mehr passiert, als die Anfrage der Clients zu beantworten. ◄

18.3.3 Rechtsgrundlage

Ja, auch auf Websites und in Apps braucht man eine Rechtsgrundlage.

---

[14] Dazu oben, ab Abschn. 15.4.

Im Allgemeinen

Hierfür stehen dieselben Rechtsgrundlagen zur Verfügung, wie im sonstigen Leben (Art. 6 Abs. 1 UAbs. 1 lit a bis f DSGVO).

Bsp.

Rechtsanwalt R stellt auf seiner Website ein Kontaktformular für Erstberatungen zur Verfügung. Hier kann man sein Anliegen schildern und muss eingeben, wer man ist.

Diese Datenverarbeitung dürfte zur Vertragserfüllung erforderlich sein und sich deshalb auf Art. 6 Abs. 1 UAbs. 1 lit b DSGVO stützen lassen. ◄

Zu harmlosen Cookies

Bsp.

Zur Verbesserung der Barrierefreiheit stellt R auf seiner Website die Möglichkeit zur Verfügung, die Website in einer anderen Farbabstufung anzeigen zu lassen. Damit soll Menschen mit Rot-Grün-Schwäche oder anderen Sehbeeinträchtigungen das Lesen erleichtert werden. Wählt man diese Option aus, wird ein Cookie im Browser gesetzt, das speichert, dass diese Option gewählt wurde. Es wird nur ausgelesen, um die Darstellung zu ermöglichen.

Das Cookie zu setzen und auszulesen, ist sicherlich erlaubt. Es sollte in der Datenschutzerklärung beschrieben werden, benötigt aber keinen Cookie-Banner. ◄

Fraglich ist allerdings, warum es erlaubt ist, das Cookie zu setzen und auszulesen. Wäre die DSGVO anwendbar, so könnte es auf Art. 6 Abs. 1 UAbs. 1 lit b DSGVO gestützt werden, wenn man im Nutzungsverhältnis bereits ein Vertragsverhältnis sehen will. Ansonsten ist Art. 6 Abs. 1 UAbs. 1 lit f DSGVO einschlägig: die vom Nutzer nachgefragte Darstellung kann nur dauerhaft gewählt bleiben, wenn ein Cookie gesetzt wird (die Alternative, nämlich Benutzerkonten mit Einstellungsmöglichkeiten und damit einen Registrierungszwang einzuführen, wäre invasiver).

§ 25 Abs. 2 Nr. 2 TT-DSG erlaubt das Setzen/Auslesen von Cookies, soweit es erforderlich ist, um den vom Nutzer angefragten Dienst zu erbringen. Die Farbänderung ist ein nachgefragter Dienst, deshalb kann das Cookie zu diesem Zweck gesetzt und abgefragt werden.

Zum Tracking

Verantwortliche finden es schön, wenn sie nicht nur ihren Dienst erbringen können, sondern auch erfahren, wie er genutzt wird. So können sie z. B. die Klicks zählen. Das befriedigt aber ihre Neugier nicht. Sie wollen wissen, ob derjenige, der hierher klickte, derselbe war, wie jener, der dorthin klickte.

Um dies zu erfahren, könnte man die IP-Adressen speichern, die Seiten aufrufen. Wenn in kurzer Zeit dieselbe IP-Adresse verschiedene Seiten der Website aufruft, dürfte das derselbe Nutzer gewesen sein.[15] Unabhängig von der Frage, zu welchen Zwecken und wie lange man IP-Adressen speichern darf, scheint die skizzierte „Logfile-Analyse" durchaus auf Art. 6 Abs. 1 UAbs. 1 lit f DSGVO gestützt werden zu können.

Aber das reicht vielen Verantwortlichen nicht. Sie wollen Cookies setzen oder Beobachtungssoftware nutzen, die wiederum Cookies setzt. Und wenn es nicht Cookies sind, dann sind es „andere Technologien".[16]

Bsp.

A betreibt eine Website. Um die verschiedenen Nutzer zu Analysezwecken voneinander unterscheiden zu können (und ihnen ihr Klickverhalten jeweils zuordnen zu können), setzt er im Browser ein Cookie.

Analyse ist zur Diensterbringung nicht erforderlich. A kann sich daher nicht auf § 25 Abs. 2 Nr. 2 TT-DSG berufen. ◄

Tracking, das mit dem Speichern auf und dem Auslesen aus Endgeräten verbunden ist (z. B. mit Hilfe von Cookies), ist nur erlaubt, wenn es erforderlich ist, um den vom Nutzer nachgefragten (nicht: ihm oktroyierten) Dienst zu erbringen oder wenn er wirksam[17] eingewilligt hat.

Bsp.

A hat ein Netzwerk von örtlichen Einzelhändlern und anderen Selbständigen und Institutionen gegründet. Alle Bäckereien, Metzgereien, Apotheken, Supermärkte, Gaststätten, Frisöre, Rechtsanwälte und Warenhäuser seiner Stadt beobachten die vor ihren jeweiligen Schaufenstern stehenden Personen bzw. lassen sie von Detektiven beobachten.

Rathaus, Krankenhaus, Suchtberatung und Schule machen auch mit und notieren Aussehen, Ausstattung und Verhalten der Bürger/Kinder sowie die zum jeweiligen Zeitpunkt erbrachten Leistungen. Man müsse ja schließlich mit der Zeit gehen.

Sie taxieren die Betroffenen nach Alter, Geschlecht, gemutmaßter oder bekannter Staatsangehörigkeit und Religion, nach Art und Wertigkeit der mitgeführten Gegenstände (Kleidung, Schmuck usw.) sowie nach Bewegungsart und Gesichtsausdruck. Sie

---

[15] Wenn es sich nicht gerade um die IP eines Proxy-Servers handelt.

[16] Mehr dazu im technischen Teil dieses Buches, ab Abschn. 7.

[17] Dazu oben, Abschn. 14.2.6.

notieren akribisch, wer wann das Schaufenster ansieht, wohin er wie lange blickt, für welche Waren er sich interessiert.

Tritt jemand in den jeweiligen Geschäftsraum ein, wird dies mit den „Schaufensterdaten" verknüpft und eine ähnliche Taxierung auch im Raum durchgeführt. Ergänzt wird der Datensatz durch die gekauften Waren, die Preise und die verwendeten Zahlungsmittel.

Besonders interessant ist auch, wer mit wem unterwegs ist („Kontaktdaten").

Sie drängen die Interessenten und Kunden, Identifizierungsmerkmale zu tragen. Das sei zum Betrieb des Schaufensters oder des Ladens zwingend technisch erforderlich. Wenn sich jemand weigert, wird er ausgeschlossen oder eine „Hundemarke" heimlich an seiner Kleidung angebracht.

Die Mitglieder des Netzwerks tauschen diese Daten untereinander aus. Sie passen ihre Werbeansprachen, Verkaufsgespräche und Sonderangebote sowie ihre medizinischen und Beratungsleistungen an dieses Wissen an und nennen dies ein „verbessertes, personalisiertes Nutzungserlebnis". ◄

Sie denken vermutlich, dass derartige Netzwerke nicht bestehen. Vielleicht verspüren Sie auch das Bedürfnis, die Herausgeber dieses Buches für solche Ideen vorsichtshalber in die nächste Psychiatrie einweisen zu lassen. Sie können beruhigt sein: Selbstverständlich gibt es kein solches Netzwerk ... das auf einen bestimmten Ort beschränkt wäre. Aber lesen Sie doch mal die Texte der „Cookie-Banner" im Internet aufmerksam durch, bei denen die meisten Menschen nur genervt auf „OK" oder „Verstanden!" klicken. Sie werden staunen ... Wenn Sie sich angesichts solcher Aussichten verraten und verkauft fühlen, dann haben Sie Recht: genau darum geht es.

Social Media-PlugIns

Wenn Sie Social-Media-PlugIns in Ihre Website einbinden, erfahren deren Betreiber von dem Besuch auf Ihrer Website. Ist der Nutzer dort angemeldet, wird die Tatsache des Besuchs direkt mit dem Account verknüpft. Ist er nicht angemeldet, ist dies nur unwesentlich schwerer, weil Geräte-IDs und ähnliche Identifikatoren ihn ohnehin verraten.

Die Datenflüsse, die auf Ihrer Website an Dritte stattfinden, gelten als Übermittlung durch Sie. Sie benötigen dafür eine Rechtsgrundlage und Sie müssen informieren, Betroffenenrechte beachten und im Zweifel haften. Oft wird gemeinsame Verantwortung (Art. 26 DSGVO) mit dem Betreiber des „sozialen Netzwerks" bestehen.

Prüfen Sie besser, welche Elemente Dritter Sie in Websites einbinden.[18]

---

[18] Mehr dazu im technischen Teil dieses Buches, Abschn. 7.

18.4   E-Mail

Die E-Mail ist im Alltag für Viele nicht mehr wegzudenken. Im papierlosen Büro hat sie die Stellung eines Akteninhalts eingenommen. Angesichts dieser Bedeutung wird sie erstaunlich stiefmütterlich behandelt. Kaum jemand wird z. B. darauf aufmerksam gemacht, dass er viele Empfänger, die dieselbe Mail erhalten, aber voneinander nicht erfahren sollen, nicht ins An- oder Cc-Feld des Mailclients eintragen darf, sondern allenfalls in das Bcc-Feld.

Kaum jemand wird darauf aufmerksam gemacht, dass Mailclients, die beim Tippen der Adresse diese automatisch vervollständigen, nützlich, aber auch gefährlich sind. Schnell geht eine Mail an einen falschen, ähnlich heißenden Empfänger.

Auch Sammelbezeichnungen sind gefährlich. Sie wollen eine E-Mail an Herrn Abt schreiben, in der steht, dass alle Kollegen in Abteilung A dumm sind? Hoffentlich wird die Adresse nicht zu „Abteilung A" aufgelöst ... Schreiben Sie solche Mails lieber auch nicht dem richtigen Empfänger ...

Es wird gerne behauptet, unverschlüsselte E-Mails seien so unsicher wie Postkarten. Das stimmt nicht. E-Mails bzw. deren Pakete können (nicht vorhersehbar) über alle möglichen Staaten geleitet werden. Sie können automatisiert gelesen, analysiert, gespeichert, weitergeleitet oder verändert werden. Das geht mit Postkarten nicht so leicht.

Kommunikation ist Datenverarbeitung. Auch beim Versand von E-Mails sind geeignete und angemessene technische und organisatorische Maßnahmen zum Schutz der Daten zu ergreifen.[19] Für etwas vertrauliche Zwecke sind unverschlüsselte E-Mails nicht mehr angemessen. Dann sollte ein anderes Kommunikationsmittel gewählt werden. Aber bitte keine Postkarte.

18.5   Elektronische Kalender

Es ist wunderbar, wenn Kollegen ihre Kalender in der Weise für andere freigeben, dass geprüft werden kann, ob ein bestimmter Termin „frei" oder „gebucht" ist. Wer einen Termin mit – sagen wir – zehn Teilnehmern organisieren soll, kann schnell sehen, wann alle ein gemeinsames freies Zeitfenster haben – und ein Raum zur Verfügung steht.

Bitte stellen Sie aber Kalender so ein, dass nur diejenigen mehr als nur die frei-/gebucht-Anzeige (z. B. Betreffzeilen oder gar Inhalte von Terminen) sehen können, die dies wirklich brauchen und dürfen.

---

[19] Dazu oben, Abschn. 16.

18.6   Messenger

Während die Älteren ohne E-Mail kaum noch arbeiten können, wissen Jüngere gar nicht mehr so richtig, was das ist. Sie nutzen alle den Messenger. Davon gibt es viele, aber sie nutzen trotzdem alle den einen.[20] Dafür gibt es keinen besonderen Grund – außer, dass alle ihn nutzen. In Schulen wird er trotz Verbots genutzt, als sei er unverzichtbarer Teil staatlicher Daseinsvorsorge. Aber weil die Schule das zwar formal verbietet, aber achselzuckend hinnimmt, bleibt alles, wie es ist.

Messenger haben den Charme, dass sie heute – fast alle – eine Ende-Zu-Ende-Verschlüsselung ermöglichen. Zu konstatieren ist, dass sie insoweit sicherer sind als E-Mails.[21]

Allerdings nutzen manche Hersteller von Messengerdiensten die Metadaten (wer schreibt wem wann von wo aus) sowie die Kontaktdaten aus dem Adressbuch für eigene Zwecke. Damit werden Personen an diese Hersteller verraten, die dafür keinen Anlass gegeben haben. Es ist nicht ersichtlich, warum das zulässig sein sollte.

Zum datenschutz-konformen Einsatz von Messenger-Diensten vgl. das „Whitepaper" der DSK[22] sowie den lesenswerten Artikel bei youngdata.[23]

18.7   Cloud Computing, Software as a Service

Nutzen Verantwortliche Cloud Computing von Drittanbietern, auch in Gestalt von Software as a Service, so ist das Auftragsverarbeitung. Daraus folgt zum einen, dass ein Auftragsverarbeitungsvertrag geschlossen werden muss, zum anderen, dass der Auftragsverarbeiter ausschließlich zur Vertragserfüllung personenbezogene Daten verarbeiten darf, nicht etwa zu eigenen Zwecken.[24]

Dem steht entgegen, dass manch ein Anbieter das Nutzerverhalten beobachtet und sich zu eigenen Zwecken allerlei Ereignisse (automatisch und ungefragt) berichten lässt. Das kann vom Öffnen einer Datei bis zum Absturz reichen und ist i. d. R. mit Datum, Uhrzeit, Geodaten, Geräte- und Nutzeridentifikatoren angereichert. Da es tausende von Ereignissen sein können, wird derartiges ständig gemeldet, sodass der Hersteller in äußerst dichter zeitlicher Folge weiß, wo wer gerade was tut. Auch Speicherabbilder können zum

---

[20] Für uns Ältere: gemeint ist WhatsApp.

[21] Dazu näher im technischen Teil dieses Buches, Abschn. 8.

[22] „Whitepaper" der Konferenz der unabhängigen Datenschutzaufsichtsbehörden des Bundes und der Länder - Technische Datenschutzanforderungen an Messenger-Dienste im Krankenhausbereich, 07.11.2019 , https://www.datenschutzkonferenz-online.de/media/oh/20191106_whitepaper_messenger_krankenhaus_dsk.pdf.

[23] S. https://www.youngdata.de/whatsapp-skype-co/whatsapp/.

[24] Zur Auftragsverarbeitung s. oben, Abschn. 13.5.6 und Abschn. 15.5.2.

Kreis der gemeldeten Daten gehören, also Inhaltsdaten (vielleicht Ihre Patentschrift, ihre Beschäftigtendaten oder der vertrauliche Entwurf eines Vertrags?).

Hierfür bräuchte der Hersteller/Cloudanbieter (der insoweit den Boden der Auftragsverarbeitung verlässt) eine Rechtsgrundlage. Eine Einwilligung bei den Kunden und Mitarbeitern des Verantwortlichen ist bei so komplexer Datenverarbeitung kaum wirksam[25] einzuholen. Möglicherweise besteht sogar gemeinsame Verantwortung i.S.d. Art. 26 DSGVO – und damit gesamtschuldnerische Haftung.

Hinzu kommt: sitzt der Hersteller außerhalb des EWR, sind das Drittlandstransfers. Alle Hürden, die hiergegen bestehen, müssten überwunden werden.[26]

Bsp.

Der öffentlich-rechtliche Abwasserzweckverband A möchte ein Office-Produkt „in der Cloud" benutzen. Hersteller und Anbieter ist O. Der Dienst ist praktisch: es muss nicht einmal eine Software installiert werden: man erstellt seine Briefe, E-Mails, Präsentationen, Tabellenkalkulationen einfach im Browser und speichert die Daten in der Cloud.

O bietet diesen Dienst nur im Paket an. Wer ihn will, muss auch den Telefonsupport dazu buchen. Dieser ist „24/7" erreichbar, was am billigsten mit Call-Centern in aller Welt geht. Daher müssen Support-Mitarbeiter von Subunternehmern des O auch aus aller Welt (z. B. Indien) auf die Daten des A zugreifen können.

Außerdem ist in den Anwendungen des O der Übersetzungsdienst des U eingebunden. Auch wenn er nicht genutzt wird, werden ihm Inhalte der Dateien bekannt, denn er ist immer im Hintergrund aktiv.

Ersichtlich gehen diese Zusatzdienste weit über das zur Auftragserfüllung erforderliche Maß hinaus. Ein Abwasserzweckverband hat nicht die Aufgabe, „seine" Daten, also die von Mitarbeitern und Bürgern, in alle Welt zu streuen. Der Übersetzungsdienst ist für die Aufgabenerfüllung nicht erforderlich (wo tatsächlich einmal eine Übersetzung gebraucht wird, kann diese aktiv angefordert werden – ein Lauschen im Hintergrund ist inakzeptabel).

Weder kann A also einen Auftragsverarbeitungsvertrag dafür schließen, noch ist O sonst berechtigt, diese „Zusatzleistungen" zu erbringen. O muss sein Produkt anpassen und von den überflüssigen Datenverkehren und Zugriffsmöglichkeiten befreien.

Oder A muss sich ein anderes Produkt suchen. ◄

Prüfen Sie, was Sie wirklich brauchen. Es gibt immer Alternativen.

---

[25] S. die Hürden unter Abschn. 14.2.6.

[26] S. dazu oben, Abschn. 14.5.

Hinzuweisen ist auf folgendes: wird der Clouddienst nicht von einem „Verantwortlichen" genutzt, sondern z. B. von einem Menschen für privat-familiäre Zwecke, so ist
gegenüber diesem Menschen die DSGVO nicht anwendbar. Für den Cloudanbieter aber
durchaus. Er rückt – weil Auftragsverarbeitung bei privat-familiärer Tätigkeit ausscheidet
– selbst unmittelbar in die Stellung des Verantwortlichen ein.

Zertifizierung, Akkreditierung

19

Verantwortliche oder Auftragsverarbeiter, die nach Außen dokumentieren wollen, dass sie datenschutzkonform handeln (und die sich intern davon vergewissern wollen, um Risiken zu entgehen), können ihre Verarbeitungstätigkeiten zertifizieren lassen. Eine Pflicht hierzu besteht nicht, Art. 43 Abs. 3 DSGVO.

Ein Zertifikat ist die Bestätigung einer Zertifizierungsstelle (oder einer Aufsichtsbehörde), dass die Verarbeitung grundsätzlich datenschutzrechtskonform erfolgt und Prozesse etabliert sind, damit das auch so bleibt.[1] Es bindet die Aufsichtsbehörde nicht rechtlich,[2] aber faktisch, weil sie, wenn sie ein zertifiziertes Verfahren kritisieren will, sich mit den Argumenten, die für die Zertifizierung sprachen, wird auseinandersetzen müssen.

Die Zertifizierung ist, wenn sie richtig durchgeführt wird, ein komplexer Vorgang, bei dem nicht nur die Datenverarbeitung an sich, sondern alle Prozesse eines Verantwortlichen, die die Rechtmäßigkeit der Datenverarbeitung sicherstellen sollen, geprüft werden.[3]

Die Zertifizierungsstelle wird die Datenverarbeitung nicht nur einmal punktuell prüfen, sondern regelmäßiger Prüfung unterziehen.[4]

Zertifizierungsstellen benötigen für ihre Tätigkeit eine Akkreditierung, eine „Befugnis" und ein genehmigtes Prüfprogramm. Siegel, Prüfzeichen, Zertifikate usw., die nicht von akkreditierten Zertifizierungsstellen (oder Datenschutz-Aufsichtsbehörden) stammen, dürften rechtswidrig sein.[5]

---

[1] Vgl. Maier/Pawlowska/Lins/Sunayaev, ZD 2020, 445, 446.

[2] Vgl. Art. 43 Abs. 1 S. 1 DSGVO: „Unbeschadet der Aufgaben und Befugnisse der zuständigen Aufsichtsbehörde . . .".

[3] Maier/Pawlowska/Lins/Sunayaev, ZD 2020, 445, 446.

[4] Maier/Pawlowska/Lins/Sunayaev, ZD 2020, 445, 446.

[5] Vgl. Maier/Pawlowska/Lins/Sunayaev, ZD 2020, 445.

R. Petrlic et al., *Datenschutz*, https://doi.org/10.1007/978-3-658-39097-6_19

All das erteilt die zuständige Datenschutz-Aufsichtsbehörde[6] in Zusammenwirken mit der Deutschen Akkreditierungsstelle DAkkS. Die DAkkS ist die nationale Akkreditierungsstelle i. S. d. Art. 43 Abs. 1 lit b DSGVO.[7] Eine Zertifizierungsstelle muss für die Akkreditierung u. a. nachweisen, dass sie unabhängig und kompetent ist und geeignete Prozesse und Prüfprogramme entwickelt hat, um zu zertifizierende Verarbeitungsvorgänge, Maßnahmen und Prozesse des Verantwortlichen oder Auftragsverarbeiters auf Dauer auf einem hohen Niveau zu prüfen.

---

[6] S. dazu unter Abschn. 21.

[7] § 8 AkkStelleG i. V. m. § 1 Abs. 1 AkkStelleGBV; dazu Hoch, in: Bloehs/Frank (Hrsg.), Akkreditierungsrecht, 1. Aufl. 2015, § 1 AkkStelleGBV Rn. 1 ff.

Der (betriebliche oder behördliche) Datenschutzbeauftragte

20

20.1 Benennpflicht

Viele Verantwortliche und Auftragsverarbeiter sind verpflichtet, einen Datenschutzbeauftragten zu benennen, Art. 37 DSGVO und § 38 BDSG.

Handelt es sich bei dem Verantwortlichen (oder Auftragsverarbeiter) um eine Behörde oder sonstige öffentliche Stelle, so spricht man auch vom „behördlichen Datenschutzbeauftragten". Handelt es sich dagegen um ein Unternehmen, spricht man vom „betrieblichen Datenschutzbeauftragten". Ihre Stellung unterscheidet sich nicht wesentlich.

Ihre Aufgaben unterscheiden sich erheblich, weil behördliche Datenschutzbeauftragte das öffentlich-rechtliche Fachrecht zu beachten haben, das ihre öffentliche Stelle bindet. In öffentlichen Stellen mit einer Vielzahl von Aufgaben (wie Kommunen oder Ministerien) kann die Palette zu beachtenden Rechts sehr breit sein.

Eine Benennpflicht kann sich aus der DSGVO selbst ergeben. Das BDSG ergänzt einige Fälle um eine Benennpflicht.

Auch soweit Verantwortliche oder Auftragsverarbeiter nicht verpflichtet sind, einen Datenschutzbeauftragten zu benennen, ist ihnen doch zu raten, dies zu tun. Denn auch sie unterliegen allen (anderen) Verpflichtungen aus der DSGVO, insbesondere müssen sie rechtmäßig und transparent handeln und dies im Rahmen der Rechenschaftspflicht belegen können. Ein Datenschutzbeauftragter ist hier eine wertvolle Hilfe.

20.1.1 Benennpflicht aus Art. 37 DSGVO

Art. 37 DSGVO sieht eine Verpflichtung zur Benennung eines Datenschutzbeauftragten in folgenden Fällen vor:

© Der/die Autor(en), exklusiv lizenziert an Springer Fachmedien Wiesbaden GmbH, ein Teil von Springer Nature 2022
R. Petrlic et al., *Datenschutz*, https://doi.org/10.1007/978-3-658-39097-6_20

Öffentliche Stellen

Behörden und sonstige öffentliche Stellen haben in jedem Fall einen Datenschutzbeauftragten zu benennen.[1] Dies gilt auch für Gerichten, ausgenommen ist allerdings (und
lediglich) die Prüfung der justiziellen Tätigkeit durch den Datenschutzbeauftragten.[2]

Bsp.

Amtsgerichtsdirektorin A hat Rechtspfleger R zum Datenschutzbeauftragten des Amts-
gerichts ernannt. Bei R beschwert sich Frau X.

X hat sich beim Amtsgericht als Auszubildende beworben und wurde im Bewer-
bungsgespräch gefragt, ob sie schwanger zu werden beabsichtige.

Ist R als Datenschutzbeauftragter zuständig, sich über diesen Fall Gedanken zu
machen?

Ja, denn die Datenerhebung fand im Rahmen der Verwaltungstätigkeit des Gerichts
statt, nicht im Rahmen der justiziellen Tätigkeit. Grundsätzlich haben Arbeitgeber nicht
nach Schwangerschaften zu fragen. R wird dies A mitteilen und empfehlen, durch
Schulungen und ähnliche Maßnahmen dafür zu sorgen, dass derartige Fragen nicht
gestellt werden. ◄

Bsp.

Amtsgerichtsdirektorin A hat Rechtspfleger R zum Datenschutzbeauftragten des Amts-
gerichts ernannt. Bei R beschwert sich Herr Y.

Y ist von Z vor dem Amtsgericht verklagt worden. Er habe aber nie darin eingewilligt, verklagt zu werden, weshalb das Amtsgericht seine Daten unzulässigerweise
speichere. Außerdem wurde er zur Zahlung von 100 Euro an Z verurteilt, was aber
ungerecht sei. Er bittet um Berichtigung des falschen Urteils.

R kann als Datenschutzbeauftragter nicht in die justizielle Tätigkeit des Gerichts
eingreifen. Er wird dies Y mitteilen und vielleicht darauf hinweisen, dass etwaige
Rechtsmittelfristen gegen das Urteil durch seine Beschwerde beim Datenschutzbeauftragten nicht eingehalten werden. ◄

Das deutsche Recht kennt die Figur des Beliehenen. Beliehene sind private (Menschen
oder Organisationen), denen das Recht „verliehen" wird, wie eine Behörde hoheitlich zu
handeln.[3] Das wohl bekannteste Beispiel sind die Bezirksschornsteinfeger.

---

[1] Allerdings nur, soweit der sachliche Anwendungsbereich der DSGVO reicht. Der Deutsche
Bundestag oder die Landtage deutscher Länder müssen für ihre parlamentarische Tätigkeit also
keinen Datenschutzbeauftragten aufgrund Art. 37 DSGV benennen.

[2] Zu diesem Regel-Ausnahme-Verhältnis, das aus dem Wortlaut der Vorschrift nicht unmittelbar
deutlich wird, vgl. Hefrich, in: Sydow (DSGVO), 2. Aufl. 2018, Art. 37 Rn. 56 m. w. N.

[3] Ibler, in: Maunz/Dürig (Begr.), Grundgesetz-Kommentar, Werkstand: 94. EL Januar 2021, Art. 86
Rn. 75.

Die Pflicht öffentlicher Stellen, einen Datenschutzbeauftragten zu benennen, gilt nach umstrittener Auffassung auch für Beliehene.[4] Von diesem Grundsatz mag es Ausnahmen geben. So ist der „verantwortliche Luftfahrzeugführer" gem. § 12 LuftSiG mit Polizeiaufgaben beliehen. Dem Hobbypiloten eines zweisitzigen Sportflugzeugs wird dennoch nicht die Benennung eines Datenschutzbeauftragten zuzumuten sein. Ein Abgrenzungskriterium mag die Nachhaltigkeit der Aufgabenerfüllung sein.

Nichtöffentliche Stellen

Im Gegensatz zu öffentlichen Stellen, die flächendeckend Datenschutzbeauftragte zu benennen haben, gilt dies für nichtöffentliche Stellen zunächst (nämlich: ohne Eingreifen des BDSG) nur ausnahmsweise, nämlich, wenn

„die Kerntätigkeit des Verantwortlichen oder des Auftragsverarbeiters in der Durchführung von Verarbeitungsvorgängen besteht, welche aufgrund ihrer Art, ihres Umfangs und/oder ihrer Zwecke eine umfangreiche regelmäßige und systematische Überwachung von betroffenen Personen erforderlich machen, oder

„die Kerntätigkeit des Verantwortlichen oder des Auftragsverarbeiters in der umfangreichen Verarbeitung besonderer Kategorien von Daten gemäß Artikel 9 oder von personenbezogenen Daten über strafrechtliche Verurteilungen und Straftaten gemäß Artikel 10 besteht" (Art. 37 Abs. 1 lit b und c DSGVO).

Wie genau das zu verstehen ist, ist unklar und umstritten.[5] „Kerntätigkeit" soll nach einer

Ansicht Datenverarbeitung dann sein, wenn der Geschäftszweck darauf beruht.[6] Das ist so weit nachvollziehbar: wer mittels Bewerberprofilen „Headhunting" betreibt, dessen Kerntätigkeit mag das sein.[7] Entsprechend unterscheidet ErwG 97 DSGVO die Haupt- von der Nebentätigkeit.

Mit dem Merkmal der „Kerntätigkeit", das neben Art, Umfang und Zweck der Datenverarbeitung darüber entscheidet, ob eine Benennpflicht ausgelöst wird, scheint allerdings ein Moment der Relativität eingeführt zu werden. Ein einzelner Privatdetektiv, der von der Video- und GPS-Überwachung seiner „Opfer" lebt, müsste einen Datenschutzbeauftragten benennen, weil das seine Kerntätigkeit wäre.

Ein Industrieunternehmen, dessen Werkschutz das gleiche tut, müsste es dagegen nicht, weil Geschäftszweck des Unternehmens nicht die Beobachtung von Menschen, sondern die industrielle Tätigkeit ist.

---

[4] So z.B. das ULD SH unter https://www.datenschutzzentrum.de/artikel/1246-Verantwortlichkeiten-und-Pflicht-zur-Benennung-von-behoerdlichen-Datenschutzbeauftragten-bei-oeffentlichen-Stellen.html.

[5] Kritisch etwa Gierschmann, ZD 2016, 51, 52;

[6] Helfrich, in: Sydow (Hrsg.), DSGVO, 2. Aufl. 2018. Art. 37 Rn. 64.

[7] Helfrich, in: Sydow (Hrsg.), DSGVO, 2. Aufl. 2018. Art. 37 Rn. 65 m. w. N.

Dieses Moment der Relativität erscheint unangemessen. Statt (nur) nach dem Geschäftszweck sollte lieber (auch) nach der Nachhaltigkeit der in Frage stehenden Datenverarbeitung gefragt werden. Wird sie nur gelegentlich durchgeführt, löst sie wohl keine Benennpflicht aus.[8]

Bsp.

Im Chemiekonzern kommt es zu einem Unfall. Arbeiter A wird verletzt. Arbeiter B wählt den Notruf und teilt der Rettungsleitstelle mit, A habe Verätzungen am Arm erlitten.

Hier handelt es sich um eine bloß gelegentlich erfolgende Übermittlung von Gesundheitsdaten. Sie löst für sich genommen keine Benennpflicht aus. ◄

Bsp.

Die Rettungsorganisation R betreibt im Landkreis L die Rettungsleitstelle L. Sie nimmt Notrufe bei gesundheitlichen Notfällen entgegen und alarmiert geeignete Rettungskräfte. Hier dürfte die Kerntätigkeit in der Verarbeitung von Gesundheitsdaten liegen, auch wenn das natürlich kein Selbstzweck ist. Der eigentliche Zweck liegt in der Rettung. R wird einen Datenschutzbeauftragten benennen müssen. ◄

20.1.2 Benennpflicht aus § 38 BDSG

§ 38 BDSG erweitert die Pflicht, einen Datenschutzbeauftragten zu benennen, auf weitere Fälle. Grund dafür sind die guten Erfahrungen, die man in Deutschland mit betrieblichen Datenschutzbeauftragten gemacht hat.

Nach § 38 BDSG gelten Benennpflichten für Verantwortliche und Auftragsverarbeiter, die mindestens eine der folgenden Voraussetzungen erfüllen:

Nach Mitarbeiterzahl

Wer „in der Regel mindestens 20 Personen ständig mit der automatisierten Verarbeitung personenbezogener Daten" beschäftigt, hat unabhängig von den durchgeführten Datenverarbeitungen einen Datenschutzbeauftragten zu benennen.

„Automatisiert" ist Datenverarbeitung nach allgemeiner Meinung, wenn sie mit Hilfe von Computern oder ähnlichen Geräten vorgenommen wird.[9]

---

[8] Bei Video- und GPS-Überwachungen dürften allerdings Benennpflichten aus dem BDSG bestehen. S. dazu unten, ab Abschn. 12.2.

[9] Helfrich, in: Sydow (Hrsg.), BDSG, 1. Aufl. 2020, § 38 Rn. 11; kritisch zu diesem Verständnis automatisierter Verarbeitung Ziebarth, ZD 2014, 394, 398 f.

Was „in der Regel" und „ständig" bedeutet, ist umstritten. Ein kurzfristiges Erreichen der Zahl zwanzig durch vorübergehend eingestellte Aushilfen, Praktikanten u.ä. mag noch unschädlich sein (weil diese Zahl dann nicht „in der Regel" erreicht ist). Ebenso mag die ausnahmsweise, vorübergehende Beschäftigung einer zwanzigsten Person mit automatisierter Verarbeitung unschädlich sein.[10]

Bsp.

In einem kleinen Sportverein gibt es neben drei Vorstandsmitgliedern eine Geschäftsstelle, in der zwei hauptamtliche Mitarbeiter die Verwaltungstätigkeit übernehmen. Alle fünf haben, weil ihre Aufgaben das bedingen, Zugriff auf das Mitgliederverwaltungssystem.

15 ehrenamtliche Trainer der verschiedenen Abteilungen, Sportarten, Altersgruppen usw. haben ebenfalls Zugriff. Sie nutzen das System, um Anwesenheiten und Leistungen zu dokumentieren sowie, um die Trainingseinheiten und Mannschaftsaufstellungen zu planen.

Da auch die 15 Trainer das ständig tun (es gehört zu ihren Aufgaben), ist die Zahl 20 erreicht. Es muss ein Datenschutzbeauftragter benannt werden.[11] ◄

Wegen Notwendigkeit einer Datenschutz-Folgenabschätzung

„Nehmen der Verantwortliche oder der Auftragsverarbeiter Verarbeitungen vor, die einer Datenschutz-Folgenabschätzung nach" Art. 35 DSGVO[12] unterliegen, haben sie einen Datenschutzbeauftragten zu benennen (§ 38 Abs. 1 S. 2 BDSG). Dies kann auch bei nichtautomatisierter Datenverarbeitung der Fall sein, wenn ein Dateisystem[13] genutzt wird oder werden soll, vgl. § 1 Abs. 1 S. 2 BDSG.

Wegen geschäftsmäßiger Datenverarbeitung zwecks Übermittlung, anonymisierter Übermittlung oder Markt- oder Meinungsforschung

Verarbeiten Verantwortliche oder Auftragsverarbeiter personenbezogene Daten geschäftsmäßig zum Zweck der Übermittlung, der anonymisierten Übermittlung oder für Zwecke der Markt- oder Meinungsforschung, haben sie gem. § 38 Abs. 1 S. 2 BDSG ebenfalls einen Datenschutzbeauftragten zu benennen.

---

[10] Helfrich, in: Sydow (Hrsg.), BDSG, 1. Aufl. 2020, § 38 Rn. 12 ff.

[11] Vgl. Brink/Rau, Datenschutz im Verein nach der DS-GVO, Praxisratgeber2. Auflage 2018, S. 6, noch zur damaligen Rechtslage mit der Mindestzahl 10 (https://www.baden-wuerttemberg. datenschutz.de/wp-content/uploads/2018/05/Praxisratgeber-f%C3%BCr-Vereine.pdf).

[12] Dazu oben, Abschn. 15.2.

[13] Dazu oben, Abschn. 13.5.4.

20.2   Stellung des Datenschutzbeauftragten

Datenschutzbeauftragter kann ein Mitarbeiter des Verantwortlichen oder Auftragsverarbeiters sein, oder ein externer Dienstleister.[14] Insbesondere kleinen Vereinen sowie KMU sollte die Möglichkeit eröffnet werden, dass z. B. Landesverbände oder Kammern Datenschutzbeauftragte für diejenigen ihrer Mitgliedsorganisationen stellen, die keinen eigenen Datenschutzbeauftragten haben. Dies sieht Art. 37 Abs. 3 und 4 DSGVO vor.

Ebenso könnten kleine Gemeinden mit Nachbargemeinden oder ihrem Landkreis darüber verhandeln, ob nicht der dortige Datenschutzbeauftragte sie mitbetreut (vgl. Art. 37 Abs. 2 DSGVO).

Der Datenschutzbeauftragte muss über ausreichendes Fachwissen verfügen. Er darf keinem Interessenkonflikt ausgesetzt sein. Z. B. Geschäftsführer, Personal- oder IT-Chefs oder deren Verwandte scheiden als Datenschutzbeauftragte aus, selbst wenn sie fachlich geeignet sein sollten.[15]

Der Datenschutzbeauftragte ist völlig unabhängig, d. h. er ist frei von Weisungen etwa der Geschäftsleitung (Art. 38 Abs. 3 S. 1 DSGVO), aber auch von Zertifizierungsstellen[16], die bei der Prüfung des Verantwortlichen oder Auftragsverarbeiters und bei der Etablierung von Pflichten die Unabhängigkeit des Datenschutzbeauftragten zu respektieren haben.

Datenschutzbeauftragte sind vor Benachteiligungen zu schützen, Art. 38 Abs. 3 DSGVO. Sie genießen in Deutschland bei nichtöffentlichen Stellen und verpflichtender Benennung einen besonderen Kündigungsschutz, § 38 Abs. 2 i. V. m. § 6 Abs. 4 BDSG.[17]

20.3   Aufgaben

Die Aufgaben des Datenschutzbeauftragten sind in Art. 39 Abs. 1 DSGVO beschrieben:

20.3.1 Unterrichtung und Beratung – lit a

„Unterrichtung und Beratung des Verantwortlichen oder des Auftragsverarbeiters und der Beschäftigten, die Verarbeitungen durchführen, hinsichtlich ihrer Pflichten nach

---

[14] Poll, Datenschutz in und durch Unternehmensgruppen im europäischen Datenschutzrecht – Zugleich ein Beitrag zum datenschutzrechtlichen Abhängigkeitsbegriff des Art. 4 Nr. 19 DSGVO, 2017, S. 286.

[15] Näher Helfrich, in: Sydow (Hrsg.), DSGVO, 2. Aufl. 2018, Art. 38 Rn. 74 ff.

[16] Dazu ab Abschn. 19.

[17] Vgl. auch Brink/Joos, jurisPR-ArbR 3/2020, Anm. 1.

dieser Verordnung sowie nach sonstigen Datenschutzvorschriften der Union bzw. der Mitgliedstaaten".

Der Datenschutzbeauftragte hat die Genannten also hinsichtlich des für sie geltenden Datenschutzrechts zu unterrichten und im Einzelfall hinsichtlich der (oder einer) richtigen Vorgehensweise zu beraten. Ersichtlich setzt das ausreichende Kenntnisse im Datenschutzrecht voraus – sowohl im allgemeinen Datenschutzrecht als auch hinsichtlich der bereichsspezifischen Vorschriften, die je nach Natur und Datenverarbeitung seiner Organisation für diese gelten.

20.3.2 Überwachung – lit b

„Überwachung der Einhaltung dieser Verordnung, anderer Datenschutzvorschriften der Union bzw. der Mitgliedstaaten sowie der Strategien des Verantwortlichen oder des Auftragsverarbeiters für den Schutz personenbezogener Daten einschließlich der Zuweisung von Zuständigkeiten, der Sensibilisierung und Schulung der an den Verarbeitungsvorgängen beteiligten Mitarbeiter und der diesbezüglichen Überprüfungen".

Der Datenschutzbeauftragte hat also die Aufgabe der Überwachung, d. h., er kontrolliert, ob eingehalten wird, was eingehalten werden muss, nämlich:

- „diese Verordnung", also die DSGVO,
- andere Datenschutz-Vorschriften, also z. B. BDSG oder Vorschriften im Bundesmeldegesetz,
- Strategien (des Verantwortlichen oder Auftragsverarbeiters), einschließlich
  - Zuweisung von Zuständigkeiten,
  - Sensibilisierung und Schulungen
- Überprüfungen.

Während der Verantwortliche (oder Auftragsverarbeiter) also Strategien zu entwickeln und die Einhaltung des Datenschutzrechts zu überprüfen hat, überwacht der Datenschutzbeauftragte diese Tätigkeiten.

Damit ist die Aufgabenverteilung klar geregelt. Der Verantwortliche ist für die Einhaltung datenschutzrechtlicher Vorschriften verantwortlich. Er kann diese Verantwortung nicht an den Datenschutzbeauftragten delegieren. Soweit der Verantwortliche eine juristische Person ist, handelt entsprechend der jeweiligen gesellschaftsrechtlichen oder sonstigen Vorschriften sein Vertretungsorgan (Geschäftsführer, Vorstandsvorsitzender, Oberbürgermeister, Landrat usw.). Diese können die Tätigkeit natürlich in ihrer Organisation weiter delegieren, behalten aber die Verantwortung. Ob das Verzeichnis der Verarbeitungtätigkeiten ordnungsgemäß erstellt wurde, ob Datenverarbeitung ausschließlich im Rahmen einer Rechtsgrundlage und ausreichend transparent durchgeführt wird, welche Anweisungen für den Fall einer Datenpanne bestehen, ist Sache des Verantwortlichen.

Der Datenschutzbeauftragte ist nicht der Sachbearbeiter, der das alles zu gewährleisten hat. Er ist die Kontrollinstanz, die das überprüft – ebenso, wie die Rechnungsprüfer nicht die Rechnungen schreiben, sondern die Rechtmäßigkeit prüfen.[18]

Natürlich lässt der Datenschutzbeauftragte den Verantwortlichen mit all dem nicht allein. Die Beratung gehört zu seinen Aufgaben (s. o.).

20.3.3 Beratung und Überwachung bei Datenschutz-Folgenabschätzung – lit c

Bei Datenverarbeitungen, die einer Datenschutz-Folgenabschätzung bedürfen oder bedürfen könnten, ist der Datenschutzbeauftragte rechtzeitig[19] einzubeziehen, Art. 35 Abs. 2 DSGVO. Seine Empfehlung ist nicht bindend, aber zu dokumentieren. Sie macht Verantwortliche, die die Empfehlung ignorieren, in dem Sinne „bösgläubig", dass sie nicht hinterher behaupten können, sie hätten von der wahren Lage keine Kenntnis gehabt.

Nach Art. 39 Abs. 1 lit c DSGVO überwacht der Datenschutzbeauftragte auch die Durchführung der Datenschutz-Folgenabschätzung. Damit ist nicht nur gemeint, dass er überwacht, ob überhaupt eine Datenschutz-Folgenabschätzung durchgeführt wird, sondern auch, mit welchen Methoden das geschieht, welche Betrachtungen einbezogen werden usw. Er muss das alles gem. Art. 39 Abs. 1 lit c DSGVO nur „auf Anfrage" tun. Versäumt es ein Verantwortlicher, eine Datenschutz-Folgenabschätzung durchzuführen oder den Datenschutzbeauftragten zu beteiligen, kann er nicht dem Datenschutzbeauftragten vorwerfen, nicht von sich aus gefragt zu haben, ob zufällig gerade eine Datenschutz-Folgenabschätzung anliegt. Aus dem Merkmal „auf Anfrage" ergibt sich somit eine Bringschuld des Verantwortlichen gegenüber dem Datenschutzbeauftragten.

Andererseits ist der Datenschutzbeauftragte bis dahin nicht zur Passivität verdammt.[20] Erfährt er auf anderen Wegen von der Datenverarbeitung, kann er auch von sich aus nachfragen und auf Durchführung einer Datenschutz-Folgenabschätzung drängen. Hierzu berechtigt ihn sein allgemeines Überwachungsmandat aus Art. 39 Abs. 1 lit a DSGVO.

20.3.4 Verhältnis zur Aufsichtsbehörde – lit d und e

Nach Art. 39 Abs. 1 lit d DSGVO gehört zu den Aufgaben des Datenschutzbeauftragten die Zusammenarbeit mit der Datenschutz-Aufsichtsbehörde, nach Art. 39 Abs. 1 lit e DSGVO ist er für sie Anlaufstelle. Das Verhältnis dieser beiden Normen untereinander ist unklar.[21]

---

[18] Ziebarth, NZA-RR 2020, 291, 293.

[19] Art. 35 Abs. 2 DSGVO: „bei der Durchführung", also nicht erst danach.

[20] A.A. wohl Helfrich, in: Sydow (Hrsg.), DSGVO, 2. Aufl. 2018, Art. 39 Rn. 103.

[21] Helfrich, in: Sydow (Hrsg.), DSGVO, 2. Aufl. 2018, Art. 39 Rn. 108.

Der Datenschutzbeauftragte hat also mit der Datenschutz-Aufsichtsbehörde zusammenzuarbeiten und ihre Anlaufstelle zu sein. Was sich selbstverständlich anhört, hat erhebliches Konfliktpotential, wenn nicht alle Beteiligten die jeweiligen Rollen, Befugnisse und Grenzen der jeweils anderen kennen.

So ist der Datenschutzbeauftragte „dem Datenschutz" verpflichtet, aber auch seiner Organisation (Verein, Unternehmen, Behörde usw.). Ihn trifft eine Schweigepflicht – auch gegenüber der Datenschutz-Aufsichtsbehörde. Er ist nicht ohne weiteres berechtigt, für seine Organisation nach Außen zu handeln oder gar Unterlagen nach Außen zu geben.[22]

Im öffentlichen Dienst stehende Datenschutzbeauftragte dürfen auch außergerichtlich nicht „aussagen" [23] – sie sollten sich vorsorglich eine generelle Aussagegenehmigung für den Verkehr mit der Datenschutz-Aufsichtsbehörde erteilen lassen, um Risiken auszuschließen.

Die Datenschutz-Aufsichtsbehörden sollten darauf achten, den Datenschutzbeauftragten nicht in eine Konfliktlage zu bringen und damit zu schädigen. Das kann dadurch erreicht werden, dass sie sich an den Verantwortlichen selbst wenden und den Datenschutzbeauftragten nur zur Kenntnis einbeziehen.

Eine Pflicht, Missstände oder Datenpannen an die Datenschutz-Aufsichtsbehörde zu melden, besteht für die Datenschutzbeauftragten nicht. Sie haben hierzu auch nicht ohne weiteres ein Recht; dies ist vielmehr dem Verantwortlichen vorbehalten.

Ob es bei besonders schwerwiegenden Verstößen höchst ausnahmsweise ein Recht auf Meldung geben kann, ist umstritten.[24] Der Datenschutzbeauftragte sollte sich hier zurückhalten. Eher sollte er den Verantwortlichen darauf hinweisen, dass Betroffene der Datenverarbeitung (Kunden, Mitarbeiter usw.) sich ihrerseits jederzeit an die Datenschutz-Aufsichtsbehörde wenden können, Geheimhaltung also ohnehin nicht gewährleistet ist.

Datenschutzbeauftragte können sich von der Datenschutz-Aufsichtsbehörde beraten lassen, wie in solchen Fällen vorzugehen ist. Dabei sollten sie die Art des Verstoßes nicht konkret nennen. Der Datenschutz-Aufsichtsbehörde zu verheimlichen, für welche Organisation sie tätig sind,[25] wird sich angesichts der Meldepflicht in Art. 37 Abs. 7 DSGVO in vielen Fällen nicht durchhalten lassen.

Unterbliebene Meldungen sind dem Verantwortlichen anzulasten, nicht dem Datenschutzbeauftragten. Dieser muss sich auch davor hüten, seine Position dadurch zu schwächen, dass er vertrauliche Beratungsanfragen nach Außen kommuniziert. Der Datenschutzbeauftragte hat vertrauenswürdiger und verlässlicher Berater zu sein. Freilich

---

[22] Zu alledem Scheja, in: Taeger/Gabel (Hrsg.), DSGVO, BDSG, 3. Aufl. 2019, Art. 39 Rn. 17 ff.

[23] § 37 BeamtStG.

[24] Dagegen Moos, in: Wolff/Brink (Hrsg.), BeckOK Datenschutzrecht, 32. Edition, Stand 01.05.2020, Art. 39 Rn. 22 m. w. N.; differenzierend Bergt, in: Kühling/Buchner (Hrsg.), DSGVO, BDSG, 3. Aufl. 2020, Art. 39 Rn. 19 f.

[25] Dies rät Moos, in: Wolff/Brink (Hrsg.), BeckOK Datenschutzrecht, 32. Edition, Stand 01.05.2020, Art. 39 Rn. 22.

setzt das ein gegenseitiges Vertrauensverhältnis voraus, sowie, dass die Empfehlungen des Datenschutzbeauftragten ernst genommen werden.

Das eigentliche Ziel der Zusammenarbeit und der Funktion als Anlaufstelle ist eine Mittlerfunktion. Der Datenschutzbeauftragte kennt das Datenschutzrecht, aber auch die betrieblichen Besonderheiten. Er kann daher besonders hilfreich sein, den Verantwortlichen, der ein Laie in Sachen Datenschutz ist, und die Datenschutz-Aufsichtsbehörde, die wenig eigene Kenntnis von Strukturen, Abläufen und Notwendigkeiten in Unternehmen, Vereinen, und (anderen) Behörden hat, „zusammenzubringen".[26]

---

[26] Moos, in: Wolff/Brink (Hrsg.), BeckOK Datenschutzrecht, 32. Edition, Stand 01.05.2020, Art. 39 Rn. 21.

Rolle der der Datenschutz-Aufsichtsbehörde

21

Die Rolle der Datenschutz-Aufsichtsbehörden ist im Vergleich zur DSRL durch die DSGVO konkretisiert, aber auch erheblich erweitert worden. Die Datenschutz-Aufsichtsbehörden handeln in völliger Unabhängigkeit, d. h. sie unterliegen keiner Aufsicht, sondern nur gerichtlicher Kontrolle. Sie sind nur an Gesetz und Recht gebunden, nicht etwa an politische Weisungen.[1]

Die Aufgaben der Datenschutz-Aufsichtsbehörde sind in Art. 57 DSGVO beschrieben. Zur Erfüllung dieser Aufgaben haben sie die Befugnisse aus Art. 58 DSGVO. Die Aufgaben lassen sich grob in drei Gruppen unterteilen.

21.1 Beratung

Zu den Aufgaben der Datenschutz-Aufsichtsbehörden gehört die Beratung. Dies meint nicht nur die konkrete Beratung in Einzelfällen, sondern auch die grundlegende Sensibilisierung für Datenschutzthemen, insbesondere für die Gefahren, die durch neue Entwicklungen drohen. Diese können sich aus gesetzgeberischer Tätigkeit, neuen wirtschaftlichen oder technischen Neuerungen ergeben.

Adressaten dieser Sensibilisierung und Beratung ist die Öffentlichkeit insgesamt, Parlamente und Regierungen, die Betroffenen, Datenschutzbeauftragte von Behörden, Betrieben und anderen Organisationen sowie die Verantwortlichen und Auftragsverarbeiter.

---

[1] Ziebarth, CR 2013, 60.

21.2   Kontrolle und Sanktion

Die Datenschutz-Aufsichtsbehörden kontrollieren die Verantwortlichen in ihrem örtlichen und sachlichen Zuständigkeitsbereich. Der EDSB kontrolliert die EU-Institutionen, die jeweilige nationale Datenschutz-Aufsichtsbehörde die Behörden ihres Landes und die Unternehmen, die dort ihre Hauptniederlassung (Art. 4 Nr. 16 DSGVO) haben.

In Deutschland gibt es aufgrund der föderalen Gliederung nicht weniger als 18 allgemeine Datenschutz-Aufsichtsbehörden, nämlich den BfDI und die Landesbehörden, derer Bayern zwei hat (das LDA ist für die Aufsicht im nichtöffentlichen Bereich zuständig, der LfD für den öffentlichen Bereich). Daneben gibt es im Bereich Medien und Kirchen zum Teil eigene Datenschutz-Aufsichtsbehörden[2] und bei Kirchen auch eigene Datenschutz-Gerichte.[3]

Die Datenschutz-Aufsichtsbehörden können (auf Beschwerden von Betroffenen, auf sonstige Hinweise hin oder von Amts wegen) Datenverarbeitungen untersuchen, Informationen und Stellungnahmen anfordern und Gebote aussprechen, bestimmte Datenverarbeitung abzuändern, vorläufig oder teilweise einzustellen oder insgesamt zu beenden. Sie können bei Verstößen auch Bußgelder verhängen. Hiergegen ist natürlich der Rechtsweg garantiert (Art. 19 Abs. 4 S. 1 GG, Art. 78 DSGVO).

Auf Bundesebene und in vielen Bundesländern sind Bußgelder gegen Behörden allerdings ausgeschlossen.[4]

21.3   Zertifizierung, Akkreditierung

Datenschutz-Aufsichtsbehörden wirken an der Akkreditierung von Zertifizierungsstellen mit. Sie können auch selbst Zertifizierungen durchführen. Vgl. dazu oben, ab Abschn. 19.

21.4   Informationsquellen

Mit dem vorliegenden Buch soll ein Grundrüstzeug in Sachen Datenschutzrecht vermittelt werden. Es kann nicht für jedes Problem eine Lösung bieten.

Allerdings wurden bereits zu vielen Problemen Lösungen gefunden. Informationsquellen gibt es reichlich. Neben der einschlägigen Literatur darf auf die gängigen Internetseiten verwiesen werden. Hervorgehoben werden soll www.youngdata.de. Diese Seite der Datenschutz-Aufsichtsbehörde aus Rheinland-Pfalz wendet sich an Jugendliche

---

[2] Eine Übersicht findet sich auf den Seiten des BfDI unter https://www.bfdi.bund.de/DE/Infothek/ Anschriften_Links/anschriften_links-node.html.

[3] Brink/Joos, jurisPR-ArbR 33/2020, Anm. 8.

[4] § 43 Abs. 3 BDSG.

und erklärt (für sie) wichtige Datenschutzthemen anschaulich und verständlich. Dort gibt es auch eine „CheckApp", mit der man sein Wissen testen kann.

Informationen bei den Datenschutz-Aufsichtsbehörden des Bundes und der Länder, der DSK, dem Europäischen Datenschutzausschuss und dem Europäischen Datenschutzbeauftragten finden sich unter:

- Der Landesbeauftragte für den Datenschutz und die Informationsfreiheit Baden-Württemberg
  https://www.baden-wuerttemberg.datenschutz.de/
- Der Bayerische Landesbeauftragte für den Datenschutz (öffentlicher Bereich)
  https://www.datenschutz-bayern.de/
- Bayerisches Landesamt für Datenschutzaufsicht (nichtöffentlicher Bereich)
  http://www.lda.bayern.de/
- Berliner Beauftragte für Datenschutz und Informationsfreiheit
  https://www.datenschutz-berlin.de/
- Die Landesbeauftragte für den Datenschutz und für das Recht auf Akteneinsicht Brandenburg
  https://www.lda.brandenburg.de/
- Die Landesbeauftragte für Datenschutz und Informationsfreiheit der Freien Hansestadt Bremen
  https://www.datenschutz.bremen.de/
- Der Hamburgische Beauftragte für Datenschutz und Informationsfreiheit
  https://www.datenschutz-hamburg.de/
- Der Hessische Beauftragte für Datenschutz und Informationsfreiheit
  https://www.datenschutz.hessen.de/
- Der Landesbeauftragte für Datenschutz und Informationsfreiheit Mecklenburg-Vorpommern
  https://www.datenschutz-mv.de/
- Die Landesbeauftragte für den Datenschutz Niedersachsen
  https://www.lfd.niedersachsen.de/
- Landesbeauftragte für Datenschutz und Informationsfreiheit Nordrhein-Westfalen
  https://www.ldi.nrw.de/
- Der Landesbeauftragte für den Datenschutz und die Informationsfreiheit Rheinland-Pfalz
  https://www.datenschutz.rlp.de/
- Unabhängiges Datenschutzzentrum Saarland / Landesbeauftragte für Datenschutz und Informationsfreiheit
  https://www.datenschutz.saarland.de/
- Der Sächsische Datenschutzbeauftragte
  https://www.saechsdsb.de/
- Landesbeauftragter für den Datenschutz Sachsen-Anhalt
  https://datenschutz.sachsen-anhalt.de/
- Unabhängiges Landeszentrum für Datenschutz Schleswig-Holstein
  https://www.datenschutzzentrum.de/
- Thüringer Landesbeauftragter für den Datenschutz und die Informationsfreiheit
  https://www.tlfdi.de/tlfdi/
- Der Bundesbeauftragte für den Datenschutz und die Informationsfreiheit
  https://www.bfdi.bund.de

- Virtuelles Datenschutzbüro
  https://www.datenschutz.de/

- DSK
  https://www.datenschutzkonferenz-online.de/

- EDSA
  https://edpb.europa.eu/

- EDSB
  https://edps.europa.eu/

Zusammenfassung und Ausblick

In diesem Lehrbuch haben wir uns mit unterschiedlichen Themengebieten beschäftigt. Wir haben gesehen, dass es an zahlreichen Stellen datenschutzrechtliche Probleme gibt. Außerdem haben wir Techniken und Verfahren kennengelernt, die dafür sorgen, dass der Datenschutz gewahrt bleibt. Dieser von uns präsentierte Ansatz des *technischen Datenschutzes* entspricht weitestgehend dem „Privacy by Design", das in der EU-Datenschutzgrundverordnung verankert ist. Als Leser sollten Sie nun sowohl durch die Einblicke in das Datenschutzrecht erkennen können, welche datenschutzrechtliche Probleme bei der Entwicklung von Systemen lauern können, als auch über das nötige technische Know-How verfügen, um diesen Problemen von Beginn an zu begegnen und Systeme datenschutzfreundlich zu gestalten. Es warten, nicht nur aus Sicht des Datenschutzes, spannende Aufgaben auf Entwickler. Die weitere Durchdringung von IT in all unsere Lebensbereiche schreitet weiter voran: vom intelligenten Zuhause über das vernetzte Auto bis hin zur personalisierten Medizin. All diese Verfahren werden nur erfolgreich sein, wenn die Sicherheit und der Datenschutz gewährleistet sind. Wir hoffen, dass wir Ihnen in diesem Lehrbuch das spannende Thema Datenschutz mit all seinen Facetten näher bringen konnten und dass Sie das Erlernte sowohl in Ihrem beruflichen, als auch im privaten Alltag anwenden können.

© Der/die Autor(en), exklusiv lizenziert an Springer Fachmedien Wiesbaden GmbH, ein Teil von Springer Nature 2022
R. Petrlic et al., *Datenschutz*, https://doi.org/10.1007/978-3-658-39097-6_22

Stichwortverzeichnis

© Der/die Herausgeber bzw. der/die Autor(en), exklusiv lizenziert an Springer
Fachmedien Wiesbaden GmbH, ein Teil von Springer Nature 2022
R. Petrlic et al., *Datenschutz*, https://doi.org/10.1007/978-3-658-39097-6

Printed in the United States
by Baker & Taylor Publisher Services